Manon Lemieux

LE MOINE
et le
PHILOSOPHE

Ouvrages du moine

L'Esprit du Tibet, Editions du Seuil, 1996.

Ecrits et traductions du tibétain :

Dilgo Khyentsé Rinpotché, *Le Trésor du cœur des êtres éveillés*,
Editions du Seuil, coll. Points Sagesse, 1996.
Dilgo Khyentsé Rinpotché, *La Fontaine de grâce*, Editions Padmakara, 1995.
Enseignements de Sa Sainteté le Dalaï-lama, *Comme un éclair déchire la nuit*, Editions Albin Michel, 1992.
Dilgo Khyentsé Rinpotché, *Au seuil de l'Éveil*, Editions Padmakara, 1991.

Ouvrages récents du philosophe

Le Voleur dans la maison vide, Mémoires, Plon, 1997.
Pourquoi des philosophes? et autres essais, Laffont, coll. Bouquins, 1997.
Histoire de la philosophie occidentale, NiL éditions, 1994. Pocket « Agora », 1996.
Le Regain démocratique, Fayard, 1992. Grand prix littéraire de la ville d'Ajaccio et du Mémorial.
La Connaissance inutile, Grasset, 1988. Prix Chatcaubriand, prix Jean-Jacques Rousseau.
Comment les démocraties finissent, Grasset, 1983. Prix Aujourd'hui 1983, prix Konrad Adenauer, 1986.

Jean-François Revel
Matthieu Ricard

LE MOINE
et le
PHILOSOPHE

Le bouddhisme aujourd'hui

Sommaire

Introduction

par Jean-François Revel

Comment est née l'idée de ce livre ? D'où nous est venu le besoin de le faire ? Et à quelques bons esprits celui, comme on dit en politique, de nous presser amicalement d'y songer ? Si je rédige seul cette introduction, c'est par commodité syntaxique. Il est très difficile de consigner, sans de lourdes et laborieuses circonlocutions, un thème qui traduit un intérêt commun à deux personnes, mais part chez elles de motivations divergentes. Cette réalité intellectuelle complexe et double, les entretiens qui vont suivre ont précisément pour objet de la dégager, de la cerner peu à peu. Mais si je suis le rédacteur de ce préambule, Matthieu en est le co-auteur, puisque nous en avons parlé ensemble au préalable et qu'il l'a relu et corrigé, ou complété, en fonction de sa propre manière de voir.

Sans anticiper, au prix d'indésirables redondances, sur ce qui sera amplement développé dans les entretiens, résumons la rencontre de deux histoires spirituelles et personnelles d'où a jailli l'étincelle incitatrice. Mon fils Matthieu Ricard, né en 1946, a fait, après ses études secondaires au Lycée Janson-de-Sailly, de brillantes études scientifiques en biologie moléculaire. Elles l'ont conduit jusqu'au doctorat d'Etat en 1972. Le président de son jury de thèse était François Jacob, le célèbre prix Nobel de biologie, sous la direction duquel il avait entrepris ses recherches et travaillé pendant plusieurs années à l'Institut Pasteur. Après quoi Matthieu fit part à son maître et à moi-même, tous deux fortement perturbés par cette nouvelle, de son intention d'abandonner la recherche scientifique et de s'installer en Asie pour y suivre les enseignements de rinpotchés bouddhistes tibétains. Changement total de son existence, qui devait le conduire à devenir lui-même moine bouddhiste.

Pour ma part, j'avais suivi une carrière universitaire essentiellement littéraire et philosophique. J'avais, pendant plusieurs années, enseigné la philosophie, puis quitté en 1963 l'université pour me consacrer entièrement à ma nouvelle profession d'écrivain et d'éditorialiste. Je ne délaissai pas, pour autant, la philosophie, sur laquelle portent plusieurs de mes livres [1]. Et j'ai, par conséquent, contrairement à nombre de philosophes, toujours éprouvé un grand intérêt pour le développement de la science. D'où ma satisfaction d'avoir un fils chercheur de haut niveau et d'où ma déception de le voir mettre un terme abrupt à une activité dans laquelle il avait fait des débuts plus que prometteurs. En outre, mes positions personnelles, tout à fait irréligieuses et athées, ne me portaient pas à prendre très au sérieux le bouddhisme, sans que je le méprise, cela va de soi, puisqu'il occupe une place épurée dans les doctrines spirituelles, ce qui lui a du reste valu l'estime de certains des plus exigeants philosophes occidentaux.

C'est pourquoi, malgré ma contrariété momentanée, je n'ai jamais été « brouillé » avec Matthieu, ni même en froid avec lui. Je fournis cette précision anecdotique parce qu'en 1996, lorsque plusieurs émissions de télévision et articles de journaux furent consacrés au bouddhisme et à Matthieu, soit à l'occasion de la

---

1. Notamment *Histoire de la philosophie occidentale de Thalès à Kant*, NiL éditions, 1994 et *Pourquoi des philosophes?*, Laffont, Bouquins 1997.

publication d'un livre de ce dernier sur son maître spirituel Dilgo Khyentsé [1], soit à l'occasion d'un des passages en France du Dalaï-lama qu'il accompagnait, on répéta un peu partout que nous ne nous étions pas vus depuis vingt ans et que notre projet de livre marquait nos retrouvailles, pour ne pas dire notre réconciliation. C'est là un produit de l'imagination et non de l'information. Nous n'avons jamais cessé de nous voir, autant que la distance et le coût des voyages le permettaient. Je me suis rendu dès 1973 à Darjeeling, en Inde, où il s'était fixé alors auprès de son maître spirituel, puis, ultérieurement, au Bhoutan, au Népal, etc... Les seuls nuages qui aient jamais plané sur nos têtes furent ceux de la mousson asiatique. Le temps passant, Matthieu put d'ailleurs venir en Europe assez régulièrement, dans le cadre des voyages chaque année plus fréquents qui l'amenèrent à participer en Occident à la diffusion croissante du bouddhisme. Son propre rôle d'accompagnateur-interprète auprès du Dalaï-lama, surtout après que celui-ci eut reçu le prix Nobel de la Paix, accrut encore le nombre de ses déplacements.

Cette diffusion du bouddhisme constitue justement le phénomène imprévu qui a contribué à nous suggérer l'idée d'un entretien sur « le bouddhisme et l'Occident ». Tel est d'ailleurs le titre que nous comptions donner à notre dialogue, jusqu'à ce que notre éditrice, Nicole Lattès, eut trouvé un titre bien meilleur : *Le moine et le philosophe*.

En quoi consiste exactement le bouddhisme ? Telle est la question d'ensemble à laquelle il incombait plus particulièrement à Matthieu de répondre. Pourquoi le bouddhisme fait-il aujourd'hui tant d'adeptes et suscite-t-il tant de curiosité en Occident ? C'est à moi qu'il revenait plutôt de proposer des hypothèses explicatives à cette expansion spirituelle. Découle-t-elle des évolu-

1. *L'Esprit du Tibet*, Seuil, 1996.

tions récentes, peut-être décevantes, des religions et des philosophies occidentales, ainsi que de nos systèmes politiques ? Il va de soi que la teneur de nos échanges acquiert une valeur spéciale du fait qu'ils ne se déroulent pas entre un philosophe occidental et un sage oriental, mais plutôt entre un philosophe occidental et un moine occidental de formation orientale, qui est en outre, à l'origine, un scientifique, capable, par lui-même et en lui-même, de confronter les deux cultures au plus haut niveau. En effet, Matthieu a transposé, en quelque sorte, sa rigueur scientifique dans l'étude de la langue et de la tradition tibétaines, il a établi, édité et traduit pendant vingt ans les textes sacrés fondamentaux, anciens et modernes, du bouddhisme tibétain.

Du moins les textes qui subsistent. Car, nul ne l'ignore plus, les communistes chinois en ont détruit des bibliothèques entières, en même temps que quelque six mille des monastères qui les abritaient. Ces massacres et ces destructions commencèrent avec l'invasion du Tibet par la Chine en 1950, son annexion en 1951 et s'intensifièrent durant la répression qui suivit le soulèvement populaire tibétain en 1959 et son écrasement, puis durant la Révolution culturelle. C'est en 1959 que le Dalaï-lama et plus de cent mille Tibétains quittèrent leur pays pour s'exiler en Inde ou dans les royaumes himalayens, avant d'essaimer un peu partout sur la planète. Le colonialisme communiste ne tolère aucune autre idéologie que la sienne, aucune liberté intellectuelle, spirituelle, artistique. Il mit un acharnement implacable non seulement à piller sans vergogne les richesses naturelles du Tibet, mais aussi à en détruire la civilisation, et jusqu'à la langue. Loin de se relâcher avec le temps, l'extermination chinoise du peuple tibétain et de sa culture a repris pendant les années quatre-vingt, malgré la prétendue « libéralisation » qu'auraient apportée les successeurs de Mao. Reconnaissons-le cependant : s'il y a eu toujours des tortures et des exécutions sommaires, il n'y a pas eu depuis 1980 d'extermination comparable à ce qui avait eu lieu durant les années soixante et au début des années soixante-dix, durant lesquelles un million de Tibétains, un cinquième de la population, ont été anéantis. Toutefois, la destruction de la civilisation, elle, se poursuit. La libéralisation est limitée au domaine économique, par pragmatisme et souci d'une amélioration matérielle. Hors ces limites, il n'y a pas de liberté en Chine, même pas pour les Chinois. Et les successeurs de Mao appliquèrent au Tibet la vieille méthode du colonialisme stalinien, qui consiste à peupler les régions allogènes de ses propres nationaux, jusqu'à ce qu'ils deviennent plus nombreux que les natifs.

Il serait vain de nier que mon indignation devant le martyre du peuple tibétain a contribué à renforcer mon intérêt pour le bouddhisme. A cette raison sentimentale s'en ajoutait une autre, encore plus évidente, à savoir que mon fils l'avait adopté. Je désirais connaître mieux les raisons de ce choix et ses effets. Quant à la politique chinoise, en 1983, dans mon livre *Comment les démocraties finissent* [1], j'ai consacré plusieurs pages nourries, en grande partie, des informations fournies par Matthieu, à décrire en détail le génocide tibétain, qui durait depuis quasiment trois décennies sans que l'opinion mondiale s'en fût émue ou même en fût informée. Que ce petit peuple isolé, qui ne menaçait nullement son grand voisin, ce peuple pacifique et pastoral, s'identifiant à une spiritualité dénuée de tout prosélytisme, fût l'objet de cette entreprise d'anéantissement par le marxisme stalino-maoïste m'apparut comme un symbole de notre siècle, transpercé presque d'un bout à l'autre par la logique totalitaire.

---

1. Paris, Grasset. Traduit dans les principales langues européennes; en anglais sous le titre *How Democracies Perish*, New York, 1984, Doubleday.

Quoique l'information sur le Tibet fût restée longtemps difficile à obtenir, elle n'était pas inexistante. C'est ainsi que, dès 1959, Claude Lanzmann, le futur réalisateur d'un des chefs-d'œuvre du cinéma et de l'histoire de notre époque, *Shoah*, écrivit dans le magazine *Elle*, alors fleuron de la presse féminine française de qualité, un long article intitulé « La vie secrète du Dalaï-lama »[1], l'année même où celui-ci dut recourir à l'exil pour échapper à l'esclavage, voire à la mort. Mais la question tibétaine fut ensuite enterrée, pendant les quinze ou vingt années suivantes, par l'autocensure d'un Occident vautré dans l'idolâtrie maoïste et qui ne voulait prêter attention à aucune critique de la Chine communiste.

Cette évocation des crimes de la barbarie sino-communiste ne nous détourne pas du sujet de ces entretiens entre « le moine et le philosophe », puisque le séjour prolongé à l'étranger du Dalaï-lama et de nombreux autres lamas, maîtres spirituels et rinpotchés tibétains est la cause occasionnelle qui a amplifié la diffusion du bouddhisme en Occident, puisqu'il a facilité, géographiquement parlant, l'accès des Occidentaux à l'enseignement le plus authentique de la doctrine. Un enseignement non plus livresque, indirect et théorique, mais vivant, de première main, coulant de la source même, de ses plus éminents dispensateurs. Les épreuves infligées par le communisme chinois eurent également pour conséquence de révéler le talent politique du Dalaï-lama. Il n'a jamais proposé à la Chine, pour mettre fin à l'asservissement de son peuple, que des solutions réalistes, modérées et non violentes. De plus, elles sont orientées vers la démocratisation du Tibet, ce qui devrait plaire aux Occidentaux, sinon aux occupants. Et il a évolué avec une souriante subtilité dans l'univers des dirigeants des démocraties occiden-

---

1. *Elle*, n° 696, 27 avril 1959.

tales, tout en les sachant perclus de servilité craintive devant les irritables bureaucrates pékinois.

Selon une conception ancienne et conventionnelle, l'Occident se représentait le bouddhisme comme une sagesse de la passivité, de l'inaction, du « nirvâna » défini comme une indolence repliée sur le moi, indifférente à la gestion de la cité et de la société. On voit maintenant qu'il n'en est rien. A l'instar de la plupart des philosophies occidentales, le bouddhisme aussi a une dimension humaine, sociale et politique.

Tel est le résumé sommaire des circonstances et des motifs qui nous ont finalement amenés à décider, un jour, Matthieu et moi, de confronter nos interrogations respectives ou nos curiosités réciproques, afin de mettre en lumière nos convergences sans dissimuler nos divergences. Voilà pourquoi et comment à Hatiban, au Népal, dans l'isolement d'un site perché sur une montagne dominant Katmandou, se déroulèrent, en mai 1996, les entretiens qui vont suivre.

De la recherche scientifique
à la quête spirituelle

Jean-François – Je crois que la première chose que
nous devons souligner, c'est que ce n'est ni toi ni moi
qui avons eu l'idée de ce livre. Il nous a été suggéré par
des éditeurs, qui ont pensé, connaissant ton itinéraire
et nos liens de parenté, qu'il serait intéressant que
nous confrontions nos points de vue. Je préciserai donc
qu'à l'origine, tu as fait de brillantes études supérieures
scientifiques, en biologie; que tu as été un des élèves
de François Jacob; que tu as travaillé pendant plusieurs
années comme chercheur à l'Institut Pasteur; que tu as
soutenu à la Faculté des Sciences de Paris devant un
jury comprenant François Jacob et d'autres biologistes
de renom, une thèse de doctorat qui t'a valu grade de
docteur-ès-sciences, avec, selon l'usage, la mention
« très honorable ». L'intérêt de la série d'entretiens
dans laquelle nous allons nous engager tient par
conséquent au fait que tu es quelqu'un qui, ayant reçu
une culture scientifique européenne, occidentale, du
plus haut niveau, s'est tourné, par la suite ou simultanément, vers cette philosophie, ou cette religion d'origine orientale qu'est le bouddhisme. Tu t'es tourné
vers elle, précisons-le, non pas pour y trouver un
complément d'existence, ou une adjonction spirituelle
à une carrière qui se poursuivrait normalement selon
les critères occidentaux, mais, abandonnant cette car-

rière, pour t'engager entièrement dans la pratique du bouddhisme. Donc, ma première question est : « Quand et pourquoi cette décision a-t-elle commencé à germer en toi ? »

MATTHIEU – La carrière scientifique que j'ai menée a été le résultat d'une passion pour la découverte. Tout ce que j'ai pu faire ensuite ne constituait nullement un rejet de la recherche scientifique qui, à bien des égards, est passionnante, mais le fruit de la constatation qu'elle était incapable de résoudre les questions fondamentales de l'existence. En bref, la science, si intéressante soit-elle, ne suffisait pas à donner un sens à ma vie. J'en suis venu à considérer la recherche, telle que je la vivais, comme une dispersion sans fin dans le détail, à laquelle je ne pouvais plus envisager de consacrer ma vie tout entière.

Simultanément, ce changement est né d'un intérêt croissant pour la vie spirituelle. Au départ, cet intérêt n'était pas clairement formulé en mon esprit puisque j'ai reçu une éducation entièrement laïque et n'ai pas pratiqué le christianisme. J'éprouvais pourtant, de l'extérieur, une sorte de crainte révérencielle lorsque je pénétrais dans une église, ou rencontrais un religieux. Mais j'ignorais tout de la religion elle-même.

Et puis, dans mon adolescence, j'ai lu un certain nombre d'ouvrages sur diverses traditions spirituelles. Sur la chrétienté, l'hindouisme, le soufisme, mais paradoxalement peu sur le bouddhisme, car à cette époque, dans les années soixante, il existait peu de traductions authentiques de textes bouddhiques. Les quelques traités et traductions existants faisaient écho, avec maladresse, à la façon déformée dont l'Occident percevait le bouddhisme au siècle dernier : une philosophie nihiliste, prônant l'indifférence à l'égard du monde. Grâce à mon oncle, le navigateur J.Y. Le Toumelin, j'ai également découvert les écrits de René Guénon. Tout cela a suscité et nourri une curiosité intellectuelle à l'égard de la spiritualité, sans que cette curiosité débouche sur quelque chose de concret.

J.F. – Je t'interromps pour que tu donnes une précision sur les œuvres de René Guénon. C'est un auteur français, qui a écrit principalement sur quelles philosophies orientales ? Je l'ai lu dans le temps, mais j'ai de son œuvre un souvenir imprécis.

M. – Il a écrit une vingtaine d'ouvrages sur les traditions spirituelles orientales et occidentales et sur l'unité fondamentale de toutes les traditions métaphysiques. Il a notamment écrit *Orient et Occident, la Crise du monde moderne* et *L'homme et son devenir selon le Védanta,* dans lequel il explique l'évolution de l'être humain jusqu'à la réalisation de l'absolu ou du divin en soi. Mais tout cela restait, chez moi, très intellectuel.

J.F. – Intellectuel dans quel sens ?

M. – À part la profonde satisfaction et l'ouverture d'esprit que me procuraient ces lectures pleines de sens, elles ne se traduisaient, dans mon cas, par aucune transformation intérieure.

J.F. – Et à quel âge est-ce que tu as fait ces lectures ?

M. – Oh... vers l'âge de quinze ans. J'avais aussi lu des recueils d'entretiens avec Ramana Maharshi, un sage de l'Inde dont on disait qu'il avait atteint la connaissance intérieure de la nature ultime de l'esprit, la non-dualité. Mais ce qui a déclenché mon intérêt pour le bouddhisme... c'était en 1966...

J.F. – Tu avais vingt ans.

M. – J'étais encore à la Faculté des Sciences, juste avant d'entrer à l'Institut Pasteur, lorsque j'ai vu, en cours de montage, les films réalisés par un ami, Arnaud Desjardins, sur les grands maîtres tibétains qui avaient fui l'invasion chinoise et s'étaient réfugiés sur les versants sud de l'Himalaya, du Cachemire au Bhoutan. Arnaud avait passé plusieurs mois, au cours de deux voyages avec un excellent interprète, à filmer ces maîtres dans leur intimité. Ces films étaient très impressionnants. A la même époque, un autre ami, le docteur Leboyer, revenait également de Darjeeling où il avait rencontré quelques-uns de ces sages. Je venais de finir un certificat semestriel et disposais de six mois de vacances, avant de me lancer dans la recherche. Je songeais à faire un grand voyage. C'était l'époque des « hippies », qui prenaient le chemin de l'Inde en 2CV Citroën ou en auto-stop, à travers la Turquie, l'Iran, l'Afghanistan et le Pakistan. J'étais également attiré par les arts martiaux et avais envisagé d'aller au Japon.

Mais la vue des images ramenées par Arnaud et Frédérick Leboyer, les quelques paroles de ces amis, la description de ce qu'ils avaient rencontré dans l'Himalaya... tout cela m'a décidé d'aller là, plutôt qu'ailleurs.

J.F. – Le film d'Arnaud Desjardins, par conséquent.

M. – Il y en a eu plusieurs, *le Message des Tibétains* et *Himalaya terre de sérénité* (comprenant *les Enfants de la Sagesse* et *le Lac des yogis*), quatre heures en tout. On y voyait longuement les grands maîtres spirituels qui venaient d'arriver du Tibet... leur apparence physique, la façon dont ils parlaient, dont ils enseignaient. C'était un témoignage vivant, très inspirant.

J.F. – Ils ont été diffusés à la télévision, ces films ?

M. – Plusieurs fois, à partir de 1966, et ils ont été récemment réédités sous forme de cassettes vidéo[1]. Ce sont des documents extraordinaires.

J.F. – Ces maîtres tibétains avaient fui le Tibet au moment de la Révolution culturelle qui a entraîné une recrudescence de la répression chinoise au Tibet ?

M. – En fait, ceux qui ont pu s'enfuir l'ont fait bien avant, dans les années cinquante. A la suite d'un différend, le Tibet avait pratiquement rompu les relations

---

1. Alizée Diffusion, Chemin du Devois, 30700 St. Siffret.

diplomatiques avec la Chine entre 1915 et 1945. Il avait un gouvernement et entretenait des relations avec plusieurs pays étrangers. Puis la Chine a commencé à s'infiltrer au Tibet. Les officiels chinois venaient visiter le pays. Ils disaient éprouver de la sympathie pour le peuple et la culture tibétaine. Ils allaient jusqu'à faire des offrandes dans les monastères. Ils proposaient d'aider les Tibétains à moderniser leur pays, etc.. Mais en 1949, ils ont envahi le Tibet militairement, en commençant par l'Est, la région du Kham. L'invasion fut sans merci, et au fil des années il devint clair qu'ils allaient conquérir le Tibet central, se saisir du pouvoir et du Dalaï-lama. Ce dernier a donc fui vers l'Inde en 1959. Aussitôt après, les frontières ont été scellées et la répression, impitoyable, a commencé. Hommes, femmes et enfants ont été jetés en prison, parqués dans des camps de travail. Soit qu'ils aient été exécutés, soit qu'ils n'aient pas survécu à la torture et à la famine dans les camps et dans les prisons, plus d'un million de Tibétains – un habitant sur cinq – sont morts à la suite de l'invasion chinoise. D'immenses fosses communes se remplissaient les unes après les autres. Avant même la Révolution culturelle six mille monastères avaient été détruits, la quasi-totalité. Les bibliothèques ont été brûlées, les statues brisées, les fresques ravagées.

J.F. – Comment?...Six mille!

M. – On a recensé six mille cent cinquante monastères qui ont été rasés. Et si l'on songe que les monastères étaient au Tibet les foyers de la culture! Fait probablement sans précédent dans l'histoire humaine, le Tibet comptait jusqu'à vingt pour cent de la population dans les ordres – moines, nonnes, ermites en retraite dans les grottes, érudits qui enseignaient dans les monastères. La pratique spirituelle y était sans conteste le but principal de l'existence, et les laïcs eux-mêmes considéraient que leurs activités quotidiennes, si néces-

saires fussent-elles, étaient d'importance secondaire
par rapport à la vie spirituelle. Toute la culture était
ainsi centrée sur la vie spirituelle. Et donc, en anéantis-
sant ces monastères, ces centres d'étude, ces ermitages,
c'est l'âme, la racine même de la culture tibétaine
qu'on détruisait. Mais ils n'ont pu détruire la force
d'âme des Tibétains. Le sourire, l'argent, la propagande, la torture et l'extermination : les Chinois ont
tout essayé pour changer l'esprit des Tibétains. Mais
rien n'y a fait. L'espoir qu'ont ces derniers de sauver
leur culture et de retrouver leur indépendance reste
entier.

J.F. – J'en reviens à toi... les films d'Arnaud Desjardins. Tu dis qu'ils t'ont fait une forte impression personnelle. Est-ce que tu pourrais analyser et qualifier
cette impression ?

M. – J'avais l'impression de voir des êtres qui
étaient l'image même de ce qu'ils enseignaient... ils
avaient l'air si remarquables. Je n'arrivais pas à saisir
explicitement pourquoi, mais ce qui me frappait le plus,
c'était qu'ils correspondaient à l'idéal du saint, de l'être
parfait, du sage, une catégorie d'êtres qu'apparemment
on ne trouvait plus guère en Occident. C'est l'image
que je me faisais de Saint-François d'Assise, ou des
grands sages de l'Antiquité. Une image qui était devenue pour moi lettre morte : je ne pouvais aller rencontrer Socrate, écouter un discours de Platon,
m'asseoir aux pieds de Saint-François d'Assise ! Tandis
que, brusquement, surgissaient des êtres qui semblaient être l'exemple vivant de la sagesse. Et je me
disais : « S'il est possible d'atteindre à la perfection sur
le plan humain, ce doit être cela. »

J.F. – J'allais te dire, précisément, au sujet de ta
définition, que c'est presque un lieu commun que de
souligner que ce qui caractérise la philosophie de
l'Antiquité... c'est l'adéquation de la théorie et de la
pratique. Pour le philosophe de l'Antiquité, la philo-

sophie n'était pas simplement un enseignement intellectuel, une théorie, une interprétation du monde ou de la vie. C'était une manière d'être. Sa philosophie, lui et ses disciples la réalisaient dans leur existence au moins autant qu'ils la théorisaient dans leurs discours. Ce qui t'a initialement frappé, chez ces Tibétains, est une approche qui est également liée aux origines mêmes de la philosophie occidentale. C'est la raison pour laquelle, du reste, les philosophes jouaient le rôle de confidents, de maîtres spirituels, de guides, de réconfort moral, de compagnons édifiants auprès d'un grand nombre de personnages importants jusqu'à la fin de l'Empire romain, surtout à l'époque de Marc Aurèle que Renan appelle « le règne des philosophes ». C'est donc là une attitude qui a existé en Occident : ne pas se contenter d'enseigner, mais être soi-même le reflet de ce que l'on enseigne par sa façon même d'exister. Cela dit, est-ce que, dans la pratique, cela se réalisait avec autant de perfection qu'il était souhaitable, c'est une autre question... Cette conception de la philosophie est également, dans bien des cas, liée à des aspects religieux. La philosophie de l'Antiquité comportait le plus souvent cette dimension, en étant également une forme de salut personnel. On trouve cela chez les Epicuriens (bien que dans l'usage moderne, le mot « épicurien » évoque une indifférence à toute dimension spirituelle). Il y avait donc toujours cette double nécessité d'élaborer une doctrine, et en même temps, d'être soi-même l'incarnation de cette doctrine. Au stade de la philosophie de l'Antiquité, il n'y a donc pas une différence fondamentale par rapport à l'Orient.

M. – C'est bien cela, si l'on excepte que les maîtres tibétains ne cherchent pas à élaborer une doctrine, mais à être les dépositaires fidèles et accomplis d'une tradition millénaire. Quoi qu'il en soit, c'était pour moi un soulagement de constater qu'il existait encore une tradition vivante, accessible, offerte comme un étalage de belles choses. Après un voyage intellectuel dans les livres, je pouvais maintenant entreprendre un vrai voyage.

J.F. – Pardon de t'interrompre... Quelles belles choses ? Qu'est-ce que tu avais saisi de cette doctrine ? Il ne suffit pas d'incarner soi-même une doctrine. Encore faut-il que cette doctrine vaille quelque chose !

M. – Je n'avais alors aucune idée du bouddhisme, mais le simple fait de voir ces sages, ne serait-ce qu'au travers de ce qu'un film laisse transparaître, me faisait pressentir une perfection profondément inspirante. C'était, par contraste, une source d'espoir. Dans le milieu où j'ai grandi, grâce à toi j'ai rencontré des philosophes, des penseurs, des hommes de théâtre ; grâce à ma mère, Yahne Le Toumelin, artiste peintre, j'ai rencontré des artistes et des poètes... André Breton par exemple ; grâce à mon oncle, Jacques-Yves Le Toumelin, des explorateurs célèbres ; grâce à François Jacob, de grands savants qui venaient faire des conférences à l'Institut Pasteur. J'ai donc été amené à être en contact avec des personnages fascinants à bien des égards. Mais, en même temps, le génie qu'ils manifestaient dans leur discipline ne s'accompagnait pas nécessairement, disons... de perfection humaine. Leur talent, leurs capacités intellectuelles et artistiques n'en faisaient pas pour autant de bons êtres humains. Un grand poète peut être un filou, un grand savant, malheureux avec lui-même, un artiste, plein d'orgueil. Toutes les combinaisons, bonnes ou mauvaises, étaient possibles.

J.F. – Je me rappelle d'ailleurs qu'à l'époque, tu étais aussi passionné de musique, d'astronomie, de photographie, d'ornithologie. Tu as écrit à vingt-deux ans un livre sur les migrations animales[1] et tu as eu

---

1. *Les migrations animales*, Robert Laffont, 1968.

toute une période de ta vie où tu t'es consacré intensément à la musique.

M. – Oui... J'ai rencontré Igor Stravinsky et d'autres grands musiciens. J'ai donc eu la chance de côtoyer nombre de ceux qui suscitent l'admiration en Occident, et de pouvoir me faire une idée, de me demander : « Est-ce que c'est à cela que j'aspire ? Est-ce que je veux devenir comme eux ? » J'avais le sentiment de rester sur ma faim, car en dépit de mon admiration, je ne pouvais manquer de constater que le génie manifesté par ces hommes, dans un domaine particulier, ne s'accompagnait pas des perfections humaines les plus simples, comme l'altruisme, la bonté, la sincérité. Par contre, ces films, ces photographies, me faisaient découvrir quelque chose de plus, qui m'attirait vers ces maîtres tibétains ; leur façon d'exister semblait être le reflet de ce qu'ils enseignaient. Je suis donc parti à la découverte...

Ce même déclic s'est produit chez un autre ami, Christian Bruyat, qui préparait alors le concours de l'Ecole Normale, quand il entendit à la radio les derniers mots d'une émission de radio dans laquelle Arnaud Desjardins disait en substance : « Je crois que les derniers grands sages, exemples vivants de la spiritualité, sont maintenant ces maîtres tibétains réfugiés dans l'Himalaya de l'Inde ». A ce moment même, il s'est, lui-aussi, décidé à entreprendre le voyage.

Je suis donc parti en Inde par un vol bon marché. Je ne parlais pratiquement pas l'anglais ! Tu avais jugé plus important que j'apprenne l'allemand, le grec et le latin, langues plus difficiles que l'anglais dont l'apprentissage, me disais-tu, se ferait tout naturellement. Ce qui s'est vérifié... mais entre temps j'ai oublié l'allemand et le reste ! Je suis arrivé à Delhi avec un petit dictionnaire et le manuel Assimil et j'ai eu le plus grand mal à me débrouiller pour trouver mon chemin, acheter un billet de chemin de fer pour Darjeeling et arriver face aux plus belles cimes de l'Himalaya. J'avais l'adresse d'un père jésuite à qui le docteur Leboyer avait confié une somme d'argent pour subvenir aux besoins d'un grand maître tibétain, Kangyour Rinpotché, qui était arrivé en Inde quelques années auparavant. Il vivait alors dans le plus grand dénuement, avec sa famille, dans une maisonnette en bois, avec tous les livres qu'il avait sauvés du Tibet. Il s'est trouvé que le lendemain même de mon arrivée, le fils de ce maître devait venir à la mission pour recevoir cette petite allocation mensuelle. C'est donc le fils de Kangyour Rinpotché qui m'a mené auprès de son père. Je suis resté simplement en sa présence, pendant trois semaines... C'était très impressionnant. Il avait soixante-dix ans. Il était assis, adossé à une fenêtre derrière laquelle s'étendait une mer de nuages... Je m'asseyais toute la journée en face de lui et j'avais l'impression de faire ce que les gens appellent « méditer », c'est-à-dire simplement me recueillir en sa présence. J'ai reçu quelques mots d'enseignement, presque rien. Son fils parlait anglais, moi quasiment pas. C'était sa personne, son être qui m'impressionnaient... la profondeur, la force, la sérénité qui émanaient de lui et ouvraient mon esprit.

Sur ce, j'ai continué mon voyage. Je suis allé au Cachemire. Je suis tombé malade en Inde, j'ai eu la typhoïde et je suis rentré... A l'escale de Damas, je suis descendu de l'avion, me disant que c'était trop bête de ne pas voir tous ces pays, et j'ai donc continué par le train et la route. J'ai vu la tombe du grand saint soufi Ibn Arabi, le Krakh des Chevaliers, les mosquées d'Istanbul. J'ai fini mon voyage en auto-stop à l'Abbaye de Tournus, ou je me suis recueilli dans la fraîcheur du cloître, silencieux et désert, tandis qu'à l'extérieur les retours de vacances d'août embouteillaient les routes. Et de là, fatigué, j'ai pris le train pour Paris. Donc, un grand bouleversement physique et une grande découverte intérieure. Ce n'est qu'après être rentré de l'Inde – lors de ma première année à l'Institut Pasteur – que je me suis rendu compte de l'importance de la rencontre avec mon maître. Sa qualité me revenait sans cesse à l'esprit. Je prenais conscience qu'il y avait là une réalité propre à inspirer ma vie, à lui donner un sens, même si je ne pouvais pas encore la formuler.

J.F. – Par conséquent, on peut dire que cette modification importante – pour ne pas employer prématurément le mot de « conversion » – n'a pas été entraînée par un approfondissement de l'information intellectuelle, doctrinale, philosophique sur les textes bouddhistes eux-mêmes, mais, principalement et initialement, par un contact personnel.

M. – Exactement. L'étude n'est venue qu'ultérieurement.

J.F. – A ce moment-là, nombre de jeunes Occidentaux, d'Européens, d'Américains sillonnaient l'Inde ?

M. – C'était un an avant mai 68. Tous ces jeunes cherchaient quelque chose de différent, fumaient de la marijuana... Certains poursuivaient une recherche spirituelle, visitaient les ashrams hindous, d'autres exploraient les Himalayas. Tout le monde cherchait, à droite, à gauche. Souvent, ils échangeaient des idées, des informations : « J'ai rencontré tel personnage remarquable à tel endroit... J'ai vu tel merveilleux paysage au Sikkim... J'ai rencontré tel maître de musique à Bénarès, tel maître de yoga dans le sud de l'Inde », etc. C'était une époque où l'on remettait les choses en question, on explorait – pas seulement dans les livres mais dans la réalité – ce qui était offert en Inde, dans les Himalayas, en allant rencontrer les maîtres, en apprenant, pendant un ou deux ans, la musique ou la danse classique de l'Inde...

J.F. – Et parmi les jeunes Occidentaux qui partaient à la recherche d'une spiritualité nouvelle, est-ce qu'il y en a eu une partie importante qui est allée à Darjeeling ?

M. – A cette époque, très peu. Quelques dizaines, peut-être dans les années 60 et 70. Puis, au fil du temps, l'intérêt pour les maîtres du Tibet et leur enseignement est allé croissant. C'est en 1971 que les premiers maîtres tibétains ont voyagé en Occident – en France, en Amérique. Peu à peu, des centaines, puis des milliers d'Occidentaux ont étudié avec eux. Nombre des ces Occidentaux passaient plusieurs années dans les Himalayas auprès de maîtres tibétains, ou venaient régulièrement les rencontrer.

Pour revenir à la question que tu soulevais précédemment, mon intérêt n'était donc pas fondé sur l'étude du bouddhisme. Il ne le fut d'ailleurs ni lors de mon premier voyage ni au cours des deux ou trois suivants. C'est afin de rencontrer de nouveau mon maître que je retournais en Inde. Certes, je recevais de lui des instructions spirituelles essentielles, mais jamais un enseignement suivi sur le bouddhisme. Il m'avait dit : « Il y a beaucoup de choses intéressantes dans le bouddhisme, mais il faut éviter de se perdre dans une étude purement théorique ou livresque ; on risque d'y oublier la pratique spirituelle, qui est le cœur même du bouddhisme et de toute transformation intérieure. » Cependant, en sa présence, j'avais découvert intuitivement l'un des fondements de la relation entre maître et disciple : la mise en harmonie de son esprit avec celui du maître. On appelle cela « mêler son esprit à celui du maître » ; l'esprit du maître étant la « connaissance », et le nôtre, la confusion. Il s'agit donc, grâce à cette « union spirituelle », de passer de la confusion à la connaissance. Cette démarche purement contemplative constitue l'un des points clés de la pratique du bouddhisme tibétain.

J.F. – Mais alors, ce que tu appelles la connaissance, c'est... l'initiation à une doctrine religieuse.

M. – Non, c'est le résultat d'une transformation intérieure. Ce que l'on appelle connaissance, dans le bouddhisme, c'est l'élucidation de la nature du monde phénoménal, de la nature de l'esprit. Que sommes-nous ? Qu'est le monde ? C'est enfin, et surtout, une contemplation directe de la vérité absolue, au-delà des concepts. C'est la connaissance dans son aspect le plus fondamental.

J.F. – Donc, c'est la question philosophique par excellence ?

M. – Exactement !

J.F. – La question de la philosophie jusqu'à l'invention de la science, c'est-à-dire quand la philosophie prétendait tout connaître, puisque les philosophies de l'Antiquité, jusqu'à la naissance de la physique moderne au xviie siècle, englobaient la connaissance du monde matériel, la connaissance du monde vivant, la morale, la connaissance de l'homme lui-même et la connaissance de l'au-delà, de la divinité, soit que cette divinité fût personnelle comme chez Aristote, soit qu'elle fût la Nature elle-même comme chez les stoïciens ou chez Spinoza. Cette doctrine totale de la réalité dans son ensemble a été considérée depuis comme n'étant plus réalisable sérieusement. Nous y reviendrons.

D'autre part, dans le mot « connaissance », il y a un autre aspect. C'est ce que j'appellerai l'esprit socratique. Pour Socrate, la sagesse est la conséquence de la science. Il n'y a pas pour lui de sagesse ni de morale instinctive. Tout vient de la connaissance. Et c'est de la science que ces deux dernières dérivent. Les philosophies de l'Antiquité étaient des philosophies où l'accès à une certaine forme de sagesse et de bonheur, à ce qu'on appelait le « souverain bien » – c'est-à-dire arriver à une sorte d'équilibre complet en s'identifiant à la vertu vis-à-vis des autres et au bonheur pour soi – découlait d'une connaissance scientifique. De ce que les Anciens considéraient comme une connaissance scientifique. N'est-ce pas un peu ça qui caractérisait aussi le bouddhisme au moment où tu l'as découvert ? Quand ton maître te disait : la connaissance, c'est de reconnaître la nature ultime des choses, cette connaissance, c'est un vaste programme, si j'ose dire ! Parce que cela comprend à la fois la connaissance de tous les phénomènes du monde extérieur, de toi-même, et éventuellement du surnaturel.

M. – Le bouddhisme inclut certes l'étude de sciences traditionnelles, telles que la médecine, les langues, la grammaire, la poésie, les calculs astronomiques (des éclipses, notamment) et astrologiques, l'artisanat et les arts. La médecine tibétaine, basée sur les plantes et les minéraux, demande des années d'études et les chirurgiens tibétains étaient, dit-on, capables d'opérer la cataracte à l'aide d'un scalpel en or, bien que cette opération soit maintenant tombée dans l'oubli. Mais la science « majeure », c'est la connaissance de soi et de la réalité, la question essentielle étant : « Quelle est la nature du monde phénoménal, de la pensée ? », et sur un plan pratique : « Quelles sont les clés du bonheur et de la souffrance ? D'où provient la souffrance ? Qu'est ce que l'ignorance ? Qu'est-ce que la réalisation spirituelle ? Qu'est-ce que la perfection ? » C'est ce genre de découvertes que l'on peut appeler connaissance.

J.F. – La motivation initiale, c'est bien d'échapper à la souffrance ?

M. – La souffrance est le résultat de l'ignorance. C'est donc l'ignorance qu'il faut dissiper. Et l'ignorance, en essence, c'est l'attachement au « moi » et à la solidité des phénomènes. Soulager les souffrances immédiates d'autrui est un devoir, mais cela ne suffit pas : il faut remédier aux causes mêmes de la souffrance. Mais encore une fois, tout cela n'était pas clair en moi. Je me disais : « Il n'y a pas de fumée sans feu ; lorsque je vois mon maître, son aspect physique, la façon dont il parle, dont il agit, ce qu'il est... tout cela me donne la conviction intime qu'il y a là quelque chose d'essentiel que je souhaite approfondir. Il y a là une source d'inspiration, de certitude, une perfection dont je souhaite m'imprégner ». Au fil de mes voyages – je suis allé en Inde cinq ou six fois avant de m'y établir – je me suis rendu compte que lorsque j'étais auprès de mon maître, j'oubliais facilement l'Institut Pasteur, ce qui représentait ma vie en Europe, et que lorsque j'étais à l'Institut Pasteur, mon esprit s'envolait vers les Himalayas. J'ai donc pris une décision que je n'ai jamais regrettée : celle de me trouver là où je souhaitais être !

J'avais alors fini ma thèse et le Professeur Jacob pensait m'envoyer aux Etats-Unis pour que je travaille sur un nouveau sujet de recherche ; il était passé, comme l'ont fait nombre de chercheurs à cette époque, de l'étude des bactéries à celle des cellules animales, car c'était un champ de recherche plus vaste, qui a fait évoluer considérablement la biologie cellulaire. Je me suis dit que j'avais terminé un chapitre : j'avais publié des articles concernant mes cinq ans de recherche ; je n'avais pas gâché les investissements en tout genre, ceux qu'avait fait ma famille pour mon éducation, et ceux de François Jacob, qui m'avait accepté dans son laboratoire... C'était de toute façon un tournant dans ma recherche... Je pouvais choisir une autre voie sans rien briser, sans décevoir ceux qui m'avaient aidé à arriver jusqu'à ma thèse de doctorat. Je pouvais maintenant réaliser mes aspirations personnelles la conscience tranquille. D'ailleurs mon maître, Kangyour Rinpotché, m'avait toujours dit de terminer les études que j'avais entreprises. Je n'ai donc pas précipité les choses ; j'ai attendu plusieurs années, de 1967 à 1972, avant de m'établir dans l'Himalaya. C'est à ce moment-là que j'ai pris ma décision et fait part à François Jacob et à toi-même de mon désir de partir dans l'Himalaya, et non en Amérique. Je me suis rendu compte que c'était vraiment cela que je souhaitais faire, et qu'il valait mieux le faire dès mon jeune âge plutôt que de regretter, lorsque j'aurais cinquante ans, de ne pas avoir choisi ce chemin.

J.F. – Mais les deux choses ne t'ont pas paru conciliables ?

M. – Il n'y a aucune incompatibilité fondamentale entre la science et la vie spirituelle, mais l'une prenait pour moi plus d'importance que l'autre. Pratiquement, on ne peut rester assis entre deux chaises ou coudre avec une aiguille à deux pointes. Je n'avais plus le désir de partager mon temps, je souhaitais le consacrer tout entier à ce qui me semblait le plus essentiel. Plus tard, je me suis rendu compte que ma formation scientifique, son souci de rigueur notamment, était parfaitement conciliable avec l'approche de la métaphysique et de la pratique bouddhistes. Et dans les vingt-cinq années qui ont suivi, je ne me suis jamais trouvé en porte-à-faux avec l'esprit scientifique tel que je le comprends, c'est-à-dire la recherche de la vérité.

J.F. – Bon... J'entends bien que tu as appliqué à la recherche concernant la philosophie et l'histoire du bouddhisme, des textes, etc. la même rigueur que tu avais utilisée auparavant. Mais la recherche en biologie moléculaire a été, au cours des trente dernières années, le champ de découvertes parmi les plus importantes de l'histoire de la science. Tu n'y as pas participé. Tu aurais pu y participer.

M. – La biologie se porte tout aussi bien sans moi. Il ne manque pas de chercheurs sur la planète. La vraie question était d'établir une hiérarchie des priorités dans mon existence. J'avais l'impression grandissante de ne pas utiliser au mieux le potentiel de la vie humaine, de laisser ma vie s'effriter, jour après jour. Pour moi, la masse des connaissances de la science était devenue « une contribution majeure à des besoins mineurs. »

J.F. – Ce que tu as fait par la suite t'a permis d'approfondir une doctrine qui date de plusieurs siècles avant notre ère, mais pas d'apporter des connaissances nouvelles comme l'aurait fait ta participation à la biologie moléculaire. Je ne dis pas, d'ailleurs, qu'il faille absolument faire des découvertes nouvelles pour réussir sa vie. Je dis qu'au stade où tu en étais arrivé, ta thèse était à la fois un aboutissement et un point de départ pour des recherches plus importantes, tu avais en main tout ce qu'il fallait pour participer à l'une des aventures intellectuelles et scientifiques les plus extraordinaires de l'histoire de l'humanité, comme en témoignent les récentes découvertes en biologie moléculaire.

M. – Attention, avec le bouddhisme, il ne s'agissait pas de remuer la poussière d'une doctrine ancienne et désuète ; la recherche spirituelle, lorsqu'elle se traduit par une véritable transformation intérieure, est une recherche éminemment vivante, d'une fraîcheur sans cesse renouvelée. Une tradition métaphysique comme le bouddhisme ne saurait « vieillir », puisqu'elle s'adresse aux questions les plus fondamentales de l'existence. Au cours de l'histoire ce sont plus souvent les théories scientifiques qui ont naturellement vieilli, sans cesse remplacées par d'autres.

J.F. – Oui, mais elles sont remplacées par d'autres pour de bonnes raisons : parce que la connaissance progresse, parce qu'on observe des faits nouveaux, parce que l'expérience départage des hypothèses.

M. – Il est vrai que la biologie et la physique théorique ont apporté des connaissances extraordinaires sur l'origine de la vie et sur la formation de l'univers. Mais, est-ce que ces connaissances permettent d'élucider les mécanismes fondamentaux du bonheur et de la souffrance ? Il ne faut pas perdre de vue les buts que l'on se fixe. C'est un progrès incontestable que de connaître la forme et les dimensions exactes de la terre, mais qu'elle soit ronde ou plate ne change pas grand chose au sens de l'existence. Quels que puissent être les progrès de la médecine, on ne peut que soulager temporairement des souffrances qui ne cessent de ressurgir et culminent avec la mort. On peut arrêter un conflit, une guerre, mais d'autres surviendront, à moins que l'esprit des gens ne change. N'y-a-t-il pas, en revanche, un moyen de découvrir une paix intérieure qui ne dépende pas de la santé, du pouvoir, du succès, de l'argent, des plaisirs des sens ?

J.F. – Je comprends bien cela, mais je ne vois pas en quoi les deux démarches sont incompatibles. La biologie, la science, en l'occurrence la biologie moléculaire, apportent des solutions à des maladies, donc contribuent à réduire les souffrances humaines. Et la satisfaction intellectuelle de découvrir les mécanismes fondamentaux de la vie, c'est une satisfaction désin‹ téressée. Est-ce que tu n'as pas envisagé que tu pourrais combiner ces deux aspects de tes préoccupations ?

M. – Le bouddhisme ne s'oppose pas à la science. Il la considère comme une vision importante mais partielle de la connaissance. Je n'éprouvais donc pas le besoin de lui consacrer les mêmes efforts et de partager mon existence. Je me sentais un peu comme un oiseau en cage et n'avais qu'une pensée : « A moi la liberté ! »

J.F. – Te tiens-tu au courant de la science ?

M. – Je continue de suivre les découvertes de la biologie avec d'autant plus d'intérêt que je ne passe pas mes journées à établir la carte génétique du chromosome d'une bactérie, ce à quoi j'ai consacré les cinq années de ma recherche. Vus globalement, les résultats des recherches de milliers de chercheurs, au fil de décennies, sont certes passionnants, mais la vie d'un chercheur, c'est d'étudier pendant des années un aspect très précis de ces recherches, les éléments d'un puzzle qui, assemblés, offre une image claire d'un phénomène physique ou biologique. Le chercheur ordinaire contemple rarement le tableau d'ensemble de la science et il éprouve parfois un sentiment de frustration lorsque de grands efforts ne se traduisent que par des résultats mineurs. Il arrive bien sûr qu'un chercheur fasse une découverte majeure, celle de la structure de l'ADN par exemple...

J.F. – La double hélice...

M. – ... qui le récompense grandement de ses efforts. Mais c'est l'exception, et je ne pouvais comparer l'intérêt de la recherche scientifique avec celui de la recherche spirituelle qui procure une satisfaction, une joie de tous les instants – on a l'impression d'être une flèche qui vole droit vers son but ; chaque instant est précieux, utilisé de la meilleure façon possible.

J.F. – Qu'as-tu fait ensuite ?

M. – Je n'ai pas bougé de Darjeeling pendant sept ans. J'ai vécu auprès de mon maître, Kangyour Rinpotché, jusqu'à sa mort en 1975, puis j'ai continué à pratiquer dans un petit ermitage au-dessus du monastère. C'est à ce moment-là que j'ai rencontré mon deuxième maître, Dilgo Khyentsé Rinpotché, qui était venu conduire les rites funéraires pour Kangyour Rinpotché. J'ai également passé une année à Delhi pour reproduire et imprimer une cinquantaine de volumes de manuscrits tibétains très rares. Lorsque mes amis furent sur le point de commencer en Dordogne la retraite traditionnelle de trois ans, j'ai demandé à Khyentsé Rinpotché si je devais me joindre à eux. Il me répondit : « Tant que je suis en vie, reste étudier auprès de moi. » C'est ainsi que j'ai vécu douze ans à ses côtés, écoutant ses enseignements, le servant, l'accompagnant dans ses voyages. Je suis devenu moine en 1979. Ces années passées en sa compagnie constituaient la meilleure retraite et le meilleur enseignement que je pouvais recevoir, des années inoubliables au cours desquelles j'ai acquis une certitude intérieure que rien ni personne ne peut m'arracher.

J.F. – Tu as également vécu au Bhoutan, mais as-tu connu le Tibet ?

M. – Le Bhoutan est un royaume montagneux qui a échappé aux invasions depuis l'époque où le bouddhisme y a été introduit au VIIIᵉ siècle. La culture bouddhiste a pu ainsi s'y épanouir sans obstacles, et ses valeurs sont profondément ancrées dans l'esprit de ses habitants. Après avoir fui l'occupation chinoise du Tibet, Khyentsé Rinpotché devint le maître bouddhiste le plus vénéré au Bhoutan, du roi au plus humble fermier. Cela a donc été un privilège pour moi de vivre dans ce pays. J'ai aussi eu la chance d'accompagner trois fois Khyentsé Rinpotché au Tibet. Il ne restait que des ruines de son monastère, mais pour les survivants, qui bien souvent avaient passé quinze ou vingt ans en prison, le retour de Khyentsé Rinpotché après trente ans d'exil était comme le soleil qui se lève soudain après une longue nuit obscure. Malgré la tragédie qui continue à y sévir, le Tibet demeure un pays extraordinaire, éminemment propice à la vie contemplative [1].

Maintenant, je vais inverser, en quelque sorte, le sens de l'interrogation. Tu m'as fait décrire et expliquer mon parcours, et tu m'y feras revenir sans doute. Mais quel a été ton propre itinéraire ? Qu'est-ce qui t'a fait souhaiter cet entretien ?

J.F. – Il est naturel d'éprouver de la curiosité pour un trajet tel que le tien, parce qu'il comporte une rupture radicale avec celui que ta vie, tes études, ton appartenance culturelle paraissaient t'avoir tracé. Mon itinéraire est beaucoup plus classique, bien que, à l'intérieur de ma propre culture et par rapport à ma formation initiale, j'aie moi aussi effectué une sorte de rupture permanente avec les courants majoritaires de

---

1. Voir *L'Esprit du Tibet*, la vie et le monde de Khyentsé Rinpotché, photos et narration de Matthieu Ricard, Editions du Seuil, 1996.

ma génération et de rébellion contre la pensée conventionnelle ambiante. Mais tout en restant, je le répète, dans le cadre de ma propre culture.

M. – Mais qu'est-ce qui t'a fait souhaiter discuter avec le représentant d'une autre culture que je suis devenu ?

J.F. – D'abord, c'est à la fois une autre culture et la même culture. Les philosophies de l'Extrême-Orient appartiennent au patrimoine universel, même si on peut déplorer qu'elles ne soient pas suffisamment étudiées chez nous en dehors du cercle des spécialistes. Or, si je réfléchis au motif pour lequel, à l'âge de dix-neuf ans, quand je commençai mes études supérieures, je m'orientai vers la philosophie, et non vers les Lettres ou vers l'Histoire pour lesquelles j'avais autant de goût, c'est parce que la philosophie me semblait pouvoir m'apporter la clef d'une connaissance coiffant toutes les autres, y compris les Lettres et l'Histoire, y compris même la Science. Et d'une connaissance, qui fût en même temps une sagesse, c'est-à-dire un art de vivre joint à une morale.

M. – Et la philosophie occidentale ne t'a pas apporté cette clef ?

J.F. – Je ne dirai pas exactement cela. Je dirai plutôt qu'elle me parut avoir délibérément trahi sa mission, notamment à partir du début du xixᵉ siècle. Je ne parvins naturellement à cette conclusion qu'après plusieurs années de fréquentation directe des textes, en tenant à distance les ultimatums de la vulgate conformiste, fût-elle « réinterprétatrice ». Mon sentiment final me conduisit à écrire mon premier livre, *Pourquoi des Philosophes ?*, paru en 1957. Il eut un succès ou, en tout cas, un retentissement qui me surprit moi-même. Le bruit qu'il fit ne fut certes pas tout d'approbation, loin de là, puisque je fus assourdi par les piaillements outragés de la coterie philosophique. Mais l'ampleur de la controverse m'imposa de la résumer et de répondre à mes contradicteurs dans un livre intitulé *la Cabale des dévots*, paru en 1962, qui prolonge *Pourquoi des Philosophes?*

M. – Cependant, par la suite on t'a surtout connu comme écrivain politique. Comment expliques-tu cette métamorphose?

J.F. – Ce ne fut pas une métamorphose, car la réflexion sur la politique a toujours été une branche de la philosophie. Je ne vais pas ici raconter toute ma vie, puisque, au demeurant, je viens de publier mon auto-biographie[1]. Non seulement la théorie politique, donc, a toujours fait partie de la philosophie, mais, depuis le XVIIIe et, surtout, le XIXe siècles elle est en outre devenue l'axe majeur de la morale. L'idée directrice du Siècle des lumières, et, plus tard, du socialisme « scienti-fique » de Marx et Lénine, c'est, en effet, que, désor-mais, l'alliance du bonheur et de la justice passait non plus par une recherche individuelle de la sagesse, mais par une reconstruction de la société tout entière. Et pour construire une société nouvelle, il fallait au préa-lable détruire complètement l'ancienne. C'est à la fin du XVIIIe siècle que le concept de révolution prend son sens moderne. Le salut personnel se trouve dès lors subordonné au salut collectif. Nous serons amenés, j'imagine, dans la suite de nos entretiens à développer ce sujet capital. Pour l'heure, qu'il me suffise de dire que, vers 1965, 1970, je crus constater la faillite irrémé-diable de cette illusion, mère des grands totalitarismes qui ont ravagé notre XXe siècle. J'écrivis pour le dire, en 1970, mon premier ouvrage politique à caractère géné-ral (j'en avais publié deux ou trois auparavant, mais qui concernaient plus particulièrement la France). Ce fut *Ni Marx ni Jésus* (*Without Marx or Jesus* dans l'édition américaine), titre impliquant un double refus : celui du totalitarisme politique et celui du totalitarisme reli-

---

1. *Le Voleur dans la maison vide*, Plon, 1997.

gieux. Ce livre provoqua une certaine surprise, parce que j'y soutenais que la vraie révolution du xxᵉ siècle finirait par être la révolution libérale et non la révolution socialiste, d'ores et déjà morte. Il connut un succès mondial. Il resta près d'un an sur la liste des best-sellers aux Etats-Unis (parce que j'y défendais la « société ouverte », américaine, contre les « sociétés closes », socialistes ou fascistes). Il fut traduit dans une quinzaine de langues étrangères, ou plus. J'ai même un exemplaire en malgache !

M. – N'est-ce pas ce succès qui, en te poussant dans le rôle d'écrivain politique – et d'éditorialiste politique dans la grande presse – t'a éloigné de la philosophie proprement dite ?

J. F. – Il ne m'en a pas éloigné. Comme *Ni Marx ni Jésus*, mes principaux livres ultérieurs posent une question ancrée dans la nature humaine elle-même, une question de tous les temps, même si je la traite à l'aide d'exemples contemporains, mais pas seulement. Ainsi, *La Tentation totalitaire* (1976) a pour ressort central l'interrogation suivante : existerait-il chez l'homme une aspiration secrète à l'esclavage politique et intellectuel, aspiration d'autant plus perverse qu'elle se déguise en recherche de la liberté ? Autre exemple : *La Connaissance inutile* (1988) prend pour point de départ cette énigme : comment se fait-il que l'espèce humaine, non seulement aujourd'hui mais durant toute son histoire, néglige délibérément les informations dont elle dispose, et qui lui permettraient de s'épargner certaines catastrophes ? Pourquoi se précipite-t-elle ainsi comme à dessein si souvent dans l'échec, la souffrance et la mort ? Ce sont-là des problèmes philosophiques, si je ne m'abuse. Mais je ne vais pas te faire un cours sur mes œuvres complètes.

M. – Et ces livres-là ont obtenu la même audience internationale que *Ni Marx ni Jésus* ?

J.F. – Sensiblement la même, quoique variable

selon les pays. Ainsi *La Connaissance inutile* a eu moins de succès aux Etats-Unis, mais a été un best-seller dans les pays latins, Espagne, Italie, Portugal et Amérique latine, outre la France, bien entendu, ainsi que dans les pays ex-communistes après 1989, une fois que la chute du Rideau de fer eut permis la libre circulation des livres et des idées. Mais le vrai phénomène n'est pas là. Il est dans ce mystère : avoir de nombreux lecteurs ne signifie pas qu'on soit vraiment compris, ni qu'on parvienne à influencer le réel, même si, comme moi, on a la chance, outre les livres, de disposer dans la presse nationale et internationale de tribunes permettant de divulguer et réexposer ses idées à un public encore plus vaste.

M. – Ce mystère, comment l'expliquer ?

J.F. – Si on pouvait l'expliquer complètement, on pourrait guérir la maladie de l'esprit dont il procède. Voilà qui nous ramène à la philosophie dite « première », celle qui vise à la conquête personnelle de la clairvoyance et de la sagesse, bref le sujet central de nos entretiens.

Religion ou philosophie ?

JEAN-FRANÇOIS – Je t'ai interrogé sur ton itinéraire par rapport à ta vocation de chercheur scientifique occidental. Je souhaiterais maintenant savoir comment s'est situé ton choix par rapport aux autres religions et aux autres doctrines spirituelles, car tu t'es tourné vers le bouddhisme, non pas parce que tu as été déçu par l'une quelconque des religions occidentales, mais alors que tu venais, au fond, d'une culture a-religieuse. Bien que ton père et ta mère soient tous les deux issus de familles catholiques, ils ne pratiquaient pas, et tu as reçu une éducation laïque, rationaliste, dans un milieu scientifique qui, globalement, n'était pas particulièrement tourné vers la piété. Nombre d'Occidentaux se tournent vers d'autres religions que la leur, l'islam ou le bouddhisme par exemple, parce qu'ils sont déçus par la foi de leur tradition. Toi, tu es, en somme, passé d'une sorte d'indifférence, ou d'apesanteur religieuse, au bouddhisme. Mais attention... je viens de dire « religieux »... or nous touchons là, précisément, à l'un des grands problèmes interprétatifs du bouddhisme. Le bouddhisme est-il une religion ou une philosophie ? On en discute encore aujourd'hui. Le premier contact que tu as raconté avec le sage qui t'a fait une si grande impression sans même te parler, puisque vous ne pouviez pratiquement communiquer dans aucune langue, cette première expérience me fait penser à celle d'un jeune Grec qui, lorsqu'il approchait la personne d'un sage, était, avant toute initiation conceptuelle, impressionné par sa personnalité en tant que modèle. Compte tenu de cette première expérience, s'agissait-il d'une conversion au sens religieux ou d'une sorte d'illumination purement philosophique?

MATTHIEU – Tout d'abord, pour en revenir au premier aspect de ta question, je considère que ce fut une très grande chance pour moi de venir au bouddhisme avec un esprit vierge; de sorte que mon intérêt pour le bouddhisme n'a suscité aucun conflit intérieur, aucun sentiment de « rejet » d'une autre religion ou croyance. Bien qu'élevé dans un milieu libre penseur, je n'ai jamais eu une attitude négative vis-à-vis des religions, et j'avais, à travers mes lectures, développé un profond intérêt pour les grandes traditions spirituelles – l'hindouisme, l'islam, la chrétienté – sans m'y être engagé de façon personnelle, en tant que pratiquant. C'est donc bien la rencontre avec un grand maître spirituel, Kangyour Rinpotché, un sage, modèle d'une perfection dont je ne saisissais pas encore tous les aspects, bien qu'elle me parût évidente, qui a inpiré un engagement véritable sur le chemin spirituel. Une telle rencontre est bien difficile à décrire – un Tibétain dirait « aussi difficile que pour un muet de décrire la saveur du miel ». Ce qui lui donne sa valeur, c'est qu'il ne s'agit pas d'une spéculation abstraite, mais d'une expérience directe, d'une constatation – faite de mes propres yeux et qui vaut plus que mille discours.

Ensuite, comment ai-je peu à peu découvert et perçu le bouddhisme? Est-ce une religion? Est-ce une sagesse, une métaphysique? C'est une question fréquemment posée au Dalaï-lama, qui y répond souvent avec humour : « Pauvre bouddhisme! Voilà qu'il est rejeté par les religieux, qui disent que c'est une philosophie athée, une science de l'esprit, et par les philosophes, qui ne classent pas le bouddhisme parmi les philosophies mais le rattachent aux religions. Le bouddhisme n'a donc nulle part droit de cité. Mais, ajoute Le Dalaï-lama, c'est peut-être là un avantage qui permet au bouddhisme de jeter un pont entre religions et philosophies. » En essence, je dirai que le bouddhisme est une tradition métaphysique dont émane une sagesse applicable à tous les instants de l'existence et dans toutes les circonstances.

Le bouddhisme, en effet, n'est pas une religion, si l'on entend par religion l'adhésion à un dogme que l'on doit accepter par un acte de foi aveugle, sans qu'il soit nécessaire de redécouvrir par soi-même la vérité de ce dogme. Mais si l'on considère l'une des étymologies du mot religion, qui est « ce qui relie », le bouddhisme est pour sûr relié aux plus hautes vérités métaphysiques. Le bouddhisme n'exclut pas non plus la foi, si l'on entend par foi une conviction intime et inébranlable qui naît de la découverte d'une vérité intérieure. La foi c'est aussi un émerveillement devant cette transformation intérieure. D'autre part, le fait que le bouddhisme ne soit pas une tradition théiste conduit nombre de chrétiens, par exemple, à ne pas le considérer comme une « religion » au sens courant du terme. Enfin, le bouddhisme n'est pas un « dogme », car le Bouddha a toujours dit que l'on devait examiner ses enseignements, les méditer, mais qu'on ne devait pas les accepter simplement par respect pour lui. Il faut découvrir la vérité de ses enseignements en parcourant les étapes successives qui mènent à la réalisation spirituelle. On doit les examiner, dit le Bouddha, comme on examine un morceau d'or. Pour savoir s'il est pur, on frotte l'or sur une pierre plate, on le martèle, on le fait fondre au feu. Les enseignements du Bouddha sont comme des carnets de route sur la voie de l'Eveil, de la connaissance ultime de la nature de l'esprit et du monde des phénomènes.

Pourquoi le Bouddha est-il vénéré ? Il n'est pas vénéré comme un Dieu, ou comme un saint, mais comme le sage ultime, comme la personnification de l'Eveil. Le mot sanscrit « bouddha » signifie « celui qui a réalisé », celui qui a assimilé la vérité, et le mot par lequel il est traduit en tibétain, « sanguié », est composé de deux syllabes : « sang » signifie qu'il a « dissipé » tout ce qui voile la connaissance, et aussi qu'il s'est « éveillé » de la nuit de l'ignorance ; et « guié » signifie qu'il a « développé » tout ce qui est à développer, c'est-à-dire toutes les qualités spirituelles et humaines.

J.F. – Tu parles de l'enseignement du Bouddha. Mais, en fait, quel enseignement ? Il ne reste pas de textes originels du Bouddha...

M. – Il reste, en fait, plus d'enseignements canoniques dans le bouddhisme que dans toute autre tradition. Le Bouddha n'a pas écrit, mais le recueil de ses sermons, les *Paroles* du Bouddha, remplissent cent-trois volumes du canon tibétain.

J.F. – Mais est-ce que c'est de lui ?

M. – Lors d'un concile qui fut tenu peu de temps après sa mort, cinq cents de ses plus proches disciples – notamment ceux qui passèrent la plus grande partie de leur vie auprès de lui – se réunirent pour compiler l'ensemble des enseignements du Bouddha. Les sermons ou paroles du Bouddha – les soûtras – ont ainsi été récités par ces disciples éminents, tandis que ceux qui écoutaient les corrigeaient quand c'était nécessaire. Il faut se rappeler que la tradition orale à toujours joué un rôle primordial dans la transmission du savoir en Orient, et ce jusqu'à nos jours, et que les Orientaux sont souvent doués d'une mémoire étonnante. Ce n'est pas une fiction. J'ai moi-même maintes fois écouté des maîtres et des étudiants tibétains réciter de mémoire des textes de plusieurs centaines de pages, tout en s'arrêtant de temps à autre pour en commenter le sens, et ce avec une fidélité qui m'a toujours étonné, moi qui suivais le texte sur le papier ! Les soûtras s'ouvrent donc par la formule : « En tel lieu et en telle circonstance, j'ai entendu le Bouddha parler ainsi... » Si l'on songe que le Bouddha a enseigné sans interruption de l'âge de 30 ans jusqu'à sa mort, à l'age de 81 ans, et qu'il reprenait à maintes reprises les mêmes sujets, comme le font aujourd'hui les maîtres bouddhistes, il est raisonnable de penser que ses proches disciples, qui passèrent trente à quarante ans auprès de lui, ont retenu une version fidèle des enseignements du maître, même si cette version n'était pas exacte au mot près. Ceux d'entre nous qui ont passé une vingtaine d'années auprès des maîtres tibétains sont capables, sans être doués de facultés intellectuelles exceptionnelles, d'exprimer l'essence de cet enseignement de façon raisonnablement fidèle. A ces *Paroles* s'ajoutent deux-cent-treize volumes de commentaires, d'exégèses, écrits par d'éminents sages et érudits indiens au cours des siècles qui suivirent la mort du Bouddha, et des milliers de volumes écrits par la suite au Tibet, qui font de la littérature classique tibétaine la plus riche d'Orient, après la littérature sanskrite et la chinoise.

J.F. – Tu veux dire la plus riche au sujet du bouddhisme ?

M. – Pas seulement. La littérature tibétaine est certes entièrement consacrée aux enseignements bouddhistes et aux sciences traditionnelles qui s'y sont greffées – la médecine, la grammaire, les langues, l'astronomie... Mais cela ne l'empêche pas d'être, en richesse et en volume, la troisième littérature de l'Orient. Jusqu'à ces dernières années, il n'y avait jamais eu de « romans » tibétains... Il y a suffisamment à faire avec la réalité !

J.F. – Oui... Mais lorsqu'on applique à l'étude du bouddhisme les critères de la méthode historique, comme l'a fait en France Alfred Foucher, par exemple, dans son livre *la Vie du Bouddha, d'après les textes et les monuments de l'Inde*[1], il semble que les successeurs du Bouddha aient fait preuve d'une imagination considérable. Une hagiographie s'est construite, concernant sa naissance miraculeuse, sortant du flanc droit de sa mère, étant déjà entièrement formé dans le sein de sa mère dix mois avant l'accouchement, etc. Il semble que l'imagination orientale, comme dans toutes les hagiographies, ait considérablement brodé et qu'il soit difficile de retrouver le substrat historique authentique de l'enseignement du Bouddha. Tu me répondras qu'il en va de même pour Socrate, dont nous ne connaissons les idées qu'indirectement. On ne sait pas très bien ce qui, dans les récits de ses disciples, vient de Socrate, et ce qui a été ajouté par Platon ou par Xénophon. Mais ce sont là des contemporains de Socrate. Et puis nous avons le témoignage d'Aristophane, intéressant contrôle puisqu'il est hostile à Socrate. Dans le cas du Bouddha, il semble que le sens du merveilleux propre à l'imagination indienne ait rendu très difficile une définition rigoureuse de la doctrine authentique du Bouddha.

M. – Tout d'abord, le contenu des enseignements du Bouddha a bien été établi par ses contemporains, comme je l'ai dit il y a quelques instants. De plus, le merveilleux dont tu parles n'affecte pas le corps même des enseignements ; il concerne les hagiographies du Bouddha qui furent écrites au cours des siècles. Les enseignements, en effet, portent sur des sujets philosophiques ou métaphysiques – sur la nature de l'être,

---

1. Maisonneuve, 1949. Il faut mentionner également l'ouvrage de H.W. Schumann, *Der Historiche Buddha*, Eugen Diederichs Verlag, 1982, et sa traduction anglaise, *The Historical Buddha*, Arkana, Penguin Group, London, 1989. Dans *Sur les Traces de Siddhartha*, éditions J.-C. Lattès, 1996, Thich Nhat Hanh, nous offre lui une version poétique et inspirante de la vie du Bouddha, élaguée des aspects surnaturels.

l'ignorance, la cause de la souffrance, la non-existence du moi et des phénomènes en tant qu'entités indépendantes, la loi de cause à effet, etc. De tels sujets ne sont guère susceptibles d'être enjolivés par le merveilleux !

J.F. – Alors revenons à la question : philosophie ou religion ? Ou philosophie *et* religion ? Ce qui me frappe, c'est que le bouddhisme, en gros, a en Occident une image très favorable. Pas seulement en ce moment, où cette sympathie est stimulée par la compassion que l'on éprouve pour les souffrances du peuple tibétain, renforcée aussi par l'éclat que la personnalité du Dalaï-lama a acquis sur le plan international, de l'affection, disons même de la vénération qu'il s'est attirée, y compris sur tous les continents étrangers au bouddhisme. Mis à part ce facteur politique récent, le bouddhisme bénéficie en Occident d'un respect qui ne date pas d'hier. On y a toujours vu une doctrine épurée, susceptible par conséquent d'être acceptée par l'esprit critique, par le rationalisme occidental en y ajoutant une dimension morale et spirituelle. Une dimension de sagesse, quelque chose de plus même, qui ne soit pas incompatible avec les critères qui se sont développés en Occident, depuis l'époque dite de la « philosophie des lumières » et du rationalisme du XVIIIe siècle, avec l'esprit scientifique moderne. Or, lorsqu'on vient en Asie, cette vision éthérée est mise à rude épreuve. Quelqu'un comme moi est frappé, je dirais même choqué, par quantités d'aspects dans la pratique du bouddhisme que je ne peux pas définir autrement que comme des superstitions. Les drapeaux de prières, les moulins à prières, la croyance en la réincarnation. Nous avons vu avanthier, par exemple, la présentation dans votre monastère de Kathmandou, d'un enfant de trois ans qui a été récemment « reconnu » comme étant la réincarnation de ton maître défunt.

M. – Khyentsé Rinpotché.

J.F. – Qui est décédé quand ?

M. – En 1991.

J.F. – Et l'enfant est né ?...

M. – En 1993.

J.F. – Voilà !... Donc, en vertu de quelle procédure a-t-on décidé que le Rinpotché s'était réincarné dans cet enfant ?

M. – La continuation de la conscience après la mort relève, dans la plupart des religions, du dogme révélé. Dans le cas du bouddhisme, on se place sur le plan de l'expérience contemplative vécue par des êtres certes hors du commun mais suffisamment nombreux pour que l'on tienne compte de leur témoignage, à commencer par celui du Bouddha. Tout d'abord, il faut bien comprendre que ce qu'on appelle réincarnation dans le bouddhisme n'a rien à voir avec la transmigration d'une « entité » quelconque, rien à voir avec la métempsycose. Tant que l'on raisonne en termes d'entités plutôt que de *fonction*, de *continuité*, le concept bouddhiste de renaissance ne peut pas être compris. Il est dit « qu'aucun fil ne passe au travers des perles du collier des renaissances. » Il n'y a pas identité d'une « personne » au travers de renaissances successives, mais conditionnement d'un flot de conscience.

J.F. – La métempsycose n'existe-t-elle pas dans le bouddhisme ? J'ai cru comprendre que la migration des âmes est un dogme fondamental du bouddhisme. Ne s'agit-il pas d'aboutir à ce qu'on appelle le *nirvana*, à cet état où l'on n'est plus obligé de se réincarner dans un être ?

M. – Avant de clarifier cette notion de « réincarnation sans âme qui se réincarne », je répondrai dans l'ordre à tes questions. Tu constatais tout d'abord que le bouddhisme était perçu en Occident comme une métaphysique tout à fait acceptable intellectuellement. La raison principale en est, je crois, que le bouddhisme s'adresse à des préoccupations fondamentales qui concernent tout être vivant et que les enseignements les plus essentiels du bouddhisme ne sont pas teintés d'exotisme, ni influencés par des facteurs culturels du genre de ceux qui t'ont surpris. Le bouddhisme analyse et démonte les mécanismes du bonheur et de la souffrance. D'où provient la souffrance? Quelles en sont les causes? Comment y remédier? Peu à peu, à la fois par l'analyse et la contemplation, le bouddhisme remonte aux causes profondes de la souffrance. C'est une recherche qui intéresse tout être humain, qu'il soit bouddhiste ou non.

J.F. – Définis ce que tu appelles la souffrance.

M. – La souffrance est un état d'insatisfaction profonde, qui est parfois associée à la douleur physique, mais qui est avant tout une expérience de l'esprit. Il est évident que différentes personnes perçoivent les mêmes choses de façons opposées, soit plaisantes soit déplaisantes. La souffrance surgit lorsque le « moi », que nous chérissons et protégeons, est menacé ou n'obtient pas ce qu'il désire. Les souffrances physiques les plus intenses peuvent être vécues de manières très différentes selon notre disposition d'esprit. De plus, les buts ordinaires de l'existence – le pouvoir, les possessions, les plaisirs des sens, la renommée – peuvent procurer des satisfactions momentanées, mais ne sont jamais la source d'une satisfaction permanente et, un jour ou l'autre, se transforment en mécontentement. Elles n'apportent jamais une plénitude durable, une paix intérieure invulnérable aux circonstances extérieures. En poursuivant toute notre vie des buts mondains, nous avons aussi peu de chance d'atteindre un bonheur véritable qu'un pêcheur qui jette ses filets dans une rivière à sec.

J.F. – Nous avons cela, exactement dans ces termes-là, à la fois dans l'épicurisme et dans le stoïcisme.

M. – Cet état d'insatisfaction est caractéristique du monde conditionné, qui, par nature, ne peut apporter que des satisfactions éphémères. En termes bouddhistes, on dira que le monde ou « cercle » des renaissances, le *samsara*, est imprégné de souffrance. Mais ceci n'est nullement une vision pessimiste du monde, c'est une simple constatation. L'étape suivante consiste en effet à chercher des remèdes à cette souffrance. Pour cela il faut en connaître la cause. En première analyse, le bouddhisme conclut que la souffrance naît du désir, de l'attachement, de la haine, de l'orgueil, de la jalousie, du manque de discernement et de tous les facteurs mentaux que l'on appelle « négatifs » ou « obscurcissants » parce qu'ils troublent l'esprit et le plongent dans un état de confusion et d'insécurité. Ces émotions négatives naissent de la notion d'un « moi » que nous chérissons et voulons protéger à tout prix. Cet attachement au moi est un fait, mais l'objet de cet attachement, le « moi », n'a aucune existence réelle – il n'existe nulle part et d'aucune façon comme une entité autonome et permanente. Il n'existe ni dans les parties qui constituent l'individu – le corps et l'esprit –, ni en dehors de ces parties, ni dans leur assemblage. Si l'on avance que le moi correspond à la réunion de ces parties, cela revient à concéder qu'il n'est qu'une simple étiquette posée par l'intellect sur la réunion temporaire de divers éléments interdépendants. Le moi n'existe en effet dans aucun de ces éléments, et sa notion même disparaît dès que ces éléments se séparent. Ne pas démasquer l'imposture du moi, c'est l'ignorance : l'incapacité momentanée à reconnaître la nature véritable des choses. C'est donc cette ignorance qui est la cause ultime de la souffrance. Si nous arrivons à dissiper notre compréhension erronée du moi et de la croyance en la solidité des phénomènes, si nous reconnaissons que ce « moi » n'a pas d'existence propre, pourquoi craindrions-nous de ne pas obtenir ce que nous désirons et de subir ce que nous ne désirons pas ?

J.F. – Cette partie de l'analyse est commune au bouddhisme et à de nombreuses philosophies occidentales. Disons, à la sagesse de l'Antiquité. On la retrouve développée chez Montaigne en France, et puis chez Pascal, avec une intention apologétique chrétienne.

M. – C'est peut-être à cause de cette simplicité première du bouddhisme exotérique que le monde occidental se sent en affinité avec son enseignement et peut y pénétrer d'emblée.

J.F. – A mon sens, ce qui a séduit certains philosophes occidentaux dans le bouddhisme, c'est l'idée d'accéder à une certaine sérénité. Je ne voudrais pas employer le mot « apathie » au sens négatif du terme. Il s'agit de ce que, dans un mot pédant, certaines écoles psychologiques appelaient l'ataraxie. L'ataraxie, c'est l'état imperturbable – d'après le stoïcisme – que doit atteindre le sage, c'est-à-dire le fait de n'être plus exposé aux effets imprévisibles du bien et du mal qui surviennent dans la réalité quotidienne.

M. – Il est essentiel de ne pas confondre sérénité et apathie. L'une des caractéristiques d'une pratique spirituelle stable est l'invulnérabilité aux conditions extérieures, favorables ou défavorables. On compare l'esprit du pratiquant à une montagne que les vents ne peuvent ébranler : il n'est ni tourmenté par les difficultés ni exalté par le succès. Mais cette équanimité intérieure n'est ni apathie ni indifférence. Elle s'accompagne d'une véritable jubilation intérieure et d'une ouverture d'esprit qui se traduit par un altruisme à toute épreuve.

J.F. – C'est l'élément commun à toutes les sagesses. On croirait entendre le portrait du sage stoïcien. Il n'est pas étonnant, d'ailleurs, que ce soit précisément dans un âge scientifique où les philosophies ont abandonné l'idéal de la sagesse, qui consistait à procurer les recettes de cette sagesse aux lecteurs ou aux auditeurs du philosophe, que le bouddhisme a acquis une certaine autorité en Occident. Mais au-delà de ce trésor commun à toutes les sagesses, la séduction du bouddhisme à l'air d'aller un tout petit peu au-delà... Une fusion du moi dans une sorte d'indétermination.

M. – Il ne s'agit nullement de s'éteindre dans une indétermination amorphe, mais de reconnaître avec lucidité que ce « moi » n'a aucune existence propre et qu'il est la source de tous nos maux. Le bouddhisme offre ici un éventail très riche de moyens pour atteindre la paix intérieure qui découle du relâchement de cet attachement au moi. On ne se contente pas de décrire les événements mentaux, mais on les transforme, on les « libère ». Avant de parler de ces moyens, je voudrais dire quelques mots à propos de l'ego, de l'attachement au moi en tant qu'expression première de l'ignorance et cause des émotions perturbatrices. Le bouddhisme offre en effet une analyse très détaillée de la notion d'ego, de la façon dont on se perçoit comme une « personne » et dont on perçoit les phénomènes extérieurs comme des « entités » solides. La racine même de toutes ces émotions perturbatrices, c'est la perception que nous avons de notre personne, de notre « moi » comme une entité qui existerait en elle-même, de façon autonome, soit dans le courant de notre pensée, soit dans notre corps. Mais si ce moi existe vraiment, où est-il ? Dans le corps ? Dans le cœur ? Dans le cerveau ? Est-il diffus dans l'ensemble du corps ? Il est facile de voir que le « moi » n'existe nulle part dans le corps.

J.F. – J'ai l'impression de revenir à l'époque où les philosophes occidentaux se demandaient où, dans le corps, se situait l'âme. Descartes la localisait dans la glande pinéale, l'hypophyse. Cette question n'est-elle pas puérile ? La conscience du moi existe, sans pour autant avoir à résider dans telle ou telle partie du corps !

M. – Voilà pourquoi l'étape suivante consiste à se demander si le « moi » est présent dans notre esprit, dans le courant de notre conscience. Ce courant peut être décomposé en pensées passées, présentes, et futures. Le « moi » ne peut être la somme de ces moments, car cette somme n'existe à aucun de ces moments particuliers. La pensée passée est morte, elle n'existe plus. Comment le moi pourrait-il appartenir à ce qui n'est que mémoire ? Le futur n'est pas encore né, donc le moi ne peut pas non plus se trouver dans un futur inexistant. Reste le présent. Pour exister, cette entité « moi » devrait avoir des caractéristiques précises. Mais il n'a ni couleur, ni forme, ni localisation. Plus on le cherche, moins on le trouve ! Le moi n'est donc qu'une étiquette attachée à une apparente continuité.

Une telle démarche permet d'affaiblir l'attachement à la notion d'un « moi » considéré comme une entité toute-puissante qui nous entraîne à vouloir ce qui est désirable et à repousser ce qui ne l'est pas. Ce sentiment du « moi » autonome provoque d'ordinaire une fracture entre « moi » et « autrui ». De cette alternance d'attraction et de répulsion naissent des myriades de pensées et d'émotions perturbatrices, qui se traduisent en paroles et en actes et construisent notre souffrance. Découvrir par l'expérience directe, par l'analyse et, surtout, par la contemplation que ce « moi » n'a pas d'existence réelle est un processus éminemment libérateur. Je pense que ce genre d'analyse s'est révélé utile à nombre d'Occidentaux, d'autant plus qu'il s'accompagne d'une incroyable variété de techniques permettant de travailler sur les pensées afin de ne plus en être l'esclave. Mais nous y reviendrons.

J.F. – Ouf ! On aimerait avoir ces quelques détails techniques...

M. – On parle, en théorie, de quatre-vingt-quatre mille approches ou portes d'entrée dans le bouddhisme ! Ce nombre indique qu'en fait chacun peut partir de là où il est. Pour gravir le Mont Everest on peut partir des embouteillages d'une banlieue parisienne ou de la verdoyante campagne népalaise : le but est le même mais les modalités du voyage sont différentes. De la même façon, sur le chemin spirituel, chacun démarre du point où il ou elle se trouve, avec une nature, des dispositions intérieures, une architecture intellectuelle, des croyances différentes... Et chacun peut trouver un moyen « sur mesure » lui permettant de travailler sur la pensée et de se libérer peu à peu du joug des émotions perturbatrices, pour finalement percevoir la nature ultime de l'esprit.

J.F. – Cet aspect-là, sans que les méthodes soient partout les mêmes, est également un des aspects d'une certaine tradition de la philosophie occidentale. Comment imposer une discipline à ses propres pensées est un des grands thèmes de la philosophie de l'Antiquité. La philosophie moderne a beaucoup plus l'ambition de connaître la manière dont fonctionne l'esprit que de la modifier.

M. – Le bouddhisme combine la connaissance du fonctionnement de l'esprit – il y consacre des traités entiers – à celle de sa nature ultime. Cette connaissance a une action libératrice sur l'attachement au « moi ». L'éventail déployé dans ce but est à la fois efficace et varié. Une première approche consiste à utiliser des antidotes aux émotions perturbatrices : on développe la patience face à la colère, le non-attachement face au désir, et l'analyse des mécanismes de cause à effet face au manque de discernement. Si l'on donne libre cours à ses émotions, la haine, par exemple, ne fera qu'engendrer la haine. L'histoire des individus et des nations a bien montré que la haine n'a jamais résolu aucun conflit.

J.F. – Ça dépend pour qui... Dans le jeu immémorial de la violence et du crime, il y a malheureusement des gagnants. Quant à la suppression de la haine, on trouve ça dans les Evangiles.

M. – Bien sûr ! Il est intéressant, et normal, d'un point de vue spirituel, de trouver de telles concordances avec les traditions occidentales. Mais revenons à la haine. Prenons l'exemple de quelqu'un qui, sur un accès de colère, nous frappe avec un bâton. Personne ne songera à se mettre en colère contre le bâton – c'est évident. Allons-nous nous mettre en colère contre la personne qui nous agresse ? Si on réfléchit bien, cette personne est consumée par une flambée de colère dont la source est l'ignorance. Elle a perdu tout contrôle d'elle-même. En fait, cette personne est un objet de compassion, tout comme un malade, un esclave. On ne peut pas vraiment lui en vouloir. En dernière analyse, le véritable ennemi, envers lequel aucune pitié n'est permise, c'est la colère elle-même.

J.F. – Oui, mais là-dedans, tu oublies un peu le côté pratique... Il se peut qu'avant même que tu aies eu le temps de faire ce brillant raisonnement, la personne t'ait assommé et qu'elle t'ait fait passer de vie à trépas ! Donc...

M. – Le mieux, bien sûr, c'est d'éviter l'affrontement en neutralisant l'agresseur, ou en s'enfuyant, ce qui n'exclut pas d'utiliser tous les moyens appropriés et toute la vigueur nécessaire, mais *jamais* avec de la haine. Au plus profond de soi, il faut conserver une compassion invincible et une patience inépuisable. Il ne s'agit ni de se livrer passivement à la merci de ceux qui nous agressent ni d'essayer de les détruire par la force, car il s'en trouvera toujours d'autres qui surgiront, mais de découvrir que l'ennemi principal qu'il faut combattre sans merci, c'est le désir de nuire. C'est cela qu'il faut comprendre et, dans la mesure du possible, faire comprendre à autrui.

J.F. – Attends! Tu vas me dérouler toute la doctrine bouddhiste! Cela risque d'être un peu long... Nous y reviendrons... Mais je m'aperçois que tu n'as pas répondu à mon objection sur les superstitions.

M. – Nous y venons; mais permets-moi tout d'abord de compléter ce tableau. L'utilisation d'antidotes est une méthode efficace mais limitée, car les émotions perturbatrices sont, elles, en nombre infini, et il faudrait mettre en œuvre un nombre également infini d'antidotes pour les contrecarrer. La deuxième approche consiste donc à essayer de saisir la nature des pensées et à remonter à leur source même. Une pensée de haine, par exemple, qui nous semble extrêmement solide, puissante, crée comme un nœud dans notre poitrine et bouleverse notre comportement. Mais si on la regarde, on s'aperçoit qu'elle ne brandit pas une arme, qu'elle ne peut nous écraser comme un rocher, ni nous brûler comme le feu. En réalité, tout a commencé par une toute petite pensée qui, peu à peu, a grandi comme une nuée d'orage. De loin, les nuages d'été peuvent sembler très impressionnants, solides, il semble qu'on pourrait s'asseoir dessus. Mais quand on les pénètre, il n'y a rien, ils sont impalpables. De même, lorsqu'on regarde une pensée et que l'on remonte à sa source, on ne trouve rien de tangible. A ce moment même, cette pensée s'évanouit. C'est ce qu'on appelle « libérer les pensées en regardant leur nature », en reconnaissant leur « vacuité ». Une pensée ainsi « libérée » ne déclenchera pas une réaction en chaîne; elle s'évanouira sans laisser de trace, comme un oiseau qui traverse le ciel.

J.F. – Cette vision optimiste appartient à une tradition universelle de sagesse rassurante.

M. – Il ne faut pas se méprendre. Aussi simple qu'elle puisse paraître de prime abord, la libération des pensées n'est ni une vision optimiste ni une collection de recettes sans fondement ni aboutissement. Les

techniques qu'elle met en œuvre émanent d'une
« science contemplative » millénaire, élaborée au prix
d'efforts considérables par des ermites, de nombreuses
heures par jour pendant vingt ou trente ans de leur vie.
Il est inévitable qu'à moins de faire les premiers pas
dans le domaine de l'expérience, pour voir de quoi il
retourne, certains doutent d'une connaissance obtenue
par des méthodes peu familières. A chaque science ses
instruments : sans télescope, on ne peut voir les cra-
tères de la lune ; sans pratique contemplative, on ne
peut voir la nature de l'esprit.

Maintenant, venons-en à ta question sur les
superstitions et la réincarnation. Le bouddhisme parle
d'états successifs d'existence : tout ne se limite pas à la
vie présente. Nous avons connu d'autres états d'existence avant cette naissance et en connaîtrons d'autres
après la mort. Cela nous amène bien sûr à poser une
question fondamentale : Existe-t-il une conscience
immatérielle distincte du corps ? On ne peut parler de
réincarnation sans tout d'abord analyser les rapports
entre le corps et l'esprit. Par ailleurs, puisque le bouddhisme nie l'existence d'un « moi » individuel conçu
comme une entité séparée qui transmigrerait d'existence en existence et passerait de corps en corps, on
peut se demander ce qui relie ces états d'existence successifs.

J.F. – C'est difficile à comprendre.

M. – Il s'agit d'un continuum, un flot de
conscience se perpétue, sans qu'il y ait une entité fixe
et autonome qui le parcoure.

J.F. – Une suite de réincarnations sans aucune
entité déterminée qui se réincarne ? De plus en plus
obscur...

M. – On peut comparer cela à une rivière sans
barque qui en descende le cours, ou à la flamme d'une
lampe qui allume une deuxième lampe, laquelle allume

une troisième lampe et ainsi de suite : au bout de la chaîne, la flamme n'est ni la même ni différente.

J.F. – Simples métaphores...

M. – Il nous faudrait commencer par analyser diverses conceptions modernes et anciennes des rapports entre l'esprit et le corps.

J.F. – Oui, ça, c'est un des grands thèmes... Mais je m'interrogeais encore sur certains aspects, par exemple, celui des drapeaux de prières. Dans les religions les plus épurées, disons celles qui s'éloignent le plus des superstitions, la prière est quelque chose de très personnel. Aussi, l'idée qu'un objet mécanique que l'on fait tourner – le moulin à prières – ou qu'un drapeau qui s'effiloche peu à peu dans le vent puissent tenir lieu de prière me paraît-elle être le degré le plus misérable, le zéro de la prière ! On ne comprend pas comment une doctrine aussi subtile que le bouddhisme peut encourager des croyances pareilles !

M. – En fait, ces coutumes sont très éloignées de la superstition. Elles reflètent simplement la richesse des moyens mis en œuvre par le bouddhisme pour raviver sans cesse notre présence d'esprit. On utilise tous les éléments de la nature – le vent qui fait flotter les drapeaux, le feu de la lampe dont la chaleur fait tourner un moulin à prières, le roc sur lequel on grave ces prières, l'eau d'un torrent qui entraîne les pales d'un autre moulin à prières – comme un rappel, afin que chaque activité, chaque élément de la nature, tout ce qui se présente à nos yeux, soient une incitation à la prière intérieure, à l'altruisme. Lorsqu'un Tibétain imprime ces drapeaux et les met à flotter au vent, il pense : « Où que vole le vent qui passe sur ces prières, puissent tous les vivants être délivrés de la souffrance et des causes de la souffrance. Puissent-t-ils connaître le bonheur et les causes du bonheur. » Il renouvelle le vœu du bodhisattva...

J.F. – Le bodhisattva, c'est...

M. – C'est celui qui chemine vers l'état du Bouddha, vers la perfection, pour le bien d'autrui. Son vœu n'est pas un vœu égocentrique. Il ne pense pas : « Puissé-je être libéré de la souffrance, de tous les tracas de la vie ordinaire, du cercle vicieux du samsara ». C'est un vœu altruiste, né de la contemplation de la souffrance des êtres : « Je suis pour le moment impuissant à soulager les multiples souffrances des êtres ; puissé-je atteindre la connaissance afin d'être capable de tous les aider à se libérer des causes de la souffrance. » On utilise ainsi des supports extérieurs, afin que tout ce qu'on voit, tout ce qu'on entend nous remette en mémoire cette attitude altruiste et devienne un support de réflexion : la nature elle-même devient alors un livre d'enseignements. Tout nous incite à la pratique spirituelle. C'est aussi une façon très humaine de ne pas oublier les instructions du Bouddha.

J.F. – Est-ce que tu es sûr que, pour le bouddhiste moyen, ce concept signifie quelque chose ? Il ne pense pas tout simplement que le moulin à prières prie à sa place ?

M. – Je crois que même si tous les Tibétains ne connaissent pas la doctrine et le symbolisme dans le détail, ils ne font pas tourner un moulin à prières afin que leurs vœux ordinaires – concernant la santé, la prospérité, le succès – soient exaucés. Ils ont présente à l'esprit la notion d'accumuler un « mérite ». On entend par mérite un facteur mental positif qui contribue à dissiper les facteurs mentaux négatifs. Donc, je crois que l'idée qui prédomine en eux est celle d'améliorer, de purifier le courant de leur pensée par une « accumulation de mérites », de renforcer ce flot positif qui tend vers la connaissance. C'est pour cela que les gens font des prosternations, qu'ils tournent avec respect autour des monuments sacrés et font des offrandes de lumière dans les temples.

J.F. – Dans le catholicisme, allumer un cierge dans

une église implique l'idée très superstitieuse que ce cierge peut nous valoir la grâce d'un saint, de la Sainte Vierge ou de Dieu lui-même, pour exaucer un vœu. C'est à ce point une superstition, qu'on observe souvent des gens qui ne sont ni pratiquants ni même croyants offrant un cierge quand ils visitent une cathédrale.

M. – Ces coutumes sont des supports extérieurs utiles permettant aux croyants de se relier à une vérité intérieure. Je sais, par expérience, que les fidèles tibétains sont conscients, lorsqu'ils offrent des milliers de lampes à beurre – l'équivalent des cierges – que le symbole de la lumière est celui de la connaissance qui dissipe les ténèbres. Et la prière que fera un fidèle en offrant ces lampes sera : « Puisse la lumière de la connaissance surgir en moi et en tous les êtres, dans cette vie et dans les vies suivantes ». Même les gens simples sont conscients de ce symbolisme. Il en est de même lorsqu'ils récitent des mantras.

J.F. – Définis un mantra.

M. – Etymologiquement, « mantra » signifie « ce qui protège l'esprit », non pas d'une calamité quelconque mais de la distraction, de la confusion mentale. Un mantra est une formule courte que l'on répète de nombreuses fois, comme dans le cas, par exemple, de la prière du cœur chez les orthodoxes qui s'accompagne de la répétition constante du nom de Jésus. Cette technique de répétition se trouve dans toutes les traditions spirituelles.

J.F. – Ce n'est pas leur aspect spirituellement le plus élevé.

M. – Pourquoi pas ? La récitation sert à calmer les mouvements superficiels de l'esprit et permet d'observer la nature de cet esprit.

J.F. – Admettons. Mais revenons à la question de la transmigration des âmes ou de la réincarnation. Tu donnes l'exemple d'un fleuve sans barque... Ce qui me choque, dans cette idée, c'est d'abord cette notion de fleuve impersonnel, qui circule d'individu en individu, que ces individus soient d'ailleurs des êtres humains ou des animaux...

M. –... ou d'autres formes encore...

J.F. – Ou d'autres formes de vie, et le but de la pratique du bouddhisme est donc d'aboutir à la dissolution du moi dans le *nirvana* – c'est-à-dire, si j'ai bien compris, la dépersonnalisation complète de l'élément spirituel. Alors, dans ces conditions-là, comment peut-on décréter que tel individu déterminé – c'est-à-dire une personnalité hautement caractérisée – se soit réincarnée dans tel autre individu déterminé ? Etant donné qu'il y a plus de six milliards d'êtres humains sur terre, plus je ne sais combien de dizaines de milliards d'animaux, etc., il y a donc autant de fleuves qui circulent... Et repérer les formations provisoires concrètes, individualisées, dans lesquelles tel ou tel de ces fleuves coule après la mort de l'incarnation précédente, me paraît une entreprise qui relève de l'impossibilité totale... A moins, justement, de recourir à des principes d'identification magiques ou subjectifs, de l'ordre du merveilleux, qui ne sont pas très convaincants.

M. – Ces différents fleuves sont impersonnels dans la mesure où la personne n'est pas considérée comme une entité autonome. Il n'y pas transfert d'une entité discontinue, mais continuation d'une fonction. Le fait qu'une telle entité n'existe pas en soi n'empêche pas qu'un courant de conscience particulier ait des qualités qui lui sont propres. Qu'il n'y ait pas de barque flottant sur le fleuve n'empêche pas celui-ci d'être chargé de sédiments, pollué par une usine à papier, ou clair et limpide. L'état du fleuve à un moment donné est l'image, le résultat de son histoire. De la même façon, les courants de conscience des individus sont chargés du résultat des pensées positives ou négatives, ainsi que des traces qu'ont laissé dans la conscience les actes et les paroles issues de ces pensées. Le propos de la pratique spirituelle est de purifier ce fleuve, peu à peu. L'état ultime de limpidité est ce qu'on appelle la réalisation spirituelle. Toutes les émotions négatives, tous les voiles qui masquent la connaissance sont alors dissous. Il ne s'agit pas d'anéantir le « moi », lequel n'a jamais véritablement existé, mais simplement de démasquer son imposture. En fait, si ce « moi » avait une existence intrinsèque, on ne pourrait jamais le faire passer de l'existence à la non-existence.

J.F. – Tu veux donc abolir quelque chose qui, au point de départ, n'existe pas.

M. – On ne peut pas « abolir » un moi inexistant, mais on peut reconnaître son inexistence. On veut abolir une illusion. L'erreur n'a pas d'existence propre. On donne l'exemple suivant : lorsque dans la pénombre on aperçoit une corde bariolée et qu'on la prend pour un serpent, on éprouve un sentiment de frayeur. On tentera peut-être de s'enfuir, ou d'éloigner ce serpent avec un bâton. Mais si quelqu'un allume la lumière, on verra immédiatement qu'il ne s'agissait nullement d'un serpent. En fait, il ne s'est rien passé : on n'a pas « détruit » le serpent, puisqu'il n'a jamais existé. On a simplement dissipé une illusion. Tant que le « moi » est perçu comme une entité bien réelle, on a tendance à attirer tout ce qu'on juge agréable, bénéfique, et à repousser tout ce qu'on juge désagréable ou nuisible. Dès que l'on reconnaît que le « moi » n'a pas d'existence réelle, toutes ces attirances et ces répulsions s'évanouissent, tout comme disparaît la peur de la corde prise pour un serpent. Le « moi » ne possède ni origine ni fin, et, par conséquent, n'a d'autre existence dans le présent que celle que le mental lui attribue. En bref, le nirvana n'est pas une extinction, mais la connaissance finale de la nature des choses.

J.F. – S'il en est ainsi, comment et pourquoi cette illusion du moi s'est-elle constituée ?

M. – Il existe un sentiment naturel du moi, du *je*, qui nous fait penser : j'ai froid, j'ai faim, je marche, etc. Ce sentiment en lui-même est neutre. Il ne concourt spécifiquement ni au bonheur ni à la souffrance. Mais vient ensuite l'idée que notre moi est une sorte de *constante* qui perdure notre vie durant, en dépit des changements physiques et intellectuels que nous connaissons. Nous nous attachons à cette notion de moi, de notre « personne », nous pensons « mon » corps, « mon » nom, « mon » esprit, etc. Le bouddhisme parle d'un continuum de conscience, mais nie l'existence d'un « moi » solide, permanent et autonome au sein de ce continuum. L'essence de la pratique du bouddhisme est donc de dissiper cette illusion d'un « moi ».

J.F. – Mais je reviens à ma question. Comment peut-on identifier des courants de conscience particuliers ?

M. – Pour garder l'exemple du fleuve, il est concevable qu'on puisse reconnaître un fleuve cent kilomètres en aval du premier point d'observation, en examinant la nature des alluvions, des minéraux, des végétaux, etc. qu'il transporte. De même, si quelqu'un avait la capacité d'appréhender directement ces courants de conscience des êtres, on concevrait qu'il puisse reconnaître les caractéristiques d'un courant de conscience particulier. Donc, la question est : peut-on ou non développer la faculté d'observer ces courants de conscience, puisqu'ils sont immatériels ?

J.F. – Pour l'instant, ton explication épaissit pour moi l'énigme plus qu'elle ne la dissipe.

M. – Nous nous trouvons devant un problème de méthodologie. Au point de vue scientifique, on dira qu'une expérience est valable si elle peut être reproduite par d'autres chercheurs. Cela suppose que tous disposent des mêmes moyens d'investigation. Dans le domaine sportif, on admet très bien qu'à la suite d'un entraînement intensif des athlètes développent des qualités exceptionnelles. Si on disait à quelqu'un qui n'a jamais entendu parler des Jeux Olympiques qu'un être humain peut sauter deux mètres quarante en hauteur, il s'exclamerait que c'est une plaisanterie pure et simple. Maintenant, tout le monde, même l'individu le plus ignorant, y compris ceux qui, comme moi, ne peuvent sauter qu'un mètre dix, peut voir, à la télévision ou en réalité, un champion capable de sauter deux mètres quarante. Il est admis que c'est là le fruit d'un effort assidu. Mais quand il s'agit de l'entraînement de l'esprit, il est beaucoup plus difficile de reconnaître ses résultats et d'admettre qu'on puisse arriver à un degré de maîtrise de l'esprit aussi exceptionnel que la maîtrise physique d'un athlète.

J.F. – Oui. Mais tout le monde peut vérifier qu'un athlète saute deux mètres quarante ou court cent mètres en moins de dix secondes.

M. – Pourquoi ? Parce qu'ils le voient !

J.F. – Oui.

M. – Mais si ce n'était pas visible, ils ne pourraient le vérifier qu'en s'entraînant eux-mêmes, en sautant tout d'abord un mètre dix, puis un mètre quatre-vingt... et s'ils sont surdoués, deux mètres quarante.

J.F. – Si ce n'était pas visible, cela reviendrait à croire le champion sur parole.

M. – Dans le domaine scientifique, on est constamment amené à croire sur parole nombre de découvertes, de calculs mathématiques, sans en avoir soi-même la moindre expérience directe. On accepte leur validité parce que l'on sait qu'un certain nombre de savants respectables ont vérifié ces hypothèses indépendamment et ont obtenu les mêmes résultats, et que d'autres savants peuvent les vérifier s'ils s'en donnent la peine. Pour arriver à de telles conclusions par soi-même, il faudrait s'engager dans un long apprentissage. Quant à un phénomène qui n'est pas mesurable physiquement, ou perceptible par la vue, l'ouïe, etc. on peut accepter sa validité soit par des preuves indirectes, lorsqu'on affirme par exemple que la présence de fumée indique la présence d'un feu, soit parce qu'on a de solides raisons d'accorder crédit à la validité d'un témoignage. On peut, dans certains cas, croire quelqu'un sur parole sans pour autant faire preuve d'aveuglement. On peut examiner son intégrité et, en dernier recours, on peut soi-même s'engager sur le chemin de la transformation intérieure. Hormis l'expérience personnelle, de quel autre moyen disposerions-nous pour évaluer la connaissance des aspects subtils de la conscience ? La nature de la conscience n'a ni forme, ni substance, ni couleur, elles n'est pas quantifiable. Ne pas s'appuyer sur l'expérience personnelle reviendrait à nier *a priori* toute possibilité d'entraînement de l'esprit, susceptible d'engendrer des qualités dépassant la moyenne, et à limiter le domaine de la connaissance au monde visible ou mesurable ! Cela voudrait également dire que tout critère d'authenticité doit nécessairement être à la portée de tous, en tout temps, en tout lieu, et exclusivement dans le domaine matériel.

J.F. – Il y a deux aspects, dans le raisonnement que tu tiens. Pour reprendre la comparaison avec le saut en hauteur, il y a d'abord le fait que si on ne pouvait pas voir l'athlète sauter deux mètres quarante, on n'arriverait pas à croire que ce soit possible. Et deuxièmement, le fait de croire qu'une fois que l'athlète a disparu, la faculté de sauter deux mètres quarante va se retrouver dans un nouveau-né, que l'on désigne par des méthodes particulières...

M. – (Rires) Ce n'est bien sûr pas ce que je veux dire. L'exemple du sauteur se limite à montrer que les capacités exceptionnelles du sportif sont admises parce que *tout le monde* peut les voir de ses propres yeux.

J.F. – Mais dans le domaine spirituel, on l'a toujours admis aussi. On a toujours admis que par le travail, l'entraînement, l'exercice, il est possible de développer des facultés intellectuelles ou une maîtrise intellectuelle au-dessus de la moyenne. On l'admet moins dans l'enseignement moderne qui se veut égalitaire, au prix d'ailleurs d'une grande hypocrisie. On sait bien que ce n'est pas le cas. On sait très bien qu'il y a des gens exceptionnels sur le plan intellectuel. On sait très bien aussi que ce caractère exceptionnel ne donnera rien s'il n'est pas cultivé par un entraînement intensif et par une pratique de tous les jours. Et on sait tout aussi bien que ce n'est pas transmissible d'un individu à l'autre, même par l'enseignement.

M. – J'appliquerai le même raisonnement, mais sur le plan de la science contemplative, pas seulement sur celui du « quotient intellectuel ». Je veux en venir au fait qu'il est très difficile de juger de l'extérieur les propos de ceux qui, au cours d'une vie, ont développé des qualités spirituelles hors du commun. Pour appréhender directement ces qualités, il faudrait les avoir développées soi-même, ce qui implique toute une vie de travail à la fois analytique et contemplatif sur l'esprit. De plus, les différences de capacité physique, comme dans l'exemple du saut en hauteur, sont d'ordre quantitatif, tandis que dans le domaine de l'esprit elles sont d'ordre qualitatif. L'Occident ne s'est guère intéressé à la science contemplative. Une chose m'a frappé dans les écrits de William James, l'un des fondateurs de la psychologie moderne. Il disait, je cite de mémoire : « J'ai essayé d'arrêter mes pensées pendant quelques instants. Il est évident que c'est impossible. Elles reviennent tout de suite. » Cette affirmation ferait sourire des centaines d'ermites tibétains qui, après des années passées à maîtriser leur esprit, sont capables de demeurer pendant longtemps dans un état d'éveil libre d'associations mentales.

J.F. – William James est l'auteur américain qui a forgé l'expression « courant de conscience »...« stream of consciousness ». Et en effet, quand tu me dis que les ermites bouddhistes arrivent à arrêter le flot de leurs pensées, qui le prouve? Il faut les croire sur parole, ceux-là aussi?

M. – Pourquoi pas? Cette faculté n'a rien d'extraordinaire. Même des gens peu doués peuvent en faire l'expérience au cours de leurs années de pratique. Il suffit de s'en donner la peine. Il ne s'agit pas de bloquer les pensées, mais simplement de demeurer dans un état de présence éveillée, de limpidité, de connaissance, où les pensées discursives s'apaisent.

J.F. – « Apaisé » veut dire quoi, ici?

M. – Cela veut dire que la roue des pensées discursives cesse de tourner, que les pensées cessent de s'enchaîner sans fin.

J.F. – Donc, il y a quand même une pensée, des représentations.

M. – Il y a une présence éveillée, un état de conscience claire, le plus souvent libre de représentations. Ce n'est plus une pensée linéaire, mais une connaissance directe. Voici comment on décrit un tel entraînement. Lorsqu'on commence à essayer de maîtriser les pensées on a le plus grand mal. Les pensées sont comparables à une cascade qui tombe d'une falaise; il semble même que les pensées soient plus nombreuses qu'à l'ordinaire – ce qui ne veut pas dire qu'il y en a réellement plus, mais simplement qu'on commence à se rendre compte de leur nombre. L'étape suivante est comparée à une rivière, dont le cours comporte parfois des rapides, parfois des passages plus tranquilles. Cette étape correspond à un état dans lequel l'esprit demeure calme, sauf s'il est stimulé par la perception d'événements extérieurs. Finalement, l'esprit devient comme un océan par temps calme : des risées de pensées discursives parcourent occasionnellement sa surface, mais, en profondeur, il n'est jamais perturbé. On peut ainsi arriver à un état de conscience qu'on appelle « conscience claire », dans lequel l'esprit est parfaitement lucide, sans être constamment entraîné par les pensées discursives.

J.F. – William James n'aurait pas contesté ce point. Je crois que tous les psychologues et tous les philosophes ont toujours admis qu'il existait une différence entre l'état de la pensée maîtrisée, concentrée sur un objet précis, dirigée, et l'état de la pensée indisciplinée, les associations d'idées non dirigées qui sont précisément celles que cherche à obtenir de son patient le psychanalyste. Mais il ne s'agit pas d'une interruption totale de la conscience.

M. – Il ne s'agit pas bien sûr d'une interruption de la conscience, mais d'une cessation momentanée des pensées discursives, des associations d'idées.

J.F. – Elles sont remplacées par quoi ?

M. – Par un état de conscience à l'état pur.

J.F. – Oui mais, cette conscience claire a un objet ?

M. – Non, c'est un état de pur éveil sans objet. Ordinairement, cette conscience pure est associée à la perception d'un objet et, de ce fait, nous ne la reconnaissons pas. Elle est proche de nous mais nous ne la voyons pas. Nous n'appréhendons la conscience que qualifiée par son objet. Cependant, il est possible de faire l'expérience directe de cette pure présence éveillée en laissant les concepts, les souvenirs, et les expectations s'évanouir dans la vacuité lumineuse de l'esprit à mesure qu'ils s'y forment. Au départ, afin de calmer l'esprit, on s'entraîne sur la concentration dite en « un seul point, » qui prend pour support un objet extérieur, une image du Bouddha par exemple, ou un objet intérieur, une idée comme la compassion ou une image visualisée. Mais on arrive ensuite à un état d'équanimité, à la fois transparent, clair et éveillé, dans lequel la dichotomie du sujet et de l'objet n'existe plus. Lorsque de temps à autre une pensée survient au sein de cette présence éveillée, elle se dénoue d'elle même, sans laisser de traces, comme l'oiseau qui ne laisse aucun sillage dans le ciel. Mais il ne suffit pas d'essayer quelques instants d'arrêter le flot des pensées, comme l'avait fait William James. Cela demande un entraînement personnel susceptible de durer des années.

Parmi les nombreux sages qui ont consacré leur vie à la contemplation, comme mon maître spirituel Khyentsé Rinpotché qui passa dix-sept ans en retraite dans des grottes et des ermitages de montagne, certains atteignent une exceptionnelle maîtrise de l'esprit. Comment prêter foi à leurs témoignage? Indirectement. En jugeant tous les aspects de leur personne. Il n'y a pas de fumée sans feu, disions-nous. J'ai passé vingt-ans auprès de certains de ces maîtres qui affirment qu'il existe une conscience immatérielle et qu'il est concevable de percevoir le courant de conscience d'un autre être. Ce sont des personnes que je n'ai jamais entendu mentir, qui n'ont jamais trompé quiconque, chez qui je n'ai jamais décelé la moindre pensée, parole ou action nuisibles envers autrui. Il est donc plus raisonnable, me semble-t-il, de leur accorder foi que de conclure qu'ils racontent des blagues. De même, lorsque le Bouddha dit que la mort n'est qu'une étape de la vie et que la conscience se poursuit après la mort, nous n'avons pas la faculté de percevoir cette conscience nous-mêmes, mais étant donné que tous les propos vérifiables et les enseignements du Bouddha semblent véridiques et raisonnables, il est plus probable qu'il exprime la vérité que le contraire. Le but du Bouddha était d'éclairer les êtres, non de les égarer; de les aider à sortir de leurs tourments, non de les y plonger.

J.F. – Quoi que tu dises, c'est une question de confiance, plus qu'une preuve.

M. – Selon le bouddhisme, trois critères permettent de considérer une affirmation comme valide : la vérification par l'expérience directe, la déduction irréfutable, et le témoignage digne de confiance. Il s'agit donc ici de la troisième catégorie. Mais revenons-en à ces maîtres tibétains qui reconnaissent le flot de conscience d'un sage défunt comme Khyentsé Rinpotché. Cette reconnaissance, qui provient d'expériences méditatives, leur permet de dire dans quel être s'est poursuivi le courant de conscience du maître défunt, tout comme on pourrait dire – si une telle chose existait dans la chrétienté – que l'influence spirituelle de Saint-François d'Assise s'est poursuivie dans tel ou tel enfant.

J.F. – Oui, mais moi je connais des prêtres, ou des laïques, qui ont toutes les qualités morales que tu viens de décrire et qui croient à des miracles à Lourdes ou à des apparitions de Notre-Dame de Fatima au Portugal, que moi je considère comme de pures et simples fantasmagories. Quelqu'un peut très bien être parfaitement sincère ou n'avoir jamais essayé de tromper personne et se faire lui-même des illusions.

M. – Dans le cas dont je te parle, il ne s'agit pas d'événements miraculeux, mais d'expériences intérieures qu'ont vécues de nombreux maîtres au fil des siècles ; c'est différent.

J.F. – Ah ! non... Quelqu'un qui prétend avoir été témoin d'un miracle à Lourdes, ce n'est pas une question d'interprétation ! Il est persuadé d'être en présence d'un fait. Et il peut très bien, par ailleurs, avoir la plus grande sincérité, les plus grandes qualités morales et ne pas vouloir du tout te tromper.

M. – Mais reprenons le cas précis de Khyentsé Rinpotché. L'un de ses proches disciples et compagnons, un maître spirituel qui vit dans les montagnes, à deux cents kilomètres de Kathmandou, nous a envoyé une lettre disant qu'au cours de rêves et de visions qui surgirent clairement dans son esprit, il avait reçu des indications précises concernant les noms du père et de la mère de l'incarnation de Khyentsé Rinpotché, et sur le lieu où nous devions la rechercher.

J.F. – Et on a la preuve qu'il ne pouvait pas connaître les noms des parents du nouveau-né et qu'il les a néanmoins donnés en toute exactitude ?

M. – Il n'avait aucune raison de connaître les noms personnels du père et de la mère. En effet, le père du jeune garçon est lui-même un lama, qui n'est connu que par son titre. Dans la société tibétaine, personne ne s'adresse à lui et à son épouse par leurs noms de famille. Quant à l'exactitude des noms, j'étais présent lorsque cette lettre a été remise à l'abbé de notre monastère, et j'ai participé à sa première lecture. Enfin, il faut bien comprendre que le maître en question cherchait la réincarnation de son propre maître, c'est-à-dire la personne qu'il respecte le plus au monde. Le but n'était pas de trouver un quelconque remplaçant pour occuper le trône du monastère, mais d'identifier la continuation spirituelle d'un sage, dans l'espoir qu'il acquerra des qualités lui permettant de venir en aide aux êtres, comme son prédécesseur.

J.F. – Alors, pour conclure cet entretien qui porte sur la question de savoir si le bouddhisme est une religion ou une philosophie, je dirai que la description que tu viens de faire ne permet pas encore de trancher. Il y a un peu des deux. Il est certain qu'il y a un élément de foi. Car même si on souscrit aux explications que tu viens de donner – et pour ma part, elles ne me convainquent pas –, il n'en reste pas moins qu'il existe un élément de foi, de confiance faite à certains individus et à leurs témoignages, ce qui n'est pas de l'ordre de la preuve rationnelle, tu l'admettras.

M. – Certes, mais il ne s'agit pas d'une foi aveugle,

et je trouve bien plus difficile d'accepter des affirmations dogmatiques que des témoignages basés sur l'expérience et la réalisation spirituelles.

J.F. – Ah! ça, certainement!

M. – En fait, nous ne cessons, dans la vie courante, d'être imprégnés d'idées et de croyances que nous tenons pour vraies parce que nous reconaissons la compétence de ceux qui nous informent – ils s'y connaissent, ça fonctionne, donc cela doit être vrai. D'où la confiance. Mais la plupart d'entre nous seraient bien incapables de prouver les vérités scientifiques par eux-mêmes. Bien souvent, d'ailleurs, ces croyances, comme celle de l'atome conçu comme une petite particule solide qui orbite autour du noyau de l'atome, continue d'imprégner la mentalité des gens bien après que les scientifiques eux-mêmes les ont abandonnées. On est prêt à croire ce qu'on nous dit, pourvu que cela corresponde à une vision du monde acceptée, et l'on considère comme suspect tout ce qui n'y correspond pas. Dans le cas de l'approche contemplative, la cause du doute que nombre de nos contemporains nourrissent à l'égard des vérités spirituelles, c'est qu'ils ne les ont pas mises en pratique. Nombre de choses sont ainsi qualifiés de surnaturelles, jusqu'au jour où on comprend comment elles se produisent, ou jusqu'au jour où on en fait l'expérience. Comme disait Cicéron : « Ce qui ne peut pas se produire ne s'est jamais produit, et ce qui peut se produire n'est pas un miracle. »

J.F. – Mais j'en reviens au fait qu'il y a dans les événements dont tu parlais un élément de foi irrationnelle.

M. – Il serait plus juste de parler d'un élément de confiance, laquelle est fondée sur tout un faisceau d'éléments observables. Après avoir vécu de nombreuses années auprès de ces maîtres, l'un des plus grands enseignements que j'en retire, c'est qu'ils sont en accord parfait avec ce qu'ils enseignent. Tu me citais l'expérience mystique de certains prêtres. Il y a certainement eu de très grands sages dans la chrétienté, tel Saint-François d'Assise, mais je ne pense pas que chaque prêtre, chaque moine, même pratiquant sincère et intègre, atteigne à la perfection spirituelle. Au Tibet, vingt pour cent de la population était dans les ordres et parmi tous ces pratiquants, au cours de ce siècle, seuls une trentaine de sages sont dits avoir atteint cette perfection spirituelle ! C'est donc en jugeant leur être dans son ensemble qu'on arrive à la conclusion que ces sages savent de quoi ils parlent lorsqu'ils fournissent des indications permettant de reconnaître un successeur spirituel. Pourquoi chercheraient-ils à tromper ? La plupart vivent comme des ermites, ils ne cherchent ni à convaincre qui que ce soit ni à se mettre en avant. D'ailleurs, pour montrer à quel point le bouddhisme condamne l'imposture, j'ajouterai que l'un des quatre manquements majeurs à la règle monastique consiste à prétendre avoir atteint un niveau spirituel élevé, quel qu'il soit. Or, il se trouve que le sage qui a reconnu Khyentsé Rinpotché dans l'enfant nouveau-né est l'un des détenteurs les plus exemplaires de la lignée monastique. Il a ordonné des milliers de moines et ne se permettrait pas de conférer ces ordinations s'il avait lui-même brisé ses vœux. On peut donc raisonnablement penser que c'est en toute connaissance de cause et en toute sincérité qu'il a fait part de ses visions afin de retrouver son propre maître spirituel.

J.F. – Je ne mets pas en doute sa sincérité ! Je mets en lumière le phénomène de l'auto-conviction. C'est un phénomène bien connu et qui existe dans d'autres domaines. Beaucoup de gens se sont auto-convaincus de la validité du communisme ou du nazisme, et souvent de manière tout à fait désintéressée. Si les grands systèmes totalitaires – auxquels je ne compare pas du tout le bouddhisme qui est exactement le contraire, je parle uniquement sous l'angle de l'auto-conviction... si les grands systèmes totalitaires n'avaient été défendus que par des imbéciles et des crapules, ils n'auraient pas duré cinq minutes! Le drame, c'est que des gens d'intelligence supérieure, de très grands savants, comme Frédéric Joliot-Curie ou même Albert Einstein ont été, après la Deuxième Guerre mondiale, communistes ou compagnons de route du communisme. D'autres gens qui s'y sont dévoués, ont sacrifié leur vie pour lui, ont renoncé à leur fortune, à leurs affections privées. Donc, le problème de la sincérité absolue de la personne qui croit en quelque chose n'a jamais constitué une preuve. Cette constatation maintient intact un volet du bouddhisme qui, pour moi – représentant d'une tradition rationaliste occidentale – reste de l'ordre de la croyance religieuse invérifiable plus que de l'ordre de la philosophie, de la sagesse rationnelle.

M. – Je crois que dans notre prochain entretien, lorsque nous parlerons des rapports entre le corps et l'esprit, un certain nombre de points apporteront, je l'espère, de l'eau à mon moulin.

J.F. – C'est tout ce que je souhaite.

Le fantôme dans la boîte noire

JEAN-FRANÇOIS – En examinant la psychologie bouddhiste et ses rapports avec la psychologie occidentale, telle qu'elle s'est développée, surtout, depuis le XIXᵉ siècle, nous sommes amenés à examiner les rapports de la conscience et du corps. C'est le problème classique : est-ce que l'homme est un composé – le fameux « composé humain » dont parlait Descartes – c'est-à-dire, est-ce qu'il est constitué par un esprit logé à l'intérieur d'un corps ? Ou est-ce que ce psychisme, séparé de son enveloppe matérielle n'est, en fait, qu'une illusion, comme l'affirment tous les philosophes matérialistes et une partie de la neurophysiologie moderne ?

MATTHIEU – Entre les années vingt et les années soixante, la psychologie a été en grande partie dominée par l'idée que pour étudier le fonctionnement de l'esprit, il fallait observer le comportement extérieur et surtout ne pas regarder l'esprit lui-même. L'esprit, disait-on, ne peut se connaître lui-même de façon objective. Ce qui évidemment exclut toute approche contemplative. Seules étaient étudiées les manifestations extérieures des événements mentaux, position qui écarte d'emblée tous les événements mentaux qui ne se traduisent pas par des comportements. La plupart des expériences s'effectuaient d'ailleurs sur des animaux. Cette approche a été progressivement remplacée par les sciences cognitives (neuroscience, psychologie cognitive, linguistique, intelligence artificielle, etc.) qui donnent une place beaucoup plus importante aux états mentaux, soit en relation avec la façon dont l'activité cognitive reçoit les informations du monde extérieur (les perceptions, la communication, le mouvement), soit en relation avec la façon dont l'activité cognitive est autonome (les rêves, les souvenirs, l'imagerie mentale, le développement du langage, etc.) Mais encore aujourd'hui, il semble que l'introspection, le regard que l'esprit porte sur lui-même, ne soit pas considérée comme un moyen d'investigation valide, car, pour l'instant, on ne peut convertir les résultats de l'introspection en phénomènes décelables physiquement.

Par ailleurs, la majorité des neurobiologistes en sont venus à penser qu'on pouvait totalement se passer du « fantôme dans la boîte noire », c'est-à-dire de la notion même de conscience ou d'esprit considéré comme un facteur distinct du système cérébral. Selon eux, la structure et le fonctionnement du réseau neuronal ainsi que les réactions chimiques et phénomènes électriques qui s'y produisent suffisent à expliquer ce que nous appelons la pensée. La notion même d'esprit, et plus encore celle de conscience immatérielle, devient alors totalement caduque. Le meilleur modèle est celui des réseaux complexes de neurones distribués dans différentes régions du cerveau. Peut-être pouvons-nous appeler cette attitude « réductionniste », puisqu'elle ramène la conscience à des réactions chimiques et à une structure biologique.

J.F. – En réalité, le débat en Occident est plus ancien. Si on se reporte à la fin du XIXe siècle, une école du comportement avait déjà prévalu, l'école behavioriste, ou celle qui pratiquait ce qu'on appelait à l'époque la psycho-physique et soutenait que la conscience n'était qu'un épiphénomène, une sorte de lueur surajoutée au système neurocérébral. Dans cette conception, l'être humain était en effet un ensemble de réactions physico-chimiques et biologiques. La conscience était un reflet de ces processus, mais n'avait, en fait, aucune influence sur eux. C'est contre cette école, qui a dominé la psychologie tout au long du troisième tiers du XIXᵉ siècle, qu'a réagi un auteur philosophique illustre, qui est Henri Bergson. Dans toute son œuvre, notamment dans son premier livre, sa thèse, *les Données immédiates de la conscience*, en 1889 et, plus tard, en 1900, dans le livre plus important et substantiel qu'il a consacré à ce problème, *Matière et mémoire*, Bergson tend à montrer qu'il est faux de dire que la conscience n'est que le reflet d'un ensemble de processus neurophysiologiques. Elle a une réalité qui ne se réduit pas à ceux-ci.

Cette querelle existe déjà au XVIIIᵉ siècle. Des auteurs comme La Mettrie, auteur du livre qui s'appelle *L'homme-machine*, développent la thèse selon laquelle l'homme n'est qu'un ensemble de mécanismes. D'autres matérialistes du XVIIIᵉ siècle, comme Helvétius, dans son livre *De l'Esprit*, d'Holbach ou Diderot tentent de démontrer la même thèse. C'est donc une querelle assez ancienne qui, dans le contexte occidental, est issue du cartésianisme. Descartes considère que le corps humain, le biologique en tant que tel, n'existe pas. C'est de « l'étendue », c'est soumis au déterminisme du monde extérieur, et l'âme est quelque chose d'entièrement séparé du corps, mais qui néanmoins peut agir sur le corps. Descartes allait jusqu'à situer l'âme dans une glande du cerveau, la glande pinéale. Tous les grands post-cartésiens, que ce soit Spinoza, Malebranche ou Leibniz, se sont moqués de cette thèse. Ils admettaient que l'âme fût distincte du corps, mais non qu'elle pût agir sur la matière. Et chacun a inventé des théories très subtiles et compliquées, toutes plus invraisemblables les unes que les autres, pour expliquer la spontanéité de la volonté. Je décide d'allonger mon bras, j'y parviens ; mais ce n'est pas du tout parce que mon âme agit sur mon corps, c'est parce qu'il y a deux déterminismes parallèles. Ça, disons, c'est la thèse de Malebranche. Et tous ont essayé de trouver une solution pour expliquer la simultanéité apparente de nos volitions et de nos actions. J'ai évoqué ces auteurs, très sommairement, pour rappeler qu'il ne s'agit pas d'un problème nouveau. Alors, effectivement, le développement de la science moderne et de la neurophysiologie a abouti, avec beaucoup plus de précision, à l'idée de l'homme neuronal constitué d'un ensemble de mécanismes neurophysiologiques, le psychisme n'étant qu'une sorte de reflet qui s'ajoute à cet ensemble mais ne l'influence pas.

M. – L'Occident pense-t-il avoir résolu la question « corps et esprit » ?

J.F. – Les développements de la science contemporaine ont plutôt confirmé la thèse anti-spiritualiste, réfuté l'idée d'un principe spirituel et d'un principe matériel qui cohabiteraient dans l'homme – et dans l'homme seul au sein de la nature. La thèse spiritualiste ou dualiste considère que l'univers lui-même est composé d'une substance spirituelle et d'une substance matérielle, ce qui est un postulat métaphysique. C'est la vieille thèse platonicienne, plotinienne, chrétienne, tout ce qu'on voudra. Parmi les êtres vivants, cette rencontre miraculeuse, cette union du principe spirituel et du principe matériel se produirait dans l'homme seul. Toute la philosophie occidentale s'est épuisée à tenter, d'une part, d'expliquer les rapports entre l'âme et le corps, c'est-à-dire le soma et la psyché en grec, et d'autre part, à tenter de prouver qu'à la mort du corps, l'âme s'en va vivre des jours plus heureux ailleurs.

Contre quoi s'est dressé tout un courant moniste et matérialiste qui disait : non ! (Moniste veut dire qu'il y a dans l'univers, non pas deux principes, mais un seul, la matière. On pourrait soutenir aussi que c'est l'esprit. Mais il se trouve que, depuis trois siècles, c'est plutôt le monisme matérialiste qui a dominé.) L'homme est un être matériel... biologique, comme les autres. La vraie distinction, c'est entre la matière et le vivant. Et encore, le vivant est-il issu de la matière ? La conscience est née de l'ensemble des facteurs neurocérébraux dont l'évolution a débouché sur le langage. C'est essentiellement le langage qui est la matrice de la conscience – de la conscience des choses et de la conscience de soi – et l'instrument de la pensée. Et c'est une illusion de croire qu'il s'agit d'une réalité distincte du corps. Les progrès de la neurophysiologie moderne, pour un spectateur non spécialisé, ont plutôt confirmé cette deuxième thèse, que tu appelles réductionniste. Comment se situe le bouddhisme par rapport à ce courant dominant ?

M. – Il distingue différents niveaux ou aspects de la conscience. L'aspect que l'on pourrait qualifier de « grossier » correspondrait au système neuronal, un aspect plus subtil serait peut-être cette « lueur » dont tu parlais, considérée comme un épiphénomène du système neuronal, et enfin, l'aspect le plus essentiel est l'aspect immatériel de la conscience. Ce dernier aspect constitue le continuum de la conscience, qui se poursuit de vie en vie. Ce continuum n'a ni début ni fin, car le conscient ne peut naître de rien ni de l'inanimé : chaque instant de conscience naît d'un instant de conscience qui le précède et engendre un instant de conscience qui le suivra. De même qu'en physique on parle du principe de la conservation de l'énergie – la matière-énergie ne peut ni être créée ni disparaître, seulement se transformer –, on pourrait parler ici d'un principe de conservation de la conscience. Il y a donc un continuum, un courant de conscience pour chaque être, qui peut se transformer, tout comme l'eau d'un fleuve peut être souillée ou purifiée. C'est ainsi qu'au fil de cette transformation, on peut passer de l'état de confusion des êtres ordinaires à l'état d'éveil d'un Bouddha.

J.F. – Mais qu'est-ce que le bouddhisme peut répondre aux neurophysiologistes qui pensent que tout peut être expliqué sans faire appel à la notion d'un esprit séparé du corps ?

M. – A propos de l'approche réductionniste, je voudrais prendre l'exemple de l'effet du « crack » – une drogue – sur le cerveau.

J.F. – Le crack est un dérivé de quelle drogue ?

M. – De la cocaïne... Le crack est une molécule simple qui, en stimulant la production de dopamine, peut induire un état d'euphorie, lequel, tant que dure l'effet de la drogue, conduit l'individu à négliger toute autre activité. La personne cesse de manger, de travailler, de dormir. Elle demeure dans cette euphorie artificielle. De plus, cette drogue crée une accoutumance qui dure toute la vie. Le seul espoir d'en sortir consiste à cesser toute consommation et à éviter les rechutes, mais la fascination demeure. Selon les neurobiologistes, deux conclusions s'imposent. La première est qu'une simple molécule peut avoir un effet considérable sur l'esprit, mais on ne voit pas comment elle pourrait interférer avec une conscience immatérielle. La seconde conclusion est que la conscience serait tout au plus une sorte de lecteur de tout ce qui se passe dans le cerveau, sans pouvoir vraiment participer aux décisions. David Potter, chercheur à l'université de Harvard, qui a participé à la rencontre avec le Dalaï-lama, conclut : « Est-ce que les décisions et les émotions dont le fonctionnement échappe à la conscience, et sur lesquelles la conscience n'a aucun contrôle, est-ce que ce pouvoir de décision serait simplement calculé par les cellules nerveuses ? La conscience serait une sorte de témoin qui enregistre le résultat de ces calculs ou de ces réactions électriques et chimiques, sans qu'elle ait une part active dans le fonctionnement du cerveau ou un pouvoir de décision ? » Voilà donc le point extrême où nous arrivons. Cette opinion est majoritaire, mais elle ne fait pas pour autant l'unanimité dans le monde scientifique.

J.F. – Que lui opposes-tu ?

M. – Je crois que la différence des points de vue reflète plus un choix métaphysique qu'une preuve scientifique : la science écarte l'idée d'une conscience immatérielle qui, par définition, est indécelable par des mesures physiques. Le fait que des anomalies du cerveau, naturelles ou provoquées par des drogues, affaiblissent considérablement le contrôle de soi, ne réfute ni ne prouve l'existence d'une conscience immatérielle. On peut très bien dire que le crack n'affecte pas la conscience immatérielle, mais interfère avec son action sur le cerveau, son « inscription corporelle », tout comme un pilote aux commandes d'un avion endommagé est incapable de maintenir sa trajectoire. L'action du crack ressemble plus à une interférence, à une simulation, qu'à l'induction d'une expérience « normale ». Cela ressort clairement, à mon sens, du fait que l'euphorie qu'il provoque n'est qu'une pitoyable simulation du bien-être véritable, de la félicité du sage par exemple. L'euphorie du crack est une souffrance déguisée : elle entraîne l'aliénation, l'insatiabilité et s'achève dans l'angoisse, dans la sensation irrépressible de « manque ». Elle provoque une ruine psychologique de l'individu, qui entraîne à son tour sa ruine physique. A l'inverse, la sérénité, la félicité du sage n'a nul besoin d'être déclenchée par un agent extérieur et, de plus, elle est invulnérable aux circonstances de l'existence, favorables ou défavorables, qui la confortent. Loin d'être éphémère, elle croît et s'affermit avec le temps. Elle ne conduit pas l'individu à se retrancher dans un « paradis artificiel » – mieux vaudrait dire un « enfer » artificiel – mais à s'ouvrir davantage à autrui. Cette sérénité peut être communiquée, transmise.

J.F. – Ces arguments me semblent insuffisants pour répondre aux neurophysiologistes.

M. – Autre point, le modèle de l'homme neuronal semble ôter à la conscience tout pouvoir de décision. Si on admet ce modèle, tout ce qui ressemble à une décision est en fait déterminé par un ensemble complexe d'interactions entre les neurones, et le libre arbitre n'a guère de place dans ce schéma.

J.F. – Il ne faut pas confondre deux questions. Celle de savoir s'il existe un principe spirituel qui soit métaphysiquement différent du principe matériel chez l'homme – c'est-à-dire de savoir si l'homme est l'union de deux substances hétérogènes – et, d'autre part, la question de l'action et de la liberté humaines. Personnellement, je crois que l'homme jouit d'une certaine liberté. Mais je ne crois pas à l'existence de l'âme, ni à son immortalité. Ce sont deux problèmes distincts.

M. – Alors, d'où viendrait cette liberté ?

J.F. – Je crois qu'il existe bien quelque chose qui s'appelle le psychisme, qui est la résultante d'une évolution neurophysiologique du cerveau et de l'apparition du langage, le fait que nous expérimentons tous les jours, et consciemment, un choix entre plusieurs possibles, que nous ne soyons pas entièrement déterminés par les circonstances, les appétits, les désirs, les répulsions, comme peuvent l'être les animaux, par exemple. C'est une réalité existentielle, et j'emploie cet adjectif à dessein, pour rendre hommage sur ce point à un philosophe que je n'approuve guère dans l'ensemble : Jean-Paul Sartre. Mais ce choix entre plusieurs possibles ne doit pas être affirmé dans l'abstrait. Ce choix est variable. Il s'inscrit, comme dit Sartre, à l'intérieur d'une « situation » dont tu n'es pas l'auteur. L'éventail des choix est resserré ou déployé. Il existe des circonstances dans lesquelles l'environnement, le contexte, mettent à ta disposition très peu de possibilités. Lorsque tu te trouves plongé dans une guerre, qu'une armée ennemie envahit le pays, que tu n'as plus rien, l'éventail du choix est très limité, n'est-ce pas ?... Tu n'as qu'un seul choix, fuir ou mourir et, parfois, tu n'as même pas celui de fuir. Dans d'autres circonstances − et c'est pourquoi je suis concrètement attaché à la paix et à la démocratie − tu as un contexte plus large, tu vis dans une société qui admet plusieurs types d'existences, de morales et où, en principe, l'Etat assure ta sécurité. A ce moment-là, tu as des possibilités de choix plus nombreuses. Toi, tu as choisi de devenir moine bouddhiste au lieu de rester chercheur à l'Institut Pasteur. Si cela s'était passé pendant la Seconde Guerre mondiale, tu n'aurais pas eu ce choix, n'est-ce pas ? Donc, il n'y a que les analyses de situations concrètes qui permettent de penser que, dans la meilleure hypothèse, l'action humaine résulte de l'intelligence. Ainsi, on peut très bien soutenir que, dans certaines limites, il existe une liberté humaine, une adhésion à certaines valeurs et un refus d'autres et des actes qui en découlent. La possibilité d'agir sur le contexte n'est pas illimitée, cependant elle permet d'opter pour telle ou telle solution pratique, telle ou telle activité et d'éviter telle autre. Mais cela ne signifie pas pour autant que nous ayons en nous un principe immortel et spirituel.

M. − Le bouddhisme n'envisage pas d'entité immortelle, mais une continuité, sans cesse changeante. Une interdépendance. D'autre part, je ne parlais pas de libre arbitre au sens ou tu l'entendais, c'est-à-dire de choisir l'orientation de son existence, mais simplement du pouvoir de décision dans l'instant présent.

J.F. − Je n'aime pas le mot libre arbitre, parce que

c'est un mot ancien qui présuppose la thèse d'une âme jouissant d'une possibilité de décision illimitée.

M. – Dans le contexte de l'homme neuronal, d'où viendrait le pouvoir de décision ?

J.F. – Je pense que nous ne connaissons pas encore assez le fonctionnement de la machine humaine, de l'être humain, du cerveau, pour le savoir. Nous avons avancé. Mais d'après les articles et les livres que j'ai pu lire, ou les conversations que j'ai pu avoir avec leurs auteurs, nous sommes à peine au début de la connaissance des mécanismes cérébraux. Nous ne les connaissons pas vraiment. Je ne vois pas pourquoi on ne pourrait pas accepter que la faculté de choisir est apparue à la suite d'une évolution du système nerveux, qui a abouti au cerveau humain tel qu'il est apparu relativement récemment avec, ou juste après, l'homme de Néanderthal, peut-être avec l'homme de Cro-Magnon. Disons, avec l'*homo sapiens*, avec le langage. Nous constatons que cette faculté est le prolongement d'un certain développement du système nerveux et cérébral. Et nous constatons que ce stade implique, comporte et permet une possibilité de choix, à l'intérieur, naturellement, d'un certain déterminisme, le déterminisme de la nature, à laquelle nous sommes soumis, ne fût-ce qu'en tant qu'êtres biologiques, à l'intérieur aussi des déterminismes historique et sociologique. Je crois que l'analyse de chaque destinée humaine et de l'histoire des sociétés permet de dire qu'il y a toujours eu – sauf encore une fois dans les cas extrêmes de contrainte totale – la possibilité de choisir à tout moment entre plusieurs types d'actions. C'est à cela que sert la pensée. C'est à cela que sert le raisonnement. C'est à cela que sert l'information. C'est la suspension de l'action, la possibilité d'envisager plusieurs hypothèses, plusieurs conjectures, de faire comme le joueur d'échecs qui tente de prévoir plusieurs coups à l'avance et tire les conséquences que comporte tel choix plutôt que tel autre.

M. – Mais alors, dans le contexte de l'homme neuronal, qu'entends-tu par : « c'est à cela que sert la pensée », puisqu'il n'y aurait en fait qu'un ordinateur fait de viande ?

J.F. – La possibilité de choix n'est qu'un fait d'expérience.

M. – Exactement, une expérience subjective.

J.F. – D'ailleurs, si ce n'était pas vrai, si comme le prétendent les marxistes, par exemple, l'enchaînement des événements obéissait au seul déterminisme du matérialisme historique, on ne voit pas du tout à quoi serviraient les gouvernements, les institutions internationales, les instituts de science politique. Si on dit que ce qui est arrivé devait arriver, si on soutient qu'il est vain de s'interroger sur ce qu'on aurait pu faire, et qu'on ne fait pas l'Histoire avec des « si »... alors aucun tribunal ne devrait condamner personne, pas même les coupables de crimes contre l'humanité.

M. – Effectivement, si tous ceux qui, comme en Bosnie, décident du jour au lendemain de tuer leurs voisins ne souffrent que de mauvaises connections neuronales, à ceux-là il ne resterait plus qu'à leur accorder une pension à vie ! Les condamner reviendrait à faire de l'eugénisme. C'est notre motivation qui détermine si un acte est négatif ou positif, et cette motivation est une modalité du courant de notre conscience.

J.F. – Par conséquent, pour revenir au point central de la discussion, je crois qu'on peut très bien ne pas nier l'existence de la liberté individuelle, de la liberté humaine plus généralement, sans pour autant admettre, sur le plan métaphysique, qu'il existe deux instances chez l'homme, un principe spirituel et un principe matériel.

M. – Certes, mais revenons-en au moment initial d'une décision. On peut supposer que le système neuronal se trouve alors dans un certain état d'équilibre, qui porte en lui un certain nombre de paramètres issus de la mémoire, des conditionnements, etc. Cet équilibre peut se rompre dans une direction ou dans une autre. A part la volonté, la pensée, qu'est-ce qui déterminerait la direction que le système va prendre?

J.F. – Oui... quand le système est susceptible de la prendre.

M. – Par exemple, on peut, dans certaines limites, retenir volontairement son souffle, on peut décider de sacrifier son propre intérêt à celui d'autrui, de devenir moine, de renoncer aux passions bien qu'elles semblent être des tendances biologiques normales, etc.

J.F. – Oui, mais ne restons pas dans l'abstrait. La volonté n'est jamais absolue; elle est liée à un certain nombre de contraintes. La sagesse consiste à en tenir compte, à se rappeler que la volonté n'est jamais totale et la servitude non plus. L'expression « libre arbitre » implique l'idée d'une liberté totale de l'être humain, comme si l'être humain était un dieu souverain qui puisse imposer sa volonté au réel. Or ce n'est pas le cas du tout.

M. – Non, dans le bouddhisme non plus, selon lequel il y a interaction entre une conscience immatérielle et un corps auquel elle est momentanément associée. Le courant de la conscience se poursuit après la mort, indépendamment du corps. C'est lui qui fait l'expérience de différents états d'existence, entre chaque naissance et chaque mort. La trace ou « l'inscription corporelle de l'esprit », pour employer une expression de Francisco Varela, est le rapport qui existe entre le système cérébral et la pensée. On pourrait également appeler cette inscription l'aspect grossier de la conscience, puisqu'elle est associée au corps physique. La faculté qu'a la conscience subtile d'interagir avec le corps grossier explique le pouvoir de décision. Le bouddhisme décrit cette interaction dans des termes qui lui sont propres : le corps est parcouru de canaux subtils, dans lesquels circulent des énergies. Les transformations et les mouvements de ces énergies causées par les perceptions et par les conditions extérieures déclenchent des pensées. Voilà pour l'influence du corps sur la conscience immatérielle. En retour, la conscience immatérielle peut exercer une influence sur ces énergies, influence qui se traduit notamment par le pouvoir de décision.

J.F. – Ça, c'est la métaphore du « ghost in the machine », le fantôme dans la machine. C'est aussi la thèse bergsonienne : la conscience déborde le cerveau.

M. – Il y a bien un fantôme dans la machine : c'est notre courant de conscience. Ce courant, faut-il le répéter, n'implique pas l'existence d'une entité permanente qu'il transporterait de vie en vie. Il garde cependant les marques de sa propre histoire. Cette conscience permet à la volonté d'influencer le corps, dans les limites physiologiques permises par ce corps.

J.F. Comment s'articulent la conscience et le cerveau ?

M. – On ne nie pas que la pensée, même immatérielle, s'actualise dans le cerveau par des réactions chimiques, qu'elle se traduise par des processus physiologiques qui agissent sur le corps, et que ces processus aient en retour une influence sur la conscience. Cette interaction subsiste tant que la conscience est associée au corps. Mais on ajoute que ce qui guide le fonctionnement du cerveau et ses décisions, c'est la conscience immatérielle. Le nier est un choix métaphysique de la part des scientifiques, comme l'affirmer est un choix métaphysique de la part du bouddhisme. Le choix du bouddhisme est fondé sur l'expérience de la vie contemplative. La science peut ne pas trouver cette conscience – puisqu'immatérielle, elle échappe par nature au mode d'investigation des sciences physiques – mais ne pas trouver quelque chose n'est pas une preuve de son inexistence. Donc, en fin de compte, la seule façon de trancher le débat est d'examiner s'il existe des indications indirectes, susceptibles de montrer l'existence d'une conscience immatérielle séparée du corps. Selon la terminologie bouddhiste, la conscience subtile, ou immatérielle, est « sans forme », mais n'est pas « non-existante » ou « non-manifestée », car elle est capable d'accomplir une fonction. Cette conscience porte en elle la capacité d'interagir avec le corps. Maintenant, une force immatérielle peut-elle agir sur un corps physique ? Lorsque Képler a dit que les marées étaient causées par l'attraction de la lune, Galilée a rétorqué que c'était une « fantaisie occulte », et que le fait de penser qu'on pouvait agir à distance sans un lien matériel allait complètement à l'encontre des lois de la nature,...

J.F. – Képler avait dit ça ? Avant Newton ?

M. – Oui, et Galilée a traité Képler de fou furieux. De la même façon, si on dit à un aveugle qu'on peut voir, c'est-à-dire qu'on peut percevoir quelque chose à distance, il pourrait également penser qu'il s'agit là d'un pouvoir surnaturel ou parapsychologique.

J.F. – Alors, attends !... J'introduis ici une question préjudicielle. Je me suis toujours beaucoup méfié, en tant que philosophe de métier, des modes qui consistent, pour la métaphysique, à exploiter certains développements de la science pour tenter de justifier des thèses métaphysiques. Je crois que la science n'est pas faite pour ça. Je prends un exemple à propos du principe d'indétermination de Heisenberg. L'indéterminisme en micro-physique, à l'époque où j'ai fait ma classe de philosophie – c'est-à-dire tout au début de la Deuxième Guerre mondiale – était le grand phénomène scientifique du moment. Tous les philosophes spiritualistes ont exploité cette notion d'indétermination pour dire : « Ah ! Vous voyez bien ! Le libre arbitre est parfaitement possible, puisque la matière n'est pas totalement déterminée »... Je n'apprécie guère ce genre de raisonnement. D'ailleurs cet exemple est un peu démodé aujourd'hui. On ne voit pas en quoi l'indéterminisme en micro-physique permet davantage à l'action humaine de déterminer les phénomènes naturels. Plus tard sont apparus d'autres modes d'utilisation de ce que j'appelle les « disciplines d'appui ». Michel Foucault a utilisé la linguistique d'une manière d'ailleurs fort peu rigoureuse pour écrire *Les Mots et les choses*. Cette espèce de parasitisme de la science par la métaphysique est périodique, et existe d'ailleurs depuis le XVIIIe siècle. Il ne me parait jamais très rigoureux.

M. – Je suis d'accord que ces comparaisons sont quelque peu artificielles. La philosophie bouddhiste est suffisamment consistante pour s'en passer. Néanmoins, ces comparaisons permettent parfois de jeter un pont, ou tout au moins une passerelle, entre ses formulations et celles de la philosophie occidentale, et favorise ainsi une plus grande ouverture d'esprit.

J.F. – La suggestion selon laquelle il existe un principe spirituel accroché au cerveau, mais qui le déborde, c'est exactement la thèse de Bergson dans *Matière et mémoire*, je l'ai mentionné. Ce livre a été écrit à l'issue d'une période où la neurophysiologie s'était particulièrement attachée à l'étude de l'aphasie. En montrant que l'aphasie, c'est-à-dire la perte du langage, totale ou partielle, était liée à des lésions cérébrales bien localisées, la neurophysiologie estimait avoir prouvé que, quand on détruit telles parties du cerveau, on détruit la conscience. Donc, la conscience n'est pas plus que le cerveau, pas plus que des cellules cérébrales. Pour tenter de réfuter cette conclusion, Bergson a passé six ans à étudier la littérature sur l'aphasie. Il prétend montrer dans son livre que la mémoire, c'est-à-dire la conscience, « déborde » le cerveau. Elle y est

accrochée, « comme le manteau au porte-manteau, »
dit-il, mais ne s'y réduit pas plus que le manteau ne se
réduit au porte-manteau, ni le surnaturel à la nature.

M. – Le fait qu'une lésion de certaines parties du
cerveau influence si puissamment nos pensées et nos
facultés ne prouve rien de façon ultime, ni dans un
sens ni dans un autre. S'il existe une conscience immatérielle, on comprend qu'elle ne puisse s'exprimer normalement dans un cerveau déréglé ou déficient. A
l'extrême, lorsque la mort sépare la conscience du
corps, cette conscience ne peut plus donner d'ordre au
corps. De même, on peut concevoir que les drogues
entravent l'interaction d'une conscience immatérielle
avec son support corporel.

J.F L'existence d'une conscience immatérielle
n'est-elle pas une notion indispensable au bouddhisme, en raison d'une notion fondamentale de la
doctrine : la réincarnation ?

M. – Effectivement, la seule chose qui prouverait
de façon définitive la réalité d'une conscience immatérielle serait l'existence de la réincarnation. Mais je voudrais tout d'abord dire quelques mots de la transmission de pensée, qui, elle aussi, suppose une conscience
immatérielle. C'est presque un lieu commun pour les
Tibétains que d'admettre la transmission de pensée
tant il y en a d'exemples, non seulement ceux qui sont
relatés dans les textes, mais aussi dans la vie de tous les
jours au contact de maîtres spirituels. Elle est considérée comme une manifestation de l'interdépendance
des phénomènes. Mais puisque rien ne peut être
comparé à l'expérience personnelle, je suis obligé de
faire appel à la mienne. Au cours des vingt années passées auprès de maîtres tibétains, j'ai, à plusieurs
reprises, constaté qu'ils étaient conscients de pensées
très précises que moi-même ou certains de mes amis
venions d'avoir. Je n'en citerai qu'un exemple, celui qui
m'a le plus frappé. Alors que je méditais dans un ermi-

tage à proximité de mon premier maître, Kangyour Rinpotché, je me suis mis à penser aux animaux que j'avais tués dans ma jeunesse. J'avais été à la pêche – jusqu'à l'âge de quinze ans où, soudainement, j'ai pris conscience de ce que c'était de tuer et de faire souffrir un être vivant – et j'avais une fois tiré à la carabine sur un rat. A cette réflexion se mêlaient un profond regret et une sorte d'incrédulité à la pensée que j'avais pu être totalement aveugle à la souffrance d'autrui et la considérer comme banale. Je décidais donc d'aller trouver Kangyour Rinpotché et de lui dire ce que j'avais fait – me confesser à lui en quelque sorte. J'arrivai en sa présence. Je ne parlais pas encore tibétain, mais son fils était là...

J.F. – Qui servait d'interprète...

M. – Lorsqu'il me vit, Kangyour Rinpotché me regarda en riant et, avant que je ne puisse placer un mot de ma « confession », dit quelques mots à son fils, qui me traduisit : « Combien d'animaux as-tu tué dans ta vie ? »

J.F. – C'est intéressant.

M. – Sur le moment, cet événement m'a paru tout naturel... J'ai souri. Je n'ai pas eu l'impression de me trouver plongé dans une atmosphère étrange et surnaturelle ! Mais en même temps... Une fois suffit pour ouvrir l'esprit. Il suffit, dit-on, de goûter une goutte de l'océan pour savoir qu'il est salé.

J.F. – Tout à fait d'accord... Mais le fait que certains psychismes puissent communiquer avec d'autres psychismes – fait que l'on constate très rarement, mais enfin, que certains ont constaté, dont toi dans l'exemple que tu viens de donner – n'établit pas complètement qu'il existe un principe purement spirituel chez l'homme.

M. – Il ne l'établit pas complètement, mais il le laisse fortement présumer. Il faut ajouter aussi que ces maîtres spirituels tibétains ont toujours une attitude très humble. Peut-être font-ils constamment ce genre d'expérience, mais ils le laissent rarement transparaître. Ils n'aiment pas faire étalage de leurs pouvoirs et ne cherchent pas à impressionner les autres. Cette faculté est relativement commune chez les grands maîtres tibétains et va toujours de pair avec une réalisation spirituelle élevée. Je ne l'ai jamais observée, ni n'en ai entendu parler, chez des pratiquants ordinaires. Or ce sont ces mêmes maîtres qui parlent, d'après leur expérience, d'un état de conscience après la mort. Au vu des capacités que l'on peut constater chez eux et de toutes les autres perfections dont ils font preuve dans la vie courante, il me semble plus probable qu'ils disent la vérité que le contraire. C'est tout ce que je peux dire.

J.F. – Ce type exact de raisonnement, ces considérations que tu viens de développer, on les retrouve dans de nombreux dialogues de Platon. Des êtres ayant atteint un haut degré de spiritualité, dont telles ou telles manifestations à la fois de désintéressement, d'humilité et de noblesse montrent le caractère exceptionnel, paraissent être doués de perception des phénomènes surnaturels. Ces éléments convergent pour permettre à ceux qui sont sensibles à cette argumentation d'accepter l'hypothèse d'un principe spirituel et de l'immortalité de l'âme. Mais s'il ne s'y surajoute pas un acte de foi, ils ne peuvent aboutir à cette conclusion par la seule démonstration contraignante.

M. – Si l'on définit la foi comme une conviction qui naît de l'expérience, pourquoi ne pas accomplir un tel acte de foi ? Certes, il est toujours difficile de faire partager cette conviction à quelqu'un qui n'a pas vécu la même expérience.

J.F. – Bien évidemment ! Or, la seule démonstration est précisément indépendante de telle ou telle expérience subjective.

M. – Pourquoi la seule ? La foi du bouddhisme

n'est pas la croyance aveugle et irrationnelle en certains dogmes. André Migot disait dans son livre sur le Bouddha[1] : « La foi devient superstition lorsqu'elle s'écarte de la raison, ou plus encore lorsqu'elle s'oppose à elle. Mais lorsqu'elle est associée à la raison, elle empêche celle-ci de rester un simple jeu intellectuel ». Ici, il ne s'agit donc pas seulement d'un acte de confiance. Je crois même que, d'un point de vue rationnel, c'est de l'ordre de la probabilité, de l'explication la plus vraisemblable.

J.F. – Voilà bien la grande tentative permanente – je dis bien tentative –, l'effort qui consiste à rationaliser l'irrationnel. Là encore, la référence de base, c'est la référence à Platon, ou à Pascal. C'est tenter par une dialectique au sens platonicien, et pas au sens hégélien, par une argumentation très serrée, très rationnelle dans son tissu « mot à mot », d'aboutir à une démonstration, par le raisonnement, de quelque chose qui ne dépend pas du raisonnement. Alors, on arrive toujours à une ultime limite, car il y a toujours un pas à franchir qui ne dépend plus de la démonstration.

M. – Certains pas méritent d'être franchis ! Le comportement de ces sages semble parfaitement cohérent, sans la moindre fausse note. Pourquoi, lorsqu'on en vient à leur expérience d'un courant de conscience immatériel se poursuivant après la mort, tous ces êtres de qualité, ceux qui sont encore vivants et ceux qui sont apparus tout au long de l'histoire du bouddhisme, se mettraient-ils tout à coup à fabriquer de fausses vérités ?

J.F. – Non ! l'acte de foi n'est pas forcément une tromperie. Mais c'est un témoignage, comme dans la connaissance historique, pas une preuve absolue.

M. – Attention, l'acte de foi c'est nous qui l'accomplissons. Il ne concerne pas ceux qui, comme le

---

1. *Le Bouddha,* Club Français du Livre, 1960, Complexe, 1990.

Bouddha, affirment que la conscience est immatérielle, que son courant se poursuit après la mort, et qu'il est possible de reconnaître un courant de conscience parmi d'autres. Pour eux, il s'agit d'une expérience directe, pas d'un acte de foi.

J.F. – Mais c'est un peu la même situation que pour les mystiques dans la tradition occidentale. Si tu prends saint Jean de la Croix, sainte Catherine de Sienne, et d'autres qui ont vu Dieu de leur vivant dans des transports, des états d'extase, pour eux, ils ont bien eu l'expérience du divin. Mais le commun des chrétiens les croient sur parole, ou non d'ailleurs, sans mettre en doute leur honnêteté ni leur humilité. Il n'empêche que leur témoignage n'est pas l'équivalent d'une démonstration rationnelle. Ce que je constate dans ce type de raisonnement, c'est qu'on procède par deux sentiers différents. D'un côté, on récupère certains aspects de la science pour tenter de montrer, par les approches de la démonstration rationnelle, l'existence d'un principe spirituel et immortel ; et d'un autre côté, on fait appel à des expériences supra-sensibles et sur-naturelles qui peuvent avoir été vécues en toute sincé-rité par celui qui en fait le récit et qui, étant quelqu'un de parfaitement respectable, peut ne pas vouloir nous tromper. Mais ça ne suffit pas ! L'histoire de l'humanité est peuplée de gens d'une totale bonne foi qui se sont trompés !

M. – De quelle façon peut-on se tromper au sujet d'une expérience de ce genre ?

J.F. – On peut avoir une expérience dont on sup-pose qu'elle établit l'existence d'un principe se perpé-tuant dans un au-delà, alors qu'en fait, ce n'est qu'une impression. L'individu en question ne s'est-il pas trompé ? Cela ne constitue pas une démonstration pour celui qui n'a pas fait cette expérience. Cela ne peut rester que dans l'ordre de la probabilité ou de la possibilité.

M. – On ne peut le prouver qu'en en faisant soi-même l'expérience.

J.F. – C'est le problème !... Quant aux essais de démonstration rationnelle de l'existence de Dieu ou de l'immortalité de l'âme, les bibliothèques de philosophie et de théologie en sont pleines. Il y en a des tonnes, depuis des siècles... Malheureusement, ils n'ont jamais suffi à démontrer rationnellement l'existence de Dieu et l'immortalité de l'âme ! C'est pourquoi Kant, pour sa part, recourait à la preuve indirecte par la notion de bien et par la morale. Mais surtout pas par la rationalité.

M. – C'est bien une preuve indirecte que j'invoque ici, celle de la validité du témoignage. Mais il nous reste un deuxième point à aborder, celui de personnes qui se rappellent leurs existences antérieures, car c'est finalement cela qui pourrait éclaircir la question de la réincarnation.

J.F. – Oui, bien sûr, à condition que ces personnes puissent nous convaincre qu'il s'agit de souvenirs réels, et non d'un roman... Pythagore aussi prétendait se rappeler toutes ses vies antérieures.

M. – Plusieurs études ont été consacrées à des cas de ce genre. Sogyal Rinpotché a cité dans son livre[1] deux cas, parmi les plus intéressants, dont celui d'une petite fille du Punjab, en Inde, qui se rappelait une foule de détails sur les circonstances de sa mort, de sa précédente famille, de sa maison, etc. Ces faits ont également été décrits par des observateurs envoyés par le Dalaï-lama. Je n'en ai aucune expérience directe et il ne nous servirait à rien d'épiloguer sur la validité de ces témoignages. La seule chose dont je puisse parler en connaissance de cause, c'est de ce qui se passe dans le monde tibétain, à propos de ces jeunes enfants qui sont considérés comme la continuation spirituelle de

---

1. *Le Livre tibétain de la vie et de la mort*, La Table Ronde, 1993.

sages défunts. Il existe de nombreux cas où ces enfants ont reconnu des personnes qui avaient été les disciples de ces maîtres disparus, qui ont aussi reconnu des objets qui leur avaient appartenu, des lieux où ils avaient vécu.

J.F. – C'est vraiment prouvé, çà?

M. – On rapporte des centaines de cas dans l'histoire du Tibet. Personnellement, j'ai entendu quelques témoignages directs dont j'ai peu de raison de douter, et je peux citer un cas dont je n'ai aucune raison de douter, puisque j'en ai été le témoin.

J.F. – Mais qu'est-ce qu'on appelle le fait qu'un enfant de trois ans reconnaisse quelqu'un?... Il lui fait un sourire? Il agite la main?

M. – Parfois il appelle quelqu'un de l'entourage du maître disparu par son nom.

J.F. – Sans jamais l'avoir entendu prononcer? Alors, là!

M. – Je vais te donner deux exemples. Tout d'abord celui dont je n'ai pas été témoin, mais qui m'a été raconté par quelqu'un à qui j'accorde crédit. Il s'agit d'un grand sage qui est mort en 1903. Il s'appelait Dudjom Lingpa et vivait dans l'Amdo, au nord-est du Tibet. Peu avant sa mort, il déclara à ses disciples qu'ils devaient partir pour la région de Pémakeu, au sud du Tibet, près de la frontière de l'Inde, à deux mois de marche de l'Amdo. A la mort du maître, sur la foi de ses dernières paroles, une centaine de disciples se mirent en route pour Pémakeu, avec l'idée qu'ils y retrouveraient l'incarnation du sage. Pendant près de cinq ans ils cherchèrent en vain, puis les uns après les autres s'en retournèrent. Seul une quinzaine d'irréductibles poursuivirent leur recherche. Un jour, ils arrivèrent à l'entrée d'un village où jouait un groupe d'enfants. Parmi eux courait un jeune garçon qui avait dit à ses parents : « Aujourd'hui, des amis vont venir, il faut leur préparer un repas ». Ces enfants s'amusaient à sauter par-dessus un petit mur de pierres.

J.F. – Un enfant de quel âge ?

M. – Cinq ou six ans... Donc, alors que les moines arrivaient à proximité, l'enfant en question trébucha sur une pierre et, sur le point de tomber, tendit la main au lama qui était à ses côtés, en l'appelant : « Yéshé, aide-moi ! » C'était bien le nom de ce lama. Cela lui fit un choc, mais sur le moment il ne dit rien. Puis les voyageurs furent invités à partager le repas de la maisonnée. Or, il se trouvait que ce lama Yéshé portait à son cou un reliquaire contenant une mèche de cheveux. En apercevant ce reliquaire, l'enfant s'exclama : « Oh ! mais ce sont les cheveux que je t'ai donnés ! » C'était en effet une mèche de cheveux que le précédent sage lui avait donnée. Cet enfant est devenu Dudjom Rinpotché, qui mourut en 1987 et fut l'un de mes principaux maîtres spirituels.

Maintenant, voici l'histoire dont j'ai été témoin personnellement, celle de l'incarnation de Khyentsé Rinpotché, le maître auprès duquel j'ai vécu pendant quinze ans.

J.F. – Celui que j'ai connu à Darjeeling en 1973 ?

M. – Non... Celui que tu as rencontré au Bhoutan en 1986. Il a été identifié par l'un de ses plus proches disciples, un grand maître lui aussi, qui a maintenant soixante-douze ans et vit dans la montagne au Népal. C'est lui qui a eu les rêves et les visions dont nous parlions hier, qui ont permis de trouver l'enfant. J'ai personnellement participé aux recherches. Une fois que l'enfant fut découvert, on décida de faire une cérémonie de longévité dans une grotte sacrée de l'est du Népal. Nous nous sommes donc rendus dans cette grotte, près de laquelle ce sage, qui s'appelle Trulshik Rinpotché, faisait alors une retraite. Une centaine d'anciens disciples de Khyentsé Rinpotché nous y rejoignirent pour l'occasion. Au cours de la cérémonie,

Trulshik Rinpotché lut à l'enfant le nom qui lui avait
été donné et envoyé par le Dalaï-lama, lui offrit des
vêtements d'apparat et accomplit en son honneur un
rituel de longue vie. Le dernier jour, il y eut une fête au
cours de laquelle le maître qui officie donne aux participants une substance consacrée. On s'attendait à ce
que Trulshik Rinpotché, qui présidait la cérémonie,
distribuât cette substance. Or, l'enfant, voyant Trulshik
Rinpotché commencer, décida de la donner lui-même
– bien qu'il n'eût alors que deux ans et demi. Très cal-
mement – la scène a bien duré cinq minutes – il fit
venir sa mère, lui donna une goutte de la substance,
puis le petit-fils de Khyentsé Rinpotché, qu'il connais-
sait, et une vingtaine de personnes dont il n'avait
entendu le nom qu'une ou deux fois. En les appelant, il
prononça distinctement les noms de plusieurs de ces
personnes qui lui avait été présentées la veille.

J.F. – A deux ans et demi ! Mais à cet âge on parle
à peine !

M. – A peine, mais suffisamment pour appeler les
gens par leur nom.

J.F. – Cela suppose chez ce sujet particulier une
mémoire phénoménale !

M. – Par exemple, la veille, alors que je tenais
l'enfant dans mes bras, je lui avais désigné mon ami
Luc, un ingénieur français, lui aussi disciple de
Khyentsé Rinpotché, qui construit en ce moment l'un
de nos monastères en Inde, et j'avais dit, un peu en
plaisantant : « Ça, c'est Luc, qui construit votre monastère à Bodhgaya ». Le lendemain, il a appelé Luc par
son nom et il lui a donné cette bénédiction. Bon, cet
enfant est particulièrement éveillé et doué d'une
mémoire étonnante. Mais le plus étonnant n'est pas là.
Dans l'assistance, environ une centaine de personnes, se tenait un groupe de Bhoutanais qui venaient
d'arriver de chez eux – trois jours de marche depuis la
frontière népalaise – et dont l'un était un vieux servi-

teur du défunt Khyentsé Rinpotché. Après que l'enfant eut béni tous ceux qui se tenaient à proximité, et qu'un moine lui eut demandé : « Bon, maintenant... c'est fini ? » il répondit : « Non, non » et pointa du doigt vers quelqu'un dans la petite foule. Un autre moine se déplaça pour désigner différentes personnes assises dans la direction qu'indiquait l'enfant – « Celui-là ? Celle-ci ? Celle-là ? » –, jusqu'à ce qu'il parvienne auprès du vieux serviteur bouthanais, et que l'enfant dise : « Oui ! Lui ! » On fit donc s'approcher le vieil homme, et l'enfant, perché sur son trône, lui donna la bénédiction. L'homme fondit en larmes.

J.F. – C'est très frappant. Je dirai cependant encore une fois que ce genre d'événements ne constitue des preuves que quand on le vit soi-même. Même si on croit à l'absolue sincérité des témoins.

M. – Je comprends bien. Je ne relate ce cas que parce que je l'ai vécu. Je me permets de citer cet événement, car il porte pour moi un poids de vérité plus grand que ce dont j'ai simplement entendu parler. Mais je dois ajouter que j'ai entendu relater des dizaines d'événements similaires. Le Dalaï-lama, qui est la sincérité et l'honnêteté mêmes, raconta également, lorsqu'on lui demanda s'il avait des souvenirs de ce genre : « Dès que j'arrivai à Lhassa, je dis à mon entourage que mes dents se trouvaient dans une boîte, dans une certaine pièce du Norbulingka, le palais d'été. Lorsqu'ils ouvrirent cette boite, ils y trouvèrent le dentier qui avait appartenu au treizième Dalaï-lama. J'ai montré la boîte du doigt et dit que mes dents s'y trouvaient... mais à présent, je ne me souviens de rien ! »

On fait même souvent subir des tests à ces jeunes incarnations qu'on appelle *trulkou*, ce qui veut dire « corps manifesté », ou encore *yangsi* ce qui signifie « celui, ou celle, qui est revenu à l'existence ». Et l'un des examens classiques consiste à disposer devant eux une dizaine de rosaires, certains tout neufs et faits de perles chatoyantes, parmi lesquels on place un rosaire ayant appartenu au défunt et souvent moins beau que les autres. L'enfant doit, sans se tromper, choisir le bon rosaire. On fait de même avec les objets rituels, des cloches par exemple, et autres objets courants utilisés par le maître disparu. Ce sont des tests classiques qui ont été exécutés des centaines de fois au Tibet, mais je n'y ai pas assisté ; c'est pourquoi je m'en tiens à ce que j'ai pu observer moi-même.

J.F. – Bon... disons que ça fait partie des croyances métaphysiques du bouddhisme. Et je crois que c'est ce qui caractérise les convictions d'ordre métaphysique, pour ne pas dire religieux. Ce qui caractérise la pensée rationnelle, c'est que toute démonstration peut être communiquée, voire imposée, y compris à quelqu'un qui n'a pas observé lui-même la réalisation de l'expérience, qui ne serait même pas capable de la conduire lui-même, mais qui est bien forcé d'en accepter la reconstitution toujours possible. Au contraire, le type d'expérience dont tu parles n'est parfaitement convaincant que pour celui qui l'a vécu. C'est un témoignage unique, du même ordre que celui des mystiques, de tous ceux qui ont vécu une expérience particulière, religieuse ou autre.

M. – Je comprends bien les critères de la pensée rationnelle et le fait que ses démonstrations puissent être communiquées ou imposées à tous. La conviction de la vérité d'une démonstration mathématique par exemple naît dans l'esprit, n'est-ce pas ? Si elle a une application physique, on peut également la vérifier expérimentalement. La pensée contemplative conduit à une conviction qui, elle aussi, naît dans l'esprit. La force de la certitude qui naît d'une vie de pratique contemplative, d'une vie vécue auprès d'un maître spirituel, est aussi puissante que celle qui naît de la démonstration d'un théorème. Quant aux vérifications expérimentales, la seule différence c'est qu'elles sont le plus souvent intérieures, ce qui n'enlève rien à leur authenticité. Les aspects extérieurs – la bonté, la tolérance, la compassion, la sagesse – ne sont que des « signes » de la réalisation intérieure.

J.F. – Je n'en conteste pas l'authenticité pour ceux qui les vivent. Je me borne, dans le cheminement de notre dialogue, visant à préciser le sens du bouddhisme pour un Occidental, à souligner qu'une dimension métaphysique, surnaturelle vient sans aucun doute s'ajouter à la dimension de sagesse pratique, purement psychologique.

M. – Pour revenir aux événements dont nous parlions, il ne s'agit nullement d'une expérience mystique, et le témoignage que j'apporte n'a rien de métaphysique. Il s'agit d'événements que j'ai vu de mes propres yeux, et ce, non pas dans un état d'exaltation, mais dans les circonstances les plus tranquilles, je dirais presque les plus « ordinaires » qui soient. Et puisque tu mentionnes les témoignages mystiques, je voudrais ouvrir une parenthèse pour dire qu'on s'efforce parfois de rabaisser ce genre de témoignages par ce qu'on pourrait appeler le « matérialisme médical », qui consiste à dire que sainte Thérèse d'Avila était hystérique, que saint-François d'Assise avait des troubles psychologiques héréditaires, que saint Paul a eu une crise d'épilepsie sur le chemin de Damas, etc. On a dit aussi que Jeanne d'Arc était schizophrène. Mais pour ce qui est des faits concernant le jeune *trulkou* de mon maître, je puis t'assurer que je n'étais pas dans un « état mystique » et, sans vouloir le moins du monde imposer ma conviction intérieure, je ne peux quand même pas douter de mes sens!

J.F. – Oui, mais même si l'on ne recourt pas aux explications dégradantes, disons méprisantes, que tu viens d'évoquer, on peut malgré tout, on doit même, en bonne méthodologie, distinguer entre le type de preuve qui est communicable et imposable à l'ensemble de l'humanité et le type de preuve qui n'est une preuve que pour celui qui a vécu une certaine expérience.

M. – C'est bien un problème de méthodologie : si on écarte un phénomène parce qu'il est exceptionnel et non reproductible, comment alors pourra-t-on reconnaître qu'il correspond à la réalité, lorsque tel est bien le cas ?

J.F. – Je crois qu'il est nécessaire de l'écarter tant que cela ne nous est pas arrivé à nous-même.

M. – Mais alors, ne pourraient être acceptées que des choses visibles ou constatables par tout le monde en même temps !

J.F. – A mon avis, ce que tu évoques est de l'ordre du témoignage historique, non pas de la preuve scientifique. Or, le témoignage historique – c'est-à-dire : « Untel a dit ça. J'étais là, je l'ai entendu » – est un argument de grande valeur, sans lequel il n'y aurait pas d'histoire, mais n'est jamais une preuve définitive. Tout historien peut être amené à contester un autre historien et dire : « J'ai trouvé une autre source qui prouve que ce témoignage est faux ou partiel ». C'est pour ça que l'Histoire est une science, mais pas une science exacte. Elle repose exclusivement sur le témoignage d'un nombre limité d'individus, au sujet d'une expérience qui n'est pas reproductible. Et encore l'Histoire est-elle plus scientifique que les témoignages dont tu parles car, outre les témoignages personnels, elle s'appuie sur des documents et des monuments impersonnels, quoique sujets à diverses interprétations eux aussi. Pour les expériences surnaturelles, ce sont deux mentalités qui s'affrontent. Nous n'avancerons plus maintenant sur ce thème là... Nous devons en rester à cette idée : si on n'est pas entré dans un certain système de foi – au sens le plus noble du terme, je le répète – il manquera toujours quelque chose qui empêchera que tu puisses démontrer une conception qui est métaphysique par définition. Or, une conception métaphysique ne peut jamais se démontrer complètement. On a essayé depuis deux mille cinq cents ans de faire de la métaphysique rationnelle, de faire que la métaphysique soit aussi rigoureuse que les mathématiques. On n'y est jamais arrivé ! Parce que, intrinsèquement, la métaphysique ne relève pas de ce système de raisonnement !

M. – Mais elle relève de la réalisation spirituelle, qui est une réalité indéniable. Cet aspect de la métaphysique n'a pas besoin d'être rationnel pour être authentique, car il se situe sur un autre plan, celui de l'expérience contemplative, de la vision directe d'une vérité qui s'impose à l'esprit parce qu'elle correspond, dans son domaine, à la nature des choses. Cela ne veut pas dire non-plus qu'il soit « irrationnel », mais simplement qu'il transcende le raisonnement conceptuel.

J.F. – Donc, il faut s'y résoudre. Il y a deux approches distinctes. Il importe donc de distinguer, dans une sagesse de ce type, dont personne ne nie l'importance, ce qui dépend de cette métaphysique et ce qui n'en dépend pas. Quel enseignement quelqu'un qui n'adhère pas à la dimension métaphysique du bouddhisme peut-il tirer de celui-ci pour améliorer la conduite de sa vie ? C'est ça qui est, à mon avis, le problème le plus intéressant. C'est d'ailleurs le problème de toute religion et de toute philosophie, et il est plus particulièrement passionnant dans le cas du bouddhisme, qui est à la fois les deux et ni l'une ni l'autre, n'est-ce pas ?

M. – Je crois que l'acte de foi dont tu parles s'applique aussi bien à la science qu'à la spiritualité. En effet, dire que ce qui ne peut être décelé par la mesure ou l'observation physique n'existe pas n'est pas une preuve scientifique, c'est également un choix métaphysique.

J.F. – Je ne dis pas que ce qui ne peut pas être

objet de mesure et d'expérimentation n'existe pas! Sans quoi l'art n'existerait pas. Je dis qu'il s'agit d'un ordre d'expérience qui échappe à la contrainte démonstrative – heureusement d'ailleurs!

M. – Rassure-toi, aucun contemplatif bouddhiste, aucun ermite tibétain, ne vise à la contrainte démonstrative. Mais reprenons notre problème à l'envers. Suppose un instant que de tels phénomènes exceptionnels, tels que le souvenir de vies antérieures, existent vraiment. Comment pourrait-on les mettre en évidence si le fait même d'être exceptionnels les rend inacceptables?

J.F. – Il faudrait pour cela disposer d'un observateur impartial, parlant couramment la langue, accepté au sein de la communauté tibétaine, qui puisse observer ces faits avec scepticisme et rigueur.

M. – Si ça ne tient qu'à cela, ton humble serviteur se porte candidat. Personnellement, j'essaie toujours d'adopter l'attitude la plus objective possible, sachant que, dans le cas contraire, je serais une cible facile pour ceux qui dénoncent les affirmations fondées sur une crédulité aveugle. Lorsque je discute avec mes amis tibétains, j'essaie toujours d'être l'avocat du diable, afin de donner du piment au débat. Il est certain que je ne pouvais croire aussi pleinement à la transmission de pensée avant d'en avoir été le témoin. Dans le cas de l'enfant qui a fait venir à lui ce vieil homme, je suis heureux de l'avoir vu de mes propres yeux, mais ma conviction la plus profonde dans la voie spirituelle n'est pas née de quelques événements extérieurs de ce genre, elle est née d'une confirmation de tous les instants de certaines vérités métaphysiques et contemplatives.

J.F. – Alors, ma conclusion, qui n'est pas définitive, c'est que – comme le dirait tout historien scrupuleux – ton témoignage, à mes yeux, a plus de poids que n'en aurait le témoignage d'un hippie scandinave vaguement drogué, qui aurait adhéré au bouddhisme d'une manière inauthentique. Exactement comme on procède en histoire : le témoignage de ce témoin-là a un poids très important, mais ce n'est qu'un témoignage. Voilà... Encore une fois, distinguons les sciences historiques, les sciences de l'esprit, les sciences humaines, des sciences « dures », comme on dit, qui, elles, comportent des preuves que l'on peut imposer, quelle que soit l'opinion de l'individu que l'on a en face de soi. L'accumulation des témoignages constitue une présomption sans arrêt plus probable, mais qui tend vers une limite de certitude absolue qui n'est jamais complètement atteinte.

M. – Tout d'abord je peux te garantir que tu n'as aucune chance d'imposer, ne serait-ce qu'un centième des découvertes scientifiques à un habitant des forêts de Nouvelle Guinée. Il faut que l'individu ait des schémas mentaux comparables. Il faudrait l'éduquer d'une certaine manière pendant des années. De même, on ne peut imposer les résultats de la recherche contemplative à ceux qui n'y ont pas ouvert leur esprit. Là aussi une éducation est nécessaire.

Pour conclure notre discussion, on peut se demander : selon le point de vue que tu soutiens, par quelle méthode et par quel critère pourrait-on être amené à reconnaître l'authenticité et l'existence d'un phénomène qui n'est pas reproductible à volonté ? Et comment éviter de l'exclure *a priori* ?

J.F. – On ne l'exclut pas *a priori* ! Il ne faut jamais rien exclure *a priori*. Il y a des cas où l'on peut exclure, non pas *a priori*, mais *a posteriori*, certaines affirmations que la réalité dément de façon par trop éclatante. Il existe, paraît-il, une association de gens qui soutiennent que la terre est plate ! Il n'y a aucune raison de les embêter. Qu'ils se réunissent, si cela leur fait plaisir. Mais enfin, on peut penser de façon hautement démontrable qu'ils sont dans l'erreur. Il existe une vérité qui n'est rien d'autre qu'une conjecture à laquelle un maximum d'historiens sérieux a fini par ajouter foi en raison de l'accumulation des témoignages. Mais ça n'écarte jamais l'éventualité que, cinquante ans plus tard, arrive un autre historien qui dise : « Vous vous êtes complètement trompés, voici la preuve. »

M. – Cela se produit constamment dans le domaine scientifique.

J.F. – Enfin, dans les sciences de ce qui n'est pas reproductible, il existe un certain type de connaissance qui ne relève pas de la confrontation des témoignages, laquelle n'est jamais terminée.

M. – Le but des sciences de ce qui *est* reproductible n'est d'ailleurs pas de résoudre des problèmes métaphysiques ni de donner un sens à l'existence, mais de décrire de la façon la plus exacte possible le monde matériel. Considérer que la réalité se réduit à la matière-énergie, que la conscience n'est qu'une propriété du système neuronal, n'est pas le résultat d'une recherche scientifique, mais une définition du contexte dans lequel la science opère. La vie contemplative a elle aussi ses règles, et la conviction profonde qui naît de sa pratique a, sur l'esprit, autant de force que n'importe quelle expérience effectuée dans le domaine matériel. L'observation de la nature de l'esprit d'une façon purement contemplative peut engendrer une certitude aussi complète que l'observation de la chute d'un corps sous l'effet de la pesanteur.

Une science de l'esprit ?

JEAN-FRANÇOIS – Nous avons abordé ce qu'on pourrait appeler la psychologie bouddhiste, le phénomène du contrôle de la pensée. Il se trouve que c'est un aspect du bouddhisme qui, récemment, a particulièrement intéressé certains Occidentaux. Au XIXe siècle, c'était surtout la sagesse bouddhiste, la méthode pour trouver une sorte de sérénité dans l'oubli de soi, qui avait attiré certains philosophes, comme Shopenhauer. Plus récemment, ce sont les techniques de contrôle de la pensée. En 1991, par exemple, s'est tenu à Harvard, un colloque réunissant le Dalaï-lama et plusieurs chercheurs.[1] C'est très intéressant, puisque ce sont des chercheurs occidentaux, habitués à ce qu'on appelle la psychologie scientifique en Occident, qui ont confronté leurs vues avec celles du Dalaï-lama. Certains de ces chercheurs avaient eux-mêmes été en Orient s'informer de près sur ces pratiques. C'est ainsi, que Daniel

---

1. *Mind Science* : An East West Dialogue ; The Dalaï-lama and Participants in the Harvard Mind Science Symposium ; Edited by Daniel Goleman and Robert A.F. Thurnman, Wisdom Publications, Boston, 1991, voir également J.Hayward et F.Varela, *Passerelles*, Dalaï-lama, Editions Albin Michel, 1995 (traduit de *Gentle Bridges, Dialogues between the Cognitive Sciences and the Buddhist Tradition*, Shambhala Publishers, Boston, 1992), et *Sleeping, Dreaming, and Dying, a Colloquum with the XIVth Dalaï*-lama, coordinated and narrated by Francisco Varela, Wisdom Publications, 1997 (à paraître chez NiL éditions.)

Goleman, qui est aussi un des collaborateurs scientifiques du *New York Times,* a prononcé, au cours de ce colloque, une communication sur les modèles tibétains et occidentaux de la santé mentale. Alors, que peut-on dire sur cette psychologie bouddhiste?

Matthieu – L'une des caractéristiques de cette « science de l'esprit » qu'est le bouddhisme, c'est qu'il ne suffit pas de reconnaître, d'identifier une émotion consciente ou une tendance latente que l'on ferait revenir à la surface, mais qu'il faut savoir « libérer » les pensées. Libérer les pensées, c'est faire en sorte qu'elles ne laissent pas de traces dans notre esprit, qu'elles ne l'enchaînent pas dans l'erreur. Faute de quoi, elles engendrent facilement une réaction en chaîne : une pensée de déplaisir, par exemple, se tranforme en animosité, puis en haine, et finit par envahir notre esprit jusqu'à ce que nous l'exprimions sous forme de paroles ou d'actes. Nous causons du tort à autrui et notre paix intérieure est détruite. Il en va de même avec le désir, l'arrogance, la jalousie, la peur, etc. On peut donner libre cours à nos envies de détruire, de posséder, ou de dominer, mais la satisfaction que l'on peut en dériver est éphémère ; ce ne sera jamais une joie profonde et stable, et qu'il est possible de pérenniser.

J.F. – Mais toutes les souffrances morales ne viennent pas uniquement de la haine ou du désir.

M. – La clef du travail sur l'esprit, c'est non seulement d'identifier les pensées mais également de les dissoudre, de les laisser s'évanouir dans l'espace même de l'esprit. Un certain nombre de techniques est mis en œuvre dans ce but. La principale consiste à ne pas se concentrer sur les modalités des émotions, sur les causes et les circonstances qui les ont déclenchées, mais de remonter à la source même des pensées. On distingue deux sortes de méditants, celui qui ressemble à un chien et celui qui ressemble à un lion. On peut en effet aborder les pensées comme un chien qui court après toutes les pierres qu'on lui lance, l'une après l'autre. C'est le cas général de l'être humain, qui, lorsqu'une pensée surgit, se laisse entraîner par elle : cette première pensée en engendre une deuxième, une troisième, puis une chaîne sans fin de pensées qui entretiennent la confusion mentale. Ou alors, un homme peut réagir comme le lion auquel on ne peut lancer qu'une pierre, parce qu'il se retourne vers le lanceur et lui saute dessus. Ce deuxième exemple correspond au méditant qui se « retourne » vers la source de la pensée et examine le mécanisme premier par lequel les pensées surgissent dans son esprit.

J.F. – Au-delà des métaphores, quel est ce mécanisme ?

M. – Il faut essayer de rompre pendant quelques instants le flot des pensées. Sans entretenir les pensées passées, sans inviter les pensées futures, on demeure, ne serait-ce que brièvement, dans un état d'éveil au moment présent, libre de pensées discursives. Peu à peu on devient capable de prolonger et de préserver cet éveil. Aussi longtemps que les vagues agitent un lac, ses eaux restent troubles. Dès que les vagues s'apaisent, la boue se décante et l'eau retrouve sa limpidité. De la même façon, lorsque les pensées discursives se calment, l'esprit devient plus « limpide » et il est alors plus facile de découvrir sa nature.

Il faut ensuite examiner la nature des pensées discursives. Pour ce faire, on va jusqu'à susciter volontairement une émotion très forte, en pensant par exemple à quelqu'un qui nous a fait du mal, ou au contraire, à un objet de désir. On laisse cette émotion apparaître dans le champ de notre conscience puis on fixe sur cette pensée notre regard intérieur, successivement d'une façon analytique et d'une façon contemplative. Au début, cette pensée nous domine, nous obsède. Elle revient constamment. Mais, si on l'examine bien, d'où tire-t-elle sa force apparente ? Elle ne possède pas la faculté intrinsèque de nuire comme un être en chair et en os. Où était-elle avant de surgir ? Lorsqu'elle se manifeste dans notre esprit, a-t-elle une caractéristique quelconque ? une localisation précise, une forme, une couleur ? Lorsqu'elle est sortie du champ de notre conscience, va-t-elle quelque part ? A mesure qu'on l'analyse, cette pensée qui semblait si puissante nous échappe ; on ne peut la « saisir » ni la pointer du doigt. On arrive alors dans un état de « non-trouvé », dans lequel on demeure quelques instants de manière contemplative. C'est ce qu'on appelle, techniquement, « reconnaître la vacuité des pensées ». C'est un état de simplicité intérieure, de présence claire et éveillée, dénué de concepts. Lorsqu'on comprend que les pensées ne sont qu'une manifestation de cette conscience éveillée, elles perdent leur solidité contraignante. Une fois que ce processus de libération est devenu naturel, au terme d'une pratique assidue, lorsque des pensées surgissent de nouveau elles se dénouent au moment même où elles surgissent et cessent de perturber notre esprit et de l'assujettir. Elles se forment et disparaissent comme un dessin tracé avec le doigt à la surface de l'eau, qui s'efface à mesure qu'on le trace.

J.F. – Ce qui me frappe dans cette manière de raisonner, c'est que tout est décrit comme si la réalité extérieure, l'action, les autres êtres humains, le poids des situations n'existaient pas du tout ! Il y a malgré tout des cas où un danger réel nous menace ! Le fait d'avoir peur de ce danger, ou de vouloir s'en débarrasser, donc d'avoir une attitude active d'hostilité à l'égard de cette menace, sous peine de perdre la vie par exemple, ne se résout pas uniquement par un travail sur les pensées ! Ça se résout par une action extérieure précise.

M. – Dans une situation donnée, nous pouvons

réagir de plusieurs façons selon notre état intérieur. Les actes naissent des pensées. Sans maîtrise des pensées on ne peut maîtriser ses actes. Il faut donc « apprendre » à libérer les émotions...

J.F. – Oui, mais ce sont des cas très marginaux...

M. – ... afin d'utiliser ensuite cette maîtrise dans le feu de l'action. Dans le langage courant on dit bien de quelqu'un qu'il a su « rester maître de lui-même », ou qu'il a « perdu complètement le contrôle de lui-même ». Il s'agit ici de rendre cette maîtrise plus totale, plus stable, grâce à la connaissance de la nature de l'esprit. Il ne s'agit nullement de rester les bras ballants, apathique et indifférent si un meurtrier s'apprête à occire notre famille, mais de faire le minimum pour neutraliser l'adversaire, sans laisser la haine nous envahir, ni tuer notre agresseur par esprit de vengeance. La maîtrise de l'esprit est donc fondamentale.

J.F. – Mais l'existence humaine n'est pas seulement pensée. L'existence humaine est action.

M. – Le corps et la parole ne sont-ils pas les serviteurs de la pensée ? Le corps ne fait que ce que la pensée lui demande, et les paroles ne surgissent pas de façon inconsciente ou réflexe.

J.F. – Dire que « le corps ne fait que ce que la pensée lui demande » me paraît optimiste.

M. – Optimiste ? Je ne parle pas des fonctions organiques du corps, mais des actes. Si nous étions capables de maîtriser nos paroles et nos actes, cela résoudrait la plupart des conflits entre les êtres humains. Mais c'est impossible sans maîtriser notre esprit. De plus, c'est notre esprit qui colore nos actes, car selon notre motivation deux actes apparemment identiques peuvent avoir des effets contraires, soit positifs soit négatifs. On peut, par exemple, donner de l'argent pour rendre service à quelqu'un ou pour le corrompre. Mais pour en revenir à l'usage de la maîtrise de l'esprit dans des situations concrètes, la vraie

patience n'est pas un signe de faiblesse mais de force.
Il ne s'agit pas de tout laisser faire passivement. La
patience nous donne la force d'agir de façon juste, sans
être aveuglé par la haine et le désir de vengeance qui
nous privent de toute faculté de jugement. Comme le
dit souvent le Dalaï-lama, la tolérance ne consiste pas à
dire : « Allez-y, faites moi du mal ! » Elle n'est ni soumission ni abandon, mais s'accompagne d'un courage,
d'une force d'âme et d'une intelligence qui nous
épargnent d'inutiles souffrances mentales et nous
évitent de tomber dans la malveillance.

La vraie patience, la vraie non-violente consistent
à choisir la solution la plus altruiste. Prononcer des
paroles suaves avec l'intention de tromper ressemble à
de la douceur, mais il s'agit bien de violence. A
l'opposé, quand une mère, pour le bien de son enfant
et par amour pour lui, le gronde ou lui donne une
petite tape, cela ressemble à de la violence, mais c'est
en réalité de la non-violence. Ce qui compte, c'est la
motivation qui inspire nos actes et le résultat final de
ces actes. Le choix des moyens résulte de l'exercice de
notre intelligence. Donc, en théorie, on peut admettre
l'utilisation de la violence à des fins bienfaisantes. Mais
dans la pratique, il est très difficile de l'utiliser avec
succès. La violence entraîne la violence et a généralement des effets désastreux. Il faut donc éviter le conflit,
ou, s'il est inévitable, neutraliser celui qui s'apprête à
commettre un acte violent, sans aller au-delà du strict
nécessaire, sans y surajouter des émotions.

J.F. – Dans ce que tu dis, il y a quelque chose de
très juste, mais qui me paraît s'appliquer d'abord à ce
que j'appellerai des émotions inutiles, superflues, des
agacements excessifs, des ambitions plutôt mégalo-
manes que fondées. Ou bien alors à des excès, des
débordements, comme le fait de déployer un esprit de
vengeance et de représailles qui va au-delà de la nécessité de neutraliser un danger réel. Or, cette critique des

émotions superflues, des excès en tout genre est assez banale. Je ne veux pas dire que ce soit facile à mettre en pratique, mais ce n'est pas une découverte sensationnelle. Seulement voilà, il se trouve que la majeure partie des émotions, des désirs que nous éprouvons, des ambitions que nous avons, sont en connexion avec une attitude d'action ou de réaction par rapport à la réalité. Cela suppose tout un substrat de sentiments, de désirs, d'ambitions, de défiances, de précautions qui ne sont pas tous superfétatoires, ni méprisables ni inutiles, parce qu'ils sont en rapport avec des situations réelles. Si je veux construire une maison ou réaliser certains types d'œuvres ou de recherches scientifiques, etc. on peut dire que j'ai une ambition. Celle-ci peut être parfaitement légitime, elle ne résulte ni de la haine ni de la convoitise et ne peut faire de mal à personne. Mais elle peut entraîner pour moi des sentiments négatifs de déception si des obstacles interviennent, ou si des gens s'interposent et sabotent mon projet. Ce ne sont pas des émotions que l'on peut écarter, parce qu'elles ne sortent pas de mon seul esprit, elles sont induites par la réalité et elles font partie de l'action sur la réalité.

M. – Elles sont certes déclenchées par la réalité extérieure, mais ne lui appartiennent pas en propre. La même personne peut paraître désirable à quelqu'un et haïssable à quelqu'un d'autre. Un homme politique cherche à exercer le pouvoir, un ermite à s'en débarrasser. La nature de nos émotions est donc déterminée par la façon dont nous percevons la réalité. Encore une fois il ne s'agit nullement de se couper de tous sentiments humains, mais d'acquérir un esprit vaste, serein, qui n'est plus le jouet des émotions, qui n'est pas secoué par l'adversité ni enivré par le succès. Si une poignée de sel tombe dans un verre d'eau, cette eau devient imbuvable, mais si elle tombe dans un grand lac, le goût de l'eau ne change guère. Or, la plupart des gens souffrent constamment et inutilement, par étroitesse d'esprit, de ne pas obtenir ce qu'ils souhaitent et d'être confrontés à ce qu'ils n'aiment pas. Une autre raison de notre souffrance est l'égocentrisme. Si nous sommes entièrement centrés sur nous-mêmes, les difficultés que nous rencontrons et le malaise qu'elles nous causent vont directement à l'encontre de notre bien-être. Nous nous déprimons et n'acceptons pas ces problèmes. Si en revanche nous sommes avant tout concernés par le bien d'autrui, nous accepterons avec joie les difficultés personnelles que la réalisation de ce bien-être peut occasionner, car nous savons que le bien-être d'autrui compte plus que le nôtre.

J.F. – Mais il y a de nombreux cas où l'on est insatisfait de ne pas obtenir ce qu'on souhaite, non pas pour des raisons artificielles, de non-maîtrise de ses pensées intérieures, non pas parce que ce que l'on souhaite n'est pas légitime ou serait dû uniquement à l'orgueil, mais pour des raisons fondées dans une réalité objective, et même altruiste. Un médecin qui souhaite guérir un malade éprouve un sentiment, une émotion respectables. S'il échoue, il éprouve une déception tout aussi respectable ; il est insatisfait, mais pour de très bonnes raisons.

M. – Oui, ce genre d'ambition est plus que légitime ; il est nécessaire.

J.F. – Il y a donc une place pour une classification des ambitions respectables et des ambitions non respectables ?

M. – Tout à fait. Les émotions indésirables sont celles qui faussent ou paralysent notre jugement, ce ne sont pas celles qui nous encouragent à accomplir de grandes tâches. Le désir de soulager la souffrance d'autrui – qui peut inspirer une vie tout entière – est une ambition admirable. Il convient de distinguer entre les émotions négatives qui, comme le désir, la haine et l'orgueil, solidifient plus encore nos concepts égocentriques et les émotions positives qui, comme l'amour altruiste, la compassion et la foi nous permettent de nous libérer peu à peu de ces tendances négatives et égocentriques. Ce dernier genre d'émotions ne trouble pas notre esprit, il le renforce et le stabilise.

J.F. – On retrouve donc les distinctions épicuristes entre les désirs nécessaires et les désirs non nécessaires ?

M. – Une ambition positive – la poursuite du bien d'autrui par tous les moyens possibles, le désir ardent de se transformer soi-même – fait partie des vertus cardinales du bouddhisme. En vérité, le bouddhiste nourrit une ambition illimitée, celle de soulager la souffrance de tous les êtres sous le ciel ! Etre dénué de ce genre d'ambition c'est succomber à l'inertie, c'est manquer de force d'âme. Donc, il faut distinguer les aspects positifs et négatifs, altruistes et égoïstes, de l'ambition. On dira qu'une ambition est positive si elle vise à apporter du bien aux autres. C'est la définition la plus simple. Par contre une ambition est négative si elle doit être accomplie au détriment d'autrui, une émotion est négative si elle détruit notre paix intérieure et celle d'autrui.

J.F. – Tu exclus des ambitions positives toutes celles qui visent à améliorer notre propre sort ?

M. – Absolument pas, il convient de ménager notre propre bien-être, mais jamais au détriment d'autrui. Curieusement d'ailleurs, la meilleure façon d'améliorer notre propre sort, c'est d'être concerné avant toute chose par celui d'autrui, et Shantidêva, un maître bouddhiste du VIII⁰ siècle, a dit :

> Tout le bonheur du monde
> Vient du cœur altruiste,
> Et tout son malheur,
> De l'amour de soi.

A quoi bon tant de paroles ?
Le sot est attaché à son propre intérêt
Et le Bouddha se dévoue à l'intérêt d'autrui :
Vois par toi-même la différence !

Pour conclure notre discussion précédente, c'est peut-être un lieu commun de dire que le pouvoir et l'argent ne font pas le bonheur, que la jalousie, l'orgueil détruisent notre joie de vivre, etc. Mais le fait que ce soit un lieu commun n'empêche nullement que la majorité des gens continuent à tomber dans le piège des préoccupations du monde – gain et perte, plaisir et douleur, critique et louange, gloire et opprobre – et semblent totalement désarmés devant eux. Ce n'est pas tous les jours que quelqu'un tente de nous planter un couteau dans le dos, mais c'est à chaque instant que nous sommes la proie de nos émotions négatives. Combien de malheureux voient leur vie gâchée par la jalousie ! S'ils avaient su reconnaître l'immatérialité de cette jalousie et la laisser se dissoudre dans leur esprit comme un nuage dans le ciel, non seulement la jalousie les aurait laissés en paix, mais elle ne se serait certainement pas développée jusqu'à les pousser au crime. Un petit nuage, dit-on, n'apporte pas la pluie. C'est quand une pensée surgit qu'il faut s'en occuper, pas quand les émotions sont devenues incontrôlables. Il faut maîtriser l'étincelle, sinon, que faire lorsque la forêt tout entière est en flammes ?

J.F. – Là encore, il existe un accord dans toutes les philosophies, une sorte de fond commun de la sagesse pratique, occidentale ou orientale, un art de ménager l'ensemble de nos dispositions psychologiques dans leurs rapports avec la réalité, de manière à éviter toutes les outrances qui, finalement, rendent malheureux et produisent l'insatisfaction. Maintenant, ce qu'on appelle psychologie, science de l'esprit, ce n'est pas seulement cette sorte de manuel pratique – comme le manuel d'Epictète dans le stoïcisme – destiné à offrir le moins de vulnérabilité possible aussi bien aux circonstances extérieures, aux accidents de la vie, qu'à ses propres passions... Ce qu'on appelle psychologie, antérieurement à toute idée d'application pratique, de recette pour la sérénité intérieure, c'est tout simplement l'étude des phénomènes cognitifs. Et là, dans le colloque de Harvard auquel je faisais allusion, plusieurs intervenants américains disent qu'ils ont découvert dans le bouddhisme une science de l'esprit qu'ils considèrent comme étant d'une richesse exceptionnelle.

M. – Ne perdons pas de vue cependant que les chercheurs qui s'intéressent à ce genre de dialogue avec le bouddhisme ne sont guère nombreux.

J.F. – En quoi consiste donc cette science de l'esprit ?

M. – La psychologie bouddhiste a de nombreuses facettes. Elle analyse par exemple la façon dont les facteurs mentaux surgissent lorsque le mental s'attache au sentiment inné d'un « moi » et considère ce moi comme une entité autonome réellement existante. Une foule d'événements mentaux naît en cascade de cet attachement au « moi ».

J.F. – Je te coupe ! Tu dis que le moi est inné ?

M. – Je veux dire que naturellement, nous avons tous la notion d'un *je*, nous répondons lorsqu'on nous appelle ; nous pensons « j'ai chaud » quand il fait chaud ; nous sommes conscients de notre existence, etc. C'est ce que le bouddhisme considère comme le sentiment inné du moi. Puis, sur ce sentiment se greffe l'idée que ce « moi » est une entité séparée, constituant « l'identité » de notre individu. Ce concept est une fabrication de l'esprit, une simple désignation mentale, comme je l'ai mentionné. Quand on cherche ce « moi » quelque part dans le flot de la conscience ou dans le corps, ou encore dans la combinaison des deux, on n'arrive pas, ni par l'analyse ni par la contemplation, à isoler mentalement ou physiquement une entité quelconque qui correspondrait à ce « moi » individuel.

J.F. – Oui, mais bien qu'il n'y ait pas de localisation du moi, de la personnalité ou du *je*, le sentiment qu'on en a n'est peut-être pas totalement inné, puisqu'il varie selon la civilisation, selon les cultures et selon les individus. Il y a des cultures et des individus où il est particulièrement exalté. L'hypertrophie du moi est un facteur culturel et individuel. Le sentiment de l'identité personnelle est au moins aussi construit par la société et notre histoire propre qu'il n'est inné.

M. – C'est bien ce que je voulais dire. Le sentiment le plus élémentaire du *je* est inné, et tout ce qui s'y rajoute est fabriqué par l'individu sous l'influence de la société et de sa personnalité. Ce sentiment de base, qui me fait ressentir que j'existe, est commun à tous les êtres. La différence vient des degrés d'exacerbation que prend ce sentiment du « moi », du degré de croyance que nous avons en ce « moi » comme étant une entité existant en soi.

J.F. – Qu'est-ce qui est néfaste, illusoire ? Est-ce le moi en tant que tel, ou ses outrances égomaniaques ?

M. – Ce n'est pas le moi en tant que tel. Même quelqu'un qui est libéré de tout attachement au moi répond quand on l'appelle. Ce qui est néfaste, ce sont bien sûr les outrances de l'ego, mais aussi des formes plus bénignes d'attachement au moi, qui pour être moins visibles n'en sont pas moins la cause de la plupart de nos tourments. À ce sujet, on trouve dans le bouddhisme tout un catalogue de facteurs mentaux qui découlent de l'attachement ou du non-attachement au moi. On en décrit tout d'abord cinquante-huit, puis bien d'autres encore. Cela va des facteurs positifs comme l'impartialité, le respect de soi, la considération envers autrui, la confiance, le non-attachement, la vigilance, etc. aux facteurs négatifs comme l'arrogance, la torpeur, l'agitation, la dissimulation, le dogmatisme, l'indifférence, etc.

J.F. – Mais en quoi consiste l'introspection bouddhiste?

M. – On peut se demander notamment : « Qu'est-ce que la conscience? Qu'est-ce qui déclenche une perception? L'esprit peut-il se connaître lui-même?» La réponse à cette dernière question, par exemple, est que, sur un plan relatif, nous sommes, à l'évidence, conscients de notre esprit et pouvons observer le mouvement et la nature de nos pensées. Nous serions incapables de fonctionner sans être conscients de nos pensées. Mais, en ultime analyse, la pensée ne peut pas au même instant penser et se connaître elle-même, de la même façon qu'un sabre ne peut se couper lui-même ou que l'œil ne peut se regarder. On distingue donc, ici et dans la plupart des exemples de ce genre, deux types de raisonnement ou de logique : l'un fondé sur la vérité relative, c'est-à-dire ce qui relève du sens commun, et l'autre, sur la vérité absolue. Dans ce dernier cas, l'analyse ultime révèle que si la conscience existait comme une entité autonome, elle ne pourrait simultanément être et se connaître elle-même. Dans le bouddhisme, on trouve des écoles philosophiques de différents niveaux : certaines disent dans ce cas, que la conscience a une réalité ultime, autonome, et qu'elle est auto-consciente par un processus qui n'implique pas une relation sujet-objet, comme la flamme d'une lampe s'éclaire elle-même sans avoir besoin d'une source de lumière extérieure. D'autres répondent que la flamme n'a pas besoin de « s'éclairer », car elle ne contient pas d'obscurité, et que si la lumière pouvait s'éclairer, alors l'obscurité pourrait s'obscurcir elle-même.

J.F. – Sans vouloir nier l'originalité de la pensée bouddhiste dans ce domaine, à propos de ce que tu viens de dire, je reconnais toute une problématique classique dans la philosophie occidentale. Par exemple : la pensée peut-elle se connaître elle-même ? C'est ce qu'on appelle le problème de la possibilité de l'introspection ou de la pensée réflexive : dans la perception ou la connaissance pouvons-nous avoir conscience à la fois de l'objet perçu ou connu et de notre propre pensée comme agent conscient ? Certains psychologues pensent que l'introspection est possible, d'autres pensent que nous ne sommes pas de bons juges pour nous observer nous-mêmes et que l'observation de la vie intérieure par elle-même n'est pas fiable ; que c'est l'observation du comportement qui permet de remonter à la source.

M. – Ce dernier point de vue ferme bien sûr la porte à toute science contemplative, laquelle est l'essence même du bouddhisme...

J.F. – Quel genre d'analyse faites-vous de la perception ?

M. – Au plan de la vérité relative, chaque instant de conscience naît au contact d'un objet qui déclenche une perception. On pourrait dire qu'il y a un sujet pour chaque objet, à chaque moment de la perception. Malgré une apparente continuité, la perception et la pensée discursive naissent et meurent à chaque instant. Mais en ultime analyse, même dans l'instant présent, la conscience n'existe pas comme une entité autonome et distincte. Elle n'est qu'un flot, une continuité faite d'instants éphémères qui n'ont pas d'existence individuelle. Seule la « présence éveillée », non-duelle, qui transcende les pensées discursives, est immuable, car au-delà du temps.

J.F. – L'étude des perceptions, des sensations, à commencer d'abord par les idées, c'est le vieux problème qui remonte à la philosophie grecque et qui se poursuit jusqu'à Kant et au-delà, qu'on appelle traditionnellement le problème de la théorie de la connaissance, de la formation des images, des concepts, des

sensations, l'élaboration de la pensée, du raisonnement... C'est aussi, sur un plan plus normatif, la
logique, qui est une des branches les plus importantes
de la philosophie occidentale.

M. – Et de la philosophie orientale, car il existe des
traités entiers consacrés à la logique, lesquels sont
d'ailleurs fort complexes...

J.F. – La logique, c'est-à-dire non pas seulement
comment se déroulent nos pensées, mais comment
s'élaborent nos représentations, comment elles s'organisent, comment elles se soudent entre elles pour
aboutir à des jugements, des raisonnements, etc. Mais
c'est aussi ce qu'il faut pour éviter l'erreur, dans le raisonnement, dans le jugement, toute la science de
l'enchaînement des concepts... Depuis le *Théétète* de
Platon jusqu'à la *Critique de la raison pure* de Kant en
passant par le *Discours sur la méthode* de Descartes,
c'est un thème central. Donc, encore une fois, ce qui
est intéressant pour moi jusqu'à présent, c'est de voir
que le bouddhisme, pratiquement sans contacts avec
l'Occident jusqu'à très récemment, a élaboré une problématique très semblable à la problématique des philosophies occidentales.

M. – Le bouddhisme ne prétend pas avoir découvert une vérité nouvelle. La notion de « nouveauté »
est naturellement étrangère à toute connaissance
découlant d'une réalisation spirituelle, car c'est la
nature même des choses qu'elle vise à reconnaître,
laquelle n'a aucune raison d'être différente en Orient et
en Occident. Mais ce qui la distingue d'une analyse
théorique purement intellectuelle, c'est qu'il s'agit ici
d'une connaissance contemplative directe de la nature
de l'esprit, acquise par l'expérience et non pas seulement par la réflexion analytique. Ici, la théorie n'est pas
abandonnée comme l'ordonnance d'un médecin qu'on
laisse sur la table de chevet sans prendre le remède.

Elle est mise en œuvre afin d'éliminer du courant de notre esprit tout ce qui l'obscurcit.

J.F. – Cette distinction entre connaissance discursive et connaissance contemplative est centrale également chez Platon. La vision directe, la « théoria », est pour lui le stade ultime de l'initiation philosophique.

M. – Revenons un instant à la perception. La perception d'un objet comme désirable ou indésirable ne réside pas dans l'objet lui-même, mais dans la façon dont on le perçoit. Il n'y a pas, dans un bel objet, de qualité inhérente qui soit bénéfique à l'esprit, et rien dans un objet laid qui puisse lui nuire. Si les êtres humains disparaissaient, le monde phénoménal ne disparaîtrait pas pour autant, mais le monde tel qu'il est perçu par les êtres humains n'aurait plus de raison d'être. Les « mondes » tels qu'ils sont perçus par d'autres êtres continueraient, pour eux, d'exister. L'exemple classique est celui du verre d'eau qui est perçu comme un habitat par un poisson, comme une boisson par un être humain, un nectar d'immortalité par un dieu, comme du sang et du pus par un être du monde des « esprits » torturés par l'avidité, et comme du bronze en fusion par celui qui voit le monde comme un enfer. Un poème zen dit aussi : « Pour l'amoureux, une jolie femme est un objet de réjouissance ; pour l'ermite, un sujet de distraction ; et pour le loup, un bon repas ». Bien que déclenchées par des objets, nos perceptions sont, en fin de compte, des élaborations du mental. Quand on voit une montagne, la première image qui nous vient est une perception pure, non-élaborée. Mais dès le deuxième instant, certains se diront : « Oh ! cette montagne semble dangereuse et inhospitalière. » D'autres se diront : « Voilà un lieu agréable pour y établir un ermitage ». Puis de nombreuses pensées s'ensuivront. Si les objets se définissaient par eux-mêmes et possédaient des qualités intrinsèques, indépendantes du sujet qui les observe, tout le monde devrait les percevoir de la même manière.

J.F. – Ces analyses sont fort justes, mais je me répète, classiques aussi pour un philosophe. Mais comment sont-elles reliées, disons, à une sagesse applicable dans la vie de tous les jours?

M. – Si on analyse nos perceptions de façon contemplative et analytique, on en viendra à ne plus s'attacher à leur solidité. On comprend la relativité éphémère de notions telles qu'« ami » et « ennemi » – quelqu'un que nous percevons comme un ennemi aujourd'hui est l'objet d'une grande affection pour d'autres personnes, et nous serons peut-être les meilleurs amis du monde dans quelques mois. En quelque sorte, nous devons, par l'entraînement spirituel, faire fondre la solidité de nos jugements, de nos perceptions des êtres et des choses, comme on fait fondre un bloc de glace en eau. La glace et l'eau sont le même élément. Mais la première est dure, on peut s'y briser les os; et l'autre est douce et fluide. On peut donc percevoir le monde entier comme un ennemi potentiel, le diviser en « désirable » et « indésirable », ou au contraire le percevoir comme une transformation, sans cesse changeant et dépourvu d'existence propre. On peut même reconnaître dans les phénomènes une pureté infinie, synonyme de vacuité. Cela crée bien sûr une énorme différence.

J.F. – Il y a là deux attitudes vis-à-vis de la réalité, de l'humanité dans son ensemble. La première est commune à l'épicurisme, au bouddhisme et au stoïcisme. Elle consiste à dire que l'ensemble de la réalité du monde et de l'humanité ne peut pas être amélioré en tant que tel. Ce qui peut être amélioré, c'est uniquement le psychisme humain. La solution, c'est en somme l'accession à la spiritualité, à la sagesse personnelle. Pour parler de ce que je connais le moins mal, le sage épicurien ou stoïcien, c'est quelqu'un qui, au fond, se dit : « Moins je me mêle de toutes les complications de ce monde, laissant la folie des hommes se dérouler indépendamment de moi, plus je parviendrai à me ranger des voitures, pour employer une expression populaire, à ne pas me trouver mêlé à des tribulations qui risquent de me perturber... Je dois surtout éviter de me dire que je peux y changer quelque chose. Tout ce que je peux changer, c'est mon comportement et mes pensées vis-à-vis de ces circonstances. Surtout ne pas prendre fait et cause pour tel ou tel camp, telle ou telle chose »... A cette attitude, s'en oppose une autre qui consiste à dire : « Mais non, on peut transformer la réalité ; on peut l'améliorer ; on peut agir sur elle. Et par conséquent, l'objectif de la philosophie n'est pas de maîtriser mes pensées au point de ne participer à aucune situation objective, il est de transformer cette situation objective par la technique et la politique ». Platon a tenté d'associer ces deux positions.

M. – Je crois que le bouddhisme propose aussi un mariage de ces deux attitudes, mais un mariage fondé sur des principes plus essentiels, me semble-t-il, que la non-intervention d'une part, et l'usage de la technique et de la politique d'autre part. Tout d'abord il n'y a pas besoin de transformer la réalité elle-même, disons plutôt la nature ultime des choses, puisque, selon le bouddhisme, la perfection, la pureté primordiale des choses n'est ni « dégradée » lorsqu'on l'ignore ni « améliorée » lorsqu'on la reconnaît. Ce que nous pouvons et devons changer, c'est notre perception erronée de la nature des choses. C'est dans le cadre de cette transformation qu'interviennent la maîtrise des pensées et la démarche altruiste qui consiste à offrir à autrui les moyens d'effectuer une telle transformation. La voie bouddhiste consiste finalement en une nouvelle perception du monde, une redécouverte de la véritable nature de la personne et des phénomènes. Elle permet d'être beaucoup moins vulnérable aux aléas de l'existence, puisqu'on saura les prendre non seulement avec « philosophie », mais avec joie, en utilisant la difficulté et le succès comme des catalyseurs permettant de progresser rapidement dans la pratique spirituelle. Il ne s'agit donc pas de se retrancher du monde, mais d'en comprendre la nature. On ne détourne pas son regard de la souffrance, on en cherche le remède et on la transcende.

J.F. – Quelle sorte de remède ?

M. – Chaque être possède en lui la possibilité de devenir bouddha, c'est-à-dire d'atteindre la libération et la connaissance parfaites. Ce sont simplement des voiles adventices et éphémères qui masquent ce potentiel et l'empêchent de s'exprimer. On appelle ces voiles « ignorance », ou « obscurcissements mentaux ». Le chemin spirituel consiste donc à se délivrer des émotions négatives et de l'ignorance et, ce faisant, à *actualiser* cette perfection qui se trouve déjà en nous. Ce but n'a rien d'égoïste. La motivation qui nous conduit sur le chemin spirituel est de nous transformer nous-même afin de pouvoir aider les autres à se libérer de la souffrance. Ce point de vue altruiste nous amène tout d'abord à constater notre impuissance vis-à-vis de la souffrance d'autrui, puis il engendre le désir de nous perfectionner afin d'y remédier. Il ne s'agit donc pas d'une indifférence au monde. L'invulnérabilité à l'égard des circonstances extérieures devient une armure que l'on revêt dans la bataille livrée à la souffrance des autres.

J.F. – Dans le livre consacré au symposium de Harvard, Daniel Goleman, détenteur d'un doctorat en psychologie, déclare au début de sa communication : « Après avoir fait des études de psychologie à Harvard, je considérais comme acquis définitivement que la psychologie était une matière scientifique qui avait son origine en Europe et en Amérique et qui était née sur ces deux continents, donc en Occident, au cours du siècle dernier »... Là, je me permettrai de faire remarquer qu'il y a une psychologie dans la philosophie grecque... Enfin !... Il parle de la psychologie scientifique au sens où on l'a entendue au XIXe et au XXe siècles... Or, dit-il, quand il a commencé à voyager en Asie, il a découvert qu'il y existait une science psychologique, en particulier dans le bouddhisme, très riche, diversifiée, développée et que, rétrospectivement, il avait été ahuri de voir que jamais ses professeurs en psychologie en Occident n'avaient éprouvé le besoin d'enseigner ces écoles de psychologie au même titre que les écoles de psychologie occidentales. Ce qui suppose donc l'existence en Orient d'une psychologie définie d'après les critères de ce qu'on appelle la psychologie scientifique en Occident – laquelle, d'ailleurs, ne m'a jamais paru mériter pleinement le nom de science, sauf dans sa partie neurophysiologique. Or quelqu'un dont c'est le métier nous dit que cette attitude d'observation détachée, scientifique, des phénomènes des processus mentaux n'est pas strictement occidentale. Il y a eu depuis longtemps des investigations de ce genre, dans le bouddhisme notamment.

M. – Disons en passant que Goleman n'a pas été le seul à être choqué de ce manque d'intérêt envers les disciplines orientales. Francisco Varela, neurobiologiste, Directeur de Recherche au C.N.R.S. et membre du C.R.E.A. de l'Ecole Polytechnique de Paris, écrit également : « Nous soutenons que la redécouverte de la philosophie asiatique, en particulier de la tradition bouddhique, est une seconde renaissance dans l'histoire culturelle de l'Occident, et que son impact sera aussi important que la redécouverte de la pensée grecque lors de la Renaissance européenne. Nos histoires modernes de la philosophie qui ignorent la pensée indienne sont artificielles, parce que l'Inde et la Grèce partagent avec nous non seulement un héritage linguistique indo-européen, mais aussi de nombreuses préoccupations culturelles et philosophiques. »[1]

J.F. – Alors, en quoi consistent ces investigations psychologiques du bouddhisme, non liées, disons, à une idée d'amélioration personnelle, de conquête de la sérénité, mais vouées à l'étude pure des processus mentaux et psychiques ?

M. – Je vais prendre un simple exemple concernant l'étude de la perception, puisque c'est là un des sujets principaux de l'étude du fonctionnement du mental. Lorsqu'on perçoit un objet, même le plus simple, un carré bleu par exemple, on peut distinguer la surface du carré, les angles, les côtés, etc. Ces nombreux éléments sont perçus synthétiquement comme un carré. Y a-t-il une perception globale instantanée de l'objet avec tous ses composants, ou s'agit-il d'une succession rapide de brefs instants de conscience de chacun des détails de l'objet qui forment une image synthétique – tout comme, lorsqu'on tourne rapidement une torche à bout de bras, on voit un cercle de feu, alors qu'il ne s'agit en fait que de multiples perceptions d'un point de lumière en mouvement continu ? Il existe dans la littérature bouddhiste une série d'analyses de ce genre, et des traités de plusieurs centaines de pages sont consacrées à ces phénomènes.

J.F. – Ils datent de quand ?

M. – Des sermons du Bouddha, au VI⁰ siècle avant Jésus-Christ, jusqu'au XIX⁰ siècle qui a connu de grands exégètes tibétains de ces textes sur la perception. Et l'on continue à discuter de ces problèmes, à les analyser de façon vivante, lors de joutes métaphysiques qui se tiennent presque tous les jours dans nos monastères.

J.F. – Alors ça, c'est très intéressant, car cela rejoint

1. Francisco Varela, Evan Thompson, Eleanor Rosch, *L'inscription corporelle de l'esprit*, Editions du Seuil, Coll. « La couleur des idées », 1993.

une école de psychologie qui a été une des plus importantes du xxe siècle. C'est ce qu'on appelle la psychologie de la forme – *Gestalt psychologie* – qui est née dans la première partie du xxe siècle et a été exposée en France dans un livre lumineux par un professeur, que j'ai eu d'ailleurs à la Sorbonne, qui s'appelle Paul Guillaume. Il a écrit, voilà plus de cinquante ans, un livre, aujourd'hui encore en circulation, *La psychologie de la forme*[1]. Un modèle de clarté et de précision dans l'écriture. L'école de la psychologie de la forme est née du constat suivant : la psychologie a été essentiellement, jusqu'à présent, analytique, c'est-à-dire a cru que notre perception des objets était une construction à partir de chacun des éléments constitutifs de ces objets. Nous étions censés parvenir peu à peu à l'objet final et complet, alors qu'en réalité, le véritable processus – et la psychologie de la forme procédait de manière expérimentale en faisant des expériences en laboratoire –, est que nous percevons d'emblée des ensembles synthétiques. Les théories récentes de la science cognitive concernant les notions de « complexité » et « d'auto-organisation » posent également le problème de la perception globale en termes qui peuvent être comparés à cette analyse bouddhiste. La psychologie de la forme a été elle-même contestée, mais voilà donc un problème qui, par conséquent, a déjà été posé dans des termes presque identiques 600 ans avant Jésus-Christ dans l'étude de la perception par le bouddhisme.

M. – Aucun objet n'est permanent, et l'impermanence subtile des choses est telle qu'à chaque instant l'objet change. Comme la conscience est déclenchée par l'objet, il y a autant d'instants de conscience que d'états de l'objet impermanent. Cette notion d'impermanence instantanée des phénomènes et de la pensée va très loin, car elle montre que s'il existait,

---

1. Paul Guillaume, *La psychologie de la forme*, 1937.

dans le monde phénoménal, ne serait-ce qu'une seule entité fixe, permanente, intrinsèquement existante, la conscience resterait comme « collée » à cet objet et se prolongerait indéfiniment. Finalement, toutes les consciences du monde se retrouveraient en quelque sorte « piégées » par cet objet dont elles ne pourraient se détacher. C'est la présence de cette impermanence subtile qui conduit le bouddhisme à comparer le monde phénoménal à un rêve ou une illusion, à un flux changeant et insaisissable. Même les choses qui nous paraissent solides, une table par exemple, changent à chaque instant. Le flot de la pensée est également fait d'instants infinitésimaux qui sont déclenchés par chacun de ces changements infinitésimaux du monde extérieur. Seule la synthèse de ces instants donne l'impression d'une réalité grossière.

J.F. – Cette vue prend le contre-pied d'une idée platonicienne très importante. Chez tous les philosophes grecs, mais plus particulièrement chez Platon, on trouve cette idée – je dirais même cette obsession – que nous ne pouvons pas connaître ce qui bouge, ce qui se transforme. Pour eux, le phénomène – le mot voulant dire en grec, comme chacun le sait, « ce qui apparaît », le monde des apparences – étant en état de mobilité permanente, il ne peut faire l'objet d'aucune connaissance stable, certaine, définitive. D'où l'effort de toute la philosophie occidentale – pas seulement grecque, mais toute la philosophie occidentale jusqu'à Kant – pour trouver *derrière* le phénomène un élément stable et permanent qui soit l'objet d'une connaissance certaine. Ce modèle de stabilité est fourni par le modèle mathématique qui, au point de départ de la pensée occidentale, fut le premier modèle parfaitement satisfaisant pour la pensée conceptuelle. On cherche donc, derrière les phénomènes, les principes permanents qui régissent ces phénomènes. Ces principes permanents, ce sont les lois... Pour échapper, donc, à la mobilité chaotique du monde des phénomènes, on trouve derrière lui ce monde des structures, qui sont les rapports de cause à effet, les lois permanentes. Epicure, ou plus exactement son disciple, le poète latin Lucrèce, appelle ces lois des « pactes » (*fœdera*) par lesquels les Dieux garantissent l'adéquation de l'esprit humain et de la réalité. Ces pactes sont l'élément stable derrière la réalité mouvante des phénomènes.

M. – Attention ! L'existence de lois ne signifie pas qu'il existe des entités permanentes derrière les phénomènes. Le bouddhisme admet parfaitement que le monde phénoménal soit régi inéluctablement par les lois de cause à effet. Mais ni ces lois ni les phénomènes qu'elles régissent ne sont des entités permanentes, autonomes, existant d'elles-mêmes : rien n'existe par soi et en soi, tout apparaît par le jeu de l'interdépendance de causes et de conditions. La loi de la pesanteur n'existe pas en elle-même, en l'absence d'objets. Un roc est composé d'atomes, eux-mêmes équivalents à de l'énergie. Un arc-en-ciel se forme par le jeu d'un rayon de soleil qui tombe sur un nuage de pluie – il apparaît, visible, mais impalpable. Dès que l'un de ces facteurs vient à manquer, le phénomène disparaît. Donc, l'« arc-en-ciel » n'a pas de nature propre et on ne peut parler de dissolution, d'annihilation de quelque chose qui n'existait pas. Ce « quelque chose » ne devait son apparence illusoire qu'à un assemblage transitoire d'éléments qui, eux non plus, ne sont pas des entités intrinsèquement existantes.

J.F. – Tous les phénomènes naturels ne sont pas réductibles à celui de l'arc-en-ciel !

M. – Mais tous les phénomènes sont bien le résultat d'une combinaison de facteurs éphémères. Il n'existe nulle part de phénomènes permanents et indépendants. Il est dit : « Rien d'indépendant ne peut apparaître, comme une fleur ne peut apparaître au milieu du ciel. » Pour en revenir aux lois, rien ne

prouve qu'elles existent comme des *principes permanents* qui sous-tendent les phénomènes. Leur connaissance ne peut passer que par notre esprit, et c'est un
choix métaphysique de la part de la science de déclarer
que l'on peut, à l'aide de nos concepts, découvrir la
nature ultime d'un monde phénoménal qui existe
indépendamment de nos concepts. Le bouddhisme
rejoindrait ici Poincaré, qui disait en substance que
quelle que puisse être la nature d'une réalité indépendante de l'esprit qui la conçoit, cette réalité nous est
pour toujours inaccessible. Et l'on peut dire qu'en
l'absence d'êtres humains, la réalité telle que la perçoivent les êtres humains cesserait d'être.

J.F. – Il existe quand même des lois physiques !

M. – Ce n'est pas si évident que ça en a l'air. On
pourrait effectivement penser que la réalité sous-
jacente au monde phénoménal peut être exprimée en
termes mathématiques, non soumis à la subjectivité.
Mais, comme le résume Alan Wallace : « Les axiomes
mathématiques étaient considérés jusqu'à récemment
comme des évidences qu'il n'était pas nécessaire de
prouver. Or au siècle dernier des mathématiciens ont
suggéré que les postulats d'Euclide, par exemple, ne
sont ni vrai ni faux, ce sont simplement les " règles du
jeu. " [...] Il est maintenant devenu clair que les
axiomes mathématiques sont directement ou indirectement dérivés de notre expérience, et qu'on ne peut
donc dire que les mathématiques embrassent les lois
d'une réalité totalement indépendante de l'expérience [1]. » L'affirmation selon laquelle on ne peut déce-
ler d'entités stables derrière les phénomènes s'oppose
également à l'idée, que l'on retrouve dans certaines
philosophies hindoues, « d'archétypes généraux », par
exemple l'archétype « arbre », qui existe en chaque

---

1. Alan B. Wallace, *Choosing Reality*, Snow Lion Publications, Ithaca, 1996. Traduction française à paraître aux Editions Calmann-Lévy (1997).

arbre, ou encore l'archétype « existe » qui serait l'essence de tout ce qui existe.

J.F. – C'est l'Idée de Platon, ça !

M. – Cela y ressemble. Le bouddhisme réfute cette notion en disant que s'il existait un tel archétype « arbre », il serait nécessairement le même en chaque arbre, et de ce fait, tous les arbres devraient pousser en même temps et de la même façon, car une entité permanente ne peut être cause de quelque chose de changeant et de multiple. En effet, le simple fait de produire, ou de croître, détruit la permanence de l'entité, car elle n'est plus la même avant et après.

J.F. – On ne doit ni confondre axiome et postulat ni assimiler aux postulats de la mathématique, science par essence *a priori*, la connaissance en physique et en biologie, qui est un va-et-vient permanent entre l'observation, la théorie et l'expérimentation. Mais ce n'est pas notre propos de nous lancer dans un séminaire de philosophie des sciences. Pour poursuivre le parallélisme Orient-Occident, la philosophie hindoue se rapprocherait plus que le bouddhisme de la philosophie de Platon, puisque pour celui-ci, « l'arbre en soi » existe dans le monde supra-sensible, et tous les arbres qui existent dans le monde sensible, celui des phénomènes, sont pour ainsi dire les copies de cet arbre en soi, copies « sensibles » de l'arbre « intelligible » dont aucune, par conséquent, ne reflète la perfection de l'arbre en soi. Par exemple, l'artiste parfait qui veut peindre l'arbre idéal doit suivre l'éducation philosophique platonicienne, de manière à avoir l'idée absolue, le modèle de l'arbre en soi, de façon à peindre l'arbre idéal et non pas le phénomène-arbre, qui n'est que l'une des innombrables et imparfaites répliques de l'arbre en soi... Platon exprimait son mépris pour la peinture en disant qu'un peintre qui peint un lit ou une table fait la copie de la copie. La table réelle que l'on trouve dans une maison quelconque, c'est déjà la copie de la table en soi qui est dans le monde supra-sensible. Donc, la table qui se trouve reproduite sur le tableau du peintre, c'est un degré encore inférieur de réalité. D'où cette hantise, l'opposition entre le monde sensible, inconnaissable parce que mouvant, et le monde supra-sensible qui concerne les entités intelligibles. Peut-on rapprocher de cette vision la philosophie hindoue, et le bouddhisme a-t-il réagi contre ça?

M. – Disons qu'il y a certains points communs entre l'Idée platonicienne et les « entités générales » de l'hindouisme, dans le sens où tous deux envisagent des entités fixes derrière les phénomènes. Le bouddhisme, quant à lui, s'engage dans une discussion complexe afin de réfuter l'existence de toute entité permanente. La thèse hindoue la plus contestée par le bouddhisme est celle d'un créateur tout-puissant, tel Ishvara chez les Hindous. Des débats eurent lieu avec les tenants des principales philosophies hindoues – il y en a eu de nombreuses – quelques siècles avant et après l'avènement du christianisme. Je me réfère à l'idée d'une entité créatrice permanente, qui se suffit à elle-même, qui n'a pas de cause antécédente à elle-même, et qui crée par un acte volontaire. Point par point, la dialectique bouddhiste réfute cette idée. Considérons la toute-puissance par exemple, car un Créateur doit être tout-puissant : soit le Créateur ne « décide » pas de créer et, alors, il perd sa toute-puissance puisque la création s'est faite en dehors de sa volonté. Soit il crée volontairement et il n'est pas non plus tout-puissant puisqu'il crée sous l'influence de son désir de créer.

J.F. – C'est aussi joli que les paradoxes de Zénon d'Elée.

M. – Un Créateur peut-il être une entité permanente? Non, puisqu'il est différent avant et après avoir créé. Il devient en effet « celui qui a créé ». De plus, s'il crée l'ensemble de l'univers, cela implique nécessairement que toutes les causes de l'univers doivent être présentes en lui. Or, l'un des fondements de la loi de cause à effet – le karma – c'est qu'un événement ne peut se produire tant que l'ensemble des causes et des conditions de son surgissement ne sont pas réunies, et qu'il ne peut pas *ne pas* se produire lorsqu'elles sont réunies. Ce qui voudrait dire que le Créateur, soit ne pourrait jamais créer, soit devrait constamment créer! Ces raisonnements et bien d'autres peuvent s'appliquer à toutes les traditions qui considèrent un Créateur doué de permanence, toute-puissance, existence intrinsèque, etc.

J.F. – Je suis plein d'admiration. J'ai l'impression d'entendre un dialecticien sceptique de l'Antiquité, ou un épicuriste, ou un stoïcien qui réfutent l'idée d'un Dieu créateur personnel.

M. – Ce genre de dialectique continue, de nos jours en Asie, d'animer les discussions philosophiques. On distingue également l'aspect relatif des phénomènes, c'est-à-dire le monde des apparences, et leur nature ultime. D'un point de vue absolu, le bouddhisme dit qu'une « entité » réellement existante ne saurait naître ni disparaître; que l'être ne peut naître ni du néant, car une infinité de causes ne sauraient faire venir à l'existence ce qui n'existe pas, ni de ce qui existerait déjà, car alors il n'aurait pas besoin de naître.

J.F. – On croit entendre les répliques du Parménide de Platon.

M. – Quoi qu'il en soit, lorsqu'on décortique le processus de cause à effet du point de vue de la vérité absolue, on est amené à conclure que ce processus ne peut mettre en relation des entités véritablement existantes : soit la cause disparaît avant l'effet, et dans ce cas la cause – qui n'existe plus – ne peut avoir aucune relation avec l'effet; soit la cause subsiste au moment de l'effet, ce qui interdit toute causalité, car il ne peut y avoir de relation de cause à effet dans la simultanéité.

J.F. – Ah! si...

M. – Eh! non... deux entités existant par elle-mêmes et simultanées ne peuvent avoir une relation de cause à effet, ni même une relation quelconque.

J.F. – Il y a des relations de cause à effet dans la succession temporelle, mais il y a aussi des relations de cause à effet où la cause et l'effet coexistent.

M. – Par exemple?

J.F. – Le fait que je respire de l'oxygène qui me maintient en vie. La cause, qui est la réalité de l'oxygène dans l'air, et moi, qui le respire, sont concomitants.

M. – Non, car l'oxygène dont tu parles et le corps changent à chaque instant, tu ne peux parler d'une entité « oxygène » et d'une entité « corps » permanentes, existant intrinsèquement, agissant l'une sur l'autre tout en étant concomitantes! Si la graine et le fruit étaient tous deux des entités douées d'une existence intrinsèque, il ne pourrait y avoir entre elles de relation de cause à effet, ni concomitantes ni dans une succession temporelle, car il faut que la cause, la graine, soit détruite pour que le résultat, le fruit, apparaisse, et une chose qui n'existe plus ne peut produire quoi que ce soit.

J.F. – Mais cela, justement, c'est le type de relation causale où la cause est antérieure à l'effet. Parce qu'il y a une succession temporelle, mais en même temps, on peut dire qu'il y a simultanéité entre la lumière du soleil et la feuille qui absorbe l'énergie solaire. Je crois que les deux types de relation de cause à effet existent. Il y a des relations de cause à effet dans la succession.

M. – Ce n'est pas le soleil de l'instant présent qui a créé la feuille que l'on peut voir.

J.F. – Non, je le sais, mais c'est la lumière solaire, au moment où elle arrive à la plante, même si elle a voyagé un certain temps à travers l'espace... Je veux dire que, classiquement, il y a des relations causales concomitantes aussi bien que des relations causales successives. Toute succession n'est pas relation causale, et toute relation causale n'est pas succession. C'est le vieux débat de Hume et Kant.

M. – Les rayons du soleil dont la chaleur a permis à la plante de germer ne sont pas les rayons de soleil qui chauffent la plante lorsqu'elle germe. La cause n'existe plus. Si je fais tomber ce vase devant moi, la cause et l'effet ne peuvent être concomitants – le vase n'est pas par terre au moment où je le pousse.

J.F. – Mais quand je t'ai cité tout à l'heure l'exemple de l'oxygène...

M. – L'oxygène n'est pas une entité permanente, il est constamment en transformation. La cause et l'effet ne sont pas simultanés.

J.F. – Non... Je suis d'accord.

M. – L'oxygène demeure comme phénomène grossier, mais ce n'est pas le même oxygène qui a régénéré le sang.

J.F. – La poutre qui soutient le toit est la cause qui empêche le toit de s'effondrer. Cause et effet sont là, simultanés.

M. – Le point où je veux en venir est le suivant : sur le plan relatif, celui de la vérité conventionnelle telle que nous la percevons tous, les lois de cause à effet sont inéluctables. Mais si l'on se place sur le plan de la logique absolue, les lois de cause à effet ne peuvent fonctionner avec des entités qui auraient une existence permanente et solide. Il n'existe donc nulle part dans le monde phénoménal, ne serait-ce qu'une seule entité fixe, indépendante, intrinsèquement existante.

J.F. – Tu prends une relation de cause à effet événementielle, mais il y a des relations de cause à effet structurelles. Par exemple, un organisme pris dans son ensemble... un bateau qui flotte sur l'eau. L'eau et le bateau coexistent. La densité de l'eau est la cause que le bateau flotte. L'eau et le bateau coexistent.

M. – Exactement, il n'y a pas de relation de cause à effet entre entités, mais des relations que tu appelles structurelles, entre des phénomènes passagers, et que nous appelons des relations d'interdépendance : « Ceci existe parce que cela est; ceci s'est produit sur la base de cela. » Rien n'existe en-soi, indépendamment d'autres phénomènes. Chacun des éléments de la chaîne de cause à effet est lui-même un agrégat d'éléments fugitifs en perpétuel changement, et il ne s'agit donc pas d'une succession dans le temps d'éléments distincts et indépendants. C'est là un argument qui met en évidence la non-réalité de phénomènes autonomes et permanents, que ce soit un Dieu créateur, ou un atome existant par lui-même, sans causes ni conditions, *indépendamment* des autres phénomènes.

J.F. – Là encore, c'est une problématique que l'on retrouve tout au long de la philosophie occidentale. Tantôt les phénomènes existent et sont la réalité, c'est ce qu'on appelle l'école empiriste, ou réaliste. Tantôt les phénomènes sont une illusion totale, c'est ce qu'on appelle l'idéalisme absolu, la philosophie de Berkeley, par exemple, au XVIIIᵉ siècle. Tantôt les phénomènes sont un chaos de choses qui se succèdent, mais dans lesquelles la relation de cause à effet est tout à fait illusoire. C'est la philosophie de Hume. Tantôt le phénomène n'est pas la réalité en soi. Il est une sorte de synthèse, de rencontre entre la réalité en soi que nous ne connaissons pas, qui est derrière les phénomènes, et l'activité constructrice de l'esprit humain, une sorte de résultat intermédiaire entre la matière première, fournie par la réalité en soi, et la capacité élaboratrice de l'esprit humain. Autrement dit, il est à la fois réel, à moitié fourni par le monde extérieur, et à moitié construit par l'esprit humain. C'est, grossièrement résumée, la théorie de Kant dans la *Critique de la raison pure.* Donc, tous les cas de figure ont été envisagés dans la philosophie occidentale. A mon avis, je ne crois pas que ce soit un vrai problème. Si les phénomènes n'existent pas dans le bouddhisme, alors, qu'est-ce qui existe ?

M. – Le bouddhisme adopte une voie médiane. Il ne nie pas la réalité des phénomènes dans le monde relatif de la perception, mais le fait qu'il existe des entités permanentes derrière les phénomènes. C'est pour cela que l'on parle d'une « voie du milieu », qui ne tombe ni dans le nihilisme, pour lequel rien n'existe en dehors de nos perceptions, tout est néant ; ni dans « l'éternalisme », sans doute le réalisme dont tu parles, pour lequel il existe une réalité unique, indépendante de toute perception, et qui serait composée d'entités existant en soi. Le type d'entités solides que le bouddhisme réfute, ce sont par exemple les particules indivisibles de matière, et les instants indivisibles de conscience. On rejoint la formulation des physiciens modernes qui ont abandonné l'idée de particules comme étant des petits boulets de canon ou des masses infiniment petites. Ce qu'on appelle la masse ou la matière, c'est plutôt une sorte de condensation de l'énergie. Les neutrinos, par exemple, sont des « particules » sans masse, sans charge, ni électrique ni magnétique, et en ce moment même, des milliards de neutrinos traversent notre corps et la terre, de part en part, sans ralentir leur course. Le bouddhisme nous amène à la notion de l'irréalité du monde solide par une démarche intellectuelle qui ne prétend pas être une théorie scientifique, mais qui examine intellectuellement la possibilité même de l'existence d'atomes, c'est-à-dire, étymologiquement de « particules insécables. »

J.F. – Existe-t-il, selon le bouddhisme, deux niveaux de réalité : le niveau des phénomènes, et, derrière, le substrat réel, même s'il n'est pas composé d'atomes matériels et se réduit à de l'énergie?

M. – Quand le bouddhisme parle de la « vacuité » des phénomènes, il dit que les phénomènes « apparaissent », mais qu'ils ne reflètent nullement l'existence d'entités fixes. La physique moderne nous dit qu'un électron, par exemple, peut être considéré soit comme une particule, soit comme une onde, deux notions complètement incompatibles selon le sens commun. Certains phénomènes d'interférence causés par des électrons ne peuvent s'expliquer qu'en supposant qu'un électron passe au même instant par deux trous différents. Selon le bouddhisme, les atomes ne peuvent être considérés comme des entités fixes, existant sous un mode unique et déterminé; par conséquent, comment le monde de la manifestation grossière, qui est censé être composé de ces particules, aurait-il une réalité fixe? Tout cela contribue à détruire notre notion de solidité des apparences. C'est dans ce sens que le bouddhisme affirme que la nature ultime des phénomènes est vacuité et que cette vacuité porte en elle un potentiel infini de manifestations.

J.F. – Ces hypothèses prémonitoires sur la nature et l'inconsistance de la matière ont été formulées par...?

M. – Par le Bouddha, puis compilées et commentées dans plusieurs traités par deux des plus grands philosophes bouddhistes, Nagarjuna (vers le IIe siècle de l'ère chrétienne) et Chandrakirti (au VIIIe siècle). L'analyse de l'atome est la suivante : Considérons un phénomène grossier, une table par exemple. Si on dissocie ses éléments, ce n'est déjà plus une table. Ce sont des pieds, un plateau, etc. Ensuite, si on les réduit à de la sciure de bois, ces éléments perdent à leur tour leur identité. Si on examine maintenant un grain de sciure, on trouvera des molécules, puis des

atomes – le concept d'atome était déjà formulé en
Orient à l'époque de Démocrite.

J.F. – En effet, la notion d'atome fait son apparition dans la philosophie de Démocrite et d'Epicure.
Mais elle n'y était pas plus démontrée scientifiquement
que les autres théories de la physique ancienne. Il
s'agissait de vues de l'esprit.

M. – Et, curieusement, le mot grec « atome », veut
dire « insécable ».

J.F. – Exactement. Le noyau ultime qui ne peut
plus être coupé en deux.

M. – Le bouddhisme utilise le même mot. On
parle de particules qui « n'ont pas de parties », qui ne
peuvent être subdivisées. Ce serait donc le composant
ultime de la matière. Considérons maintenant l'une de
ces particules indivisibles, conçue comme une entité
autonome. Comment pourrait-elle s'associer avec
d'autres particules pour constituer la matière ? Si ces
particules se touchent, l'Ouest d'une particule, par
exemple, touchera l'Est de l'autre. Mais si elles ont des
directions, elles peuvent de nouveau être divisées, et
perdent alors leur caractère « indivisible ». Si elles
n'ont ni côtés ni directions, elles sont alors semblables
à un point mathématique – sans dimension, épaisseur,
ni substance. Si l'on essaie d'assembler deux particules
sans dimension, soit elles ne se touchent pas et ne
peuvent s'assembler, soit elles entrent en contact et, ce
faisant, se confondent. Ainsi, une montagne de particules indivisibles pourrait se fondre en une seule de ces
particules ! La conclusion, c'est donc qu'il ne peut exister de particules indivisibles, discontinues, douées
d'une existence intrinsèque, qui seraient les constituants de la matière. De plus, si un atome possède une
masse, une dimension, une charge, etc. est-il identique
a l'ensemble de ses attributs ? Existe-t-il en dehors de
ses attributs ? L'atome n'est pas identique à sa masse,
ni à sa dimension. Il n'est pas non plus autre chose que

sa masse et sa dimension. L'atome a donc un ensemble de caractéristiques, mais il n'est aucune d'entre elles. L'atome n'est donc qu'un concept, qu'une étiquette qui ne recouvre pas une entité existant de façon indépendante et absolue. Il n'a qu'une existence conventionnelle, relative.

J.F. – Chez Démocrite et chez Epicure, il y a cette idée que les constituants ultimes de la matière, comme des êtres vivants d'ailleurs, sont les atomes qui s'organisent selon des configurations variées pour former les divers phénomènes que nous voyons sous des apparences diverses. Et que les apparences ne sont que des illusions provenant de l'organisation diverse des atomes. Mais pour expliquer comment les atomes se regroupent entre eux, pourquoi certains se regroupent avec d'autres, les Anciens avaient inventé la théorie – tout-à-fait imaginaire naturellement – des atomes « crochus » : certains atomes ont des crochets qui les conduisent à se lier à d'autres atomes, et certains autres non. Il fallait bien expliquer pourquoi, finalement, les atomes se regroupaient de telle ou telle manière pour fabriquer certains phénomènes.

M. – Le bouddhiste dirait : « S'il y a des crochets, il y a des parties : l'extrémité et la base du crochet ; votre indivisible peut donc être divisé. »

J.F. – Il peut le dire. De toute manière, à ce stade, en Occident comme en Orient, nous sommes devant des théories brillantes, mais métaphysiques, non physiques.

M. – Bien sûr, mais en démontrant qu'il ne peut exister de particules indivisibles, le bouddhisme ne prétend pas rendre compte de phénomènes physiques, au sens où la science l'entend maintenant : il cherche à briser le concept *intellectuel* de la solidité du monde phénoménal. Car c'est ce concept qui fait que nous nous attachons au « moi » et aux phénomènes, c'est donc ce concept qui est la cause de la dualité entre soi et autrui, existence et non-existence, attachement et répulsion, etc. et la cause de tous nos tourments. En tous cas, le bouddhisme rejoint ici, intellectuellement, certaines vues de la physique contemporaine et sa contribution devrait être incluse dans l'histoire des idées. Je voudrais citer par exemple l'un des grands physiciens de notre époque, Henri Margenau, professeur à l'université de Yale, qui écrit : « A la fin du xixe siècle, on soutenait que toutes les interactions impliquaient des objets matériels. De nos jours, généralement, on ne considère plus cela comme une vérité. On pense qu'il s'agit plutôt de l'interaction de champs d'énergie, ou d'autres forces qui sont en gros, non matérielles ». Et Heisenberg disait : « Les atomes ne sont pas des choses. » Pour Bertrand Russell : « L'idée qu'il y a là une petite boule, une petite masse solide qui serait l'électron est une intrusion illégitime du sens commun, dérivée de la notion du toucher », et il ajoute : « La matière est une formule commode pour décrire ce qui survient, là où en fait, la matière n'est pas, donc, là où il n'y a rien ». D'autre part, Sir James Jeans, dans ses *Rede's Lectures*, allait jusqu'à dire que « l'univers commence plus à ressembler à une grande pensée qu'à une grande machine. »

J.F. – Ces exemples d'intuitions – même très élaborées, très poussées, dans les philosophies anciennes, que ce soit en Occident avec Démocrite, Epicure et Lucrèce, ou en Orient, plus anciennement encore, avec le bouddhisme ; ces prémonitions étonnantes, parfois, de la science moderne, nées de la réflexion pure, sans possibilité de vérifications expérimentales, sont très saisissantes. On pourrait probablement trouver dans les philosophies chinoises certaines anticipations tout aussi frappantes. Seulement voilà, il se trouve qu'en Occident, ces intuitions ont conduit à la révolution expérimentale qui a donné naissance à la science moderne. Pourquoi n'y a-t-il pas eu une évolution de ce genre avec le bouddhisme ?

M. – La vérification expérimentale du bouddhisme existe, bien sûr, mais il ne faut pas perdre de vue le but de ce dernier. Ce but c'est la science intérieure, une science qui s'est développée durant plus de deux millénaires de vie contemplative et d'étude de l'esprit. Au Tibet notamment, depuis le VIIIᵉ siècle, cette science intérieure a été la préoccupation principale d'une bonne partie de la population. Le but n'a jamais été de transformer le monde extérieur par l'action physique sur ce monde, mais de le transformer en faisant de meilleurs êtres humains, en permettant à l'être humain de développer une connaissance intérieure. Cette connaissance a plusieurs niveaux : la métaphysique traite des vérités ultimes, et l'application de cette connaissance dans le monde relatif des phénomènes, tout aussi exacte et rigoureuse que la meilleure des sciences, sert à démêler l'écheveau de la souffrance. La souffrance physique ou mentale, est le résultat d'actes, de paroles et de pensées négatives – le meurtre, le vol, la tromperie, la calomnie, etc. Les pensées négatives naissent du fait que l'on chérit le moi et qu'on désire le protéger, attitudes qui découlent elles-mêmes de la notion d'un « moi » durable et unique. La croyance au moi en tant qu'une entité indépendante n'est qu'un aspect particulier de la saisie de la solidité des phénomènes. En reconnaissant que notre attachement au moi est sans objet véritable, et en dissolvant notre attachement à la solidité des phénomènes, on interrompt le cercle vicieux de la souffrance. Donc, la réfutation intellectuelle du concept de particules indépendantes permet bien de diminuer notre attachement à la réalité des phénomènes et de notre personne et, ainsi, de nous affranchir des émotions perturbatrices. Une telle analyse débouche sur une connaissance intérieure, qui, pour être intérieure, n'en a pas moins d'immenses répercussions sur notre relation avec le monde extérieur et l'influence que nous exerçons sur lui.

J.F. – Oui, mais alors, comment était-ce possible, puisque la théorie bouddhiste est celle de l'irréalité du monde extérieur, en tous cas de son caractère...

M. – ... apparent, mais vide.

J.F. – Autrement dit, cette théorie de l'atome qui n'a pas de réalité ultime en tant qu'élément servant à construire la réalité n'a fait l'objet d'aucune vérification expérimentale. Donc, on ne peut pas être sûr qu'elle soit exacte. Par conséquent, on construit une science de l'esprit sur une théorie de la matière qui n'a pas été vérifiée.

M. – Il ne faut pas sortir du problème, qui est de détruire nos concepts de réalité solide et permanente en démontrant que ces concepts sont illogiques et non-fondés, et non pas de se référer à une vérité scientifique prouvée expérimentalement. La vérification ici se fait au niveau de la transformation de l'être. Cette analyse ne prétend pas être un précis de physique, son but n'est pas d'élucider la constitution des molécules, le mouvement des astres, etc. mais d'agir de façon très pragmatique comme un antidote à la souffrance qui découle de l'attachement aux phénomènes.

J.F. – Oui, mais le but était atteint non pas grâce à une certitude scientifique de ce qu'est réellement – ou n'est pas – le monde extérieur, mais grâce à une hypothèse, une vision commode, que l'on se faisait du monde extérieur, sans qu'elle ait jamais été vérifiée expérimentalement par les bouddhistes.

M. – Peu importe, car on parle de l'esprit et de sa méprise. Expérimentalement, cette vision est d'ailleurs vérifiée, mais dans le domaine dont elle relève ! Expérimentalement, l'aspirine dissipe les maux de tête, tandis qu'un tel travail intérieur dissipe la haine, le désir, la jalousie, l'orgueil et tout ce qui trouble l'esprit – c'est un résultat expérimental qui me semble, pour parler avec modération, au moins aussi utile que l'aspirine !

J.F. – Mais pour moi, cela veut dire : je me fais une certaine idée de la réalité parce que cette idée m'est commode pour me construire la philosophie morale qui me convient.

M. – Cela n'est pas seulement une idée commode de la réalité. En niant, par une analyse intellectuelle, logique, topologique, presque mathématique, la notion de particule indivisible, on *détruit l'image mentale* que l'on avait jusqu'alors de la solidité des phénomènes. Ce qu'on souhaite, c'est obtenir un antidote efficace à la cause de l'ignorance et à ses manifestations de souffrance. Donc, si ce but est atteint, le but de la vie spirituelle est atteint. Quant on tire une flèche, il ne faut pas oublier quelle est la cible. On peut considérer comme une réussite de pouvoir aller sur la lune, ou d'avoir maîtrisé la matière au point d'être capable de faire sauter la planète – une réussite d'ailleurs fort douteuse ! La science, au prix de siècles d'efforts intellectuels et matériels, au prix de générations d'êtres humains qui y ont consacré leur vie, a atteint certains buts qu'elle s'était fixée. Le bouddhisme a d'autres priorités auxquelles il a consacré, au fil des générations, des efforts aussi importants.

J.F. – C'est une démarche tout à fait envisageable. Mais il n'en reste pas moins qu'il s'agit là, non pas de construire une démarche de salut spirituel à partir d'une connaissance objective, mais à partir d'une hypothèse bienfaisante.

M. – Qu'entend-t-on par connaissance objective ? Selon la physique quantique, la nature des particules est inconnaissable indépendamment de nos systèmes de mesures. Il en est de même de l'univers tout entier : un univers indépendant de tout concept humain est inconnaissable par l'esprit humain. Qu'est-ce qui s'attache à la réalité des phénomènes ? C'est l'esprit. Et

ici, sur quoi agissons-nous ? Sur l'esprit ! Si on réussit à
débloquer la perception qu'a l'esprit de la solidité du
monde, perception qui conduit à des souffrances sans
fin, il s'agit bien d'une connaissance objective, non pas
de la physique naturelle, mais des mécanismes de la
souffrance et d'une vérification expérimentale des
résultats de cette science de l'esprit.

J.F. – Cette conception de ce qu'est une vérification expérimentale ne me satisfait pas entièrement.

M. – Considères-tu qu'une vérification expérimentale ne peut porter que sur des phénomènes physiques ? Tu disais tout à l'heure à propos de la psychologie que, parmi ses diverses branches, seule la
neurophysiologie méritait le nom de science. Or, la
neurophysiologie est l'aspect réifié des sciences de
l'esprit. De ce point de vue, seules les sciences quanti-
tatives et physiques mériteraient le nom de sciences
exactes. Pour être exacte, une science doit partir de certaines hypothèses, procéder avec rigueur dans le
domaine de l'expérience, pour finalement valider ou
infirmer ses hypothèses par les résultats des dites expériences. Il n'y a aucune raison pour que ces critères
soient limités au domaine physique dit objectif. De
plus, je ne vois pas pourquoi il faudrait, comme tu le
disais précédemment, dissocier les sciences de l'esprit
de l'amélioration de la personne, car la conquête de la
sérénité est l'une des vérifications expérimentales de
ces sciences, comme la chute des corps est la vérification expérimentale de la loi de la gravité.

Rien, sinon l'esprit même, ne peut permettre de
connaître la nature ultime de l'esprit. Si l'introspection
a échoué en tant que méthode scientifique dans le
contexte de la psychologie occidentale et en a été écar-
tée, c'est uniquement parce que ceux qui l'on utilisée
ne disposaient pas d'outils adéquats pour conduire
leurs expériences. Ils n'avaient pas la moindre formation, ni la moindre connaissance du domaine contem-

platif et ignoraient les techniques qui permettent de tranquilliser l'esprit afin d'en observer la nature profonde. C'est comme si quelqu'un utilisait un voltmètre instable et concluait qu'il est impossible de mesurer la tension d'un courant électrique. Or, l'apprentissage des techniques contemplatives demande de la persévérance. On ne peut les écarter d'un simple revers de la main parce qu'elles sont éloignées des préoccupations dominantes du monde occidental – lesquelles sont, il faut bien le dire, plus d'ordre matériel que spirituel – et que l'on n'éprouve pas d'inclination à en faire soi-même l'expérience. On peut comprendre le scepticisme, mais pas le manque d'intérêt, de désir de vérifier la validité d'une approche différente. Le problème existe aussi dans l'autre sens. J'ai connu des Tibétains qui refusaient de croire que des hommes ont été sur la lune !

De la métaphysique bouddhiste

JEAN-FRANÇOIS – Je crois que maintenant il ne faut plus tourner autour du sujet. Il faut en venir au point central du bouddhisme et répondre notamment à la fameuse question : Le bouddhisme est-il une philosophie ? ou une religion ? ou une métaphysique ? Quel est en lui le noyau de représentation de l'univers et de la condition humaine qui explique tous les comportements, toutes les techniques psychologiques que nous avons évoqués au cours des entretiens précédents ?

MATTHIEU – Je ne peux m'empêcher de citer ici André Migot, qui répond parfaitement, me semble-t-il, à cette question dans son ouvrage *Le Bouddha*[1] :

« On a beaucoup discuté pour savoir si le bouddhisme était une religion ou une philosophie, et la question n'a jamais été tranchée. Posée en ces termes, elle n'a de sens que pour un Occidental. Il n'y a qu'en Occident où la philosophie soit une simple branche du savoir, comme les mathématiques ou la botanique, où le philosophe soit un monsieur, généralement un professeur, qui étudie durant son cours une certaine doctrine, mais qui, rentré chez lui, vit exactement comme son notaire ou son dentiste, sans que la doctrine qu'il enseigne ait la moindre

_____

1. Ouvrage cité.

influence sur son comportement dans la vie. Il n'y a qu'en Occident où la religion ne soit, chez la grande majorité des fidèles, qu'un petit compartiment que l'on ouvre à certains jours, à certaines heures ou dans certaines circonstances bien déterminées, mais que l'on referme soigneusement avant d'agir. S'il existe aussi en Orient des professeurs de philosophie, un philosophe y est un maître spirituel qui vit sa doctrine, entouré de disciples qui veulent la vivre à son exemple. Sa doctrine n'est jamais pure curiosité intellectuelle, elle n'a de valeur que par sa réalisation. A quoi bon désormais se demander si le bouddhisme est une philosophie ou une religion ? Il est un chemin, une voie de salut, celle qui mena le Bouddha à l'Eveil ; il est une méthode, un moyen d'atteindre à la libération par un travail mental et spirituel intense. »

Je crois donc que, si on veut définir le bouddhisme de la façon la plus simple, il faut d'abord le considérer comme une voie. Et le but de cette voie est d'atteindre ce qu'on peut appeler la « perfection », la connaissance ultime, l'Eveil, ou, techniquement, « l'état de Bouddha. »

J.F. – Etat que l'on atteint à travers plusieurs existences successives ?

M. – Oui, mais qui s'actualise évidemment au cours d'une existence particulière, comme le Bouddha Shakyamouni dont l'Eveil, appelé parfois « illumination », représente le point culminant de nombreuses vies consacrées à développer la connaissance, l'amour et la compassion.

J.F. – Mais au moment où l'on atteint cette découverte de la science parfaite, on disparaît ?

M. – Pourquoi donc ? Qui disparaît ? Bien au contraire, ayant parachevé son propre bien en atteignant l'Eveil, le Bouddha commence à déployer une vaste activité pour aider les autres, pour enseigner, pour leur montrer le chemin. Ses enseignements sont l'expression directe de sa réalisation spirituelle. Ce sont comme des carnets de route servant à guider les êtres sur un chemin qu'il a lui-même parcouru.

J.F. – Donc, son propre moi ne disparaît pas?

M. – La seule chose qui disparaît, et ce, totalement, c'est l'ignorance. Or, l'attachement à l'existence du moi est l'une des manifestations principales de l'ignorance. Par conséquent, cette pensée erronée d'un « moi » disparaît également. La bouddhéité est un éveil à la nature ultime des choses. Ce n'est pas une fabrication mais une *actualisation*. L'idée fondamentale est en effet que chaque être a en lui la nature de bouddha. Cette capacité d'atteindre à la connaissance ultime, ce potentiel de transformation intérieure est présent dans chaque être, comme une pépite d'or dont la pureté est inaltérable, même lorsqu'elle est enveloppée dans sa gangue ou enfouie dans la terre. Chez les êtres ordinaires, cette perfection, cette nature de bouddha est masquée par de nombreux voiles formés par les facteurs mentaux négatifs dont nous avons parlé, et qui naissent de l'attachement à une réalité intrinsèque du « moi » et des phénomènes. La « voie » consiste donc à dissoudre tout ce qui masque cette nature véritable afin de pouvoir la voir telle qu'elle est. Il est dit que si nous ne possédions pas ce potentiel, vouloir atteindre la bouddhéité serait aussi vain que d'essayer de blanchir un morceau de charbon. Ainsi, la voie bouddhique est bien une redécouverte.

J.F. – Cela fait beaucoup penser à la théorie de la réminiscence chez Platon. Apprendre, pour Socrate, c'est se ressouvenir de ce que l'on avait oublié.

M. – C'est aussi, vu sous un autre angle, un processus de purification, non pas d'un péché originel ou d'une impureté fondamentale, mais de voiles adventices qui dissimulent notre nature profonde. Lorsque nous regardons un avion qui perce la couche nuageuse,

pour nous le ciel est gris et brumeux, comme si le soleil
n'existait plus. Et pourtant, il suffit – et c'est toujours
un magnifique spectacle – d'être dans l'avion qui
émerge des nuages pour redécouvrir que le soleil brille
de tout son éclat dans un ciel inaltérable. C'est à cela
que ressemble la voie bouddhique.

J.F. – La doctrine de Socrate sur ce point est
exposée dans nombre de dialogues mais en particulier
dans le *Ménon*. En effet, pour Socrate, nous n'appre-
nons, à proprement parler, rien. Lorsque nous étu-
dions, en fait, nous nous ressouvenons. Chaque individu possède en lui-même une science qui est présente
en son être avant sa naissance. Une science innée. Et
ce qui s'est passé au cours de l'existence, c'est que les
fausses connaissances, les opinions, les états psychologiques artificiels ont recouvert ce que tu appelles le
morceau d'or central. Pour démontrer qu'au fond,
apprendre c'est se ressouvenir, Socrate fait venir un
jeune esclave qui s'appelle Ménon et il demande au
maître de maison : « Tu es bien sûr que cet esclave est
né chez toi, qu'il n'a jamais suivi aucun enseignement ? » Et il fait redécouvrir au jeune esclave, en tra-
çant des figures sur le sable avec un bâton, la démonstration d'un théorème de géométrie, simplement en lui
posant des questions, sans jamais lui souffler aucune
indication. D'où la méthode socratique de procéder par
questions ; on n'enseigne pas, on fait redécouvrir à
l'élève ce qu'il savait déjà sans en avoir conscience.
Donc, cette idée que chaque être humain possède en
lui la connaissance. Il faut simplement qu'il se mette
dans les conditions qui permettent à ce trésor d'émerger. Mais dans le bouddhisme, il y a quand même un
postulat supplémentaire. Je suis curieux du bouddhisme. Il y a des choses que je ne comprends pas et
que je voudrais comprendre : Est-ce que, oui ou non, le
bouddhisme enseigne que les êtres vont d'incarnation
en incarnation, et que le but de la félicité ultime est

finalement de ne plus être réincarné, d'être délivré enfin de cette succession de réincarnations, de se fondre dans l'impersonnel cosmique ?

M. – Il ne s'agit pas de se fondre dans une sorte d'extinction, mais de découvrir la connaissance ultime en soi-même. Le but n'est pas de « sortir » du monde mais de ne plus lui être assujetti. Le monde n'est pas mauvais en lui-même, c'est notre façon de le percevoir qui est erronée. Un maître bouddhiste a dit : « Ce ne sont pas les apparences qui t'assujetissent, c'est ton attachement aux apparences. » Ce qu'on appelle le *samsara*, « le cercle vicieux du monde des existences », dont le mouvement est entretenu par l'ignorance, est un monde de souffrances, d'égarement, dans la mesure où on y erre sans fin poussé par la force de nos actes, ce qu'on appelle le *karma*. Ce *karma* est différent de ce qu'on entend généralement par « destin ». Il n'est pas issu d'une volonté divine comme dans l'hindouisme, il n'est pas non plus dû au hasard : il est le fruit de nos actes. On ne récolte que ce que l'on a semé. Rien ne contraint un être à se réincarner de telle ou telle façon, si ce n'est la composante finale de ses actes, et par « actes » on entend les pensées, les paroles et les actions physiques, négatives ou positives. C'est l'équivalent du bien et du mal, mais il faut se rappeler qu'ici bien et mal ne sont pas des notions absolues : nos pensées et nos actes sont considérés comme bons ou mauvais en fonction de leur motivation, bienfaisante ou nuisible, et de leur résultat – la souffrance ou le bonheur de soi-même et d'autrui.

J.F. – Nous revenons à la morale.

M. – On peut appeler cela morale ou éthique, mais il s'agit en vérité des mécanismes mêmes du bonheur et de la souffrance. A chaque instant nous faisons l'expérience du résultat de nos actes passés et modelons notre avenir par nos pensées, nos paroles et nos actes présents. Au moment de la mort, le bilan de nos

154 LE MOINE ET LE PHILOSOPHE

actes détermine les modalités de l'existence suivante.
Les graines que nous avons plantées germent, en fleurs
ou en ciguë. On utilise aussi l'exemple d'un oiseau qui
se pose au sol : son ombre – c'est-à-dire son *karma* –
jusque-là invisible, apparaît soudain clairement. Pour
prendre une image plus moderne, au moment de la
mort on développe le film que l'on a exposé notre vie
durant, lequel incorpore également tout ce qui a été
filmé au cours de toutes les existences précédentes.

J.F. – De toutes les existences antérieures ?

M. – On a pu, au cours de cette existence présente
qui s'achève, ajouter ou retrancher des actes positifs ou
négatifs à ce karma, le modifier soit en le purifiant soit
en l'aggravant. Après la mort vient un état transitoire
qu'on appelle *bardo*, durant lequel prend forme et se
précise l'état d'existence suivant. Dans ce *bardo*, la
conscience est emportée comme une plume au vent, en
fonction de la résultante de nos actes, positive ou
négative, et l'issue sera une existence heureuse, mal-
heureuse, ou un mélange des deux. En fait, cela permet
d'avoir une attitude très saine par rapport à ce qui nous
arrive : nous seuls sommes à blâmer pour ce que nous
sommes, nous sommes le résultat de notre passé, tandis que le futur est entre nos mains.

J.F. – Il y a donc bien une conception de la multi-
plicité des existences et donc des réincarnations ?

M. – Les actes, une fois accomplis, portent leur
fruit, et nous propulsent vers d'autres états d'existence.
Donc, si on ne met pas en œuvre les moyens de s'en
libérer, ce cycle des existences est pratiquement sans
fin. Comme nous accomplissons sans cesse un
mélange d'actes négatifs et d'actes positifs, nous oscil-
lons d'un état d'existence à un autre, tantôt heureux
tantôt malheureux, comme la roue d'une noria qui
monte et qui descend continuellement. On dit qu'il n'y
a pas de début ni de fin au monde conditionné, en tant
que phénomène global, mais que chaque être a indivi-

duellement la possibilité de briser ce cercle vicieux en purifiant le flot de sa conscience et en atteignant l'Eveil. Il est alors délivré du cycle des renaissances. C'est-à-dire qu'il a mis fin aux causes de la souffrance. Pour parvenir à un tel résultat il est nécessaire de trancher la racine du problème, l'attachement au « moi » et l'ignorance qui en est la cause.

J.F. – Alors, est-ce que tu approuverais cette citation d'Alfred Foucher – auteur déjà évoqué – qui dit, en comparant la conception de l'immortalité de l'âme et de la survie chez le chrétien et le bouddhiste : « Chez le chrétien, l'espoir du salut et de l'immortalité, c'est l'espoir de survivre. Chez le bouddhiste, c'est l'espoir de disparaître. »

M. – De ne plus naître.

J.F. – Il dit « disparaître ».

M. – Le mot est incorrect. Toujours ces vieilles idées reçues sur le bouddhisme considéré comme un nihilisme ! La « voie du milieu » est appelée ainsi parce qu'elle ne tend ni vers le nihilisme ni vers l'éternalisme. Ce qui disparaît, c'est l'ignorance, l'attachement au « moi », mais les qualités infinies de l'Eveil « apparaissent » dans toute leur ampleur. Certes on ne renaît plus sous l'influence du *karma* négatif, mais, par la force de la compassion, on continue à se manifester dans le monde conditionné pour le bien des êtres, sans y être emprisonné. *Nirvana* se traduit en tibétain par « au-delà de la souffrance ». S'il est une chose qui s'éteint, c'est bien la souffrance et la confusion qui l'engendre.

J.F. – Alors, *karma*... *samsara*... *nirvana*... ne sont pas des mots tibétains ?

M. – Ce sont des mots sanskrits que l'on emploie plus souvent en Occident que les mots tibétains correspondants, car les sons du sanskrit sont plus familiers à l'oreille occidentale que ceux du tibétain.

J.F. – Oui, c'est une langue indo-européenne.

M. – Et le tibétain fait partie du groupe tibéto-birman. Donc, dans les traductions que l'on trouvait jusqu'au milieu du XXᵉ siècle, les interprètes occidentaux parlaient souvent du *nirvana* comme d'une sorte d'extinction finale. Dalhmann parlait d'un « abîme d'athéisme et de nihilisme, » Burnouf d'un « anéantissement », Hegel et Schopenhauer de « néant ». Selon le Grand Véhicule, auquel le bouddhisme tibétain appartient, celui qui atteint l'état de bouddha ne réside ni dans le *samsara* ni dans le *nirvana*, tous deux appelés « extrêmes ». Il ne réside pas dans le *samsara*, car il est délivré de l'ignorance et n'est plus le jouet d'un *karma* le conduisant à se réincarner sans fin. Il ne demeure pas non plus dans la paix du *nirvana*, à cause de la compassion infinie qu'il conçoit pour les êtres qui continuent à souffrir.

J.F. – Alors qu'est-ce qu'il fait ?

M. – Il réalise le vœu qu'il a fait à l'aube de son Eveil, celui de continuer à se manifester sciemment – non pas sous la contrainte du *karma*, mais par la force de sa compassion – jusqu'à ce que le *samsara* soit vidé de toutes souffrances, en d'autres termes tant qu'il y aura des êtres prisonniers de l'ignorance. Donc, il est libre du *samsara*, mais ne reste pas dans le *nirvana*. C'est pourquoi on parle de Bouddhas et de Bodhisattvas, qui se manifestent sous de nombreuses formes pour accomplir le bien des êtres et les guider sur le chemin de l'Eveil. On compte parmi eux les maîtres spirituels parfaitement réalisés.

J.F. – Sur le plan historique, quand, comment et pourquoi le Petit Véhicule s'est-il séparé du Grand Véhicule ?

M. – Les tenants du Grand et du Petit Véhicule n'ont évidemment pas exactement les mêmes points de vue à ce sujet. Les enseignements du Petit Véhicule sont tous inclus dans le Grand Véhicule, lequel y ajoute une dimension supplémentaire. Ce dernier point a suscité de nombreuses discussions au sein même du bouddhisme. Selon les tenants du Grand Véhicule, le Bouddha a enseigné les deux véhicules de son vivant. Mais, comme le Bouddha enseignait à chacun selon ses capacités, il n'aurait enseigné le Grand Véhicule qu'à ceux qui avaient l'ouverture d'esprit nécessaire pour le comprendre. Il ne s'agit pas là d'un ésotérisme, lequel existe par ailleurs dans le bouddhisme, mais de différents niveaux d'enseignements qui n'étaient pas nominalement distincts au temps du Bouddha. Le Grand Véhicule insiste sur le fait que se libérer seul de la souffrance est un but beaucoup trop limité. Au moment même de s'engager sur le chemin, on doit avoir l'intention d'atteindre l'état de bouddha pour le bien de tous les êtres. On se transforme pour acquérir la capacité d'aider autrui à se délivrer de la souffrance. Chacun de nous ne représente qu'une personne et les autres sont en nombre illimité, donc ce qui peut m'arriver, de bon ou de mauvais, de bonheur ou de souffrance, est insignifiant en comparaison de la souffrance et du bonheur de tous les autres. La profondeur du Grand Véhicule tient à ses vues sur la vacuité, sur la vérité absolue. Cette vacuité n'a rien à voir avec le néant, mais consiste à comprendre que les phénomènes ne possèdent pas d'existence intrinsèque. Les disciples du Petit Véhicule contestent certes cette vue des choses, ainsi que l'authenticité des enseignements du Grand Véhicule. Il convient aussi de mentionner un troisième Véhicule, né en Inde comme les deux autres, mais qui a connu une expansion particulière au Tibet, à savoir le Vajrayana, ou Véhicule Adamantin, qui ajoute au Grand Véhicule nombre de techniques ésotériques de la voie contemplative.

J.F. – Quand les bouddhistes parlent de souffrance, il me semble qu'ils se réfèrent seulement à la souffrance causée par les passions négatives, la jalousie, la haine, l'envie, les déceptions causées par l'appétit de pouvoir et les autres emportements qui provoquent inévitablement des déceptions, des échecs, des rancœurs, des asservissements à des états psychologiques négatifs. Bref, il n'est question que de la souffrance causée par nos propres défauts, nos torts, nos faiblesses, nos excès d'orgueil. Mais la souffrance a bien d'autres causes! C'est aussi la misère physiologique, c'est la faim, c'est être exterminé, torturé par des tyrans, être passé au fil de l'épée par des populations hostiles... De ces souffrances, nous sommes victimes, pas responsables. Pour ne citer qu'un exemple : ce qui afflige actuellement les Tibétains qui habitent le Tibet, et qui est arrivé à d'innombrables populations à travers l'Histoire, ils n'en sont pas responsables. Ce sont les Chinois qui le leur infligent. Ce sont des conditions de vie. Pour être guéri et éradiqué, ce mal relève de remèdes pratiques et matériels, beaucoup plus que de l'Eveil de la bouddhéité !

M. – Une fois que la situation est hors de contrôle, on est obligé de recourir à des remèdes pratiques, encore que, même à ce point, une paix durable ne puisse venir que d'un changement d'attitude. Mais, surtout, il ne faut pas oublier que la cause première de la torture et des guerres reste la haine, que la cause première des conquêtes est bien l'avidité, et que la haine comme l'avidité naissent d'une exacerbation de l'égoïsme, de l'attachement au « moi ». Jusqu'à maintenant, nous avons donc mis l'accent sur ces causes premières – la malveillance, le désir, l'orgueil, etc. Mais la plupart des autres maux qui nous affligent naissent de ces facteurs mentaux négatifs et en sont les prolongements.

J.F. – Mais, dans cet exemple, la haine vient des Chinois, les Tibétains n'en éprouvaient aucune.

M. – En ce qui concerne les souffrances dont nous ne sommes apparemment pas responsables, celles dues aux tourments qui nous sont imposés par autrui, aux calamités naturelles, à la maladie, nous avons déjà mentionné la façon dont elles peuvent être comprises : ces maux ne sont dûs ni à une volonté divine, ni à une prédestination inéluctable, ni au hasard, mais aux conséquences de nos propres actions. Ce sont des flèches que nous avons tirées et qui reviennent sur nous. C'est ainsi qu'avoir une vie courte, de nombreuses maladies, ou être persécuté est, selon le bouddhisme, dû au fait que l'on a tué d'autres êtres dans une vie précédente. Nous n'avons donc aucune raison de nous révolter contre ce qui nous arrive, mais ne devons pas non plus adopter une attitude résignée, puisque nous avons maintenant la possibilité de redresser cette situation. Il s'agit donc de reconnaître ce qu'il convient de faire ou d'éviter afin de construire notre bonheur et d'échapper à la souffrance. Comme on dit : « Tant que l'on garde sa main dans le feu, il est vain d'espérer échapper à la brûlure. »

J.F. – Oui, mais il y aussi les souffrances naturelles, celle de la vieillesse, de la mort, par exemple.

M. – Dans son premier sermon, le Bouddha énonça ce que l'on appelle les « quatre nobles vérités » : la vérité de la souffrance du monde conditionné, la vérité de l'origine de la souffrance (l'ignorance et les émotions négatives qui construisent le *karma*), la vérité de la possibilité de mettre un terme à la souffrance, et la vérité de la voie qui mène à cette cessation. Cette souffrance inclut bien sûr les souffrances de la naissance, de la vieillesse, de la maladie et de la mort. De rencontrer nos ennemis, de perdre nos proches...

J.F. – Donc, la souffrance liée à la destinée humaine, ou animale ou de n'importe quel type ?

M. – La notion de souffrance embrasse tout le passé de souffrance des existences antérieures, tout l'avenir de souffrance des existences futures de toutes les catégories d'êtres.

J.F. – Mais ces souffrances fondamentales, naissance, vie traversée de toutes les actions négatives et passions inutiles que l'on peut imaginer, la maladie, la mort, peuvent être subies dans des conditions plus ou moins tragiques. On peut reprocher à l'Occident scientifique, technologique et matérialiste d'avoir perdu le sens de certaines valeurs, mais quand je regarde le spectacle de la vie quotidienne dans les rues de Kathmandou, on a beau parler de certains échecs des économies occidentales, de l'ampleur du chômage, etc., il n'en reste pas moins qu'un chômeur français est un milliardaire à côté d'un travailleur népalais ! Au Népal, cinq cents francs par mois est considéré comme un bon salaire, deux cents francs un salaire courant. Les conditions dans lesquelles se déroule la vie humaine dans les sociétés occidentales, malgré toutes leurs insuffisances, ont quand même éliminé, même chez ceux que nous appelons les « exclus », certaines formes de souffrances, de dégradations, de misères physiologiques radicales, cruelles, qui continuent à exister, à foisonner en Orient. La notion de remède *pratique* me paraît tout de même un peu perdue de vue dans le bouddhisme. Au sens philosophique, en effet, la destinée humaine, c'est la destinée humaine. On sait très bien qu'un milliardaire américain peut être plus malheureux psychologiquement qu'un porteur népalais. On peut être un Rothshild et se suicider de désespoir, comme cela s'est vu en 1996. Reste néanmoins que la souffrance et le bonheur quotidiens, pour le plus grand nombre, dépendent d'une foule d'autres facteurs que les facteurs métaphysiques.

M. – Il faut se méfier de jugements hâtifs sur la saleté bien connue et fort regrettable des rues de Kathmandou. Kathmandou, comme nombre de villes orientales, souffre d'une expansion anarchique, due d'une part à une paupérisation croissante des campagnes liée à une démographie galopante, et d'autre part à l'espoir, souvent déçu, d'une vie meilleure en milieu urbain. La misère en Inde ou au Népal choque notre sensibilité, à juste titre d'ailleurs, mais on risque bien souvent, en faisant ce constat, somme toute assez banal, d'ignorer les progrès accomplis depuis les cinquante dernières années. L'Inde, notamment, s'est dotée d'un régime démocratique, et un grand nombre d'Indiens de basse caste ont accédé non seulement à l'éducation mais aussi à des emplois jusqu'alors réservés aux castes élevées. Il y a encore beaucoup de pauvres en Inde, mais un quart de la population jouit maintenant d'un niveau de vie convenable. Il ne faut pas oublier que les acquis sociaux que tu évoques et dont bénéficient nos concitoyens en Occident sont un phénomène récent, qui remonte à l'entre-deux guerres. Pour des pays aussi pauvres que le Népal et l'Inde, il est inconcevable que de tels avantages sociaux, très coûteux, puissent être étendus dans un avenir proche à l'ensemble d'une population qui croît à un rythme vertigineux. Ils n'ont tout simplement pas les ressources pour le faire. Paris et Londres étaient de véritables cloaques sous Louis XIV, mais ce n'était pas non plus la spiritualité qui était à blâmer. Je ne crois pas que le bouddhisme perde de vue la notion de remède pratique, mais la misère à combattre en Orient est beaucoup plus grande, en raison des conditions géographiques, climatiques, et démographiques.

Quant à la souffrance de la guerre, la souffrance des torturés, des opprimés, c'est la souffrance que l'on constate malheureusement presque tous les jours. Elles sont le résultat, les fruits malheureux de l'ignorance. Face à elle, tout bouddhiste, tout chrétien, tout être humain qui se respecte – qu'il croie ou non en une religion – se doit de faire tout ce qu'il peut pour secourir les autres. Pour un croyant, cela fait partie de l'application de la vie spirituelle dans la vie de tous les jours, et pour un non-croyant c'est une expression naturelle de la générosité du cœur. Un être empreint de bonté fera tout son possible pour donner à manger à celui qui a faim, offrir un abri à celui qui a froid, procurer des médicaments à celui qui est affligé par la maladie, etc. Ne pas le faire c'est manquer de tout sens de responsabilité humaine.

J.F. – Mais alors, on revient au problème de la morale : ce que tu viens de décrire, c'est un comportement hautement louable que je caractériserais un peu comme étant celui des saints et des bienfaiteurs pendant le Moyen-Age occidental. Entouré d'un océan de misère et de souffrance, d'un niveau de vie très bas, on soulageait autant que possible – porté par un sentiment de charité chrétienne – les miséreux, les mendiants, les malades, les lépreux et on faisait tout ce qu'on pouvait pour soulager leur malheur. L'autre conception, qui est la conception occidentale c'est qu'il faut réformer le système lui-même, créer une forme de société où ce type de misère se résorbe et ne relève plus simplement de la bonté de tel ou tel individu à l'égard de tel ou tel autre individu. Il semblerait que dans le bouddhisme, la cause principale de souffrance pour l'être humain soit l'absence de contrôle de ses pensées. Mais il y a des souffrances objectives qui ne viennent pas du tout de là !

M. – Bien sûr, et nous venons de parler des autres formes de souffrance. Mais comment une guerre commence-t-elle sinon par des pensées d'animosité et de haine ?

J.F. – Oui, je suis tout à fait d'accord.

M. – Et pourquoi dit-on que les Tibétains sont, dans l'ensemble, un peuple pacifique ?

J.F. – C'est vrai.

M. – C'est bien parce qu'il existe fondamentalement d'autres moyens pour résoudre les conflits que la guerre, et que ces autres moyens ont eu une répercussion visible à l'échelle d'une société et d'un pays.

J.F. – Sur ce plan là, c'est exact.

M. – C'est la conséquence pratique d'une certaine façon de voir les choses, d'une certaine conception de l'existence.

J.F. – Oui, mais la misère qui règne en Asie du Sud n'est pas due uniquement aux guerres, elle est due à une certaine absence de développement, au fait qu'on n'a pas maîtrisé les structures économiques, qu'on a peut-être également méprisé les applications techniques de la science. La science de l'objet a été dédaignée au profit de la science de l'esprit. Un certain nombre de souffrances ont disparu des sociétés occidentales du fait qu'on a appliqué la science objective à la réalité objective. Prenons la maladie, par exemple. Il est incontestable que l'allongement constant de la vie humaine en Occident vient de ce que les maladies sont de mieux en mieux soignées. Le malade, si pauvre soit-il, est protégé par un ensemble de couvertures sociales, qui d'ailleurs coûtent fort cher, ce qui prouve que la solidarité, l'humanité sont aussi des vertus occidentales. Elles ne dépendent pas de la décision ou de la bonté de tel ou tel individu, elles forment un système qui se met en route automatiquement dès que quelqu'un est malade. Des techniques, fruits de la science, contribuent également à soulager les souffrances physiques et morales. La misère de la maladie entraîne aussi d'intenses souffrances morales. Donc, on prend là le mal du côté de sa réalité palpable, extérieure.

M. – Je crois qu'aucun bouddhiste ne contestera les bienfaits de l'avancement de la médecine, de l'organisation de l'aide humanitaire, de l'entraide sociale, du développement matériel et de celui de la science, lorsque ceux-ci permettent de soulager la souffrance. Pour te donner des exemples de l'attitude des communautés bouddhistes, je mentionnerai que le Sri Lanka, pays en majorité bouddhiste, possède le taux d'alphabétisation le plus élevé d'Asie du Sud ainsi qu'une infrastructure médicale remarquable. Le Sri Lanka est aussi le seul pays d'Asie du Sud qui ait réussi, grâce à un contrôle des naissances, à maîtriser l'expansion démographique. Ces progrès ont été réalisés par un gouvernement laïc mais dont la plupart des membres sont bouddhistes. Certains moines bouddhistes jouent en Thaïlande un rôle très actif dans la lutte contre le fléau de la drogue et le SIDA, et accueillent dans certains de leurs monastères des drogués et des séropositifs rejetés par leurs familles. Le Bhoutan, pays entièrement bouddhiste, consacre 30 % de son budget à l'éducation, pourcentage sans doute le plus élevé parmi toutes les nations. Il est, par ailleurs, un des seuls pays au monde où un programme très strict de protection de l'environnement a été mis en vigueur avant que cet environnement n'ait été ravagé. La chasse et la pêche y sont totalement interdites, ainsi que la déforestation.

Il ne faut donc tomber dans aucun extrême. Rejeter ou mépriser le progrès matériel lorsqu'il permet ainsi de remédier à la souffrance serait ridicule. Mais l'extrême inverse est tout aussi malsain. Négliger le développement intérieur au profit d'un développement purement extérieur peut avoir, à long terme, des conséquences encore plus nuisibles, car c'est de là que naissent l'intolérance et l'agressivité, donc les guerres, la soif insatiable de possession, donc l'insatisfaction, la poursuite du pouvoir, donc l'égoïsme. L'idéal serait d'utiliser judicieusement le progrès matériel, sans qu'il envahisse à la fois nos esprits et nos activités, tout en donnant la priorité au développement intérieur qui fait de nous de meilleurs êtres humains.

La cause majeure de la misère en Inde n'est pas l'importance qu'on accorde aux valeurs spirituelles ! La misère y a pris cette ampleur parce qu'il y a neuf cent cinquante millions d'habitants, surpopulation à laquelle s'ajoutent les rigueurs d'un climat extrême !

On ne souffre pas tous les ans en Europe de la sécheresse et, immédiatement après, d'inondations catastrophiques ! Quant au Tibet, en dépit de la tragédie qu'il a subi, on voit dans certaines régions, le Kham notamment, des peuples qui ont un mode de vie traditionnel, qui vivent très simplement, inspirés par les valeurs du bouddhisme et semblent étonnamment heureux malgré les souffrances qui leur ont été infligées. Sans doute n'ont-ils malheureusement pas accès aux hôpitaux modernes – le communisme chinois se garde bien d'apporter ce genre d'améliorations – mais on est loin de sentir une atmosphère aussi opprimante que dans les rues de New York, ou une misère physique comparable à celle des bidonvilles qui entourent les grandes métropoles nées de la révolution industrielle.

J.F. – C'est tout à fait exact. Mais, revenons-en aux conceptions doctrinales et métaphysiques du bouddhisme. On m'a dit que bien que le Pape Jean-Paul II ait une grande sympathie pour le Dalaï-lama, qu'il a reçu plusieurs fois, il envisagerait de participer à une nouvelle réunion œcuménique – semblable à celle d'Assise à laquelle le Dalaï-lama avait pris part –, mais cette fois-ci avec les seuls représentants des religions monothéistes, le christianisme, l'islam et le judaïsme. Le bouddhisme n'y serait pas représenté. Est-ce parce qu'il n'y a pas de dieu bouddhiste ?

M. – Le Dalaï-lama a souvent exprimé le vœu qu'une deuxième conférence comme celle d'Assise ait lieu, et il avait même suggéré Jérusalem, point de rencontre de plusieurs religions, avec l'idée qu'il était inacceptable que des conflits, comme celui de la Bosnie et du Moyen-Orient, continuent de naître, pour une part, de divisions religieuses. Le Dalaï-lama ne cesse de souligner que toute religion pratiquée selon son esprit a pour objet le bonheur des êtres et se doit d'être un facteur de paix. Le message de Jésus-Christ est un

message d'amour et l'un des sens du mot « islam » est
« paix ». Les violences et les exactions commises au
nom de la religion, et l'utilisation des religions pour
accentuer les divisions entre les peuples ne peuvent
donc être que des déviations. On peut convaincre par
la force de la vérité, on ne doit pas imposer la vérité par
la force. En d'autres termes, il n'est pas de vérité
authentique qui ait besoin de la violence pour s'affirmer.

J.F. – La déviation est fréquente, c'est le moins
qu'on puisse dire...

M. – Et donc, devant cet état de fait déplorable,
l'un des principaux soucis du Dalaï-lama, quand il
voyage dans le monde, est d'amener les représentants
des diverses religions à se rencontrer afin qu'ils se
connaissent mieux et apprennent à se respecter
mutuellement. Il met en relief les points communs à
toutes les traditions spirituelles, principalement
l'amour du prochain et la compassion envers ceux qui
souffrent.

J.F. – C'est peut-être vrai au niveau des sommités,
mais pas à celui de la foule des croyants. Cela
n'empêche pas les chrétiens et les musulmans de
s'exterminer en Bosnie, ni les musulmans et les juifs de
s'exterminer en Palestine ! Mais pour en revenir aux
questions doctrinales, le bouddhisme ne peut pas être
considéré comme une religion monothéiste.

M. – Non, car il n'envisage pas la notion d'un
démiurge qui aurait créé le monde et les êtres, ainsi
que je l'ai mentionné. Mais si l'on entend par Dieu la
vérité absolue, la réalité ultime de l'Etre, l'amour infini,
ce n'est alors qu'une question de mots.

J.F. – Dans l'histoire des religions, il y a une très
forte distinction entre le polythéisme et le monothéisme.

M. – Le bouddhisme n'est pas davantage un polythéisme. On trouve dans la tradition tibétaine un

ensemble de représentations de divinités, mais celles-ci n'ont rien à voir avec des « dieux », considérés comme des entités douées d'une existence autonome. Il s'agit d'archétypes de la connaissance, de la compassion, de l'altruisme, etc. qui sont des objets de méditation permettant, au moyen de techniques de visualisation sur lesquelles je reviendrai, d'actualiser ces qualités en nous.

J.F. – Ce n'est donc pas non plus un polythéisme. On considère, dans l'histoire des religions telles qu'on les connaît, que le monothéisme serait une sorte d'immense progrès par rapport au polythéisme, car le polythéisme représentait, paraît-il, diverses formes de superstitions. Moi, il me semble que les grandes religions monothéistes, contemporaines ou passées, impliquent quantités de tabous, de rites et d'interdits que je considère comme absurdes, et de pratiques que je considère comme parfaitement superstitieuses ! Donc, je ne vois pas très bien la supériorité du monothéisme sur le polythéisme. Au contraire ! Je dirais plutôt que le polythéisme était plus tolérant que le monothéisme.

M. – Il l'est toujours ; le polythéisme existe de nos jours en Inde et au Népal.

J.F. – L'intolérance est surtout née avec le monothéisme. A partir du moment où des êtres humains se sont permis de dire : « Il n'y a qu'un seul vrai Dieu et c'est le mien, par conséquent j'ai le droit d'anéantir tous ceux qui n'y croient pas », nous sommes entrés dans le cycle de l'intolérance et des guerres de religion.

M. – C'est triste à dire.

J.F. – Mais c'est un fait historique, et un mal qui continue à sévir, à notre époque où l'on ne parle que de tolérance et de pluralisme. Quant au plan théologique et cosmologique, toutes ces religions ont en commun un mythe primitif de la Création. Celui qu'on connaît le mieux, évidemment, est celui qui est exposé dans la Bible, dans la *Genèse*, mais il y a aussi, par exemple, le Démiurge de Platon dans le *Timée*. Il est le Créateur du monde. Cette idée de la création du monde est une idée qui se rencontre dans d'innombrables religions, y compris polythéistes. Le monothéisme, en outre, comporte l'idée d'un Dieu personnel qui voit tout, qui surveille tout, idée qui est commune aux juifs, aux chrétiens et aux musulmans, et qu'ont reprise les grands philosophes classiques. Car le Dieu omniscient, omnipotent, créateur du monde, créateur des vérités éternelles, selon Descartes, et expliquant toute la réalité, se retrouve dans le fameux « livre lambda » de la *Métaphysique* d'Aristote comme chez les grands philosophes classiques ultérieurs, Descartes et Leibniz tout particulièrement. Donc, on ne trouve pas cette conception dans le bouddhisme ? Il n'y a pas eu de création ? Il n'y a pas de Dieu personnel dont les yeux et les oreilles surveillent la totalité de l'humanité ?

M. – Non, j'ai mentionné précédemment les arguments avancés pour montrer qu'une entité permanente, toute puissante et autonome, ne pourrait créer quoi que ce soit sans perdre ses qualités de permanence et de toute-puissance. Le monde est entièrement régi par les lois de cause à effet et d'interdépendance.

Quant à la réalité ultime, selon le bouddhisme, je voudrais en toucher quelques mots. On distingue en effet deux aspects. Le monde des phénomènes, tels que nous les percevons, appartient à la vérité relative. La nature ultime des choses, qui transcende tout concept d'être et de non-être, d'apparition et de cessation, de mouvement et d'immobilité, d'un et de multiple, appartient à la vérité absolue. La vérité absolue, c'est donc la réalisation de la vacuité, de l'Eveil, de la non-dualité, qui ne peut être appréhendée que par l'expérience contemplative et non par la pensée analytique.

J.F. – Qu'entends-tu par vacuité ? Est-ce le néant ?

M. – La notion de « vacuité » désoriente et peut même effrayer certains. Ils pensent que rien ne peut survenir de la vacuité, que rien ne pourrait « fonctionner », et qu'aucune loi – celle de cause à effet par exemple – ne pourrait opérer dans ce « vide ». La vacuité, pensent-ils, ne peut porter en elle le moindre potentiel de manifestation, et ils éprouvent un sentiment de malaise à son égard. C'est là confondre vacuité au sens bouddhiste et néant. Il n'y a rien dans le néant, tandis que la « vacuité » est en fait le contraire du néant : c'est la « potentialité universelle », l'univers, les êtres, le mouvement, la conscience. La manifestation tout entière ne pourrait se produire si sa nature ultime n'était pas vacuité. De même que, mais ce n'est qu'une image, sans l'espace le monde visible ne pourrait se déployer. Si l'espace était intrinsèquement solide et permanent, aucune manifestation, aucune transformation ne serait possible. C'est pour cela que les textes disent : « Puisqu'il y a vacuité, tout peut exister. » La vacuité porte ainsi en elle tous les possibles, et ces possibles sont interdépendants.

J.F. – C'est un peu un jeu de mots. Tu emploies ici vacuité non plus dans le sens d'abolition de la conscience de soi, mais dans le sens d'espace vide, destiné à être rempli par des réalités.

M. – Non, ce n'est pas exactement cela. L'exemple de l'espace permettant aux mondes de se former n'est qu'une image pour indiquer que rien n'est solide, permanent, intrinsèquement existant dans le monde des phénomènes, ni le soi ni le monde extérieur. C'est cette absence d'existence propre qui permet aux phénomènes de se manifester à l'infini. La vacuité n'est donc pas comme l'espace vide dans un récipient, mais la nature même du récipient et de ce qu'il contient.

Pourquoi est-il si important de distinguer la vérité relative et la vérité absolue ? Tant que subsiste une confusion entre le mode ultime et le mode apparent des phénomènes, tant que nous croyons que les phénomènes ont une existence en soi, notre esprit est envahi par un nombre incalculable de pensées, d'émotions positives ou négatives. On peut bien sûr tenter d'appliquer à chacune de ses émotions un antidote particulier, la sympathie pour contrecarrer la jalousie, par exemple. Mais aucun de ces antidotes n'est capable à lui seul de couper la racine de l'ignorance, notre attachement à la réalité des phénomènes. Pour trancher cet attachement, il est nécessaire de reconnaître la nature ultime des phénomènes, que l'on appelle vacuité. Pour celui ou celle qui a atteint l'omniscience de l'état de Bouddha, il n'y a plus de dualité entre le mode apparent et le mode ultime des choses. La perception des phénomènes apparents subsiste, mais cette perception n'est plus faussée par l'ignorance qui consiste à prendre ces phénomènes pour des entités intrinsèquement existantes. Leur mode ultime, la vacuité, est perçu simultanément.

J.F. – Comment cela?

M. – La vacuité n'est pas distincte des phénomènes, elle est la nature même de ces phénomènes. Dans le domaine de la réalité relative, la conception bouddhiste du monde est proche des sciences de la nature, compte tenu des connaissances scientifiques de l'époque à laquelle le bouddhisme est né. Selon la cosmologie bouddhique, le monde se serait formé tout d'abord à partir d'un continuum de « particules d'espace » qui se seraient condensées et modifiées en particules constitutives des quatre autres éléments, ou principes, l'eau, la terre, le feu et le vent, composant l'univers. On parle ensuite d'un vaste océan primordial qui aurait été « baratté » par les vents, créant une sorte de crème qui en se solidifiant aurait formé les continents, les montagnes etc. Tout ce processus obéit à des rapports de cause à effet. Le bouddhisme dit que le monde n'a pas de « commencement ». On ne peut en effet parler d'un début dans le temps, car dans la manifestation il faut toujours une cause précédente, et avant la manifestation la notion de temps n'a pas de sens. Le temps n'est qu'un concept attaché à une succession d'instants perçus par un observateur. Le temps n'a pas d'existence intrinsèque, puisqu'on ne peut appréhender un temps distinct de ses moments. Le temps et l'espace n'existent que relativement à des systèmes de référence particuliers et à notre expérience.

J.F. – C'est un peu la doctrine kantienne : le temps n'a pas d'existence en soi; il est un mode humain d'appréhension des phénomènes.

M. – Le temps n'existe pas en dehors des phénomènes. En l'absence de phénomènes, de quelle façon le temps existerait-il? L'instant passé est mort, l'instant futur n'est pas né, et le cours du temps est imperceptible dans l'instant présent. On parle aussi dans la métaphysique bouddhique du « quatrième temps » qui transcende les trois autres – passé, présent et futur – et représente l'absolu immuable.

J.F. – Un temps immuable? C'est un peu contradictoire.

M. – Non, ce « quatrième temps » n'est pas un véritable temps, ce n'est qu'une expression symbolique qui signifie que l'absolu est au-delà du temps, lequel appartient à la vérité relative du monde phénoménal. La cosmologie bouddhiste envisage aussi des cycles. Le cycle d'un univers est composé de quatre périodes : une période de formation, une période durant laquelle l'univers demeure, une période de destruction, et une période de non-manifestation. Puis un nouveau cycle se manifeste.

J.F. – Les stoïciens soutenaient la thèse du recommencement perpétuel de l'histoire du cosmos, à partir d'une « année zéro » revenant périodiquement et marquée par une gigantesque conflagration.

M. Ici, il n'est pas question d'un éternel recommencement des mêmes choses, ce qui n'aurait aucun sens, mais d'un déploiement infini de la manifestation, suivant la loi de cause à effet, le *karma*.

J.F. – Donc, mis à part son archaïsme, la cosmologie bouddhique n'est pas un dogme qui s'opposerait fondamentalement aux découvertes de la science ?

M. – Certes pas, car cette cosmologie relève du domaine de la vérité relative, la vérité conventionnelle, laquelle change selon la perception générale des gens à différents moments de l'histoire. Il existe toutefois une différence importante avec les théories scientifiques de l'origine de la conscience. Comme je l'ai mentionné dans un entretien précédent, selon le bouddhisme, le conscient ne peut naître de l'inanimé. L'instant de conscience actuel, lui-même déclenché par un instant de conscience antérieur, déclenche l'instant de conscience suivant. Nous avons dit que le monde n'a pas de véritable commencement dans le temps, il en est de même de la conscience. C'est également l'une des raisons pour lesquelles on considère qu'au moment de la conception, l'étincelle de conscience qui anime le nouvel être ne peut avoir pour cause qu'un événement de même nature, c'est-à-dire conscient, même si cette étincelle est aussi primitive que celle que l'on pourrait imaginer chez une amibe.

J.F. – Selon la conception métaphysique traditionnelle, ce qui relève de la conscience ne peut naître que du conscient et la matière ne peut naître que de la matière. Ça aussi, on le relève chez Platon, on le retrouve également dans la philosophie classique du XVIIᵉ siècle et dans un énoncé cartésien qui consiste à dire : il ne peut y avoir plus dans l'effet que dans la cause. Mais alors là, précisément, toute la science moderne dévoile le contraire, sur la base d'expériences et d'observations qui ne sont pas totalement inexistantes, ni méprisables. C'est la thèse qu'expose notamment ton maître Jacques Monod dans *Le Hasard et la nécessité*. C'est-à-dire : le biologique est né de la matière, et la conscience est née du biologique. Par conséquent, il y a eu ce genre d'évolution : la naissance de la vie à partir de la matière, puis l'évolution des espèces, qui a conduit, peu à peu, à la conscience et au langage. Disons que c'est le schéma qui est généralement accepté par la science contemporaine.

M. – L'un des buts fondamentaux du bouddhisme consiste à reconnaître la nature des choses, telle qu'elle est. Rien ne s'oppose à l'observation du fait que la complexité graduelle de l'organisation du système nerveux et des formes de vie va de pair avec la progression de l'intelligence. Mais, selon le bouddhisme, une forme même très élémentaire de vie est douée d'une forme de conscience, extrêmement primitive, mais différente de la matière pure. Au fil de l'échelle animale, la faculté de la conscience devient de plus en plus efficace, profonde et perfectionnée, jusqu'à aboutir à l'intelligence humaine. La conscience se manifeste donc dans différents supports et dans différentes conditions avec une amplitude variable.

J.F. – Le fait qu'il existe un psychisme animal est accepté. Seul Descartes en niait l'existence. Aujourd'hui, il y a de nombreux livres sur la psychologie des animaux. Il est évident qu'il existe une conscience animale. Mais pour les formes élémentaires de vie il ne peut s'agir de la conscience de soi, ce n'est pas la conscience réfléchie.

M. – Certes, mais il s'agit malgré tout d'êtres animés. Quant aux animaux supérieurs, je me demande si ceux qui pensent encore qu'il n'y a pas « d'intelligence » animale ne restent pas inconsciemment influencés par la culture judéo-chrétienne qui refuse une « âme » aux animaux. N'oublions pas qu'il y a seulement quelques siècles, un concile a été jusqu'à se demander si les femmes avaient une âme !

J.F. – Alors d'où viendrait cette conscience, même très primitive dans un animalcule ?

M. – Le bouddhisme répond qu'elle vient d'une existence précédente, selon le principe de la « conservation de la conscience », analogue à la conservation de l'énergie dans le monde de la matière.

J.F. – Ce n'est, bien sûr, pas du tout le point de vue de la science. Celle-ci considère l'homme comme un animal parmi les autres animaux, un animal chez qui une certaine dimension de la conscience perceptive s'est particulièrement développée en raison du développement cérébral. Mais il est certain que le grand mystère ou, plutôt, le grand saut de la vision de la science moderne, c'est le passage de la matière à la vie. Quand on s'interroge pour savoir s'il y a de la vie dans d'autres systèmes solaires, dans d'autres galaxies, sur Mars, on se demande toujours, au fond, si l'ensemble des facteurs qui ont amené les réactions chimiques productrices de la vie au sein de la matière ont pu se produire sur d'autres planètes, dans d'autres systèmes solaires, dans d'autres galaxies. Mais le passage de la vie animale ou végétale à la conscience à travers l'évolution des espèces vivantes est peut-être moins mystérieux que le passage de la matière à la vie.

M. – Nous ne pouvons guère aller plus loin dans le rapprochement, car si le bouddhisme ne conteste pas le déroulement de l'évolution vers des formes de vies de plus en plus complexes, des formes d'intelligences de plus en plus raffinées, il pense, encore une fois, que la conscience ne peut pas naître de l'inanimé. La science dit qu'à mesure que les molécules de la cellule acquièrent une structure de plus en plus complexe, celle-ci réagit de façon de plus en plus efficiente aux stimuli extérieurs, et que cette complexité croissante aboutit éventuellement à la conscience. Pour le bouddhisme, la conscience ne peut pas naître d'une réaction chimique, complexe ou pas.

J.F. – C'est net et clair. Mais revenons-en à ce que tu appelles la vérité absolue, la notion de vacuité.

M. – La vacuité n'est ni le néant ni un espace vide distinct des phénomènes ou extérieur à eux. C'est la nature même des phénomènes. Et c'est pour cela qu'un texte fondamental du bouddhisme dit : « La vacuité est forme et la forme est vacuité ». D'un point de vue absolu, le monde n'a pas d'existence réelle ou concrète. Donc, l'aspect relatif, c'est le monde phénoménal, et l'aspect absolu, c'est la vacuité.

J.F. – Mais l'aspect phénoménal est parfaitement concret et tangible !

M. – Je pense que conceptuellement ce n'est pas très différent de la formule : « La matière est énergie et l'énergie est matière. » On ne nie pas la perception ordinaire que nous avons des phénomènes. Mais on nie que ce monde possède une réalité intrinsèque en dernière analyse. Comme dans la physique moderne où la masse est considérée comme de l'énergie. Si les atomes ne sont pas des choses, pour reprendre la formule d'Heisenberg, comment un grand nombre d'entre eux – les phénomènes visibles – deviendraient-ils des « choses » ?

J.F. – Mais le bouddhisme n'enseigne-t-il pas, par exemple, que le monde n'a pas d'existence par lui-même parce qu'il n'est que le produit de notre perception ? Ce n'est pas ce qu'on appelle l'idéalisme absolu dans la théorie de la connaissance occidentale ?

M. – Il y a bien une école du bouddhisme, dite de l'« esprit seul », qui affirme : « En ultime analyse, seule la conscience existe, tout le reste est une projection de la conscience. » Ce monisme a été réfuté au sein même du bouddhisme.

J.F. – Ça, c'est ce qu'on appelle l'Idéalisme absolu dans la théorie de la connaissance occidentale. C'est Berkeley ou Hamelin.

M. – A cela, les autres écoles du bouddhisme répondent que, certes, la perception du monde des phénomènes doit passer par les organes des sens et est interprétée par les instants de conscience qui appréhendent le message de ces organes. Donc, on ne perçoit pas le monde tel qu'il est. On ne perçoit que les images qui se reflètent dans notre conscience.

J.F. – C'est l'idéalisme dit « transcendantal » d'Emmanuel Kant.

M. – Un objet est vu par cent personnes différentes comme cent reflets dans cent miroirs.

J.F. – Et c'est le même objet ?

M. – C'est le même objet, mais qui peut être perçu de façon totalement différente par différents êtres, comme nous l'avons vu précédemment avec l'exemple du verre d'eau. Seul celui qui a atteint l'Eveil reconnaît la nature ultime de l'objet : apparent, mais dénué d'existence intrinsèque. La position finale du bouddhisme est celle de la « voie du milieu » : le monde n'est pas une projection de notre esprit, mais il n'est pas non plus totalement indépendant de notre esprit, car une réalité particulière, fixe, indépendante de tout concept, de toute intellection, de tout observateur, n'a guère de sens. Il y a interdépendance. Ainsi le bouddhisme évite-t-il de tomber dans le nihilisme ou dans l'éternalisme. Les phénomènes surgissent d'un processus d'interdépendance de causes et de conditions, mais rien n'existe en soi ni par soi. Enfin, la contemplation directe de la vérité absolue transcende tout concept intellectuel, toute dualité entre sujet et objet.

J.F. – C'est ce qu'on pourrait appeler, par conséquent à la fois la cosmologie, la physique et la théorie de la connaissance bouddhistes. Sans vouloir contester l'originalité de ces analyses, de ces doctrines, puisque d'ailleurs elles sont antérieures aux philosophies occidentales, je suis frappé néanmoins par la quantité de points communs qu'on trouve, non pas avec telle ou telle doctrine occidentale, dans son ensemble, mais tantôt avec telle phase, tantôt avec telle autre phase de l'évolution de la philosophie occidentale, de Thalès à Kant.

M. – Je voudrais ajouter que le bouddhisme ne prétend pas être le seul à détenir la vérité, ni être une « nouveauté ». Il ne s'agit pas d'une construction dogmatique, mais d'une science de l'esprit qui conduit à la fois à une transformation personnelle et à une réalisation contemplative de la nature ultime des choses.

J.F. – De toute façon le bouddhisme est antérieur aux doctrines que j'ai énumérées, puisqu'il est antérieur aux tous débuts de la philosophie grecque. On ne peut donc pas parler d'un emprunt quelconque. Ce qui est intéressant, c'est de voir que lorsque les hommes réfléchissent à ce qu'est la réalité, à ce qu'est la conscience, à ce qu'est la vérité et à la façon d'interpréter le monde, ils passent tous en revue un certain nombre d'hypothèses possibles. Avant que n'intervienne la science expérimentale proprement dite, aussi longtemps que les hommes se contentent de réfléchir et d'élaborer des interprétations possibles et plausibles de la réalité, des rapports de la conscience avec la réalité et de la meilleure manière de gérer la destinée humaine, on s'aperçoit que le nombre des solutions envisageables n'est pas illimité. Des cultures éloignées, n'ayant guère pu avoir d'influence les unes sur les autres, passent en revue les mêmes hypothèses. Le bouddhisme a eu une influence sur l'Occident, mais l'Occident n'a pas pu avoir d'influence sur l'origine du bouddhisme. Les esprits sont pourtant conduits à envisager une série d'hypothèses dont le nombre est assez restreint.

M. – On s'attend en effet à ce que des traditions contemplatives authentiques aboutissent à des résultats concordants.

J.F. – Quant à l'interrogation que nous avons formulée initialement – religion ou philosophie? –, je dirais que, pour moi, la réponse est maintenant claire. Le bouddhisme est une philosophie, pas une religion. Il s'agit d'une philosophie comportant une dimension métaphysique particulièrement importante, qui reste cependant une métaphysique s'inscrivant dans la philosophie et ne relevant pas de la révélation, même si cette métaphysique comporte des aspects ritualistes s'apparentant à la pratique religieuse. Ces aspects, on les retrouve d'ailleurs dans des philosophies de l'Antiquité, comme le néo-platonisme, par exemple.

M. – Mais puisqu'on en vient à établir des parallèles, tu cites dans ton *Histoire de la philosophie* le résumé qu'Aristote donnait de la philosophie des Eléates, qui est contemporaine du Bouddha, au vi⁰ siècle avant Jésus-Christ : « Aucune chose existante ne vient à l'être ou bien ne périt, parce ce que ce qui vient de l'être doit avoir son origine ou bien à partir de ce qui existe, ou bien à partir de ce qui n'existe pas. Et les deux processus sont impossibles. Ce qui est ne devient pas, puisqu'il est déjà, et rien ne pourrait venir de ce qui n'est pas ». Je saute maintenant à un texte bouddhique qui parle de l'être et du non-être et dit : « Pour la chose qui existe, à quoi bon une cause? Et si une chose n'existe pas, à quoi bon encore une cause? Des milliards de causes ne modifieraient pas le néant. Le néant ne peut devenir existence sans perdre sa nature. Mais quoi d'autre pourrait venir à l'existence? Quand ni la réalité ni la non-réalité ne se présentent plus à l'esprit, alors, en l'absence de toute autre démarche possible, l'esprit, libéré de concepts, s'apaise[1]. »

J.F. – Ces deux citations sont très belles, mais la philosophie de Parménide veut dire exactement le contraire du bouddhisme. Ce que Parménide tend à

---

1. Shantidéva, *La Marche vers l'Eveil*, Editions Padmakara, 1991.

démontrer, c'est que le changement est impossible. Que l'évolution est impossible. Que la mobilité est impossible. C'est le contraire d'Héraclite, si tu veux. L'Être de Parménide est totalement donné, et immobile, une fois pour toutes ! Or, dans le bouddhisme, l'être est un flux permanent. Les fameux « paradoxes » de Zénon d'Elée sont destinés à réfuter l'existence du mouvement. La flèche ne bouge jamais, parce que si on la considère à chaque instant de sa trajectoire, elle est immobile, en cet instant. De même, le lièvre ne rattrape jamais la tortue, parce que chaque fois qu'il avance vers elle, il lui reste toujours une moitié de la distance à parcourir, même si cette moitié devient de plus en petite. Donc, tous ces « paradoxes » sont destinés à décomposer le mouvement pour montrer qu'il n'y a pas de mouvement.

M. – Dans ses *Principes du calcul infinitésimal*, René Guénon dit que les paradoxes de Zénon tendent simplement à montrer que sans envisager la notion de continuité il n'y aurait pas de mouvement possible, et que la limite n'appartient pas à la série des valeurs successives de la variable : elle est en dehors de cette série, et le passage à la limite implique une discontinuité. Le bouddhisme utilise des raisonnements similaires à ceux de Zénon pour montrer que, du point de vue de la vérité relative, ce qui semble être un jeu de causes et d'effets n'a pas d'existence réelle. De sorte que, d'un point de vue absolu, les choses ne peuvent avoir ni naissance, ni réelle existence, ni cessation. Le but n'est pas de nier le monde des phénomènes que nous percevons – ce que le bouddhisme appelle la « vérité conventionnelle » –, mais de montrer que ce monde n'est pas aussi réel qu'on le croit. La venue à l'existence semble en effet impossible, puisqu'encore une fois, l'Etre ne peut pas naître du Néant et, s'il existe déjà, il n'a pas besoin de naître. En même temps, il ne « cesse » pas, puisqu'il n'est jamais venu à l'existence.

C'est cela qui conduit le bouddhisme à dire que le monde est *pareil* à un rêve ou à une illusion. Il ne dit pas que le monde *est* une illusion ou un rêve, car on tomberait alors dans le nihilisme. Selon cette « voie du milieu », les apparences sont vacuité, et de la vacuité naissent les apparences.

J.F. – Mais alors, selon cette conception, même si l'on admet la réalité relative du monde des phénomènes, le monde est pareil à une illusion, c'est-à-dire qu'au fond, il n'a pas d'existence ?

M. – Il n'a pas d'existence en soi, réelle, autonome.

J.F. – Est-ce que cela ne conduit pas à une philosophie de l'inaction ? A quoi bon agir sur quelque chose qui n'existe pas ?

M. – Absolument pas ! Au contraire, cela conduit à une bien plus grande liberté d'action et d'ouverture à autrui, puisque nous ne sommes plus entravés par l'attachement au moi et à la solidité des phénomènes. Certaines philosophies hindoues ont effectivement opposé au bouddhisme l'argument que tu viens de soulever : si tout est semblable à un rêve, si votre souffrance est pareille à un rêve, à quoi bon vous libérer de la souffrance ? A quoi bon essayer d'atteindre l'Eveil ? Et la réponse est : puisque les êtres font l'expérience de la souffrance, il est légitime de la dissiper, même si elle est illusoire. Si ton argument, qui rejoint donc celui des philosophies hindoues, était valable, on pourrait tout aussi bien l'appliquer à la science : à quoi bon agir puisque nous sommes constitués d'atomes et de particules qui « ne sont pas des choses » et qui ne sont en tout cas pas « nous » ?

Action sur le monde
et action sur soi

JEAN-FRANÇOIS – Si j'ai bien compris, moi, profane, selon le bouddhisme, toute la trame de notre vie ordinaire est douleur, et pour nous en délivrer il faut nous affranchir du sentiment erroné que nous sommes une entité substantielle et durable, un moi distinct du monde et continu dans le temps. Ce moi illusoire est source des convoitises, des appétits, des ambitions, des jalousies qui font notre souffrance. La délivrance consiste, par conséquent, à prendre conscience de la nature illusoire du moi. Il ressort de ce résumé très sommaire que le bouddhisme est l'antithèse d'une tendance dominante de l'Occident. Même si maints philosophes, moralistes, et guides religieux en Occident ont fréquemment dénoncé, eux aussi, les illusions de la volonté de puissance, la vertu salutaire du détachement et de l'abstention, il n'en reste pas moins que, dans son courant central, la pensée occidentale s'est construite autour de deux axes essentiels et complémentaires. Le premier, c'est la conquête de l'autonomie de la personne et le renforcement de l'individualité, du jugement personnel et de la volonté, en tant qu'agent conscient et centre de décision. Le deuxième axe, c'est l'action sur le monde. L'Occident est une civilisation de l'action, de l'action sur l'histoire humaine par l'entremise de l'art politique, de l'action

182 LE MOINE ET LE PHILOSOPHE

sur le monde par l'entremise de la connaissance des lois de la nature, avec l'assurance de pouvoir ainsi le transformer, le plier aux besoins de l'homme. Cela jure, me semble-t-il, avec l'idéal bouddhiste du non-attachement. N'y a-t-il pas une opposition foncière-ment irréductible entre ces deux attitudes ?

MATTHIEU – Tout d'abord, lorsque tu rappelles que la trame de la vie ordinaire est douleur, il faut préciser que la vérité de la souffrance qu'a énoncée le Bouddha dans son premier sermon appartient à la vérité relative et ne décrit pas la nature ultime des choses, car celui qui atteint la réalisation spirituelle jouit d'une félicité inaltérable et perçoit la pureté infinie des phéno-mènes : toutes les causes de souffrance ont disparu en lui. Alors, pourquoi mettre tant l'accent sur la souf-france ? Afin de prendre conscience, dans un premier temps, des imperfections du monde conditionné. Dans ce monde de l'ignorance, les souffrances s'ajoutent les unes aux autres : un de nos parents meurt, et l'autre le suit quelques semaines plus tard. Les joies éphémères se transforment en tourments : on part pour un joyeux pique-nique en famille, et notre enfant est piqué par un serpent. La réflexion sur la douleur doit donc nous inciter à prendre le chemin de la connaissance. On dit souvent que le bouddhisme est une philosophie de la souffrance, alors qu'en fait, plus on avance sur le che-min, plus cette perception de la souffrance fait place à une félicité qui imprègne tout notre être. Le boud-dhisme est aux antipodes du pessimisme et de l'apa-thie, car la souffrance une fois constatée, il recherche avec lucidité ses causes et s'applique avec énergie à y remédier. Le pratiquant considère lui-même comme un malade, le Bouddha comme un médecin, ses ensei-gnements comme le traitement, et la pratique spiri-tuelle comme le processus de guérison.

J.F. – Si le bouddhisme est une manière d'échap-per à la souffrance, l'Occident n'aurait-il pas envisagé une autre façon de le faire, qui est de transformer le monde extérieur et les sociétés humaines ?

M. – La transformation du monde extérieur a ses limites, et l'effet que ces transformations extérieures ont sur notre bonheur intérieur a aussi ses limites. Certes, l'amélioration ou la détérioration des conditions extérieures, des conditions matérielles, influent grandement sur notre bien-être, mais en dernière analyse, nous ne sommes pas des machines, et c'est l'esprit qui est heureux ou malheureux.

J.F. – Le bouddhisme prône-t-il l'inaction sur le monde ?

M. – Pas du tout, mais il pense que vouloir agir sur le monde sans s'être transformé soi-même ne peut mener ni à un bonheur durable ni à un bonheur profond. On pourrait dire que l'action sur le monde est souhaitable, tandis que la transformation intérieure est indispensable.

Quant au renforcement de la personnalité tel qu'on l'encourage en Occident, il va effectivement à l'opposé de la volonté du bouddhisme de démasquer « l'imposture de l'ego », cet ego qui semble si puissant et nous cause tant de tourments, tout en n'ayant aucune existence en soi. Toutefois, il faut, dans un premier temps, stabiliser ce sentiment du " moi " afin d'en cerner toutes les caractéristiques. On pourrait dire, paradoxalement, qu'il faut tout d'abord avoir un ego pour se rendre compte qu'il n'existe pas. Quelqu'un qui a une personnalité instable, fragmentée, insaisissable a peu de chances de pouvoir identifier ce sentiment du « moi », afin de reconnaître, dans une deuxième étape, que ce sentiment ne correspond à aucune entité réelle. Il faut donc partir d'un « moi » sain et cohérent pour pouvoir l'analyser. On peut tirer sur une cible mais pas sur du brouillard.

J.F. – Mais c'est là une simple étape. Est-ce que,

malgré tout, le but n'est pas la reconnaissance que l'ego est une imposture, comme tu le dis?

M. – Oui, mais il ne faut pas croire non plus qu'une fois l'imposture de l'ego démasquée, on se retrouve dans un néant intérieur, au point que la destruction de la personnalité nous rendrait incapable d'agir ou de communiquer! On ne devient pas une caisse vide. Bien au contraire, cessant d'être le jouet d'un despote illusoire, semblable aux ombres de la caverne de Platon, notre sagesse, notre amour d'autrui et notre compassion peuvent s'exprimer librement. Il s'agit d'une libération des limitations imposées par l'attachement au " moi ", nullement d'une anesthésie de la volonté. Cette ouverture des « yeux de la sagesse » augmente notre force d'âme, notre diligence et notre aptitude à agir de façon juste et altruiste.

J.F. – Le « culte du moi », comme disait Maurice Barrès, le culte égoïste, est un objectif opposé au bouddhisme. La civilisation occidentale, au contraire, accorde une sorte de prime, de valeur suprême à la forte personnalité. Ce sont des individualités supérieures, dans tous les domaines, qui impriment leur marque à ses périodes exceptionnelles. Ainsi, dans *La Civilisation de la Renaissance en Italie*, un livre classique paru en 1860, l'historien suisse-allemand Jacob Burckhardt attribue cette Renaissance en Italie, qui a pu passer, à juste titre, pour un très grand moment de la civilisation occidentale, à une série de fortes personnalités, qu'il s'agisse de princes cultivés comme Frédéric d'Urbin ou d'artistes savants comme Léonard de Vinci. Ce n'est pas par hasard si Burckhardt influença Nietzsche. De même, parmi les idoles de l'Occident, pour le meilleur et pour le pire, figurent des héros de l'action. Alexandre le Grand, Jules César, Christophe Colomb, Napoléon Ier, beaucoup plus que saint François d'Assise. Bien sûr, on admire aussi les grands philosophes, les grands artistes, les grands écrivains, mais il y a une sorte de prime à l'homme d'action, à l'homme qui transforme le monde, à l'organisateur qui réforme les sociétés. Il y a, me semble-t-il, dans cette tonalité fondamentale, quelque chose qui contraste avec l'esprit du bouddhisme. Et au moment où – aujourd'hui – ces deux modes de sensibilité se rencontrent de nouveau, qu'est-ce qu'on peut attendre de ce contact, compte tenu des orientations fondamentalement différentes des deux mentalités ?

M. – Si l'on entend par personnalité l'exacerbation de l'ego, le simple fait d'avoir une forte personnalité me semble malheureusement être un critère de réussite fort douteux. Hitler et Mao Tsé Toung avaient de très fortes personnalités !

J.F – Hélas, oui !

M. – Donc, une détermination irréversible, impossible à freiner, n'est pas en soi une qualité positive. Tout dépend de la motivation qui l'anime.

J.F. – Voilà une objection très valable !

M. – Il ne faut pas confondre forte individualité et force d'âme. Les sages que j'ai pu rencontrer avaient une force d'âme indomptable, on peut dire qu'ils avaient une personnalité très impressionnante, qu'ils rayonnaient d'une puissance naturelle perceptible par tous ceux qui les rencontraient. Mais la grosse différence, c'est qu'on ne pouvait pas y distinguer la moindre trace d'ego, j'entends par là l'ego qui inspire l'égoïsme et l'égocentrisme. Leur force d'âme venait d'une connaissance, d'une sérénité, d'une liberté intérieure qui se manifestaient extérieurement par une certitude inébranlable. Un abîme les sépare d'Hitler, de Mao Tsé Toung et de leurs pairs, dont les puissantes personnalités naissent du désir effréné de dominer, de l'orgueil, de l'avidité ou de la haine. Dans les deux cas, nous sommes en présence d'une immense puissance, mais dans le premier cette puissance est un flot

d'altruisme constructif, et dans le second elle est négative, destructrice.

J.F. – Certes, mais ce désir d'action inhérent à la
pensée occidentale a deux aspects. Un aspect de mort,
qui donne en effet Hitler, Staline, et un aspect de vie,
qui donne Einstein, Mozart, Palladio, Tolstoï ou
Matisse. Ceux-ci donnent au monde de la vérité et de
la beauté. Le trait commun, néanmoins, c'est que la
majorité des grands penseurs occidentaux ont toujours,
dans une certaine mesure, le désir d'actualiser leur
pensée dans l'action. Platon fait une constitution dans
sa *République* parce qu'il veut transformer la société.
Descartes dit que l'homme doit se rendre « maître et
possesseur de la nature ». Rousseau met au point la
notion de contrat social. Karl Marx instaure la *praxis*,
c'est-à-dire la traduction de la pensée en action,
celle-ci étant le critère suprême de la vérité d'une doctrine. Alors, j'en reviens à ma question. Le bouddhisme
conçoit la vie dans le monde comme une captivité dont
il faut sortir en se soustrayant au cycle des renaissances. Pour l'Occidental, au contraire, on atténue la
souffrance humaine en transformant le monde et en
réformant la société. Est-ce qu'il n'y a pas là une antithèse difficile à surmonter ?

M. – Si un prisonnier veut libérer ses compagnons
d'infortune, il faut d'abord qu'il brise ses propres
chaînes. C'est la seule façon de faire. Il nous faut
prendre des forces pour agir de façon juste. Un artiste
doit commencer par découvrir les racines de son art,
acquérir une habileté technique, développer son inspiration et être capable de la projeter sur le monde. La
démarche du sage est semblable, même si elle n'a pas
les mêmes buts. La voie spirituelle commence par une
période de retrait du monde, à la manière du cerf
blessé qui cherche un lieu solitaire et tranquille pour
guérir ses plaies. Ici, les blessures sont celles de l'ignorance. Aider les êtres prématurément, c'est couper le

blé en herbe, c'est être comme le musicien sourd qui joue une belle musique qu'il n'entend pas. Pour pouvoir aider les êtres, il faut qu'il n'y ait plus aucune différence entre ce que l'on enseigne et ce que l'on est. Un pratiquant débutant peut ressentir un désir immense d'aider autrui, mais il n'a généralement pas la maturité spirituelle suffisante pour le faire. Néanmoins, lorsqu'il y a une volonté il y a un chemin, et la force de cette aspiration altruiste portera un jour ses fruits. L'un des plus grands ermites du Tibet, Milarépa, disait que pendant les douze ans qu'il avait passés en retraite solitaire dans les grottes, il n'y eut pas un seul instant de méditation, pas une seule prière qu'il n'ait dédiés au bien des êtres.

J.F. – Sans doute, mais cet altruisme est davantage compréhension qu'action.

M. – Les grands sages du Tibet ont eu une influence considérable, non seulement sur leurs disciples, mais aussi sur l'ensemble de la société. Leur puissante personnalité était perçue de façon entièrement positive par ceux qui vivaient alentour. Si je me réfère au sage que j'ai côtoyé le plus longtemps, Khyentsé Rinpotché, il a passé dans sa jeunesse près de dix-sept ans en retraite solitaire, entrecoupée de visites à ses maîtres spirituels. Puis, quand il eut atteint trente-cinq ans, son maître lui dit : « Maintenant, il est temps de transmettre ce savoir et cette expérience à autrui. » A partir de ce moment-là, il n'a cessé d'enseigner, infatigablement, jusqu'à sa mort. Levé bien avant l'aube, Khyentsé Rinpotché passait plusieurs heures à prier et méditer. Vers huit heures du matin, il rompait son silence et recevait le flot de visiteurs qui s'étaient rassemblés devant sa porte. Selon leurs besoins, il leur donnait des instructions spirituelles, des conseils pratiques, des enseignements ou simplement une bénédiction. Il lui arrivait d'enseigner toute la journée pendant des mois, que ce soit à une douzaine de personnes ou à plusieurs milliers. Même après des journées si bien remplies, il répondait encore aux requêtes individuelles et, jusque tard dans la nuit, instruisait une personne ou un petit groupe. Il ne repoussait aucune demande. Une telle personne exerce donc bien une influence très forte sur la société qui l'entoure. Elle en est même le centre.

J.F. – Cette attitude n'est malgré tout pas comparable à celle des savants ni même à celle des artistes occidentaux, dont l'action ne se limite pas à enseigner aux autres ce qu'ils ont compris! Ce qui distingue l'artiste occidental, ce n'est pas de considérer que le moi est une fantasmagorie, une imposture, mais bien au contraire que l'originalité créatrice de l'artiste vient de ce que son moi est quelque chose d'unique, d'incomparable à tous les autres moi, et qui, par conséquent, est capable d'inventer en littérature, en peinture, en musique, quelque chose que personne d'autre ne serait capable de concevoir à sa place. Donc, si tu veux, tout en Occident converge vers deux buts précis : d'une part, la valorisation du moi en tant que tel, ce qui est à l'opposé de l'enseignement bouddhiste, cette valorisation occidentale n'étant pas une simple étape destinée ensuite à transmettre un savoir à d'autres. Et deuxièmement, l'utilisation des découvertes de cette originalité inventive, dans l'ordre de l'action politique, économique, artistique ou cognitive, l'application de ces découvertes à la réalité. Voilà, ce me semble, une divergence fondamentale d'orientation.

M. – L'équivalent, dans le bouddhisme, de la valorisation du moi, c'est l'utilisation la plus parfaite possible du potentiel extraordinaire qu'offre la vie humaine ; et sa créativité, c'est de mettre en œuvre tous les moyens nécessaires pour atteindre la connaissance. Par contre, la valorisation d'un moi infatué de lui-même, qui pousse l'individu à vouloir à tout prix inventer quelque chose d'original, à faire quelque chose de différent, est considérée comme un exercice puéril. Ceci est particulièrement vrai dans le domaine des idées. Quant à la valorisation à outrance du moi en tant que tel, c'est simplement mettre sa main dans le feu en espérant s'y rafraîchir. Dissoudre l'attachement mental à la réalité du moi s'accompagne bien d'un anéantissement, mais ce qui est anéanti c'est l'orgueil, la vanité, l'obsession, la susceptibilité, l'animosité. Et cette dissolution laisse le champ libre à la bonté, l'humilité, l'altruisme. En cessant de chérir et de protéger le moi, on acquiert une vision beaucoup plus large et profonde du monde. On dit que le sage est comme le poisson qui nage les yeux grand ouverts : il traverse le monde des phénomènes en gardant grand ouverts les yeux de la connaissance. L'attachement au moi conduit à être entièrement centré sur soi-même, à accorder plus d'importance à soi-même qu'à autrui, à réagir uniquement en fonction de ce qui est plaisant ou déplaisant à ce moi, à vouloir se faire un « nom ». Une telle attitude limite considérablement le champ de notre action. L'action sur le monde d'une personne qui est libre de perceptions égocentriques est beaucoup plus vaste. Tu disais que l'aide des sages se limitait à l'enseignement, mais cet enseignement remédie aux causes mêmes de la souffrance. Il est donc plus fondamental que les remèdes matériels qui ne soulagent que les manifestations temporaires de la souffrance ! Ce qui n'exclut d'ailleurs pas d'autres formes d'actions. Dans la civilisation tibétaine, la floraison de l'architecture, de la peinture, de la littérature, est extraordinaire ! Khyentsé Rinpotché par exemple a écrit vingt-cinq volumes de poésies, de traités sur la vie contemplative, d'hagiographies. Lorsqu'il a fait construire notre monastère au Népal, il a eu jusqu'à cinquante artistes autour de lui – des peintres, des sculpteurs, des orfèvres, des tailleurs...

J.F. – Attention ! Je pense qu'il y a un malentendu entre nous au sujet de ce qu'on appelle « l'action sur le monde ». Tu décris l'influence que le sage peut avoir sur ses semblables. Mais soyons concrets. Quand je dis que l'Occident a été une civilisation de l'action, je pense à la transformation du monde par la connaissance de ses lois. Je pense aux inventions techniques, je pense à l'invention de la machine à vapeur, à l'utilisation de l'électricité, à l'invention du télescope, du microscope, à l'utilisation de l'énergie nucléaire pour le meilleur et pour le pire. C'est la bombe atomique, mais c'est aussi l'électricité d'origine nucléaire. Tout ça vient de l'Occident. Donc, quand on parle de l'action sur le monde, il ne s'agit pas uniquement de l'influence spirituelle sur ses semblables, mais d'une transformation réelle de la matérialité même de l'univers qui nous entoure et de la création d'instruments totalement inimaginables il y a encore cinq siècles, outils qui ont modifié radicalement l'existence humaine. Si j'ai bien compris, pour le bouddhisme, ce type d'action sur le monde serait, au fond, superfétatoire ? En tout cas il ne l'a jamais développé.

M. – Pour reprendre une formule que j'ai déjà citée, l'efficacité occidentale est une contribution majeure à des besoins mineurs.

J.F. – Des besoins mineurs ! C'est vite dit !

M. – D'un certain point de vue, si. Le bien-être qu'apporte l'amélioration des conditions de vie née du progrès technique ne doit pas être méprisé. Loin de là ! Tout ce qui contribue au bien-être de l'humanité est bienvenu. Mais l'expérience montre que ce progrès ne résout que des problèmes secondaires – se déplacer plus vite, voir plus loin, monter plus haut, descendre plus bas, etc.

J.F. – Vivre plus longtemps, guérir plus de maladies... Prenons encore une fois un exemple concret : Dans le pays à côté duquel nous nous trouvons, l'Inde, l'espérance de vie de l'homme, entre 1900 et aujourd'hui, est passée de vingt-neuf ans à cinquante-trois ans! Alors, évidemment, on peut dire que si un homme est trop malheureux, il n'a pas intérêt à vivre longtemps et qu'il vaut mieux dans ce cas mourir à vingt-neuf ans qu'à cinquante-trois!. Mais pour celui qui bénéficie de ces découvertes, sa vie est à la fois plus longue et plus tolérable. Ce qui introduit une dimension qui n'existait pas dans les philosophies anciennes. C'est aussi une façon d'échapper à la souffrance que de ne pas être malade et de ne pas mourir à vingt-neuf ans! La conception du bonheur en Occident consiste, entre autres, dans l'allongement de la vie humaine, dans le fait de pouvoir soulager plus efficacement les maladies, dans le fait qu'on puisse se déplacer de cinquante kilomètres sans avoir à marcher pendant deux jours dans la boue, et d'autres aspects mineurs de ce genre, tel que le fait de ne pas mourir à dix ans d'une appendicite, ce qui eût probablement été mon cas sans l'invention de la chirurgie et de l'asepsie modernes. Si ce bonheur *à l'occidentale* était sans intérêt, pourquoi l'Orient l'aurait-il imité et adopté avec tant de frénésie?

M. – La voie juste est souvent celle du milieu : Vivons donc une longue vie grâce aux progrès de la médecine, et utilisons-la à bon escient grâce aux valeurs spirituelles! Il ne s'agit pas de minimiser l'importance d'un progrès matériel qui permet de soulager la souffrance! L'Orient est reconnaissant à l'Occident de l'avancement de la médecine, de l'augmentation de la durée de la vie; ce sont des choses dont tout le monde peut se réjouir. D'un autre côté, une civilisation tournée presque uniquement vers ce genre d'action sur le monde manque manifestement de quelque chose d'essentiel, que le progrès matériel ne saurait apporter car cela n'est pas sa vocation. La preuve, c'est que ce manque, la société occidentale le ressent, et elle recherche, avec une frénésie parfois maladroite, toutes sortes de formules de sagesse empruntées à l'Orient ou au passé. Ce manque apparaît clairement dans le désarroi où tant d'esprits sont plongés, dans la violence qui règne dans les villes, dans l'égoïsme qui régit tant de rapports humains, dans la triste résignation des vieillards qui finissent leur vie seuls dans des maisons de retraite, dans le désespoir de ceux qui se suicident. Si les valeurs spirituelles cessent d'inspirer une société, le progrès matériel devient une sorte de façade qui masque l'inanité de l'existence. Vivre plus longtemps, c'est bien sûr jouir d'une opportunité accrue de donner un sens à l'existence, mais si l'on néglige cette opportunité en n'aspirant qu'à une longue vie confortable, la valeur de l'existence humaine devient tout à fait factice. L'étude du processus de vieillissement, au niveau cellulaire, a fait des progrès considérables. On peut maintenant doubler, en laboratoire, la durée de vie de nématodes et de mouches. Il n'est donc pas inconcevable que l'on puisse, un jour, doubler ou tripler la durée de la vie humaine. Cette perpective souligne plus encore le besoin de donner un sens à l'existence. Sinon, on risque de vivre deux cents ans déprimés ou trois cents ans de mauvaise humeur. De plus, les aspects destructeurs du progrès technique se sont développés avec la même ampleur que ses aspects bienfaisants, et dans certains cas, celui de la pollution par exemple, les ont même dépassés.

J.F. – Il est évident que la civilisation industrielle, issue de la société technologique, a été un grand facteur de pollution. Mais en même temps, nous sommes en train de créer aussi l'antidote à cette pollution, ce qui était inconcevable dans le passé. Car c'est maintenant dans les sociétés industrielles qu'on lutte le plus contre la pollution. C'est même devenu une de leurs principales industries !

M. – Maigre consolation !

J.F. – Ce sont au contraire les sociétés moins développées qui protestent, qui ne veulent pas appliquer les mesures de protection de l'environnement, en prétendant que cette protection empêche leur développement.

M. – Malheureusement, elles n'en ont pas les moyens. Elles sont prises entre un développement industriel sauvage et l'incapacité de pallier ses effets secondaires. En Inde et au Népal, on répare pendant vingt ans une voiture ou un camion qui émettent d'épouvantables nuages de fumée, avant de pouvoir en acheter de neuves.

J.F. – Mais, je reviens à une question plus fondamentale. J'admets parfaitement toutes les critiques que l'on peut faire sur les aspects négatifs de la civilisation technologique. Elles ont d'ailleurs été faites en Occident par de très nombreux auteurs, de Jean-Jacques Rousseau à Aldous Huxley, et aussi par ce que l'on a appelé l'esprit de Mai 68 en Europe ou la Contre-culture aux Etats-Unis dans les années 1960. Je pourrais citer aussi un penseur injustement méconnu en Europe, Jacques Ellul, dont le livre, *la Technique ou l'enjeu du siècle*, a connu aux Etats-Unis un succès prodigieux durant les années soixante sous le titre *The Technological Society*. Il exprime les critiques que tu viens de formuler. Mais la question que je voudrais te poser, à toi qui participes des deux cultures : peut-on, à l'heure où le bouddhisme se répand en Occident, esquisser les grands traits d'une sorte de compromis, dans lequel l'Orient absorberait certaines des valeurs de l'Occident, et réciproquement ?

M. – Il n'est pas nécessaire de faire un « compromis », lequel implique que les deux parties renoncent à certaines de leurs valeurs, mais plutôt d'user de tout ce qui est bénéfique dans le progrès matériel, tout en conservant les choses à leur juste place. Qui ne voudrait des progrès de la médecine, de l'hygiène ? Ce bénéfice mutuel serait typique de la « voie du milieu », dont je viens de parler et à laquelle le bouddhisme revient toujours. Un médecin, par exemple, ne peut qu'approfondir le sens de sa vocation en s'imprégnant toujours plus des principes altruistes du bouddhisme. Mais il ne faut pas tomber dans l'extrême qui consiste à mettre toute la vapeur dans la seule direction du progrès matériel. L'Occident s'est quelque peu laissé prendre à ce jeu. Sa recherche de confort matériel et de possessions est excessive. Un proverbe tibétain dit : « Vouloir deux choses, quand on en a une, c'est ouvrir la porte au démon. » Il est exact que les cultures traditionnelles, comme le bouddhisme, ont accordé la primauté à l'action sur soi, et non à l'action sur le monde extérieur.

Il existe un exemple intéressant de ce choix. Au XIXe siècle, vivait une sorte de Léonard de Vinci tibétain, un sage qui s'appelait Lama Mipham. On a trouvé dans ses notes des plans de machines volantes et toutes sortes d'inventions extraordinaires. Pourtant, il brûla la plupart de ses esquisses, expliquant qu'il valait mieux se consacrer à la transformation intérieure que d'employer son existence à inventer des machines et se perdre dans la multitude des occupations extérieures. Il est vrai que depuis deux siècles, l'Occident a consacré la majeure partie de ses efforts à inventer des techniques pour utiliser et dominer les forces naturelles. On a pu aller sur la lune et augmenter considérablement l'espérance de vie. Pendant ce même temps, et pendant de nombreux siècles antérieurs, la civilisation tibétaine s'est consacrée à la vie contemplative, à développer une connaissance très pragmatique de la façon dont fonctionne l'esprit, de la façon de s'affranchir de la souffrance.

L'Occident a produit les antibiotiques qui sauvent les vies humaines, et le Tibet s'est employé à donner un sens à l'existence. L'idéal de la médecine est de permettre à chacun de vivre cent ans ou plus en gardant toutes ses dents ! Le but de la voie spirituelle est d'éliminer du courant de la conscience toute trace d'orgueil, de jalousie, de haine, de cupidité, etc. De devenir quelqu'un qui ne cause pas le moindre tort à autrui. Notre société occidentale n'est plus axée sur ce genre de recherche, qui lui paraît hors de portée. Pourquoi ne marierait-on pas les deux approches ? Rien ne s'oppose à ce qu'un sage utilise les bienfaits de la médecine ou prenne l'avion, mais il ne placera jamais ces commodités au même niveau que la recherche spirituelle. On peut allier le spirituel et le temporel de façon intelligente et constructive, à condition de rester conscient de leur importance respective.

J.F. – Par conséquent, il te paraît possible qu'une synthèse s'opère, au-delà d'une tolérance réciproque. Il te paraît possible que les bouddhistes occidentaux, ou les Tibétains, Japonais, Vietnamiens, etc. transplantés en Occident ne soient pas simplement une espèce de clan respecté mais un peu à part, et qu'ils contribuent à transformer de l'intérieur, fût-ce lentement et imperceptiblement, les conceptions et les comportements de la société occidentale sans que celle-ci renonce à ce qui a été sa trajectoire principale pendant deux mille cinq cents ans ?

M. – Pourquoi pas ? Tout dépend bien sûr de l'intérêt que l'Occident manifestera pour les principes du bouddhisme. Ce sont les idées du bouddhisme qui peuvent contribuer à combler un manque, pas la culture bouddhique. Le monde occidental n'a pas besoin des trompes tibétaines de cinq mètres de long, si originales soient-elles. Par contre, la quête de la connaissance, qui déracine la souffrance, concerne n'importe quel être vivant.

J.F. – Tu veux dire : on n'est pas forcé, pour devenir bouddhiste, d'adopter le contexte culturel dans lequel est né le bouddhisme et dans lequel il a pu se développer en Orient.

M. – Je veux dire que l'essence du bouddhisme n'est pas « bouddhiste », elle est universelle, car elle touche aux mécanismes fondamentaux de l'esprit humain. Le bouddhisme considère que chaque personne doit partir de là où elle est et employer des méthodes qui correspondent à sa nature et à ses capacités personnelles. Cette flexibilité, cette richesse de possibilités peuvent être utiles à l'Occident, sans pour autant que le bouddhisme renonce à ses valeurs fondamentales. Il ne s'agit pas non plus d'adapter les enseignements du bouddhisme, mais d'en faire comprendre l'essence, laquelle n'a nul besoin d'être adaptée car elle répond aux préoccupations les plus profondes de tout être, en tout lieu.

J.F. – L'intérêt suscité par le bouddhisme en Occident te paraît donc pouvoir être plus qu'une vogue, qui devrait se heurter rapidement à une limite. Il y a, selon toi, une compatibilité avec l'attitude globale occidentale vis-à-vis de l'existence.

M. – A la différence d'une vogue, il s'agit, je crois, d'une prise de connaissance d'une formulation particulièrement lucide des problèmes de l'existence. Le bouddhisme est compatible avec les aspirations profondes de chacun ; c'est donc l'attitude globale consistant à accorder la prééminence à « l'avoir » sur « l'être » – attitude qui ne lui semble pas très saine – que le bouddhisme pourrait contribuer à changer. Il s'agit donc de rétablir une échelle des valeurs, de donner la priorité à la quête du bonheur intérieur.

J.F. – Il faut envisager un autre problème, de visée moins large : celui du bouddhisme confronté, sur leur « territoire », avec les religions occidentales, le christianisme dans ses diverses variantes, y compris l'orthodoxie si un jour certains pays orthodoxes entrent également en contact avec le bouddhisme.

M. – C'est fait depuis longtemps dans l'ex-Union soviétique, où Bouriates et Mongols bouddhistes côtoient les orthodoxes russes.

J.F. – Il y a aussi le judaïsme et l'islam, puisque maintenant l'islam est devenu, dans une certaine mesure, l'une des religions occidentales. En France, par exemple, l'islam est la deuxième religion du pays. Il y a plus de musulmans qu'il n'y a de protestants et de juifs. Personnellement, c'est une question que je pose avec un détachement total, puisque, bien que né catholique, je ne suis pas du tout croyant. Je la pose, animé avant tout par une curiosité culturelle. Puisque le bouddhisme, contrairement aux religions occidentales, ne reconnaît ni âme substantielle qui puisse ambitionner l'immortalité personnelle dans un autre monde, ni Dieu auquel adresser des prières pour qu'il intervienne dans le cours de cette vie et pour qu'il nous accueille dans l'autre, est-ce qu'il n'y a pas un risque de conflit, ou au moins de compétition entre le courant bouddhiste et les représentants de ces religions établies ?

M. – Cette compétition n'a aucune raison d'être. Pour faire du bruit, il faut frapper avec les deux mains ! Donc, si d'un côté, on ne cherche pas à entrer en compétition, de l'autre la compétition cesse d'elle-même.

J.F. – Pas sûr. Certains de ces collègues peuvent réagir en concurrents et prendre ombrage de votre influence même si vous ne cherchez pas à l'étendre.

M. – Tout dépend de leur ouverture d'esprit. Le bouddhisme ne cherche à convertir personne. Le fait qu'un nombre croissant d'Occidentaux ressentent une affinité avec le bouddhisme peut irriter certains, mais les risques de conflits sont minimes, car les bouddhistes sont toujours attentifs à éviter toute mésentente, toute friction, et à promouvoir le respect mutuel. J'ai eu la chance de pénétrer dans la Grande Chartreuse avec Sa Sainteté le Dalaï-lama. On nous a appris qu'il n'y avait pas eu plus d'une vingtaine de personnes, hormis les moines, qui avaient été autorisées à y pénétrer depuis la fondation du monastère, laquelle remonte au XIe siècle.

Alors que nous voyagions dans le TGV qui nous emmenait à Grenoble, où le Dalaï-lama devait rencontrer la communauté scientifique et donner une conférence à l'Université, je lui ai signalé que, derrière la montagne que nous longions, des moines vivaient en retraite, dans le silence. Cela l'a tout de suite intéressé et il a demandé au maire de Grenoble s'il était possible de rencontrer ces moines. Un messager a donc été envoyé à la Grande Chartreuse, et le Supérieur a répondu qu'il serait heureux de rencontrer le Dalaï-lama, si ce n'était pas pour des motifs publicitaires! Pour éviter les journalistes, le maire de Grenoble a donc fait semblant d'organiser pour le Dalaï-lama un déjeuner dans sa résidence; puis, au lieu d'aller chez lui, nous avons pris un hélicoptère qui nous a déposés – le Dalaï-lama, l'un de ses moines et moi-même comme interprète – dans la montagne, à quelques centaines de mètres de la Chartreuse.

Le Supérieur et un moine nous attendaient à la porte. Pendant une heure qui a passé bien vite, nous nous sommes entretenu dans une petite pièce. Le sujet de la conversation a porté entièrement sur la vie contemplative, sur la façon dont les moines font des retraites, à la Chartreuse et au Tibet, quelles étaient leurs heures de prière, ce qu'on faisait quand un moine mourait, comment la prière se transformait-elle en méditation pure, etc. Ils se sont aperçu que les modalités de la vie érémitique des uns et des autres étaient très similaires. Le Père supérieur a même dit en plaisantant : « Soit les contemplatifs chrétiens et tibétains ont eu des contacts il y plus de mille ans, soit ils ont reçu du ciel la même bénédiction! » Ce fut donc une rencontre à la fois joyeuse et inspirante. Ils parlaient le même langage, celui de la vie contemplative. Après quoi le Dalaï-lama a demandé si nous pouvions nous recueillir dans la chapelle, ce que nous avons fait pendant un quart d'heure. Puis il a contemplé le Livre d'Heures, orné de belles notations musicales et a pris congé.

Il m'a dit plus tard, que cette visite avait été le moment le plus intéressant de son séjour en France. Entre pratiquants spirituels, on ne ressentait aucune barrière. Ils se comprenaient parfaitement. Ainsi, je pense que c'est uniquement parmi ceux qui négligent la vie contemplative et adoptent des points de vue intellectuels sectaires que des accrocs pourraient se produire.

J.F. – Très intéressant et réconfortant est ce récit de votre visite à la Grande Chartreuse. Néanmoins, éliminer le point de vue sectaire des comportements humains en général, au-delà des cercles monastiques, sera une rude tâche. Espérons que vous y parviendrez.

M. – Partout où le Dalaï-lama se rend, il demande aux organisateurs de convier les représentants de toutes les religions du lieu. C'est ainsi qu'en France, lorsque nous sommes allés à Grenoble, à Marseille, à Toulouse, etc. les premières personnalités que nous rencontrions, avec le maire et le préfet, c'étaient toujours l'évêque, un rabbin, un imam, ou un pope. Tout de suite, le Dalaï-lama les prenait par la main et la glace était rompue. Il pense que les fossés qui semblent séparer les religions ne sont dûs qu'à un manque de communication.

J.F. – C'est un peu optimiste. L'attitude du Dalaï-lama est digne d'admiration. Malheureusement, les religions, les philosophies aussi, d'ailleurs, se sont plus souvent manifestées dans l'histoire du monde par leur côté sectaire que par leur sens des échanges et de la tolérance.

M. – C'est une compréhension de plus en plus pauvre des religions qui, au cours des siècles, a amené certains peuples à utiliser ces religions à des fins d'oppression et de conquête. Le Christ lui-même n'a pas professé autre chose que l'amour du prochain. Personnellement, je ne pense pas qu'il eût approuvé les croisades et les guerres de religions.

J.F. – Mais il y a une question à laquelle tu n'as pas répondu. Cette visite à la Grande Chartreuse souligne à mes yeux, le fait que, finalement, l'idéal du bouddhisme, c'est la vie monacale. Peut-être pas la vie érémitique, parce que je crois que la vie érémitique est une vie errante, n'est-ce-pas ?

M. – Un moine, dans le monde tibétain, est celui qui a renoncé au monde et à la vie de famille. Mais les monastères sont des communautés ouvertes. Les laïques y viennent nombreux rencontrer les maîtres spirituels et écouter leurs enseignements. Par contre, un ermite se consacre entièrement à la vie contemplative et vit seul ou en compagnie d'un petit groupe de retraitants, dans des lieux plus retirés, dans les montagnes et les forêts. Qu'il soit moine ou non, l'ermite fera généralement le vœu de demeurer en retraite pour trois ans, cinq ans, ou plus, sans rencontrer quiconque, hors ceux qui partagent sa retraite. Il y a également des ermites qui vont d'un ermitage à un autre sans se fixer nulle part.

J.F. – Donc, qu'il s'agisse de la vie monastique ou de la vie érémitique, il apparaît, dans le peu de textes du bouddhisme que je connais, et à travers ce que j'ai vu dans mes voyages – les voyages que j'ai faits grâce à toi, à Darjeeling, au Bhoutan ou ici, au Népal, et les voyages que j'ai faits de mon côté au Japon – que la vie monastique et la vie érémitique sont, en dernière analyse, l'idéal de la sagesse bouddhiste. Est-ce que cela ne limite pas sa capacité à se fondre dans tous les aspects d'une civilisation, qui, comme la nôtre, est essentiellement profane ? Est-ce que cela ne fait pas ici du bouddhisme un phénomène par vocation marginal ?

M. – Choisir la vie monastique ou érémitique est signe que notre esprit tout entier est tourné vers la pratique spirituelle. Lorsque j'ai pris les vœux monastiques, j'ai ressenti un immense sentiment de liberté : je pouvais enfin consacrer chaque moment de l'existence à faire ce que je souhaitais. Mais il y a toutes les gradations possibles entre une vie de renoncement et une vie ordinaire d'Occidental. Les idées du bouddhisme peuvent fort bien imprégner notre esprit et nous apporter de grands bienfaits sans que nous renoncions à nos activités. La vie monacale était très développée au Tibet, puisqu'avant l'invasion chinoise jusqu'à vingt pour cent de la population était dans les ordres. Je suis d'accord qu'on ne peut guère s'attendre à quoi que ce soit de ce genre en Occident ! Toutefois, je ne pense pas que cet aspect constitue une barrière à la compréhension du bouddhisme dans nos pays. On peut très bien avoir une vie spirituelle très riche, tout en ne consacrant que quelques minutes ou une heure par jour à une pratique contemplative.

J.F. – Comment concilier cela avec les activités de tous les jours ?

M. – On distingue la « méditation » et « l'aprésméditation ». La méditation, ce n'est pas simplement s'asseoir quelques instants afin d'acquérir un calme béat. C'est une démarche analytique et contemplative permettant de comprendre le fonctionnement et la nature de l'esprit, de saisir le mode d'être des choses. Ce qu'on appelle l'aprés-méditation consiste à éviter de reprendre ses habitudes exactement comme avant. Elle consiste à savoir utiliser dans la vie quotidienne la compréhension acquise durant la méditation, pour acquérir une plus grande ouverture d'esprit, davantage de bonté et de patience ; bref, pour devenir un meilleur être humain. C'est bien aussi ce qui se passe dans la communauté laïque tibétaine, qui vit en symbiose avec la communauté monastique et les maîtres spirituels. Elle se nourrit de cette inspiration pour vivre mieux la vie de tous les jours.

J.F. – Mais les philosophies et les religions occidentales, en principe, offrent aussi une possibilité de vivre selon sa philosophie ou religion d'élection tout en étant engagé dans l'action, dans le siècle. Nombre de religieux ont été des hommes d'Etat, des écrivains, des artistes, des philosophes, des chercheurs, hors même leur religion. Le rêve de Platon était le roi-philosophe, garantie selon lui du bon gouvernement de la cité. Si, comme l'affirme le bouddhisme, le monde n'est qu'une illusion, un défilé d'images qui n'ont pas de réalité, et le moi de même, à quoi bon être chef d'entreprise, dirigeant politique, chercheur scientifique ? Ça ne sert à rien ! C'est se rendre complice d'une illusion mensongère.

M. – Pour un ermite, à dire vrai, les activités mondaines n'ont guère de sens. Toutefois, je voudrais préciser ici le sens du mot « illusion » dans le bouddhisme, qui semble difficile à comprendre en Occident. Pour nous qui vivons cette illusion, le monde est aussi réel qu'il peut l'être. Mais de même que la glace n'est que de l'eau solidifiée, la solidité que nous accordons au monde n'est pas sa réalité ultime. Cette nature illusoire du monde n'empêche pas que les lois de causes à effets soient inéluctables. Les physiciens diront aussi que les électrons ne sont pas des petits boulets de canon mais des concentrations d'énergie. Cette affirmation ne diminue en rien la nécessité de développer la médecine, de soulager les souffrances et de résoudre les difficultés de tous les jours ! Même si le moi n'est qu'une imposture et même si le monde extérieur n'est pas fait d'entités douées d'existence propre, il est parfaitement légitime de remédier par tous les moyens possibles à la souffrance et d'employer tous les moyens possibles pour augmenter le bien-être ! De même que le savant qui comprend que nous ne sommes faits que de particules qui se réduisent à de l'énergie ne sera pas pour autant indifférent au bonheur et à la souffrance.

J.F. – Une fois de plus, je suis frappé par l'analogie de cette théorie avec le kantisme : le phénomène n'est pas la chose en soi, c'est pourtant notre réalité. Tu as répondu à ma question. Je vais t'en poser une dernière qui est un peu spécieuse, je le reconnais, mais enfin, qui est classique, je l'ai remarqué, chez les commentateurs et les historiens du bouddhisme. Si le moi actif, l'influence que le moi peut avoir sur le réel ne sont qu'une illusion, que devient la responsabilité morale ? Je ne suis rien, donc je ne suis pas responsable. Il en ressort, me semble-t-il, une contradiction, dont j'espère qu'elle n'est qu'apparente, entre le bouddhisme comme éthique, comme morale, et le bouddhisme comme métaphysique.

M. – La pratique bouddhiste comporte trois aspects complémentaires : la vue, la méditation et l'action. La « vue », c'est ce qui correspond à la perspective métaphysique, l'investigation de la nature ultime des choses, du monde phénoménal et de l'esprit. Une fois que cette vue est établie, la « méditation » consiste à se familiariser avec cette vue et à l'intégrer par la pratique spirituelle dans le courant de notre conscience, de sorte que cette vue devienne une seconde nature. « L'action », c'est l'expression dans le monde extérieur de la connaissance intérieure acquise par la vue et la méditation. Il s'agit d'appliquer et de maintenir cette connaissance en toutes circonstances. C'est à ce moment-là que l'éthique, ou la morale, entre en ligne de compte. Cette éthique ne devient pas caduque lorsqu'on a réalisé la nature illusoire du monde. Celui dont les yeux de la connaissance se sont ouverts perçoit encore plus clairement et avec davan-

LE MOINE ET LE PHILOSOPHE

tage de finesse les mécanismes de causes à effets, et
sait ce qu'il convient d'adopter ou d'éviter afin de
continuer à progresser sur le chemin et d'apporter le
bonheur à autrui.

J.F. – Pardon! Si je ne suis rien en tant que
« moi », je ne suis pas un agent moral. Et si je ne suis
pas un agent moral, comment puis-je être responsable
du mal que je cause à autrui?

M. – Pour transposer l'idée de Kant que tu as
citée, on pourrait dire : « Le moi n'a pas d'existence en
soi, c'est pourtant notre réalité. » Nous avons comparé
précédemment le flot de conscience dénué de « moi »,
à un fleuve sans barque. Il n'y a donc pas de soi solide
et permanent qui voyagerait comme une barque sur ce
fleuve. Cela n'empêche pas que l'eau d'un fleuve peut
ou bien être empoisonnée par du cyanure ou rester
pure, cristalline et désaltérante comme celle d'un
torrent de montagne. Donc, le fait qu'il n'y ait pas
d'identité de la personne n'empêche nullement que
chaque action ait un résultat.

J.F. – Oui, mais attention! la responsabilité morale
ne découle pas d'un lien de cause à effet inéluctable.
La notion de responsabilité morale surgit, au contraire,
au moment où il y a un rapport entre un acteur et les
conséquences de son acte, qui n'est pas quelque chose
d'inéluctable. C'est le moment où l'agent a le choix
entre plusieurs possibilités d'action.

M. – C'est bien ce que dit la théorie du karma : il y
a un choix des actes et des motivations qui les ins-
pirent, mais une fois l'acte accompli, les lois de causes
à effets sont inéluctables. La philosophie hindoue a
opposé au bouddhisme un argument similaire : s'il n'y
a pas de moi, celui qui vit le résultat des actes n'est
plus la même personne. Donc, à quoi bon éviter le mal
et accomplir le bien? Et à cela, le bouddhisme répond
par une parabole : par inadvertance, un homme laisse
tomber un flambeau du haut d'une terrasse où il est en

train de dîner. Le feu embrase le chaume de sa maison et, de proche en proche, l'incendie gagne tout le village. Accusé, il répond à ses juges : « Je ne suis pas responsable : le feu à la lumière duquel j'ai mangé n'est pas le même que le feu qui a brûlé le hameau. » Pourtant il est bien l'incendiaire. Donc, même en l'absence de moi individuel conçu comme une entité autonome, ce que nous sommes à présent procède de notre passé : il y a bien une rétribution des actes. Le point le plus important est donc la continuité, non l'identité. Un acte négatif ne se traduira pas par du bonheur, tout comme une graine de ciguë donnera de la ciguë, pas du tilleul. Par conséquent, le fait qu'une action positive ou négative ait un résultat correspondant, en termes de bonheur ou de souffrance, justifie qu'on l'accomplisse ou qu'on l'évite, même si celui qui en fait l'expérience ne possède pas un moi permanent.

Bouddhisme et Occident

JEAN-FRANÇOIS – Tous les problèmes que nous avons évoqués, tout ce que tu as exposé sur la métaphysique, la théorie de la connaissance, la cosmologie bouddhistes, les répercussions de ces grandes constructions philosophiques et métaphysiques sur la conduite de l'existence humaine, font l'objet chez les bouddhistes d'aujourd'hui de débats vivants et animés. Pour eux, ce n'est pas de l'histoire de la philosophie, ce n'est pas de l'histoire des idées, c'est de la philosophie et de la métaphysique qui sont vécues au temps présent, exactement comme les vivaient les disciples de Socrate et de Platon dans l'Athènes du Vᵉ et du IVᵉ siècle avant Jésus-Christ. Des débats publics de cette ampleur sur ce genre de sujets ont disparu en Occident depuis très longtemps. Les philosophies demeurent, mais ne se manifestent plus de cette manière-là. Il y a bien eu l'apparition récente à Paris de « philosophes de cafés », qui tiennent séance publique, avec entrée libre ; mais le niveau du débat qu'ils ont suscité ne dépasse guère celui du comptoir. Malgré l'incontestable réussite de l'Occident dans d'autres domaines et dans d'autres secteurs, est-ce que ce n'est pas de ce vide, d'une absence de discussion digne d'intérêt que provient l'étonnante curiosité qui s'est manifestée récemment en Occident pour le bouddhisme ? Et cela me fait penser à une phrase de l'historien anglais Arnold Toynbee, qui a dit : « L'un des événements les plus significatifs du XXe siècle sera l'arrivée du bouddhisme en Occident. »

MATTHIEU – Cet intérêt pour le bouddhisme tient à plusieurs facteurs. Tout d'abord, il offre à ceux qui désirent s'engager dans la vie spirituelle et à faire de celle-ci un élément majeur de leur vie, non seulement une métaphysique et une sagesse vivantes, mais aussi les moyens d'intégrer cette sagesse à leur être. Ensuite, et c'est peut-être là que le bouddhisme peut apporter le plus à l'Occident, il offre à tous, croyants ou non, une vision de tolérance, d'ouverture d'esprit, d'altruisme, de confiance tranquille, une science de l'esprit qui nous aide à construire notre propre paix intérieure et à permettre l'épanouissement de celle d'autrui. De plus, le bouddhisme offre ses idées mais ne cherche pas à les imposer, encore moins à convertir qui que ce soit ; il propose simplement de partager une expérience avec ceux qui le souhaitent.

J.F. – Il n'y a pas de prosélytisme bouddhiste, encore moins de conversions forcées ?

M. – Le Dalaï-lama dit souvent : « Je ne suis pas venu en Occident pour faire un ou deux bouddhistes de plus, mais simplement pour partager mon expérience d'une sagesse que le bouddhisme a développée au fil des siècles », et il ajoute toujours à la fin de ses discours : « Si vous trouvez quelque chose d'utile dans ce que je vous ai dit, tirez-en profit, sinon, laissez-le tomber ! » Il va jusqu'à conseiller aux lamas tibétains qui voyagent : « Ne mettez pas l'accent sur l'enseignement du bouddhisme, offrez votre expérience, d'être humain à être humain. » De plus, si on essaye de convertir quelqu'un, il se peut non seulement qu'on échoue, mais qu'on affaiblisse involontairement la foi de cette personne en sa propre religion. Une telle démarche est donc à éviter. Mieux vaut encourager les croyants à approfondir leur propre religion. En bref, il ne s'agit pas de convertir, mais de contribuer au bien-être d'autrui.

Cela n'empêche pas toute personne qui le désire de s'engager librement dans le bouddhisme, si elle ressent une affinité particulière pour cette voie spirituelle. Elle devra alors étudier et pratiquer sérieusement, aller au bout de son effort comme quelqu'un qui, creusant un puits, persévère jusqu'à ce qu'il atteigne l'eau. Tout en gardant un esprit ouvert et tolérant à l'égard des autres spiritualités, il convient de se consacrer à celle que l'on a choisie. Il serait vain de creuser à moitié une dizaine de puits sans jamais atteindre l'eau que l'on désire.

Plusieurs centaines d'Occidentaux ont accompli la retraite traditionnelle de trois ans, trois mois et trois jours, par laquelle passent les pratiquants du bouddhisme contemplatif au Tibet. Trois ans de retraite, en petits groupes, durant lesquels les aspirants s'isolent du monde et s'adonnent intensément à la pratique. Pendant ces trois ans, ils étudient une heure ou deux par jour la philosophie, les textes qui traitent de la vie contemplative, et apprennent parfois le tibétain. Le reste du temps, du petit matin jusqu'au crépuscule, ils essaient d'intégrer dans leur être intime, au fond d'eux-mêmes, ce qu'ils ont étudié.

J.F. – Dans leur être ? Quel être ?

M. – Disons, dans le courant de leur pensée. Il s'agit de veiller à ce que la philosophie ne reste pas lettre morte, pure théorie. Nous avons mentionné par exemple les techniques visant à « libérer » les pensées au moment où elles surviennent, afin qu'elles ne s'enchaînent pas, qu'elles ne prolifèrent au point d'envahir l'esprit.

J.F. – Libérer ? Plutôt discipliner, non ?

M. – Nous avons vu comment on peut discipliner les pensées en appliquant des antidotes spécifiques aux émotions négatives, mais on peut aussi, et c'est là une méthode plus fondamentale, libérer une pensée en la « regardant » au moment où elle surgit, en allant à sa source, et en constatant qu'elle n'a aucune solidité. Au moment où l'on porte ainsi son regard sur elle, elle se dissout, comme un arc-en-ciel s'évanouit dans l'espace. C'est cela qu'on appelle « libérer » ou « dénouer » une pensée, en ce sens qu'elle ne va plus déclencher une réaction en chaîne. Les pensées s'en vont sans laisser de traces. ne se traduisent plus par des paroles ou des actes qui sont l'expression habituelle d'une émotion – colère, désir, etc. Quelles que soient les circonstances, on ne tombe plus sous le joug des pensées. On devient comme un cavalier émérite, qui au début avait du mal à tenir en selle, mais qui plus tard est capable, comme les cavaliers tibétains, de ramasser un objet à terre au grand galop sans tomber de cheval.

J.F. – Alors, je glisse ici un petit commentaire. J'admets que le bouddhisme présente cette discipline de soi d'une manière nouvelle, dans un langage nouveau pour l'Occident. Néanmoins, il est loin d'être inconnu en Occident, cet exercice ! Dans toutes les doctrines philosophiques occidentales, on fait une distinction très nette entre la pensée désorganisée et la pensée organisée. On sait très bien qu'il existe, d'une part, une pensée désorganisée, qui se laisse aller au flot des associations d'idées de manière purement fortuite, et d'autre part, une pensée organisée, qui est la pensée conduite, dirigée, disciplinée, par exemple la pensée mathématique, ou tout raisonnement conduit par la logique de la pensée construite. Les Occidentaux sont de grands logiciens. D'Aristote à Bertrand Russell en passant par Leibniz, l'art de diriger sa pensée sans la laisser à la merci des associations d'idées a été une discipline de tout temps. C'était même un des objets principaux de la formation philosophique !

M. – Crois-tu que les mathématiciens et les logiciens sont moins sujets aux émotions perturbatrices ? Je le leur souhaite. Quoi qu'il en soit, le bouddhisme, je l'ai souligné, ne prétend pas découvrir quelque chose de nouveau, mais, à la différence d'autres traditions spirituelles ou philosophiques de notre époque, il met la compréhension théorique, intellectuelle, en pratique de façon extrêmement vivante et énergique. C'est sans doute cet aspect de réalisation effective qui a attiré ceux qui étaient intéressés par le point de vue métaphysique mais ne voyaient pas comment le mettre en application dans la vie de tous les jours pour trouver la paix intérieure.

J.F. – Le bouddhisme peut-il s'adresser à tous, même à ceux qui ne peuvent pas ou ne veulent pas choisir une vie de retraite, ou de type monastique ?

M. – C'est là un autre aspect intéressant. Tout le monde est loin de pouvoir et même de souhaiter, en raison d'obligations familiales et professionnelles, s'isoler pour faire une retraite de trois ans ou entrer dans un monastère ! Mais les mêmes techniques de transformation de l'esprit peuvent être appliquées à chaque instant de l'existence, permettant à ceux qui sont engagés dans une vie tout à fait ordinaire d'en tirer le plus grand profit. Le bouddhisme est tout d'abord une science de l'esprit, mais il peut par là même répondre à de nombreux problèmes de société, grâce à sa tolérance, sa réflexion sur la non-violence envers les êtres et l'environnement. Il y a donc une voie pour chacun, moine ou laïque. En Asie, le bouddhisme continue de manifester une grande vitalité. Les réfugiés tibétains en Inde et au Népal, par exemple, ont reconstruit des monastères dès qu'ils ont pu le faire, malgré le dénuement total qui était le leur au départ, il y a trente ans. Ces monastères regorgent d'aspirants qui veulent y étudier, et parmi les cent trente mille réfugiés tibétains en Inde, dix pour cent sont de nouveau dans les monastères !

J.F. – Et en Occident ?

M. – Le bouddhisme suscite un intérêt croissant, fondé sur un désir d'échange, d'ouverture. On ne l'étudie pas nécessairement pour devenir bouddhiste, mais parfois pour mieux comprendre la pratique de sa propre religion ou en redécouvrir la vérité, la force intérieure, peut-être à l'aide de certaines techniques qui sont offertes par le bouddhisme.

J.F. – N'est-ce pas ce qu'on appelle le syncrétisme, c'est-à-dire le mélange de morceaux empruntés à diverses doctrines ? Le syncrétisme n'est pas le niveau le plus élevé de la pensée.

M. – Certes pas. Le Dalaï-lama a bien souligné qu'il ne servait à rien de vouloir « coller une tête de yak sur un corps de mouton. » Le syncrétisme ne peut qu'affadir, voire dénaturer, les traditions spirituelles qu'il tente de mélanger. Je faisais allusion à certaines techniques de maîtrise de l'esprit, de contemplation, dont la valeur est universelle. En 1994, le Dalaï-lama a été invité pendant une semaine à commenter les Evangiles en Angleterre. Au début, il s'est demandé : « Comment vais-je procéder, puisque je n'ai pas étudié les Evangiles. Comment vais-je partir du principe d'un Dieu créateur, que nous n'envisageons pas dans le bouddhisme ? Cela me semble un peu difficile. Néanmoins, essayons ! Pourquoi pas ? » Il a donc commenté des passages des Evangiles devant un public de religieux et de laïcs. Le plus extraordinaire, c'est qu'alors qu'il lisait et commentait les Evangiles, des prêtres, des moines et moniales chrétiens, émus aux larmes, eurent l'impression d'entendre pour la première fois certains passages qu'ils avaient lu toute leur vie ! Pourquoi ? Parce lorsque le Dalaï-lama parlait d'amour ou de compassion, chacun sentait bien que ces paroles étaient l'expression directe de son expérience, il vivait ce qu'il disait[1]. Les Occidentaux sont sensibles à cet aspect vivant de la tradition. *Le Livre Tibétain de la vie et de la mort*, de Sogyal Rinpotché, a été tiré à près d'un million d'exemplaires et traduit en vingt-six langues. *J.F.* – C'est un livre ancien, un livre classique ?

M. – Non, ce n'est pas une traduction du classique *Livre des morts tibétain*, le *Bardo Thödrol*, qui explique l'état de transition après la mort. Le *Livre tibétain de la vie et de la mort* est une explication simple et directe de la sagesse tibétaine, entrecoupée d'anecdotes autobiographiques sur les rencontres de Sogyal Rinpotché avec ses maîtres. Mais c'est surtout un manuel de vie : Comment vivre sa vie ? Comment aborder la mort ? Comment aider les mourants ? Comment donc donner un sens à l'existence et faire en sorte qu'une bonne mort soit le point culminant d'une bonne vie ?

J.F. – Il est également significatif que les philosophes de la nouvelle génération, en France, se réfèrent de plus en plus souvent au bouddhisme. J'ai entre les mains le livre de Luc Ferry, *L'Homme Dieu ou le sens de la vie*, qui est un remarquable essai, paru au début de l'année 1996 et qui connaît un grand succès. Il s'ouvre précisément sur une référence à ce *Livre tibétain de la vie et de la mort* et développe certaines idées relevant du bouddhisme, pour lesquelles l'auteur fait preuve d'un intérêt sincère. Néanmoins, après quelques pages de développement, il soulève une objection fondamentale qui consiste à dire : « Bon ! C'est très bien. C'est très sympathique, n'est-ce pas, cette retraite en soi, cette fuite hors du monde... Mais, même avec beaucoup de compassion pour l'ensemble de l'humanité, ce n'est pas ça qui résout le problème d'Auschwitz ou de la Bosnie ! » Qu'aurais-tu à répondre à cette objection ?

1. Ce séminaire a fait l'objet d'un livre, traduit en français sous le titre *Le Dalaï-lama parle de Jésus*, Editions Brepols, 1996.

M. – Il faut dissiper un malentendu, que l'on retrouve également chez le Pape Jean-Paul II. Dans son livre *Entrez dans l'Espérance*, il affirme que, selon le bouddhisme, « il faut couper nos liens avec la réalité extérieure » et « qu'au fur et à mesure de cette libération, nous devenons de plus en plus indifférents à tout ce qu'il y a dans le monde... » Il décrit également le *nirvana* comme « une indifférence totale envers le monde.» Ce sont là des contresens, sans doute excusables car dus à un manque d'information, qu'ont regretté nombre de chrétiens et de bouddhistes. Car le but du bouddhisme vise à une compréhension ultime du monde phénoménal, extérieur comme intérieur. Se soustraire à la réalité ne résout rien. Le *nirvana* est l'opposé même de l'indifférence envers le monde, il est compassion et amour infinis envers la totalité des êtres. Une compassion qui est d'autant plus puissante qu'elle naît de la sagesse – de la compréhension que chaque être possède intrinsèquement la « nature de bouddha » – et que cette compassion ne se limite pas à quelques êtres, comme c'est le cas dans l'amour ordinaire. La seule chose dont on se coupe est de l'attachement puéril et égocentrique aux fascinations sans fin de la course aux plaisirs, aux possessions, à la renommée, etc.

J.F. – Jean-Paul II pense également que, pour le bouddhisme, l'« éloignement du monde des sens » est un but en soi.

M. – En vérité, le but est de ne plus être assujetti au monde des sens, de ne plus en souffrir, tel le papillon qui, attiré par une flamme, s'y jette et meurt. Celui qui est libre de tout attachement peut en fait non seulement jouir librement de la beauté du monde et des êtres, mais revenir au sein même de ce monde pour y déployer une compassion illimitée, sans être le jouet de ses émotions négatives.

J.F. – Le Pape affirme aussi que, pour le bouddhisme, « le salut est avant tout une libération du mal, obtenue grâce à un parfait détachement du monde, où réside la source du mal. »

M. – Tout dépend de ce que l'on appelle le monde. Si c'est le monde conditionné, douloureux, de ceux qui sont en proie à l'ignorance, qui ne voudrait s'en libérer ? Mais le monde n'est pas mauvais en soi, puisque pour l'être éveillé, pour un Bouddha, il est « pureté infinie », « perfection inaltérable. » Enfin, affirmer, comme le fait Jean-Paul II, que la mystique carmélitaine commence là où s'arrêtent les réflexions du Bouddha semble un peu léger. Comment juger de l'extérieur la profondeur de l'Eveil du Bouddha ? Selon ce qu'en disent les textes ? « La vérité que j'ai vue est profonde, paisible, inconditionnée, lumineuse, libre des fabrications de l'intellect, » a dit le Bouddha après son Eveil. Cela semble d'une autre nature qu'une simple « réflexion ».

Le Pape reprend ainsi à son compte une compréhension surannée qui remonte aux premières traductions des textes bouddhistes, au XIXᵉ siècle et au début du XXᵉ. Sur la base de connaissances partielles, les auteurs de ces premières exégèses ont retenu l'insistance du Bouddha sur la souffrance du monde conditionné et ont compris la cessation de la souffrance comme une extinction, alors que c'est l'aboutissement d'une compréhension, bénéfique pour soi et pour les autres. Fort heureusement, nombre de chrétiens éminents, comme Thomas Merton, célèbre moine trappiste américain dont les écrits ont eu un grand rayonnement aux Etats-Unis, et qui fut envoyé en Orient par le Pape Jean XXIII, se sont formé une haute opinion du bouddhisme. Thomas Merton prit la peine de chercher l'essence du bouddhisme. Après avoir séjourné quelque temps auprès de maîtres bouddhistes, il écrivit dans son *Journal d'Asie*[1] : « Il est sûr

---

1. Thomas Merton, *Journal d'Asie*, Critérion, 1990, p. 89.

que je serais heureux d'apprendre quelque chose par l'expérience. Il m'apparaît que les bouddhistes tibétains sont les seuls qui, jusqu'à présent, rassemblent un nombre considérable de personnes ayant accédé à des sommets extraordinaires de méditation et de contemplation. »

Au cours du remarquable séminaire sur les Evangiles dont j'ai parlé plus haut, et qui, selon son organisateur, le Père bénédictin Laurence Freeman, fut « un modèle de dialogue dans l'écoute réciproque », le Dalaï-lama fit preuve de son ouverture d'esprit coutumière et déclara : « Je pense qu'entre les traditions bouddhistes et chrétiennes, il existe une convergence exceptionnelle et un potentiel d'enrichissement mutuel par le dialogue, surtout dans le domaine de l'éthique et de la pratique spirituelle – ainsi que des pratiques de la compassion, de l'amour, de la méditation, et du progrès dans la tolérance. Je pense aussi que ce dialogue peut aller très loin et atteindre un niveau très profond. » Mais il mettait également ses auditeurs en garde contre la tentation d'un syncrétisme, toujours inutile.

J.F. – Revenons à l'inefficacité que l'on peut reprocher au bouddhisme (et pas à lui seul, à vrai dire) devant des problèmes comme celui de la Bosnie.

M. – « Comment expliquer la Bosnie ? » Chaque fois qu'on pose la question au Dalaï-lama, il répond que ce sont les émotions négatives, la haine, qui ont grandi au point d'échapper à tout contrôle.

J.F. – Cette explication est un peu rhétorique ! C'est une description, plus qu'une explication.

M. – Mais n'est-ce pas aussi un peu rhétorique de dire que le bouddhisme est impuissant devant les horreurs de la Bosnie ? Car ce ne sont pas ses valeurs à lui qui en ont façonné les conditions, ce sont celles de l'Occident. On peut supposer que si la Bosnie avait adopté il y a plusieurs siècles des valeurs semblables à celles du bouddhisme, et si ces valeurs imprégnaient sa culture, il est peu probable que ce genre de conflit y aurait éclaté. En effet, la conflagration bosniaque a eut pour fondement l'intolérance. Elle a utilisé les religions, non pas pour favoriser une harmonie entre les peuples, mais pour les monter les uns contre les autres en exacerbant la haine. Des guerres ont certes meurtri certains pays bouddhistes comme le Sri Lanka et la Birmanie, mais ces guerres n'ont jamais été menées *au nom* du bouddhisme : elles sont imputables à ceux qui s'en distanciaient, le combattaient même... les communistes au Vietnam et les Tamouls au Sri Lanka, par exemple.

J.F. – Tu n'es pas forcé de souscrire à ce que je vais dire, mais personnellement je suis porté à considérer que les trois religions qui coexistent en Bosnie et dans l'ensemble de l'ex-Yougoslavie, c'est-à-dire l'islam, le catholicisme et l'orthodoxie, sont toutes les trois des religions qui ont fourni d'innombrables preuves de leur intolérance envers d'autres religions et envers les libres penseurs. Ce sont des religions conquérantes. D'ailleurs, de nombreux textes dus à des représentants bosniaques de ces trois religions manifestent une volonté de destruction quasiment officielle des autres confessions. Donc, un bouddhiste pourrait répondre que si les Bosniaques avaient tous été bouddhistes, il est probable que jamais le conflit bosniaque n'aurait atteint un tel degré d'atrocité! Ce qu'on peut concéder à Luc Ferry, c'est que le bouddhisme ne peut pas apporter de remède pratique au problème bosniaque ou à d'autres drames du même genre. Je ne vois d'ailleurs pas que l'Occident prétendument rationnel et tourné vers l'action efficace ait réussi à le faire non plus au cours de ce long conflit.

M. – Dans toutes les rencontres inter-religieuses auxquelles le Dalaï-lama a participé, il a toujours mis l'accent sur le fait que ce sont ceux qui dénaturent l'esprit de leur propre religion qui l'utilisent à des fins d'oppression. L'amour du prochain est un point commun à toutes les religions. Cela devrait suffire à reléguer au second plan leurs différences.

J.F. – En fait d'amour, les grandes religions qui dominent le monde ont, depuis leur origine, deux objets de haine : les infidèles et les hérétiques. Et elles ne se gênent pas pour les trucider le plus amoureusement du monde.

M. – Selon le bouddhisme, c'est une faute grave que de mépriser les autres religions, même si on n'adhère pas à certaines de leurs conceptions métaphysiques.

J.F. – On entend dire parfois : « En quoi le bouddhisme peut-il servir à la paix dans le monde ? C'est une philosophie du détachement dans laquelle on se désintéresse de la société. Des moines vivent seuls dans les montagnes et prient pour les autres, mais en fait, ils ne peuvent rien faire pour l'humanité. Ils se livrent à leur perfectionnement personnel, mais à quoi bon ? »

M. – Le retraitant s'isole temporairement du monde pour prendre des forces spirituelles afin de mieux aider les autres. Le chemin spirituel commence par une transformation intérieure, et ce n'est que lorsque celle-ci est accomplie qu'un individu peut contribuer valablement à la transformation de la société. En quoi le bouddhisme peut-il servir à la paix dans le monde ? Prenons l'exemple du Tibet. Le Tibet, en tant que pays bouddhiste, n'a jamais fait de guerre de religion, le Dalaï-lama prêche invariablement la non-violence et propose de façon très concrète de faire de son pays – si la Chine communiste veut bien en détacher ses griffes – une zone de paix. Il veut créer un état tampon entre les plus grandes puissances de l'Orient : le Toit du Monde se situe en effet entre la Chine, la Birmanie, l'Inde, le Pakistan, la

Mongolie et la Russie. Si le Tibet recouvrait son indépendance et affirmait sa neutralité, il deviendrait un important facteur de stabilité dans cette région du monde. Le Tibet deviendrait également une zone de protection de l'environnement : les plus grands fleuves d'Asie – le Fleuve Jaune, le Fleuve Bleu, le Mékong, le Brahmapoutre, l'Indus, etc. prennent leur source au Tibet. Le Dalaï-lama a proposé cette idée à maintes reprises.

J.F. – Pardonne-moi, mais c'est le genre d'idée que tout le monde acclame et que personne n'applique.

M. – Son application dans ce cas ne tient qu'à l'affranchissement du Tibet du joug de l'occupation chinoise. Si ces idées échouent trop souvent, c'est simplement parce que nos dirigeants manquent d'une détermination profonde et inflexible de tout faire pour la paix. Pourquoi tant de temps pour aboutir au désarmement atomique ? À la démilitarisation des nations ? À ce qu'il n'y ait plus qu'une seule force multinationale et qu'elle ne soit pas là pour faire la guerre, mais simplement pour empêcher que les nations reconstruisent leur puissance de guerre ?

J.F. – C'est l'objet des Nations unies ! Pourquoi échouent-elles ?

M. – Le Dalaï-lama dit que le désarmement extérieur ne peut s'effectuer sans le désarmement intérieur. Et c'est dans ce sens que l'on peut dire que, si la Bosnie avait été bouddhiste, ou, plus exactement, si sa culture était fondée sur les mêmes principes que ceux du bouddhisme, il n'y aurait pas eu ce carnage bosniaque. Si l'individu ne devient pas pacifique, une société qui est la somme de ces individus ne le deviendra jamais. Des individus qui embrassent et cultivent les idéaux du bouddhisme ne peuvent concevoir l'idée de faire sciemment du mal à autrui. Une société composée en majorité de bouddhistes authentiques ne peut sécréter de guerres.

J.F. – L'objectif de la paix perpétuelle n'est donc réalisable que grâce à la réforme des individus?

M. – L'inverse est une utopie. Cette réforme des individus doit bien sûr, en premier lieu, inclure nos dirigeants! Le Dalaï-lama met constamment l'accent sur le fait inacceptable que les nations occidentales se livrent au commerce des armements – quitte ensuite à se faire tirer dessus par les armes qu'elles ont vendues! Il est inadmissible que des pays occidentaux qui se disent « civilisés, » qui prétendent établir la paix dans le monde, vendent des instruments de mort pour des raisons commerciales! J'ai rencontré, le mois dernier, quelqu'un qui travaillait au déminage du Laos et qui m'a dit que les usines Fiat sont un des principaux producteurs mondiaux de mines anti-personnel. Et elles les fabriquent maintenant en plastique – gloire au progrès! –, sans aucun composant métallique, afin qu'on ne puisse pas les détecter. Le PDG et les actionnaires de Fiat doivent sûrement être très heureux de connaître le nombre de femmes et d'enfants qui sautent sur ces mines pendant plusieurs années après la fin des guerres. Peut-être Fiat pourrait-il maintenant gagner un peu plus d'argent en vendant des jambes artificielles aux survivants? Soixante-cinq des quatre-vingt-cinq Afghans qui sont mutilés chaque mois par des mines dans la région de Kaboul sont des enfants. Dix millions de mines les attendent encore. Royal Ordinance en Angleterre et IBM aux Etats-Unis fabriquent également des pièces détachées pour ces mêmes mines. Ces sociétés pourraient se contenter pour faire fortune de vendre des voitures et des ordinateurs.

J.F. – Je suis totalement d'accord! C'est monstrueux.

M. – A l'heure où je te parle, huit millions de Chinois travaillent dix à quinze heures par jour dans plus d'un millier de camps de travail forcé, les *laogaï*[1]. Un tiers de certains produits manufacturés exportés par la Chine viennent de ces camps. Le dissident chinois Harry Wu, qui a passé dix-neuf ans dans des *laogaï*, a amplement mis ces chiffres en évidence. Quel genre de dirigeants autorise l'importation de ces marchandises ? Souhaitez-vous offrir pour Noël à vos enfants des jouets fabriqués en prison, au prix de tant de souffrance ? Une véritable éthique ne peut émerger que d'une transformation intérieure. Tout le reste n'est qu'une façade. Le Dalaï-lama dit souvent aux journalistes : « C'est très bien d'avoir du flair et de révéler les scandales de l'État. Un homme politique authentique ne devrait rien avoir à cacher. » Faudra-t-il attendre l'écroulement final du communisme asiatique pour que l'on parle ouvertement des goulags chinois ? Avant la Deuxième Guerre mondiale, les dirigeants courtisaient, ménageaient ou toléraient Hitler, tout comme les dirigeants actuels courtisent Li Peng et ses pairs.

Tout cela reste vrai en ce qui concerne l'environnement. Le Dalaï-lama parle d'une non-violence, non seulement à l'égard des hommes, mais aussi de la nature. Au Bhoutan, la pêche et la chasse sont interdites à l'échelle nationale, bon exemple de la façon dont les idéaux du bouddhisme peuvent s'accomplir au niveau d'une société. Un Etat bouddhiste n'hésiterait pas un instant à interdire l'usage des filets dérivants de quarante kilomètres de long qui pêchent aussi bien les poissons que les tortues ou les dauphins et ravagent le biotope marin. Toutes ces hérésies à l'égard de l'environnement sont liées à l'appât du gain, et au fait qu'on

---

1. Les *laogaï* sont des camps-prisons de travail forcé pour détenus qui ont été jugés, le plus souvent sommairement. Les *laojiao* sont des camps où travaillent des prisonniers détenus sans jugement, pour une période indéterminée.

s'arroge le droit de tuer un nombre incalculable d'animaux, simplement parce qu'on a le pouvoir de le faire.

J.F – L'Union européenne les a en principe interdits, ces filets.

M. – Mais le Japon et Taïwan, notamment, continuent à ravager les océans.

J.F. – Dans tout ce que tu viens de dire, un certain nombre d'idées sont propres au bouddhisme, et d'autres ont déjà été énoncées par tous les hommes de bonne volonté. L'idée de créer une force multinationale qui contrôle les forces nationales, ce fut l'idée de la Société des Nations entre les deux guerres, c'est l'idée des Nations unies aujourd'hui, c'est l'idée de l'Union européenne, qui veut créer une sorte d'armée européenne dans laquelle les armées nationales seront intégrées. Cet idéal revient périodiquement, de même qu'il existe périodiquement des conférences sur le désarmement. Ce qui va plus loin, c'est ta remarque qu'il est hors de question d'empêcher les groupes humains de s'entre-tuer, comme en Bosnie, tant qu'on n'aura pas opéré une mutation des individus eux-mêmes, tant qu'on n'aura pas rendu non-violents les individus eux-mêmes, un par un. Alors là ! Les philosophies qui fondent l'espoir d'une paix universelle sur les transformations de la nature humaine sont très nombreuses. Je dirais même que toutes les sagesses, les grandes utopies, toutes les grandes religions elles aussi ont tablé sur cette possibilité. Jusqu'à présent, ça a toujours été un échec ! L'idée de rendre les hommes pacifiques un par un, de manière à ce que l'addition du tout aboutisse à une humanité globalement ennemie de la violence paraît irréalisable en pratique. Du moins notre siècle n'a-t-il guère avancé dans cette voie.

M. – Certes, mais l'alternative, la transformation par « l'extérieur », qui consiste à imposer à des individus récalcitrants des lois de plus en plus contraignantes, voire un système totalitaire, est non seulement irréalisable à long terme mais viciée à la base. On peut serrer la vis un certain temps, mais les opprimés finissent toujours par exprimer leur mécontentement et se libérer du joug de leurs oppresseurs, de façon pacifique ou violente. Ils trouveront le moyen de se procurer des armes et de s'en servir.

J.F. – Pas seulement les opprimés, hélas!

M. – Bien sûr, les hommes ne sont pas parfaits et, même dans un pays bouddhiste, ne mettent pas toujours en application les principes du bouddhisme. Néanmoins, le Tibet était une civilisation essentiellement pacifique. Nombre de voyageurs ont souligné la « douceur bouddhique », qui, selon André Migot, « n'est pas un vain mot, cette douceur que l'on respire autour de soi, et qui a frappé tous ceux qui ont vécu en pays bouddhique. C'est une attitude de bienveillance à l'égard de toutes les créatures[1] ».

J.F. – Y-a-t-il un espoir de voir adopter cette attitude par l'ensemble de l'humanité?

M. – Je vais te donner un exemple. Le 17 Mars 1989, quelques mois après que le Dalaï-lama eut reçu le Prix Nobel, le peuple de Lhassa décida de manifester pour l'indépendance du Tibet, sachant fort bien ce qui l'attendait, car Lhassa est entourée de garnisons chinoises. C'était peu de temps avant Tien An-men. Il y a eu environ deux cents morts à Lhassa. La police a tiré dans la foule. Bien sûr, les Chinois ont dit : « Des provocateurs ont agressé la police. Il y a eu surtout des blessés parmi les forces de l'ordre, et onze morts en tout. » Tout le monde les a cru. J'ai arrangé une rencontre, ici au Népal, entre des témoins qui venaient de s'échapper de Lhassa et des journalistes de grands journaux français de passage à Kathmandou. Mais ils n'ont pas osé en parler, craignant d'avoir obtenu des informations trop partisanes. Deux mois après, il y eut

---

1. André Migot, *ibid.*

Tien An-men, et huit jours plus tard, les Chinois déclaraient que rien ne s'était passé, que l'armée n'avait pas tiré, etc. Récemment encore, le gouvernement chinois a réaffirmé que personne n'avait été tué. Rétrospectivement, le sang de Tien An-men a donc parlé pour le sang de Lhassa. Il y avait bien eu deux cents morts à Lhassa.

Mais ce qui s'est passé de plus extraordinaire à ce moment-là, c'est que, lors de l'affrontement, quand des Tibétains s'emparaient des fusils des Chinois, au lieu de les utiliser pour retourner le feu contre l'armée chinoise, ils les brisaient ! Donc, même dans le feu de l'action, ils se sont souvenu de ce que le Dalaï-lama leur avait dit : « Surtout, pas d'actes de violence, qui ne peuvent que provoquer une escalade de la répression. » La non-violence s'était imprimée dans leur être. Cet exemple a beaucoup réconforté le Dalaï-lama. Son message avait été entendu. Une autre fois, un vieux moine qui avait passé vingt ans dans les prisons chinoises vint voir le Dalaï-lama, en Inde. Au cours de la conversation, le Dalaï-lama lui demanda s'il avait eu peur durant sa longue incarcération, entrecoupée de tortures et de lavages de cerveau. Le moine répondit : « Ma plus grande peur fut de perdre mon amour et ma compassion envers ceux qui me torturaient. »

J.F. – De tels exemples montrent en effet que le bouddhisme répugne à recourir à la violence pour imposer son point de vue, et même pour se défendre efficacement. En revanche, les grandes religions que nous connaissons ont trop souvent tourné le dos à leur propre idéal. Le christianisme, par exemple, est fondé, lui aussi, sur la non-violence. Le Christ n'a-t-il pas dit : « A qui te frappe sur une joue, présente aussi l'autre » et « Aimez-vous les uns les autres » ? En dépit de quoi, l'Eglise a passé son temps à exterminer ceux qui refusaient de se convertir au christianisme, ou les hérétiques qui se permettaient de professer des théories différentes de celles du Pape – voire même à se mêler de questions scientifiques auxquelles l'Eglise n'entendait rien, par exemple, au temps de Galilée, la question de savoir si la terre tournait sur elle-même ou pas. Ainsi, la capacité de l'homme à se comporter en contradiction flagrante avec l'idéal qu'il prétend professer est constante à travers l'Histoire. Je me demande si cela n'impose pas certaines limites à l'influence que le bouddhisme peut avoir en Occident.

M – Peut-être est-ce, au contraire, le fait que des personnes s'inspirant du bouddhisme essaient de mettre en pratique ces principes de tolérance, qui rend ces pratiquants sympathiques en Occident. Quoi qu'il en soit, il faut tout d'abord établir la paix avec soi-même – le désarmement intérieur –, puis la paix dans sa famille, puis dans le village, et enfin dans la nation et au-delà... En exprimant ces idées, le Dalaï-lama espère aider les gens à redécouvrir leurs propres traditions spirituelles. Nous sommes donc loin d'une attitude missionnaire. La résurgence de l'extrémisme religieux, de l'intégrisme, naît sans doute du sentiment que les valeurs traditionnelles font cruellement défaut à notre époque. Mais ce sentiment ne doit pas conduire à un rejet brutal de ceux qui sont égarés du fait que, précisément, ils sont privés de points de repères spirituels. Une telle réaction est dénuée de sagesse, et même de bon-sens, car il faut prendre les êtres tels qu'ils sont, là où ils sont, et les aider à apprécier les valeurs essentielles de l'existence ; certainement pas les exterminer !

Spiritualité religieuse
et spiritualité laïque

JEAN-FRANÇOIS – Etant donné la diffusion actuelle du bouddhisme en Occident, un aspect intéressant de la réalité contemporaine vient à la surface d'une manière particulièrement concrète. Ce sont les rapports entre le bouddhisme et certains textes philosophiques de la nouvelle génération. J'ai déjà cité Luc Ferry. Je voudrais également citer André Comte-Sponville, qui a publié, voilà deux ans, un livre intitulé *Petit traité des grandes vertus*. C'est une succession de conseils de sagesse pratique, qui s'apparente à ce que nous appelons en France la tradition des moralistes. L'auteur formule des observations sur les comportements humains, la psychologie de l'homme et, sans craindre parfois la platitude, donne des conseils pratiques concernant la conduite quotidienne de la vie humaine. C'est une sorte de révolution dans la pensée de cette fin de xxᵉ siècle, parce que les moralistes avaient toujours été profondément méprisés par les philosophes de profession, qui ne voyaient chez eux qu'une enfilade de petites remarques anecdotiques et purement psychologiques. Les grands bâtisseurs de systèmes, qui dominaient la philosophie pendant ma jeunesse, reléguaient dans la littérature mondaine les grands moralistes : il s'agissait, disaient-ils, de remarques discontinues, d'observations empiriques et arbitraires, ne permettant aucune systématisation. Or, on voit maintenant que, dans la mesure où le public s'intéresse encore aux livres de « philosophie », il se tourne vers des ouvrages qui reviennent à ces vieilles recettes des moralistes, qui donnent des conseils, avec beaucoup d'humilité et de sens pratique, sur le fonctionnement quotidien de l'animal humain.

Le plus original des moralistes modernes, E.M. Cioran, également prodigieux artiste et styliste, est resté un auteur marginal pendant quarante ans, avec deux ou trois mille lecteurs. Et puis, brusquement, vers 1985, tout le monde s'est mis à le citer. J'ajoute qu'il est symptomatique que le livre de Comte-Sponville ait eu un immense succès en France. Cela indique le besoin qu'a le public de principes directeurs, qu'on lui dise comment vivre, comment ré-accéder à l'art de vivre, comment conduire son existence. Ce sont des questions auxquelles notre philosophie ne répondait plus depuis très longtemps. Or, Comte-Sponville, lui aussi, se réfère assez souvent au bouddhisme, en particulier dans la phrase suivante, intéressante parce qu'il y établit un parallèle, un contraste entre le bouddhisme et le christianisme, à propos de la compassion et de la charité. Je le cite : « La compassion est la grande vertu de l'Orient bouddhiste. On sait que la charité est la grande vertu – au moins en paroles – de l'Occident chrétien. Faut-il choisir ? A quoi bon, puisque les deux ne s'excluent pas. S'il le fallait, pourtant, il me semble qu'on pourrait dire ceci : la charité vaudrait mieux, assurément, si nous en étions capables. Mais la compassion est plus accessible, qui lui ressemble par la douceur et peut nous y mener. Ou, en d'autres termes, le message du Christ qui est d'amour est plus exaltant, mais la leçon du Bouddha, qui est de compassion, plus réaliste ». Alors, deux remarques à ce sujet. Comte Sponville fait bien de dire que la charité est la grande vertu de l'Occident chrétien, « du moins en paroles », puisque cette charité chrétienne s'est souvent traduite par l'extermination des Indiens d'Amérique ou par la conduite au bûcher des hérétiques sous l'Inquisition, ou encore par les persécutions des juifs et des protestants. Et, deuxième observation : tout en rendant hommage au concept bouddhiste de compassion, Comte Sponville, sur la fin de sa réflexion, semble indiquer que c'est, malgré tout, une version un peu inférieure à la charité chrétienne. Alors, qu'est-ce que tu en penses, et comment définir la compassion bouddhiste ?

MATTHIEU – Tout d'abord, je voudrais dire quelques mots sur le premier aspect de ta question. Pourquoi y-a-t-il un regain d'intérêt pour des ouvrages de conseils de sagesse pratique ? Peut-être est-ce pour remédier au fait que devenir un meilleur être humain est de nos jours une préoccupation presque étrangère à notre système d'éducation. L'éducation moderne, laïque par excellence, est en effet principalement destinée à développer l'intellect et à accumuler des connaissances.

J.F. – Ce n'est pas une réussite parfaite, même dans ce domaine, d'ailleurs.

M. – L'intelligence est une arme à double tranchant. Elle peut faire tant de bien ou tant de mal, être utilisée pour construire comme pour détruire. Dans le passé, les religions enseignaient aux gens – lorsqu'elles ne trahissaient pas leurs idéaux – à devenir de meilleurs êtres humains, à pratiquer l'amour du prochain, la bonté, la droiture, la générosité, la magnanimité... Si on demandait maintenant que de telles vertus soient enseignées dans les écoles, on soulèverait un tollé général. On vous répondrait que ces préoccupations relèvent d'une recherche personnelle, que c'est le rôle des parents d'inculquer à leurs enfants des valeurs humaines. Or, parmi les nouvelles générations, celle des parents actuels est elle-même passée par ces écoles où on n'inculque plus rien de tel, de sorte que peu d'entre eux ont connu une éducation religieuse ou une recherche spirituelle. On va même jusqu'à dire que l'amour et la compassion relèvent de la religion ! Le Dalaï-lama dit souvent qu'on peut se passer de religion, mais que personne ne peut se passer d'amour et de compassion. Il distingue volontiers la spiritualité religieuse de la spiritualité laïque, cette dernière visant simplement à faire de nous de meilleurs êtres humains, à développer des qualités humaines que nous avons tous la faculté de développer, que nous soyons croyants ou non. En l'absence de toute spiritualité, plus rien ni personne, si ce n'est le hasard des lectures, ne vient indiquer aux adolescents quelles sont ces valeurs humaines et comment les développer. Il est donc réconfortant d'observer ce regain d'intérêt.

J.F. – Je suis content que tu mentionnes cette formule du Dalaï-lama sur la « spiritualité laïque », car j'allais te répondre qu'à mon avis la laïcité ne s'oppose pas à l'éducation morale. Laïcité veut dire neutralité d'un enseignement qui ne se subordonne à aucun dogme, religieux ou politique. Cela n'exclut pas, cela exige au contraire, une formation morale, centrée sur le respect des lois et d'autrui, le contrat social et le bon usage des libertés, bref ce que Montesquieu appelait la vertu républicaine. Dernièrement, la notion de laïcité a été dévoyée. Mais qu'en est-il de la compassion bouddhiste comparée à la charité chrétienne ?

M. – La notion de compassion reflète typiquement la difficulté à traduire des idées orientales en termes occidentaux. Le mot « compassion » en Occident évoque parfois une notion de pitié condescendante, de commisération qui suppose une distance par rapport à celui qui souffre. Or en tibétain, *nyingjé*, que l'on traduit par « compassion », signifie « le seigneur du cœur », c'est-à-dire celui qui doit régner sur nos pensées. La compassion, selon le bouddhisme, est le désir de remédier à toute forme de souffrance et surtout à ses causes – l'ignorance, la haine, la convoitise, etc. Cette compassion se réfère donc d'une part aux êtres qui souffrent, et d'autre part à la connaissance.

J.F. – Assimiles-tu la compassion à la charité?

M. – La charité est une manifestation de la compassion. L'exercice du don est bien sûr une vertu cardinale du bouddhisme. On distingue plusieurs formes de don, le don matériel – de nourriture, d'argent, de vêtements –, le don de la « protection contre la peur », qui consiste à protéger ceux qui sont en danger, à sauver la vie des autres êtres, et enfin le don de l'enseignement qui donne aux êtres le moyen de s'affranchir du joug de l'ignorance. Ces diverses formes de don sont constamment pratiquées dans les sociétés bouddhistes, et il arrive que des bienfaiteurs distribuent toutes leurs possessions à ceux qui sont dans le besoin. Dans l'histoire du Tibet, Il existe de nombreux cas de personnes qui, inspirées par cet idéal de charité, ont fait don de leur vie pour sauver celle d'autrui. C'est ce qui correspond à la charité chrétienne. Puis, pour éliminer la souffrance à long terme, il convient aussi de réfléchir à l'origine de la souffrance, on devient alors conscient que c'est l'ignorance qui nourrit les guerres, la soif de vengeance, l'obsession, et tout ce qui fait souffrir les êtres.

J.F. – Quelle différence il y a-t-il entre compassion et amour?

M. – L'amour est le complément nécessaire de la compassion. Celle-ci ne peut vivre, et encore moins se développer sans celui-là, défini comme le souhait que tous les êtres trouvent le bonheur et les causes du bonheur. Par amour, ici, on entend un amour sans condition, total, pour tous les êtres sans distinction. L'amour entre homme et femme, l'amour pour nos proches et amis est souvent possessif, exclusif, limité, mêlé de sentiments égoïstes. On en attend au moins autant que ce qu'on donne. Un tel amour peut sembler profond, mais il s'évanouit facilement s'il ne répond plus à notre attente. En outre, l'amour que l'on porte à ses proches s'accompagne souvent d'un sentiment de distance, voire d'animosité vis-à-vis des « étrangers », de ceux qui peuvent constituer une menace pour nous et ceux que nous aimons. Le véritable amour, la véritable compassion peuvent s'étendre à nos ennemis, tandis que l'amour et la compassion mêlés d'attachement ne peuvent embrasser quelqu'un que nous considérons comme un ennemi.

J.F. – Donc, la notion d'amour est importante aussi dans le bouddhisme, pas seulement dans le christianisme ?

M. – Elle est la racine même de la voie. Mais l'amour véritable ne saurait être polarisé, restreint à un ou quelques êtres particuliers, entaché de partialité. De plus, il doit être entièrement désintéressé et ne rien attendre en retour. Ainsi, l'un des principaux thèmes de méditation consiste à commencer par penser à quelqu'un que l'on aime profondément, et à laisser ce sentiment d'amour généreux emplir notre esprit ; puis, de briser la cage de ces restrictions et d'étendre cet amour aux êtres pour lesquels on éprouve des sentiments neutres ; enfin, on englobe dans notre amour tous ceux que l'on considère comme nos ennemis. C'est là l'amour véritable. Savoir que quelqu'un nous veut du mal ne peut affecter la vraie compassion, car cette compassion repose sur la compréhension profonde que cet « ennemi », tout comme nous, aspire au bonheur et redoute la souffrance.

J.F. – Alors, quelle différence y a-t-il entre la compassion bouddhiste et la charité chrétienne ?

M. – L'amour du prochain, tel qu'il est décrit dans les Ecritures correspond tout à fait à l'amour et à la compassion du bouddhisme. Il est d'ailleurs, en théorie, commun à toutes les grandes religions. Dans le bouddhisme, on associe à l'amour et à la compassion deux autres vertus. L'une consiste à se réjouir des qualités et du bonheur d'autrui et à souhaiter que ce bonheur subsiste et croisse : cette joie devant le bonheur d'autrui est l'antidote de la jalousie. L'autre, c'est l'impartialité, l'équanimité : appliquer l'amour, la compassion et la bienveillance aussi bien à ceux qui nous sont chers qu'aux étrangers et à nos ennemis. Si nous mettons en balance notre propre bien et celui de l'infinité des êtres, il est clair que le premier n'a qu'une importance négligeable par rapport au second. De plus, il faut bien se rendre compte que notre joie et notre souffrance sont intimement liées à celles d'autrui. On peut constater dans la vie de tous les jours la différence qu'il existe entre ceux qui sont entièrement préoccupés d'eux-mêmes et ceux dont l'esprit est constamment tourné vers les autres. Les premiers sont toujours mal à l'aise et insatisfaits. Leur étroitesse d'esprit nuit à leurs relations avec autrui, dont ils ont du mal, d'ailleurs, à obtenir quoi que ce soit. Ils ne cessent de frapper à des portes fermées. En revanche, celui – ou celle – qui a un esprit ouvert et se préoccupe peu de sa propre personne est toujours attentif au bien d'autrui. Il jouit d'une force d'âme telle que ses propres problèmes ne l'affectent guère, et, sans qu'il le veuille, les autres lui prêtent attention.

Enfin, comme je l'ai mentionné, l'amour et la compassion bouddhistes sont indissociables de la sagesse, c'est-à-dire de la connaissance de la nature des choses, et visent à libérer les autres de l'ignorance qui est la cause première de leur malheur. C'est cette sagesse, cette intelligence, qui donne toute sa force à la compassion.

J.F. – Est-ce qu'on ne peut pas objecter que tout cela n'est pas très concret ? Il existe de nos jours une préoccupation pour ce qu'on appelle les problèmes de société, les inégalités, la délinquance, la drogue, l'avortement, la peine de mort. Et, même en deçà de la peine de mort qui est par définition le châtiment irréparable, faut-il mettre les délinquants en prison ou faut-il les rééduquer ? Et les problèmes que tu posais tout à l'heure à propos de l'éducation : doit-elle être coercitive ou doit-elle être fondée exclusivement sur les aspirations de l'élève ?

M. – Le problème de l'éducation est : doit-on enseigner ce que les étudiants souhaitent entendre ou ce qu'il ont réellement besoin d'entendre. Le premier cas est une solution de facilité, le deuxième une attitude responsable.

J.F. – Et enfin, tous les problèmes de protection sociale, de chômage, de violence, d'intégration des émigrés, de conflits inter-raciaux dans les grandes sociétés modernes. Est-ce que le bouddhisme s'est interrogé sur ces problèmes et a-t-il des réponses ?

M. – La société occidentale a davantage de moyens pour pallier les souffrances nées des conditions extérieures, mais elle manque sérieusement de moyens de construire le bonheur intérieur. Elle manque également de points de repères concernant les problèmes concrets de l'existence et de la société, car les principes spirituels éclairent de moins en moins notre lanterne. En 1993, lorsque j'ai accompagné le Dalaï-lama en tant qu'interprète lors d'une visite qu'il a faite en France pendant trois semaines, j'ai été très frappé par l'accueil qu'il a reçu de la part des étudiants. C'est en effet dans les universités qu'il a reçu l'accueil le plus enthousiaste. A Grenoble, c'était au mois de décembre, à huit heures du soir. Il faisait froid. Le grand amphithéâtre était bondé, et, dehors, trois ou quatre mille personnes attendaient, debout dans le froid, regardant sur un écran géant le Dalaï-lama et écoutant son enseignement. A Bordeaux, même phénomène : amphithéâtre plein et des milliers de jeunes dehors. Ce qui était étonnant, c'était ce sentiment d'ébullition, d'enthousiasme qui animait le jeu des questions-réponses auquel le Dalaï-lama s'est prêté. Il a parlé pendant une vingtaine de minutes ; puis toutes sortes de questions ont fusé – la peine de mort, l'avortement, le contrôle des naissances, la violence, l'amour, etc. On avait l'impression qu'ils trouvaient enfin un interlocuteur !

J.F. – Et quelles étaient les réponses ?

M. – A propos du contrôle des naissances, le Dalaï-lama disait que la vie est le bien le plus cher que nous possédions. Chaque vie humaine est éminemment précieuse, puisqu'elle est comme le navire qui nous permet de voguer vers la connaissance. Mais quand ces précieuses vies deviennent trop nombreuses, elles posent un problème à l'humanité en général, car les ressources de la Terre ne permettent pas aux milliards d'humains de mener une existence décente. La seule solution est d'enrayer l'expansion démographique par le contrôle des naissances. Ce que le Dalaï-lama préconise, c'est un contrôle des naissances qu'il appelle « non-violent », c'est-à-dire l'utilisation de tous les moyens de contraception disponibles.

J.F. – Une prévention des naissances ?

M. – Faire tout ce qui est possible pour éviter de façon non-violente une natalité excessive.

J.F. – Mais il serait plutôt défavorable à l'avortement.

M. – Le bouddhisme définit l'acte de tuer comme le fait « d'ôter la vie à un être vivant, ou à un être vivant en formation ». C'est une conséquence logique de l'idée de renaissance, puisque dès la conception la conscience, provenant de la vie précédente, est présente, bien que sous une forme très primitive, presque indécelable. Dans certains cas, lorsque la vie de la mère est en danger, ou que l'on sait que l'enfant va naître avec de terribles malformations, l'avortement peut se justifier, mais on ne peut l'admettre pour de simples raisons de confort personnel qui relèvent de l'égoïsme – les parents n'ont pas pris de précautions, cela les embête d'avoir un enfant. Ce qui doit être développé, ce sont les moyens de contraception efficaces, afin d'éviter d'avoir recours à l'avortement. Cette réponse a eu l'air de satisfaire l'assistance. Et il a ajouté une boutade : « La meilleure façon de contrôler l'expansion démographique, c'est qu'il y ait plus de moines et de nonnes. » Ce qui, bien sûr, a fait rire l'assistance.

J.F. – J'ajoute que l'argument du surpeuplement ne vaut plus dans les pays développés, où la natalité en baisse est tombée au-dessous du seuil de renouvellement. Le seul argument à discuter est celui de la liberté personnelle, de la liberté de choix. Mais, pour évoquer un autre problème de société, la peine de mort, ce problème est réglé dans la plupart des sociétés modernes occidentales. Il n'y en a presque plus aucune qui ait conservé la peine de mort. Et, même aux Etats-Unis, il n'y a que quelques États qui l'aient conservée, encore que certains viennent de la rétablir. Reste, en général, la répression de la délinquance, la répression du crime organisé. On ne peut pas envisager la seule non-violence vis-à-vis du crime organisé. Comment se défendre contre la mafia si on n'utilise pas la violence, si on ne met pas les criminels en prison, si on ne les met pas hors d'état de nuire ?

M. – La non-violence n'a rien à voir avec la faiblesse ! Le but est de réduire à tout prix la souffrance d'autrui. Neutraliser les criminels par des moyens appropriés est donc nécessaire. Mais cela ne justifie ni la vengeance ni les châtiments inspirés par la haine et la cruauté. Par rapport à la détention perpétuelle, qui permet d'empêcher un criminel de nuire à nouveau, la peine de mort apparaît bien comme un acte de vengeance. Voilà ce qu'en dit le Dalaï-lama dans *Terre des dieux et malheur des hommes*[1] : « Condamner à mort une personne est un acte grave. Il s'agit tout simplement d'éliminer un être humain. Or, il est important que l'individu concerné puisse continuer à vivre pour avoir la possibilité de changer, de modifier son comportement. Je suis persuadé que même chez les criminels les plus dangereux, il existe une chance de transformation et d'amendement. En laissant vivre cette personne, on lui laisse cette chance d'accomplir le changement que nous avons tous en puissance. »

Récemment, en 1996, aux Etats-Unis dans l'État d'Arkansas, un détenu a été exécuté douze ans après sa condamnation. Entre-temps il avait réalisé l'horreur de son crime et souhaitait consacrer le reste de sa vie au service des autres, en réparant de son mieux le mal qu'il avait commis. Il avait également pris des vœux monastiques pendant sa détention. Il réussit à se faire entendre par téléphone sur une radio locale et déclara : « Je suis devenu une autre personne. Acceptez ma rédemption. Ne me tuez pas. Nous voulons croire que nous vivons dans une société humaine. Ce n'est pas le cas. Il vaudrait mieux que le gouvernement considère officiellement la peine de mort comme une vengeance. Il est clair que la peine capitale ne remplit pas la fonction de punition exemplaire qui diminuerait efficacement le taux de criminalité. » Il demandait : « Pourquoi exécutez-vous toujours les condamnés à l'insu de tous, au milieu de la nuit ? Si l'acte que vous commettez ainsi n'était pas inhumain, si vous ne vous sentiez pas coupables, pourquoi ne pas nous exécuter en plein jour, devant les caméras de télévision ? » Le gouverneur de l'Arkansas, un ancien pasteur, lui refusa sa grâce et avança la date de l'exécution d'un mois pour éviter que le condamné ait d'autres occasions de se faire entendre.

---

1. Gilles Van Krasdorf, Editions J.-C. Lattès, 1995.

J.F. – Il y a, je crois, un accord assez général à ce sujet. La seule grande société démocratique qui conserve la peine de mort, quoique dans un nombre minoritaire de ses états, c'est les Etats-Unis, et cela prête à de nombreuses contestations de nos jours. Je pense que c'est appelé à disparaître. La peine de mort a été d'ailleurs « suspendue » pendant quelques années, durant les années 1970, dans toute l'Amérique, par un arrêt de la Cour suprême, qui l'a ensuite autorisée à nouveau dans quelques États. En Europe, elle a pratiquement disparu. Aujourd'hui, la peine de mort n'existe plus que dans les états totalitaires comme la Chine, un certain nombre d'Etats africains, la Malaisie, Singapour, l'Iraq, bien évidemment, l'Iran...

M. – La Chine, cent exécutions par jour... Et de plus, les prisons vendent souvent les organes des exécutés sur le marché noir des hôpitaux de Hong Kong et font payer à la famille le prix de la balle qui a servi à la mise à mort.

J.F. – La Chine, une centaine d'exécutions par jour ! Mais, dans la quasi-totalité des Etats de droit, le problème de la peine de mort est résolu. En revanche, il y a encore un débat sur la prévention et la sanction du crime. On ne peut pas toujours se placer du point de vue de celui qui commet le délit ou le crime. Il faut aussi se placer du point de vue de la victime, c'est-à-dire, autant que possible, mettre les gens à l'abri des récidivistes. C'est le cas, en particulier, quand on défend la société contre les groupes terroristes et contre le crime organisé. A cet égard, il est assez difficile d'envisager des solutions strictement non-violentes.

M. – Il ne s'agit pas de s'apitoyer de façon malsaine et irréaliste davantage sur le criminel que sur la victime. Le but est bien d'empêcher un être malfaisant de continuer à nuire.

J.F. – Et encore plus quand c'est une *organisation* malfaisante !

M. – Le but de la non-violence est précisément de diminuer la violence. Ce n'est pas une démarche passive. Il est donc crucial d'évaluer la souffrance en jeu. La meilleure solution consisterait à neutraliser, d'une façon ou d'une autre, ceux qui causent de grands torts à autrui, sans y ajouter d'autres formes de violence. Lors d'une réunion des lauréats du Prix de la Mémoire à la Sorbonne, quelqu'un dans l'auditoire demanda au Dalaï-lama : « Verrons-nous un jour au Tibet un procès de Nuremberg, si ce pays recouvre un jour sa liberté ? » Le Dalaï-lama répondit qu'il n'y en aurait probablement pas, et que s'il y en avait un, son but serait de mettre en évidence les horreurs perpétrées au Tibet, où plus d'un million de personnes sont mortes à la suite de l'occupation chinoise. Mais il n'y aurait pas d'actes de vengeance contre les Tibétains qui ont collaboré avec les Chinois. Le Dalaï-lama donna l'exemple suivant : un chien qui mord tout le monde doit être impérativement neutralisé ; on lui met une muselière et on l'isole jusqu'à sa mort s'il reste dangereux. Mais lorsqu'il est vieux, édenté et tranquillement assoupi dans son coin, on ne va pas lui loger une balle dans la tête sous prétexte qu'il a mordu quinze personnes dix ans plus tôt.

J.F. – Ce qui se pose, ce n'est pas le problème du tribunal de Nuremberg, qui a une immense valeur pédagogique, en effet ; c'est la question de l'exécution des coupables de Nuremberg. À l'époque, la plupart d'entre eux ont été exécutés. Actuellement se déroule à La Haye un autre procès pour juger les criminels de guerre dans le conflit en Bosnie. Je crois qu'aucun de ces criminels ne sera condamné à mort ni exécuté, ce qui n'est d'ailleurs même pas possible selon la législation des pays concernés. C'est là une position tout à fait conforme à celle qu'a exprimée le Dalaï-lama.

M. – Le Dalaï-lama utilisa une formule qui est très frappante en anglais : « We must forgive, but not forget », c'est-à-dire : « Nous devons pardonner, mais pas oublier. »

J.F. – Oui... ne pas oublier. C'est tout à fait juste. Mais ce raisonnement s'applique à des individus. Or, aujourd'hui, la criminalité est essentiellement organisée. C'est une criminalité politique, ce sont des terroristes comme l'E.T.A. militaire, ou bien l'IRA, ou comme les séparatistes sikhs il y a quelques années en Inde. C'est aussi la criminalité organisée de la mafia, italienne, russe, chinoise ou colombienne. C'est-à-dire qu'il s'agit de bandes qui, soit par intérêt, soit par fanatisme idéologique estiment qu'elles ont droit au crime. Ce n'est pas alors telle ou telle personne qu'il suffirait d'amender. Quand on arrête Toto Rina, le chef de la mafia sicilienne, à Palerme, c'est un très grand succès pour la police italienne, mais, dans les trente secondes, Toto Rina a été remplacé par quelqu'un d'autre à la tête de la mafia. Donc, le véritable adversaire, c'est l'organisation, et non pas tel ou tel individu. Or, il se trouve que la société a tendance à sécréter sans arrêt des associations de malfaiteurs dont le but est l'appât du gain ou l'influence politique, ou les deux. Et la société n'a guère d'autres moyens de se défendre contre elles que l'utilisation de la violence. C'est une contre-violence.

M. – Le crime organisé n'est finalement qu'une assemblée de criminels. Mettre les criminels hors d'état de nuire ne fait que pallier le mal, que supprimer les symptômes. Mais si l'on veut remédier aux causes, c'est bien les individus qu'il faut réformer, qu'il faut aider à se transformer.

D'où naît la violence?

JEAN-FRANÇOIS – Ce dont nous venons de parler nous conduit à un problème métaphysique – si toutefois la mafia peut amener à un problème métaphysique –, à savoir le problème du Mal. A ce sujet, j'aimerais bien connaître la position du bouddhisme, car ce qui caractérise les grandes religions et les grandes philosophies occidentales, c'est d'accepter de poser le problème du Mal. C'est-à-dire d'accepter l'idée qu'il existe un Mal en soi. C'est un des grands problèmes de la métaphysique et de la morale, à la fois dans les grandes religions et dans les grandes philosophies, dans le christianisme en particulier, où la notion du Mal est liée à la notion de péché originel. Et dans les grandes philosophies – prenons les philosophies classiques, le cartésianisme, Leibniz –, l'éventualité du Mal pose un problème angoissant pour ces philosophes, qui étaient en même temps chrétiens et dont le système philosophique lui-même repose sur l'idée de divinité, d'un Dieu tout-puissant identifié à l'intelligence suprême et en même temps à la bonté souveraine. Comment permet-il le mal? C'est un problème qui n'a jamais été résolu dans les termes et le contexte métaphysique où il a été posé. Toutes les solutions qu'on a proposées pour surmonter cette contradiction sont très spécieuses. Le bouddhisme admet-il l'existence du Mal en soi?

MATTHIEU – C'est une question importante. La nature de bouddha est présente en chaque être comme l'huile dans le grain de sésame. Cette perfection inhérente à tout être ne demande qu'à être exprimée ou actualisée, dans la mesure où l'on écarte les voiles de l'ignorance et des émotions perturbatrices qui se sont formés sous l'influence de cette ignorance. La nature essentielle de l'homme est donc parfaite, mais il est très facile à celui-ci de déraper, de s'engager dans des modes de pensées négatifs qui se traduisent par des paroles et des actes nuisibles. Par conséquent, cela ne veut pas dire que l'homme est bon comme le « bon sauvage » de Rousseau, car si on laisse les êtres ordinaires s'exprimer à l'état sauvage, ce sont rarement les meilleurs cotés qui font surface. Leur bonté essentielle n'apparaît que lorsqu'ils ont actualisé leur nature profonde.

J.F. – Il n'y a donc pas eu, comme dans le christianisme, de chute originelle dans le péché?

M. – Il n'y a pas eu de chute ni de péché, simplement un oubli de notre nature originelle, un assoupissement, une amnésie. Et, une fois cette nature oubliée, la distinction entre soi et autrui apparaît, avec toutes les tendances liées à l'attraction et à la répulsion, l'égocentrisme qui donnent naissance aux émotions négatives et à la souffrance.

J.F. – D'où viennent-elles? Si l'homme est foncièrement bon, comment se sont formées ces tendances négatives?

M. – En vérité, les émotions et la souffrance ne se sont jamais « produites », puisque rien n'a de réalité solide et que, lorsqu'on atteint l'Eveil, on se réveille en quelque sorte d'un mauvais rêve. L'ignorance n'a jamais vraiment existé. Un être éveillé comme le Bouddha voit l'ignorance des êtres comme quelqu'un qui lirait dans les pensées d'un dormeur en proie à un cauchemar : il connaît la nature du cauchemar, il n'en est pas dupe lui-même.

J.F. – Belles images! Même si le mal n'est qu'une apparence, il nous torture. Cela ne fait que déplacer le problème. Si tout est foncièrement bon dans la réalité, comment le Mal apparaît-il?

M. – Il « apparaît » en effet, mais il n'a pas d'existence propre. Lorsqu'on prend une corde pour un serpent, le serpent n'a jamais existé. L'erreur n'a donc qu'un mode d'existence purement négatif, elle n'a pas d'existence propre. C'est parce que la nature ultime de l'ignorance est la connaissance que l'ignorance peut être dissipée. On peut laver un morceau d'or, mais on ne saurait blanchir un morceau de charbon.

J.F. – Bien que la formulation ne soit pas la même que dans le christianisme ou dans les métaphysiques classiques du xviie siècle et du début du xviiie siècle, le problème est un peu le même. Nos philosophes occidentaux peinent à expliquer comment un Dieu qui n'est que bonté a pu permettre l'existence du Mal dans la nature. On a beau dire que le Mal n'est qu'une illusion, qu'il n'est que relatif à une situation, qu'en soi il n'existe pas vraiment, il n'empêche que cette réponse n'est pas satisfaisante.

M. – Lorsqu'on n'est pas conscient de la nature véritable des choses, on s'attache à leur mode apparent. La dualité entre soi et autrui, beau et laid, plaisant et déplaisant, etc. se développe et déclenche tout un enchaînement de facteurs mentaux perturbateurs. L'ignorance apparaît ainsi comme un voile qui fait oublier à l'homme sa nature véritable et le conduit à agir à l'encontre de sa nature profonde. C'est comme une déviation, un mirage qui attire l'esprit vers ce qui nuit à lui-même et à autrui.

J.F. – Mais pourquoi ces facteurs négatifs, ces « agents du mal » apparaissent-ils? S'il est en l'homme une bonté fondamentale, ils ne devraient pouvoir se manifester ?

M. – L'ignorance est une « possibilité », qui par là même se trouve appelée à s'exprimer. L'ignorance apparaît au sein de la connaissance, mais n'appartient pas à la nature ultime de la connaissance. Sa nature est illusoire. De ce fait, lorsque la connaissance est réalisée, il ne s'est en réalité rien passé. C'est un sujet très difficile à traiter en quelques mots. Pour employer des termes plus simples, l'ignorance est une méprise accidentelle, un oubli soudain qui ne change rien à la nature ultime de l'esprit mais crée une chaîne d'illusions, comme le cauchemar ne change rien au fait que l'on est confortablement allongé dans le lit mais n'en peut pas moins engendrer une grande souffrance mentale. Cette explication, dût-elle sembler tirée par les cheveux, renvoie à un fait d'expérience contemplative. Celui qui se réveille n'a nul besoin d'explications pour comprendre la nature illusoire de son rêve.

J.F. – Mais ces événements inexistants ne l'ont pas moins fait souffrir ?

M. – Effectivement, même en rêve la souffrance est bel et bien souffrance pour celui qui la vit, et la nature illusoire de la souffrance ne diminue en rien la nécessité d'y remédier. C'est ce qui justifie la voie spirituelle. Quant à son apparition, elle est régie par les lois de cause à effet : les résultats de nos actes, de nos paroles et de nos pensées. Mais en ultime analyse, une seule chose est toujours présente : la perfection inhérente. L'or ne change jamais, même enfoui dans la terre ; le soleil brille de façon continue, même voilé par les nuages.

J.F. – Enfin, ouais... la réponse ne me satisfait pas. C'est un peu la réponse de Leibniz pour résoudre l'antinomie entre un monde dans lequel le Mal existe et son créateur, un dieu souverainement bon ! On se tortille à force d'expliquer que l'apparition du Mal dans le monde n'est pas due à Dieu lui-même, mais à toutes sortes de facteurs adventices. Or, de deux choses l'une : ou il est tout-puissant, et alors il est responsable du Mal, ou il n'est pas tout-puissant, et alors il n'est pas Dieu !

M. – C'est bien l'un des raisonnements qu'utilise le bouddhisme pour réfuter l'idée d'un créateur tout-puissant.

J.F. – Leibniz, avec son imagination métaphysique absolument intarissable, a forgé la fameuse théorie du meilleur des mondes possibles, dont s'est moqué Voltaire dans *Candide*. Voltaire met en scène Candide et Pangloss, philosophe leibnizien. Dans les ruines de Lisbonne que vient de détruire un tremblement de terre, et pendant que les victimes gémissent sous les décombres fumants, le maître explique à son disciple que nous vivons dans le meilleur des mondes possibles. C'est une illustration ironique mais frappante de ce qu'il y a là, véritablement, un problème insoluble. Dans sa fameuse théorie, Manès affirmait l'existence de deux puissances autonomes et distinctes dans le monde, le principe du Bien et le principe du Mal, ce qui a donné une doctrine qui s'appelle le manichéisme. Elle a été réfutée et condamnée comme une hérésie par l'Eglise et, en général, récusée par les philosophes, en particulier par Emmanuel Kant. C'est un problème métaphysique qui, même sur le plan verbal, est des plus difficiles à résoudre. En tous cas, ce qui distingue le bouddhisme du christianisme, c'est son refus de la notion de péché, du péché originel en particulier.

M. – La grande « vertu » de la faute, du « péché », c'est précisément qu'elle n'a pas d'existence réelle. De ce fait, il n'y a pas d'acte négatif ou de pensée négative qui ne puisse être dissout, purifié ou réparé.

J.F. – D'autre part, Dieu ne peut être accusé d'être l'auteur du Mal, puisque Dieu n'existe pas !

M. – Nous sommes nous-mêmes responsables de

nos maux. Nous sommes les héritiers du passé et les maîtres du futur. Il n'y a pas de « bien » et de « mal » en soi, il y a des actes et des pensées qui conduisent à la souffrance, et d'autres au bonheur. De plus, ce qui est essentiel, ce n'est pas tant le problème métaphysique de la souffrance ou du mal que le moyen d'y remédier. Un jour le Bouddha prit une poignée de feuilles dans ses mains et demanda à ses disciples : « Y-a-t-il plus de feuilles dans mes mains ou dans la forêt ? » Les disciples lui répondirent qu'il y avait, certes, plus de feuilles dans la forêt. Le Bouddha continua : « De même j'ai réalisé plus de choses que je n'en ai montrées, car il est de nombreuses connaissances qui sont inutiles pour mettre fin à la souffrance et atteindre l'Eveil. »

J.F. – Si l'homme est « bon », comment expliquer tant de violence ?

M. – On peut comprendre cette idée de « nature véritable » dans le sens d'un état d'équilibre de l'être humain, et la violence, comme un déséquilibre. La preuve que la violence n'est pas dans la nature profonde de l'homme, c'est qu'elle provoque la souffrance à la fois de celui qui la subit et de celui qui l'inflige. L'aspiration intime de l'homme est le bonheur. Ne dit-on pas de quelqu'un dominé par la haine qu'il est « hors de lui », qu'il « n'est plus lui-même » ? Assouvir sa haine en tuant quelqu'un n'a jamais apporté la moindre paix, le moindre sentiment de plénitude au meurtrier, si ce n'est parfois une jubilation malsaine de courte durée. Bien au contraire, le tueur se retrouve dans un état de profonde confusion, d'angoisse, qui le conduit parfois à se suicider.

On peut aussi devenir insensible au crime, comme ces enfants africains que des mercenaires forcent tout d'abord à exécuter un membre de leur famille, afin de détruire en eux toute sensibilité et d'en faire des tueurs implacables. Certains des francs-tireurs serbes de Sarajevo disaient que tuer était devenu si naturel, qu'ils ne pouvaient envisager d'autres activités. Quand on leur demandait : « Si un de vos anciens amis musulmans passait dans le champ de votre viseur, est-ce que vous tireriez ? » Ils répondaient « oui ». Il est évident que ces francs-tireurs avaient perdu contact avec leur véritable nature. Ne dit-on pas des criminels invétérés qu'ils « n'ont plus rien d'humain ». En revanche, lorsqu'il advient que des ennemis jurés, qui ont longtemps éprouvé une puissante haine l'un envers l'autre, se réconcilient, ils ressentent un immense soulagement, une grande joie, qui viennent sans doute des retrouvailles avec leur véritable nature.

J.F. – Je suis moins optimiste que toi au sujet des remords des grands criminels, qui les pousseraient au suicide. Je constate que Staline est mort dans son lit, que Mao est mort dans son lit, que Franco est mort dans son lit et qu'Hitler s'est suicidé parce qu'il était vaincu, et pas du tout parce qu'il éprouvait un quelconque repentir pour les crimes qu'il avait commis. Je suis au regret de constater que Sadam Hussein ne s'est pas encore suicidé et qu'il continue à fusiller des gens tous les jours et à leur couper les oreilles, puisque c'est la nouvelle mode. Il fait couper les oreilles des déserteurs, et il fait pendre les médecins et les chirurgiens qui refusent de pratiquer cette opération. Le repentir suicidaire des criminels est statistiquement marginal.

M. – Il ne s'agit pas de remords mais de souffrance, d'absence totale de paix intérieure. Mao est mort presque dément, sa femme s'est suicidée, Staline a demandé sur son lit de mort qu'on assassine sa maîtresse, parce qu'il ne supportait pas qu'elle soit avec d'autres.

J.F. – Je suis très pessimiste en ce qui concerne l'éradication du mal. Je crois, contrairement à ce que croyait Rousseau, que l'homme est mauvais et que c'est la société qui le rend bon, quand cette société se constitue selon le droit. De temps en temps, *quelques* types de sociétés peuvent rendre l'homme un peu moins mauvais. Et pourquoi ? Parce que le mal est irrationnel.

M. – Je dirais : contre nature.

J.F. – S'il existait un usage de la violence et une pratique du mal que je pourrais définir comme... réalistes, ce serait bien sûr condamnable sur le plan moral, mais au moins, on pourrait discuter ! J'entends par réaliste : si les gens n'utilisaient la violence que dans leur intérêt, selon un calcul pour atteindre un objectif déterminé. Ce serait un usage égoïste et cynique de la violence, mais rationnel. Déjà, cela en limiterait l'emploi. Surtout, ce serait fondé sur un raisonnement, amoral sans doute, mais auquel on pourrait en opposer un autre, encore plus réaliste.

Malheureusement, on constate que l'usage de la violence est le plus souvent un usage tout à fait fou, qui va bien au-delà de la recherche d'objectifs réalistes. L'usage le plus redoutable de la violence, pour reprendre les exemples les plus récents de l'Algérie, de l'ex-Yougoslavie ou du Rwanda, est un usage psychopathique. Le véritable intérêt des divers peuples qui composent la Yougoslavie aurait été de procéder à des négociations réalistes. Prenons la plupart des guerres : les fauteurs de guerre vont très au-delà des objectifs politiques et stratégiques qu'ils auraient pu s'assigner au départ. Qu'Hitler veuille reconquérir la rive gauche du Rhin, qu'il veuille reconquérir certains territoires qu'il considérait comme allemands en Tchécoslovaquie pourrait passer pour de la real-politik. Mais qu'il se lance dans une guerre totale contre l'univers entier, qu'il extermine tous les juifs d'Europe ou presque, qu'il se lance ensuite dans une folle expédition contre l'Union Soviétique qui était son alliée, tout cela ne peut s'expliquer que par un comportement suicidaire, qui fut aussi celui du peuple allemand. Il était évident, à la lumière d'une analyse sommairement rationnelle, que cette opération ne pouvait pas réussir.

Les gens qui utilisent la violence vont souvent très au-delà des objectifs concrets : lorsque la Convention eut écrasé la révolte vendéenne, et alors qu'il n'y avait plus aucun danger militaire aux frontières, c'est à ce moment-là que se sont produits les pires massacres de populations civiles. L'histoire chinoise contient d'innombrables récits d'empereurs ou de féodaux qui ont fait décapiter dix, quinze ou trente mille personnes, alors qu'au point de vue des objectifs réalistes, c'était parfaitement inutile. Un désir purement sadique de faire couler le sang. Pour en revenir à un autre exemple que donne également Luc Ferry dans son livre, sur lequel, dit-il, le bouddhisme n'aurait pas de prise, c'est le génocide du Rwanda.

M. – Il est évident que, dans l'immédiat, le bouddhisme ne peut avoir aucune prise sur le génocide du Rwanda ! Mais je te ferai remarquer que personne n'a rien pu faire contre ce génocide et que les grandes politiques soi-disant réalistes, le grand Nouvel Ordre international des puissances occidentales, ont été impuissants à le prévenir comme à l'arrêter.

J.F. – Mais ce qui est plus frappant encore, c'est que ce génocide du Rwanda, on n'en voit absolument pas la finalité. Quand le criminel commet un crime qui lui rapporte quelque chose, je le condamne, mais je le comprends. J'explique en tous cas son acte par une avidité, une volonté de puissance, un calcul réaliste. Mais lorsque cela n'a aucun sens, lorsque cette extermination massive d'êtres humains est totalement dépourvue d'intérêt pour qui que ce soit et ne rapporte rien à personne, on est bien obligé d'envisager l'existence du Mal en soi – ou en l'homme.

M. – Il s'agit plus d'une perte de tout repère, qui se produit lorsque l'on dérape hors de notre véritable nature. Tout devient possible. C'est une sorte de méprise profonde, d'amnésie. Ce que tu dis recoupe l'idée de certains auteurs qui ont étudié ce type d'événements au cours de l'histoire et concluent que lorsqu'on laisse les individus d'un groupe totalement livrés à eux-mêmes, sans aucun élément régulateur – principes spirituels ou conventions humaines – ils finissent par s'entre-tuer.

J.F. – Comment le prouvaient-ils ?

M. – Par des exemples comme ceux de la Bosnie et du Rwanda : à partir du moment où il est admis qu'on peut tuer son voisin, on se met à tuer tous les voisins, même si jusque-là on était en bons termes avec eux. Les rescapés de la mutinerie du Bounty, bien qu'unis dans un même combat au départ, se sont entre-tués sur l'île où ils s'étaient installés. Former ainsi des groupes qui s'exterminent les uns les autres avait peut-être une raison d'être biologique au temps des tribus préhistoriques, mais ce trait de comportement est totalement irrationnel dans notre société actuelle.

J.F. – Chacun se prétend en état de légitime défense pour justifier son acte. Ce qui est certain, c'est qu'aucun raisonnement n'a de prise sur de tels groupements d'individus.

M. – Mais même si cette tendance à la violence existe, le propre de l'intelligence est d'y remédier, de ne pas céder à son influence. Car d'où vient cette haine ? Si l'on va à sa source même, tout a commencé par une simple pensée.

J.F. – Oui. Au Rwanda, ce n'est que de la haine à l'état pur. Pour reprendre l'exemple de la Bosnie, à l'origine chacun a des revendications territoriales qu'il considère comme justifiées par l'histoire, la géographie, l'occupation du terrain par ses propres membres, etc. Au départ, nous avons de la géopolitique classique, dont on pourrait discuter si on avait affaire à des négociateurs rationnels. Mais personne ne veut négocier. Alors, on fait la guerre. A ce point, c'est encore une guerre qu'on peut appeler rationnelle, la guerre selon Clausewitz, la politique poursuivie par d'autres moyens. Et puis on en arrive au bain de sang complètement injustifié, qui non seulement dépasse l'objectif politique qu'on s'était fixé, mais le rend inaccessible. Parce que la tuerie est enfin devenue tellement inacceptable, que la communauté internationale intervient, tente de mettre tout le monde sous contrôle, envoie des troupes sur place, et on entre malgré cela dans l'anarchie sanguinaire complète où les Croates tuent les Musulmans, les Musulmans tuent les Croates, les Serbes tuent tout le monde et, des années durant, on n'arrive pas à faire respecter le moindre accord de paix. Donc, en réalité, on a assisté à l'auto-destruction de toutes les communautés impliquées.

M. – Je voudrais placer cela non pas au niveau de l'analyse des causes politiques ou géographiques, mais des processus mentaux qui conduisent à l'éruption de la haine.

J.F. – Je dis bien aussi que les causes politiques et géographiques n'expliquent rien, car si on n'avait tenu compte que de cela, on aurait pu procéder à un règlement rationnel.

M. – C'est là que l'analyse bouddhiste prend tout son intérêt. Que ce soit pour des revendications territoriales, pour le partage des eaux d'irrigation, etc. toutes les causes de conflit dans le monde viennent de cette idée qu' « on me cause du tort », suivie d'un sentiment d'animosité. Cette pensée négative est une déviation de l'état naturel, et, de ce fait, une source de souffrance. Il est donc clair qu'il faut maîtriser nos pensées avant qu'elles n'envahissent notre esprit, tout comme il faut éteindre un feu dès les premières flammes, avant que la forêt tout entière ne s'embrase. Il est en effet très facile de s'écarter dans des proportions considérables de la « bonté de base » qui est en nous.

J.F. – Mais comment expliquer qu'on s'en écarte beaucoup plus souvent qu'on ne lui reste fidèle?

M. – Lorsque l'on suit un chemin de montagne, il en faut peu pour faire un faux pas et dévaler la pente. Le but fondamental d'une « discipline » spirituelle, c'est d'être toujours d'une parfaite vigilance. L'attention, la présence éveillée sont des qualités fondamentales que la vie spirituelle nous aide à développer. L'idéal est d'être en même temps parfaitement serein et vigilant.

J.F. – Oui. Mais si, pour éradiquer le mal du monde, on doit attendre que six milliards d'individus parviennent à cette vie spirituelle, nous risquons d'attendre longtemps!

M. – Comme dit un proverbe oriental : « Avec de la patience, le verger devient confiture. » Que ce doive être long n'enlève rien au fait qu'il n'y pas d'autre solution. Même si globalement la souffrance ne cesse de surgir, la seule manière d'y remédier est la transformation des individus. Cette transformation peut s'étendre ensuite de l'individu à sa famille, puis au village et à la société. Certaines sociétés sont parvenues à établir des micro-climats de paix, à certains moments de leur histoire. Ce but peut être atteint, dans la mesure où chacun y met du sien, où le sens de la « responsabilité universelle » des êtres les uns envers les autres prend de l'ampleur.

Sagesse, science et politique

MATTHIEU – Que penses-tu de cette citation d'Erwin Schrödinger, le grand physicien qui a reçu le Nobel de physique en 1933 : « L'image que donne la science du monde autour de moi est très déficiente. Elle fournit une quantité d'informations factuelles, met toute notre expérience dans un ordre cohérent magnifique mais est affreusement silencieuse pour tout ce qui est vraiment proche de notre cœur, ce qui compte vraiment pour nous ».

JEAN-FRANÇOIS – Je dirai qu'il s'agit-là d'une banalité. L'idée que la science ne parle pas au cœur de chacun d'entre nous dans la quête individuelle du bonheur n'est pas très originale ! Du reste, la science n'a jamais prétendu répondre à cette question, sauf peut-être les sciences humaines. L'échec de l'Occident, ce n'est pas la science. Au contraire, la science, c'est le succès de l'Occident. Le problème qui se pose, c'est de savoir si la science suffit. Or, il y a tout un domaine où, de toute évidence, elle ne suffit pas. Aussi l'échec de l'Occident est-il d'abord l'échec de la culture occidentale non scientifique, en particulier l'échec de sa philosophie. En quel sens sa philosophie a-t-elle échoué ? Disons qu'en gros, jusqu'au XVIIᵉ siècle, jusqu'à Descartes et Spinoza, la double dimension de la philosophie telle qu'elle se pratiquait depuis sa naissance subsistait. D'une part, la dimension scientifique – ou la visée scientifique. Et puis l'autre dimension, la conquête de la sagesse, la découverte d'un sens donné à la vie humaine, et éventuellement à une vie au-delà de la vie humaine. Cette double dimension de la philosophie, nous la trouvons encore chez Descartes, bien que Descartes parle d'une morale « provisoire ». Mais chez lui, la philosophie est encore à la fois science et sagesse. Cependant, la dernière philosophie où les deux aspects sont menés de front et se rejoignent, c'est la philosophie de Spinoza. En elle se déploie pour la dernière fois l'idée que la connaissance suprême s'identifie à la joie du sage, qui, ayant compris comment fonctionne le réel, connaît par là même la félicité, le souverain bien.

M. – Mais alors pourquoi la philosophie ne fournit-elle plus de modèles de vie ?

J.F. – Au cours des trois derniers siècles, la philosophie abandonne sa fonction de sagesse. Elle se limite à la connaissance. Mais, au même moment, elle est progressivement détrônée de sa fonction scientifique par la science elle-même. Au fur et à mesure qu'apparaissent l'astronomie, la physique, la chimie, la biologie, que ces sciences se développent, deviennent autonomes et suivent des critères qui n'ont plus rien à voir avec les méthodes de pensée des philosophes, à partir de ce moment-là – comme Kant l'a très bien dit dans *la Critique de la raison pure*, même si les philosophes n'en ont guère tenu compte par la suite – la fonction scientifique de la philosophie se vide pour ainsi dire de son objet. Elle est, au fond, tuée par son propre succès, puisque son but avait été de donner naissance à ces diverses sciences. Quant à l'autre volet, celui de la sagesse, qui comporte à la fois la recherche de la justice et la recherche du bonheur, il n'est plus affirmé sur le plan personnel, celui de la conquête d'une sagesse individuelle, comme c'était encore le cas chez Montaigne ou Spinoza.

M. – N'est-ce pas là le problème majeur de l'Occident?

J.F. – Pas nécessairement, car au xviiiᵉ siècle ce deuxième volet se déplace sur le terrain politique. La conquête de la justice, la conquête du bonheur vont devenir l'art d'organiser une société juste, qui rende ses membres heureux à travers la justice collective. Autrement dit, la conquête à la fois du bien, de la justice et du bonheur, cela va être la Révolution, sociale, culturelle et politique. A ce moment-là, toute la branche morale de la philosophie s'incarne dans les systèmes politiques. Au xixᵉ siècle, nous entrons dans l'ère des grandes utopies qui veulent reconstruire la société des pieds à la tête.

La principale de ces utopies est le socialisme, et plus particulièrement le marxisme, qui va dominer la pensée politique presque jusqu'à la fin du xxᵉ siècle. La fonction morale de la philosophie se donne pour but, dans cette perspective, de construire à partir de zéro une société intégralement juste. La première tentative majeure dans ce sens est la Révolution française, où émerge le concept moderne de révolution. A partir du moment où les auteurs d'une révolution ont en tête un modèle de société qu'ils considèrent comme parfait, ils estiment avoir le droit de l'imposer, et au besoin de supprimer ceux qui résistent à cette tentative. Ce sera encore plus net quand le marxisme-léninisme pourra s'offrir une réalisation concrète avec la révolution bolchevique, et plus tard en Chine avec Mao. Tous ces systèmes ont en commun une idée centrale, à savoir que la recherche du bien, la construction de « l'homme nouveau » passent par l'utopie au pouvoir, la transformation révolutionnaire de la société.

M. – En quoi consiste la morale, si le sens de la liberté et de la responsabilité personnelle est oblitéré par le système politique?

J.F. – Elle consiste à servir cet idéal, à faire que l'on

puisse réaliser la Révolution absolue. Il n'y a donc plus de morale individuelle, plus de recherche de la sagesse personnelle. La morale individuelle, c'est la participation à une morale collective. Dans le fascisme et le nazisme, on voit aussi cette idée de la régénération de l'homme. Pour Mussolini comme pour Hitler, la société bourgeoise, capitaliste, avec le système parlementaire asservi à l'argent, à la ploutocratie, aux juifs, est immorale. Il s'agit de régénérer l'homme en bâtissant de pied en cap, de zéro à l'infini, une société entièrement nouvelle et en « liquidant » tout ce qui est soupçonné de s'y opposer. L'action révolutionnaire a remplacé la philosophie, et même la religion.

M. – Avec le « succès » que l'on connaît en Russie, et malheureusement encore aujourd'hui en Chine. Le problème avec ce genre d'utopies qui ne reposent pas sur le développement des qualités humaines, c'est que même lorsqu'elles prêchent l'égalitarisme, le partage des biens, par exemple, ces idéaux sont vite contournés, et ceux qui détiennent les rênes du pouvoir en font un instrument d'oppression et d'exploitation de leurs « camarades ».

J.F. – Tous ces grands systèmes ont échoué. Ils se sont fracassés dans le Mal absolu. Et même, les dernières manifestations de cette ambition ont dévoilé les caractères les plus outranciers – par exemple au Cambodge, où Pol Pot a poussé la logique du système à sa dernière extrémité. Pour créer un homme nouveau, éradiquer le passé et fabriquer une société qui sera enfin absolument juste, il faut commencer par détruire tous les hommes qui existent actuellement et sont plus ou moins corrompus par les sociétés précédentes. Sans aller tous jusqu'à ces excès caricaturaux et mortifères, la majorité des intellectuels, depuis trois cents ans, admettent que la moralisation de l'homme et l'accomplissement de la justice passent par la création d'une société nouvelle plus juste, plus équilibrée, plus égalitaire.

L'échec pratique et le discrédit moral des systèmes politico-utopiques, qui est l'événement majeur de cette fin du vingtième siècle, c'est cela que j'appelle l'échec de la civilisation occidentale, dans sa partie non-scientifique. La réforme sociale devait remplacer la réforme morale, et elle a conduit au désastre, de sorte que l'on se trouve maintenant complètement désemparé, devant un vide. D'où le regain d'intérêt pour les philosophies plus modestes qui consistent à donner quelques conseils pratiques, empiriques, spirituels, moraux, sur la manière de conduire son existence quotidienne ; et d'où le regain de curiosité pour les doctrines de sagesse qui, comme le bouddhisme, parlent de l'homme et de la compassion et ne prétendent pas refaire le monde en le détruisant, ni régénérer l'humanité en l'assassinant. Ce regain s'explique par cette fantastique faillite des grands systèmes politiques, des grandes utopies que je viens de décrire sommairement. La science n'a aucune responsabilité dans cette catastrophe, causée par un fanatisme qui lui était extérieur.

M. – Je pense qu'aucun bouddhiste ne contesterait ton analyse. Je me permettrai d'ajouter une ou deux idées, non pas pour critiquer la science en elle-même, mais afin de comprendre les raisons pour lesquelles la science, considérée hâtivement comme une panacée, peut, elle aussi, éclipser cette recherche de la sagesse. La science est essentiellement analytique et a donc tendance à se perdre dans la complexité inépuisable des phénomènes. La science aborde un champ de découvertes tellement vaste, qu'elle a absorbé l'intérêt et la curiosité des plus brillants cerveaux de notre époque. Cela fait penser à une interminable ruée vers l'or. La spiritualité, elle, a une approche très différente, elle envisage les principes qui sous-tendent la connaissance et l'ignorance, le bonheur et le malheur des êtres. La science ne considère que les preuves matérielles ou mathématiques, alors que la spiritualité reconnaît la validité de la conviction intime qui naît de la vie contemplative.

J.F. – Attention ! Il faut distinguer la science et le scientisme. L'exemple des réussites de la science a eu pour effet de faire croire que l'on pouvait tout aborder d'une manière scientifique. Je rappelle que le phénomène de l'utopie contraignante que je viens de résumer très brièvement s'appelait socialisme « scientifique ». Il n'avait évidemment rien de scientifique. C'était tout le contraire. Mais ce qui est très intéressant, c'est qu'on prétendait appliquer à la réforme des sociétés humaines des critères scientifiques. Et ça, c'est un détournement pervers de la notion de science qui a fait beaucoup de dégâts.

M. – Le risque de la science, la vraie, c'est d'aller trop loin dans son élan analytique et d'aboutir à une dispersion horizontale des connaissances. Un proverbe arabe dit que, quand on commence à compter, on ne s'arrête plus. Lorsque j'ai étudié la géologie à la faculté des sciences, nous avons fait des travaux pratiques sur la morphologie des grains de sable. Il y en avait des « ronds polis », des « ronds luisants », etc. On pouvait en déduire l'âge des rivières, ou l'origine des grains, s'ils provenaient d'une rivière ou de l'océan. Cette étude peut passionner, mais en vaut-elle vraiment la peine ?

J.F. – Il se trouve que l'étude des grains de sable est très éclairante pour reconstituer l'histoire de la Terre, du climat, l'alternance des périodes de réchauffement et de glaciation. Ensuite, connaître les lois de la nature est incontestablement une aspiration de l'homme. La philosophie en est née.

M. – Je ne pense pas que ces études, aussi intéressantes soient-elles, doivent prendre le pas sur la recherche de la sagesse.

J.F. – Là où la science, la bonne science, est une forme de sagesse, c'est quand elle est totalement désintéressée. Les grandes découvertes scientifiques ont souvent été faites par des chercheurs à qui on disait : le domaine dans lequel vous vous évertuez ne sert à rien. Or la recherche obéit d'abord au désir de connaître, ensuite seulement à celui d'être utile. En outre, l'histoire de la science montre que c'est toujours au moment où les chercheurs n'obéissaient qu'à la curiosité intellectuelle qu'ils ont fait les découvertes les plus utiles. Mais ils ne cherchaient pas l'utilité au point de départ. Il existe donc une sorte de détachement dans la recherche scientifique, qui est une forme de sagesse.

M. – Encore faut-il que ce désir de connaître s'applique à quelque chose qui mérite qu'on y consacre son existence, et que cette « sagesse » conduise les chercheurs à faire d'eux-mêmes et d'autrui de meilleurs êtres humains. Sinon, de quelle sagesse s'agit-il ? La curiosité, même désintéressée, est-elle une fin en soi ?

J.F. – Tu rejoins Pascal... A mon avis, les limites de la culture scientifique dans notre société occidentale, c'est plutôt que tout le monde a la possibilité d'en bénéficier, mais que très peu de gens y participent. Seule une toute petite minorité sait comment fonctionne l'univers, la matière, la vie. Mais des millions de gens prennent chaque jour des cachets d'aspirine sans savoir pourquoi – y compris moi – l'aspirine agit sur leurs malaises passagers. Tous ceux qui profitent des moyens de transport n'ont absolument pas la possibilité de comprendre l'ensemble des connaissances qui ont conduit à permettre de fabriquer des avions, des ordinateurs. Quand on dit que l'humanité vit à l'âge scientifique, ce n'est pas vrai du tout ! Elle vit *parallèlement* à l'âge scientifique. Un analphabète total bénéficie de toutes les retombées de la science au même titre qu'un grand savant. Mais étant donné que même la majeure partie des populations occidentales, berceau de la science classique et moderne, ne participe pas de l'intérieur à la pensée scientifique, il faut leur offrir autre chose. Cette autre chose, ça a été les religions, jusqu'à tout récemment, et les utopies politiques. Les religions ne remplissent plus cette fonction, sauf l'Islam, et les utopies se sont effondrées dans le sang et le ridicule. Il y a donc un vide.

M. – Je voudrais mentionner la définition bouddhiste de la paresse, car elle rejoint notre discussion sur la science et la sagesse. On parle de trois formes de paresse. La première consiste simplement à passer son temps à manger et à dormir. La deuxième, c'est de se dire : « Quelqu'un comme moi n'arrivera jamais à se parfaire ». Dans le cas du bouddhisme, cette paresse conduit à penser : « Inutile d'essayer, je n'atteindrai jamais la réalisation spirituelle. » Le découragement nous fait préférer ne pas commencer à faire des efforts. Et la troisième, la plus intéressante dans notre cas, consiste à épuiser sa vie à des tâches d'importance secondaire, sans jamais en venir à l'essentiel. On passe son temps à essayer de résoudre des problèmes mineurs qui s'enchaînent sans fin comme les rides à la surface d'un lac. On se dit : « Quand j'aurai terminé tel ou tel projet, je m'occuperai de donner un sens à mon existence. » Je crois que la dispersion horizontale des connaissances relève de cette paresse, même si on œuvre avec diligence pendant toute une vie.

J.F. – Tu parles de problèmes « mineurs ». Ce n'est pas, à mon avis, la bonne distinction. Il vaudrait mieux parler de problèmes ayant un rapport avec la réalisation spirituelle et de problèmes sans rapport avec elle. Mais un problème peut être majeur et n'avoir pas de rapport avec la réalisation spirituelle.

M. – Tout dépend comment on le considère. La ruine financière est un problème majeur pour un banquier ambitieux, et mineur pour celui qui est las des affaires du monde. Mais revenons à la paresse. L'antidote contre la première forme de paresse – n'avoir envie que de manger et de dormir –, c'est de réfléchir à la mort et à l'impermanence. On ne peut prévoir ni le moment de la mort ni les circonstances qui la provoqueront. Donc, il n'y a pas un instant à perdre pour se tourner vers l'essentiel. L'antidote contre la deuxième paresse – celle qui nous décourage de nous engager dans une recherche spirituelle –, c'est de réfléchir aux bienfaits qu'apporte cette transformation intérieure. Et l'antidote contre la troisième – faire passer le détail avant l'essentiel –, c'est réaliser que la seule manière d'arriver au bout de nos projets sans fin, c'est de les laisser tomber et se tourner sans trop attendre vers ce qui donne un sens à l'existence. La vie est brève, et si l'on veut développer des qualités intérieures, il n'est jamais trop tôt pour s'y consacrer.

J.F. – Tu reprends la définition que Blaise Pascal donnait du « divertissement », lequel nous « détourne » de l'essentiel. Il classait dans le divertissement, lui aussi, la recherche scientifique, *libido sciendi,* où pourtant il avait excellé. C'est une erreur. De même qu'il ne faut pas demander à la science la réalisation spirituelle, il ne faut pas non plus croire que la réalisation spirituelle remplace la science. La science et la technologie répondent à un certain nombre de questions. Elles satisfont d'abord l'appétit de connaissances qui, après tout, est une dimension fondamentale de l'être humain. Et, par leurs applications pratiques, elles résolvent un grand nombre de problèmes humains. Je suis à cet égard un fils du XVIIIe siècle. Je crois au progrès technique. Je crois aux bienfaits du progrès technique, quand il est bien dirigé. Je crois à l'amélioration de la condition humaine par le progrès technique. Mais il laisse un vide dans ce que nous appellerons, en gros, le domaine moral, dans le domaine de la sagesse, dans le domaine de la recherche de l'équilibre personnel et du salut.

Ce vide, à mon sens, peut se remplir à deux niveaux. Le premier, c'est celui dont le bouddhisme est l'un des exemples. Et cela explique sa diffusion actuelle en Occident, qui est d'autant plus intéressante que, contrairement à l'islamisme intégriste, il ne fait aucune propagande militante. Il ne se rend quelque part que quand on lui demande de venir, ou bien lorsque – le malheureux – on l'oblige à y aller parce qu'on l'a expulsé. Et la deuxième dimension, le deuxième instrument pour remplir ce vide – et là, je reviens un peu à ce que j'ai dit tout à l'heure –, je crois que cela reste la réorganisation de la société politique. Je pense que l'intuition fondamentale du XVIIIe siècle reste juste. Seulement voilà, on s'y est mal pris. Moi, je crois en la valeur de la société démocratique – d'ailleurs le Dalaï-lama est d'accord avec ça –, à la moralité profonde du fait d'amener chaque individu à la capacité de participer à la responsabilité démocratique, à la possibilité d'exiger des comptes de ceux qu'il a élus pour exercer le pouvoir, c'est-à-dire de ses mandataires. La déviation socialiste ne doit pas nous faire croire que nous devons abandonner l'hypothèse de la construction de la société juste. L'écroulement des systèmes totalitaires ne doit pas nous détourner de penser qu'une certaine dimension de la justice passe par la construction d'une société mondiale juste, mais, tout au contraire, nous rappeler que nous avons pris un retard considérable dans cette construction en laissant les totalitarismes usurper l'ambition démocratique.

M. – Ce qui nous manque dans ce domaine, c'est une vision plus large, ce que le Dalaï-lama appelle le sens de la « responsabilité universelle ». Car il est inacceptable que certaines parties du monde se développent au détriment des autres.

SAGESSE, SCIENCE ET POLITIQUE

J.F. – Oui, mais chaque partie du monde fait ce qu'elle veut, y compris des bêtises.

M. – Pour revenir à l'échec de la philosophie moderne, ce qui me frappe le plus, dans les philosophies à partir du xvII⁰ siècle, c'est le peu d'usage que peuvent en faire ceux qui cherchent des points de repère, des principes pour donner un sens à leur vie. Coupées des applications pratiques que requiert toute voie spirituelle – dont le but est d'opérer une *véritable* transformation intérieure –, ces philosophies peuvent se permettre une prolifération d'idées sans entraves, de jeux intellectuels d'une complication extrême et d'une utilité infime. La séparation entre le monde des idées et celui de l'être est tel, que ceux qui promulguent ces systèmes philosophiques n'ont plus besoin d'en être eux-mêmes l'illustration vivante. Il est parfaitement admis, à l'heure actuelle, qu'on puisse être un grand philosophe tout en étant, sur le plan individuel, quelqu'un que personne ne songerait à prendre comme exemple. Nous avons déjà souligné que le principal attrait du sage est qu'il est l'illustration en chair et en os de la perfection qu'il enseigne. Et cette perfection ne se limite pas à la cohérence d'un système d'idées, elle doit transparaître et se manifester dans tous les aspects de sa personne. Un philosophe peut fort bien se perdre dans ses problèmes personnels, ou un savant dans ses émotions, alors qu'un disciple engagé sur une voie spirituelle saura qu'il fait fausse route s'il constate qu'au fil des mois et des années ses qualités humaines – bonté, tolérance, paix avec soi-même et avec autrui – déclinent au lieu de croître. J'expliquerai donc cet échec de la philosophie par le fait que les idées peuvent tourner à vide sans aucune répercussion sur la personne.

J.F. – Je crois que les exemples que tu viens de donner et qui surabondent dans les sociétés occidentales illustrent bien, précisément, la place vide laissée par la conquête scientifique, extraordinairement précieuse par ailleurs. Je n'ai connu qu'un seul penseur dont la manière de vivre au xxᵉ siècle correspondait totalement à ce qu'il écrivait. C'est Cioran, le moraliste français d'origine roumaine. Cioran qui est un auteur très pessimiste, avec une conscience aiguë des limites de l'existence humaine – de la finitude, comme disent les philosophes de l'humain –, vivait tout à fait en accord avec ses principes. A ma connaissance, il n'a jamais exercé aucune activité professionnelle précise, il a toujours refusé les honneurs. Une fois, je lui ai téléphoné pour lui proposer de recevoir un prix littéraire qui se trouvait par ailleurs assez bien doté. Comme je le savais fort besogneux, je pensais qu'il serait heureux de le recevoir. Il a refusé tout net en disant qu'il ne voulait absolument pas recevoir de récompense officielle, quelle qu'elle fût. Voilà un cas d'intellectuel qui a vécu en accord avec ses principes, ou en tous cas avec l'analyse qu'il faisait de la condition humaine.

Le tableau que tu viens de tracer résume ce qu'on pourrait appeler la plaie essentielle de la civilisation occidentale, c'est-à-dire, au fond, la discordance, le contraste, la contradiction entre les prouesses intellectuelles ou artistiques qu'un individu peut réaliser, et par ailleurs, la pauvreté fréquente de sa vie morale ou même de sa morale tout court. Et cela traduit effectivement le vide laissé par l'abandon de la recherche de la sagesse personnelle par la philosophie. Depuis le xviiᵉ siècle, cette place a été traditionnellement remplie par ce que nous appelons les moralistes. Les trésors de La Rochefoucauld, La Bruyère ou Chamfort apportent ce qu'il y a de plus juste dans la connaissance de la psychologie humaine. Mais ils ne tracent pas non plus de voie très précise quant à la manière de se comporter. Ils aboutissent à une certaine morale du retrait. Ils constatent que les hommes sont tous fous. Il n'y a que des ambitieux, des politiques à volonté de puissance démentielle, des courtisans serviles qui suivent ces politiques pour en soutirer des avantages, des tartuffes vaniteux qui s'imaginent avoir du génie ou qui se feraient couper en morceaux pour obtenir des honneurs dérisoires. Par conséquent, ne nous mêlons pas de tout ça, regardons ce spectacle en ricanant et gardons-nous bien de tomber dans ce genre de travers. Bon... on peut dire que c'est le début de la sagesse, mais ce n'est malheureusement pas une morale qui peut profiter à tous. La seule morale qui le puisse est celle qui consiste à construire une société juste.

L'effondrement des systèmes utopiques et totalitaires, qui constituaient une maladie de la pensée politique moderne, et le vide laissé en morale par les philosophies modernes, conduisent aujourd'hui à une morale très vague qu'on appelle les droits de l'homme, l'humanitaire... C'est déjà pas mal, mais cela reste mal défini... L'humanitaire consistant à aller soigner des malheureux et à leur apporter de la nourriture, est très estimable, et j'ai la plus grande admiration pour ceux qui accomplissent ces tâches. Seulement, ce n'est pas la peine d'éponger le sang d'une plaie si on ne fait rien pour la refermer. Ce n'est pas la peine d'envoyer des médecins au Libéria si on continue à laisser agir, et même à armer, les misérables brigands que sont les chefs de bande des diverses factions du Libéria. Par conséquent, il n'y a qu'une réforme politique qui puisse prendre les choses en amont et véritablement agir. Et de ce point de vue, la politique des droits de l'homme des démocraties, qui revient à faire du bout des lèvres quelques vagues déclarations chaque fois qu'on reçoit un dirigeant chinois ou vietnamien ou qu'on va le voir, tout en se prosternant à ses pieds pour obtenir des contrats, ça ne suffit pas !

M. – Tu me cites l'exemple de Cioran, un philosophe pessimiste qui vivait en accord avec sa pensée. Il y a là, je crois, une différence importante avec le sage.

266 LE MOINE ET LE PHILOSOPHE

Il ne suffit pas de vivre en accord avec sa pensée pour être un sage. Il faut aussi que cette pensée corresponde à une sagesse véritable, une connaissance qui libère l'esprit de toute confusion et de toute souffrance, une sagesse qui se reflète dans une perfection humaine. Sinon, à l'extrême, un Arsène Lupin ou, bien pire, un Joseph Staline peuvent eux aussi vivre en accord avec leur pensée. En ce qui concerne les systèmes politiques, personne, sauf ceux qui ont intérêt à ce que les valeurs démocratiques soient bafouées, ne conteste qu'à notre époque la démocratie est le système politique le plus sain. Mais la démocratie, c'est un peu comme une maison vide... Il faut savoir ce que les habitants vont faire dans cette maison : vont-ils l'entretenir, l'embellir ou la laisser s'effondrer petit à petit ?

J.F. – Très juste.

M. – Ce qui est négligé, dans le concept des droits de l'homme, c'est la responsabilité de l'individu vis-à-vis de la société. Le Dalaï-lama met souvent l'accent sur la notion de responsabilité universelle qui est particulièrement nécessaire dans notre monde, qui a « rétréci », puisqu'on peut aisément être de l'autre côté de la terre en un jour. Il est bien évident qu'à moins que ne se développe un sens de la responsabilité chez tous les individus qui partagent cette terre, il sera très difficile d'appliquer les idéaux démocratiques.

J.F. – Ce que tu viens de décrire s'appelle tout simplement le civisme.

M. – Ce dont je me souviens des cours d'éducation civique, que je recevais à l'école communale, ne m'a guère inspiré ! On en revient donc immanquablement à la nécessité de l'amélioration de l'individu par lui-même, par des valeurs qui s'apparentent à la sagesse ou à la voie spirituelle, étant bien entendu que l'on parle ici d'une spiritualité qui n'est pas nécessairement religieuse.

J.F. – Comment la définir?

M. – Ceci nous amène à la notion d'altruisme, qui est souvent fort mal comprise. L'altruisme ne consiste pas à accomplir quelques bonnes actions de temps à autre, mais à être constamment préoccupé, concerné par le bien-être d'autrui. C'est une attitude très rare dans notre société. Dans un système réellement démocratique, une société doit maintenir une sorte d'équilibre entre le désir des individus d'obtenir un maximum pour eux-mêmes et le consensus général, qui définit la limite au-delà de laquelle ces désirs ne sont plus tolérables. Mais fort peu sont sincèrement concernés par le bien d'autrui. Cette mentalité affecte également le domaine de la politique, car ceux dont la tâche est de veiller au bien-être général envisagent souvent leur mission comme une carrière, au centre de laquelle leur personne occupe la place prééminente. Dans ces conditions, il leur est très difficile de faire abstraction de l'immédiat – leur popularité notamment – et de considérer ce qui est souhaitable à long terme pour le bien de tous.

J.F. – C'est en effet assez rare chez les hommes politiques!

M. – Le but de quiconque s'engage dans la vie politique et sociale ne devrait pas être de gagner les louanges et la reconnaissance des autres, mais d'essayer sincèrement d'améliorer leur sort. A cet égard, l'exemple de la protection de l'environnement est très révélateur d'un manque général de sens de la responsabilité. Bien que les conséquences nuisibles de la pollution, de l'extermination des espèces animales, de la destruction des forêts et des sites naturels soient incontestables et, dans la plupart des cas, incontestés, la majorité des individus ne réagit pas, tant que la situation ne lui devient pas personnellement intolérable. Des mesures sérieuses pour contrecarrer la diminution de la couche d'ozone ne seront probablement mises en vigueur que lorsqu'il ne sera plus possible au citoyen moyen de prendre des bains de soleil, ce qui commence à être le cas en Australie, et qu'il sera interdit aux enfants de regarder le ciel parce que les rayons ultra-violets seront trop dangereux pour leurs yeux, ce qui commence aussi à être le cas en Patagonie. Ces effets étaient prévisibles depuis longtemps, mais ils n'avaient pas encore présenté un danger immédiat pour le confort égoïste de chacun. Par conséquent, je crois que ce manque de responsabilité est une des grandes faiblesses de notre époque. Et c'est dans ce sens aussi qu'une sagesse personnelle et une pratique spirituelle peuvent être utiles.

J.F. – Je suis tout à fait d'accord... Néanmoins, ce que l'on appelle aujourd'hui en Occident avec quelque ironie « le droit de l'hommisme » et, par ailleurs l'écologisme, c'est un petit peu le substitut des idéaux politiques socialistes qui ont fait faillite. Ceux qui ont été de gauche pendant très longtemps, n'ayant plus de doctrine cohérente de transformation de la société, s'emparent de l'humanitaire et de l'écologie pour continuer à tyranniser leurs semblables.

M. – Ne tuons pas l'écologie dans l'œuf ! Elle a bien besoin de grandir en puissance et en efficacité. Je me rappelle, lorsque j'avais quinze ans, la parution du livre de Rachel Carson, *Printemps silencieux*, à une époque où les quelques personnes qui s'investissaient passionnément dans la protection de la nature étaient considérés comme d'excentriques « hommes des bois ».

J.F. – Je suis pour les droits de l'homme et pour la protection de la nature. Seulement, ce qui est tragique, c'est que le poids des idéologies qui ont fait faillite continue de peser sur ces causes nouvelles. On constate que ceux qui s'occupent de la défense des droits de l'homme et de l'environnement ont généralement deux poids deux mesures. Par exemple, la plupart des humanitaires sont plutôt de gauche. Ils seront donc très prompts à dénoncer l'existence de prisonniers politiques au Maroc. Pourquoi ? Parce que le Maroc est une monarchie traditionnelle, dans le camp américain, dans le camp occidental, et que c'est un pays capitaliste. En revanche, ils ont mis très longtemps à dénoncer les violations des droits de l'homme beaucoup plus graves commises en Algérie.

M. – Ou au Tibet...

J.F. – Ou au Tibet...Je parle de l'Algérie parce que l'Algérie était réputée un pays progressiste, ce qui était évidemment une amère plaisanterie. Et le Tibet est occupé par la Chine, autre pays « progressiste ». Or, les deux tiers de l'intelligentsia française s'est joyeusement roulée aux pieds gelés et ensanglantés de Mao Tse Toung pendant dix ans. Il en va de même pour l'environnement : Greenpeace, lors de la catastrophe de Tchernobyl, a fait des manifestations contre quelles centrales nucléaires ? Celles de l'Occident ! Qui étaient beaucoup plus sûres ! Mais Greenpeace n'a pas organisé le moindre rassemblement contre l'U.R.S.S. !... Que Greenpeace se soit agité contre les expériences nucléaires françaises dans l'océan Pacifique en 1995, c'est son droit... Mais que cette même organisation se montre pour le moins discrète à propos de pollutions considérablement plus graves, celles des déchets nucléaires russes, « ex-soviétiques », dans l'océan Arctique, où se déversent en outre je ne sais combien de millions de tonnes de barils de pétrole dûs aux oléoducs russes qui fuient... alors là ! je ne peux plus croire à son honnêteté. Aussi longtemps que le combat pour les droits de l'homme, ou contre les pollutions, sera déséquilibré par les vieilles idéologies, les vieux partis pris qui font que ceux qu'on appelle les « écolos » sont, en gros, des gauchistes, eh bien, on n'obtiendra aucun résultat ! De tels combats ne peuvent être respectés que s'ils sont menés en fonction des réalités, et non des préjugés de ceux qui les mènent.

M. – Je voudrais également ouvrir une parenthèse pour souligner qu'on parle toujours des droits de « l'homme », mais le fait de limiter ces droits à l'homme reflète, dans des démocraties qui se disent laïques, les valeurs judéo-chrétiennes, qui demeurent le fondement de la civilisation occidentale. Selon ce point de vue, les animaux n'ont pas d'âme et ne sont là que pour la consommation des humains. C'est une idée propre à certaines religions, mais qui n'est plus acceptable au niveau mondial.

J.F. – Il existe une Association de défense des droits de l'animal, en Occident.

M. – Il ne semble pas qu'elle ait le pouvoir de modifier les lois qui considèrent les animaux comme des « produits agricoles ». Et je voudrais citer ici une phrase de Léonard de Vinci, qui écrit dans ses carnets : « Le temps viendra où les gens comme moi considéreront l'assassinat d'un animal comme ils considèrent aujourd'hui l'assassinat d'un homme. » Tandis que George Bernard Shaw disait : « Les animaux sont mes amis... et je ne mange pas mes amis. » Il ne s'agit pas de nier qu'il existe des différences d'intelligence entre les animaux et les êtres humains, et que, d'un point de vue relatif, la vie d'un être humain ait plus de valeur que la vie d'un animal. Mais pourquoi le droit de vivre serait-il l'apanage des seuls humains ? Tous les êtres vivants aspirent au bonheur et tentent d'échapper à la souffrance. Donc, s'arroger le droit de tuer, à longueur d'année, des animaux par millions, c'est tout simplement exercer le droit du plus fort. Il y a encore quelques siècles, on considérait que la traite du « bois d'ébène » – les esclaves d'Afrique noire – était acceptable. De nos jours, l'esclavage subsiste en Inde, au Pakistan, au Soudan... où l'on vend des enfants pour le travail en usine ou aux champs, et des jeunes filles pour la prostitution. Mais ailleurs, de façon générale, l'esclavage est considéré comme une abomination. Que font les gens, les peuples, lorsqu'ils sont exploités ou opprimés ? Ils s'organisent, se syndiquent, se révoltent... Les animaux en sont incapables et sont donc exterminés. Je pense que c'est un problème qui doit être entièrement reconsidéré. Et je voudrais juste ajouter que cet aveuglement a été particulièrement frappant lors de la crise de la « vache folle ». Le Ministre britannique de l'Agriculture et ses homologues sur le continent ont initialement déclaré qu'ils étaient prêts à « détruire », comme ils disent, des millions de vaches ! Si quinze millions de vaches avaient déferlé dans les rues de Londres pour faire valoir leur droit de vivre, le gouvernement aurait certainement revu son point de vue.

J.F. – Ce n'est même pas sûr !

M. – A ce moment là, on n'était même pas encore certain que les quinze ou vingt personnes qui étaient mortes de la maladie nerveuse imputée à la consommation de bœuf avaient été vraiment contaminées par la viande de ces animaux. Si elles l'avaient été, c'était par la faute, non des vaches, mais des éleveurs qui avaient nourris leurs bovins avec des aliments contrenature. En gros, on évaluait la valeur de la vie d'une vache au quinze millionième de la valeur de la vie humaine.

J.F. – Tu raisonnes comme si l'homme était le seul à tuer des animaux. Mais les animaux s'entretuent ! Il suffit de voir n'importe quel film sur la vie sous-marine pour constater qu'ils se bouffent tous entre eux. Chacun vit sans arrêt dans la terreur d'être avalé par l'autre ! Donc d'un point de vue bouddhiste, comment est-ce que tu expliques ça ?

M. – La souffrance vécue par tous les êtres prisonniers de ce monde est la première des quatre nobles vérités enseignées par le Bouddha. Les textes men-

tionnent d'ailleurs ce dont tu parles. L'un d'eux dit :
« Les gros animaux avalent un nombre incalculable de
petits animaux, tandis que de nombreux petits
s'assemblent pour dévorer les gros. » Puisqu'on parle
sans arrêt de « progrès » du monde dit civilisé, on
pourrait, à mon avis, inclure dans ce progrès la réduc-
tion globale de la souffrance qu'on inflige, pour notre
profit, à d'autres êtres vivants. Il y a d'autres moyens
de se nourrir que de trucider systématiquement
l'espèce animale.

J.F. – Mais en attendant que l'ensemble des Occidentaux devienne végétarien, ce qui n'est pas sur le
point de se produire, on peut en tous cas lutter – et on
commence à le faire – pour que les animaux domes-
tiques soient élevés dans des conditions moins bar-
bares que celles qui prévalent dans l'élevage industriel
moderne. Car leur sort s'est aggravé par rapport à celui
de l'élevage traditionnel, celui que j'ai connu dans mon
enfance, en Franche-Comté... Les bêtes paissaient
tranquillement dans les prés. En hiver, à l'étable, on
leur donnait du foin, jamais d'aliments artificiels,
chimiques – ou des déchets de mouton, ce qui a causé
la maladie des vaches folles. Maintenant, les mal-
heureuses bêtes sont élevées, parquées et transportées
dans des conditions abominables...

M. – Le pseudo-progrès technique a, sur ce point,
à la fois rendu pires les souffrances des animaux et,
semble-t-il, créé de nouvelles causes de maladies pour
l'homme. Triste progrès.

J.F. – Je te l'accorde.

Drapeau rouge sur le toit du monde

JEAN-FRANÇOIS – Revenons à la morale politique. A ma connaissance, le bouddhisme traditionnel n'avait pas de doctrine politique déterminée. Il est intéressant de constater que, si l'influence du bouddhisme et l'influence personnelle du Dalaï-lama ont commencé à combler, ou a être une des forces qui ont comblé, le vide de la réflexion occidentale sur la sagesse traditionnelle, il semble qu'inversement, la participation du Dalaï-lama au débat intellectuel et moral occidental l'ait amené lui-même à élaborer, dans l'optique bouddhiste, une réflexion politique de plus en plus poussée à propos des rapports entre démocratie et non-violence. Alors, sur un cas précis : que convient-il de faire à propos du Tibet par rapport à la Chine, pour obtenir des résultats concrets et ne plus se borner à protester dans le vide ?

MATTHIEU – Le Dalaï-lama le dit souvent : à la suite de la tragédie tibétaine, il s'est trouvé lui-même exposé au monde extérieur, ce qui lui a permis d'explorer des idées nouvelles et d'évaluer les différents systèmes politiques. Il a maintenant entièrement démocratisé le système politique des Tibétains en exil et a déclaré que, si le Tibet recouvrait un jour sa liberté, il se donnerait un gouvernement démocratique. Il a bien précisé que lui-même se retirerait de la vie publique, comme Gandhi l'avait fait au moment de l'indépendance indienne, qu'il n'assumerait alors aucune fonction officielle dans le futur gouvernement tibétain libre. La raison principale en est qu'il ne pourrait, en tant que moine bouddhiste, adhérer à un parti plus qu'à un autre, tandis que maintenant son combat est essentiellement dirigé vers la liberté et le bien-être du peuple tibétain tout entier. Mais il faut rappeler également qu'à l'époque du Bouddha, il existait déjà en Inde des systèmes démocratiques, celui de l'état des Lichhavi par exemple.

J.F. – Une démocratie dans quel sens ? Avec des élections ?

M. – Un aréopage, composé de personnes d'expérience, délibérait et prenait des décisions à la majorité.

J.F. – Ce n'étaient donc pas des tyrannies ?

M. – Ni même des royaumes. Les décisions étaient prises en commun, mais je ne crois pas que le vote existait. Il s'agissait sans doute de discussions ouvertes auxquelles tous ceux qui avaient quelque chose de pertinent à dire pouvaient participer.

J.F. – Ce n'est pas tout à fait la démocratie. Il est vrai qu'en Occident même, le suffrage universel est très récent.

M. – Le Bouddha a eu un impact social et politique, dans la mesure où il ne cessait d'enseigner que tous les êtres avaient les mêmes droits à la vie et au bonheur. Donc, qu'il n'était pas question d'établir des discriminations entre les êtres selon leur caste ou leur race.

J.F. – Il a lutté contre le système des castes ?

M. – Il a surpris certains disciples issus de basses castes qui n'osaient pas s'approcher pour lui demander son enseignement, car ils se considéraient comme intouchables. Le Bouddha leur disait : « Approchez, vous êtes des êtres humains comme nous tous. Vous avez en vous la nature de bouddha. » C'était donc une véritable révolution intellectuelle et sociale que d'ouvrir son enseignement à tous. L'idée que les êtres ont tous le même droit au bonheur a imprégné toutes les civilisations bouddhiques.

J.F. – L'égalité des êtres humains, ce pourrait n'être qu'une déclaration de principe. Mais, maintenant, le Dalaï-lama a été contraint par la situation des Tibétains en exil à prendre contact avec une formulation plus moderne du problème de la démocratie et des droits de l'homme. Il s'est trouvé inséré dans le contexte des problèmes géopolitiques et des luttes entre États modernes. Il vit dans une situation concrète où il est le chef spirituel et temporel d'un pays conquis, colonisé par une puissance impérialiste qui veut détruire sa culture. Le Dalaï-lama, par suite, a été contraint d'agir en fin politique et de prendre des positions publiques, de faire dans tous les pays du monde où il se déplace des déclarations qui puissent exprimer une protestation sans néanmoins fermer la porte à la négociation, de manière à ne pas indisposer le géant chinois au point de rendre toute solution impossible. Est-ce qu'on pourrait appeler cette séquence d'événements l'initiation du bouddhisme à la diplomatie moderne ?

M. – Certainement. Le Dalaï-lama a su allier un engagement politique d'une grande droiture aux principes fondamentaux du bouddhisme, la non-violence en particulier. La façon dont il parle de la Chine contraste en effet singulièrement avec les vitupérations du gouvernement chinois s'exaspérant contre la « clique du Dalaï-lama ». Il parle toujours de ses « frères et sœurs chinois ». Il constate que la Chine sera toujours le grand voisin du Tibet : la seule solution durable, conclut-il, est une coexistence pacifique. Il souhaite des relations de bon voisinage, fondées sur le respect mutuel. Encore faudrait-il que cette tolérance soit réciproque et que la Chine laisse le Tibet vivre comme il l'entend.

J.F. – Mais la répression des Chinois au Tibet s'aggrave tous les jours davantage. Si on continue à les laisser faire, dans quelques années, ils vont finir par anéantir la civilisation tibétaine, et peut-être même le peuple tibétain. Est-ce que le Dalaï-lama sera amené à remettre alors en question le principe de la non-violence ?

M. – Si le peuple tibétain optait pour la violence par un choix démocratique, le Dalaï-lama a clairement dit qu'il se retirerait complètement de la vie politique. Pour lui, il est évident que la non-violence est la seule approche réaliste et acceptable.

J.F. – Mais quelle est la situation au Tibet à l'heure actuelle ?

M. – Le génocide humain, qui a coûté la vie à un cinquième de la population tibétaine, s'est accompagné d'un génocide culturel. A présent, le régime communiste s'efforce de diluer le peuple tibétain dans un flot de colons chinois. Bien que le transfert de populations ne soit pas une politique avouée, Pékin encourage les colons chinois, par tous les moyens imaginables, à venir s'établir au Tibet. Il y a maintenant sept millions de Chinois pour six millions de Tibétains dans le Grand Tibet[1]. Ce que les Chinois souhaiteraient, c'est en arriver à la situation de la Mongolie chinoise, où il n'y a plus que quinze pour cent d'autochtones. Certaines grandes villes de l'ancien Tibet, comme Xining dans la province de l'Amdo, comportent une forte majorité de Chinois. La situation sera bientôt identique à Lhassa. Les Tibétains restent néanmoins majoritaires dans les campagnes. Plus récemment, les Chinois ont

---

1. Le Grand Tibet inclut l'ensemble du territoire tibétain, tel qu'il existait avant que les Chinois ne le découpent en cinq régions. La soi-disant « région autonome du Tibet » ne constitue qu'environ un tiers du Grand Tibet. Les autres régions ont été rattachées à des provinces chinoises.

repris les cours de « rééducation politique » dans les monastères et les villages, et « l'examen final » se résume à signer une déclaration en cinq points, dans laquelle « l'étudiant » reconnaît que le Tibet fait partie de la Chine, renie le Dalaï-lama, s'engage à ne pas écouter les radios étrangères, etc. Le Dalaï-lama propose quant à lui de faire un référendum, qu'il sera facile de conduire parmi la population tibétaine en exil : un peu plus de cent mille Tibétains en Inde, au Népal et au Bhoutan. Au Tibet, il est évidemment impossible de faire voter les Tibétains librement, mais on espère obtenir une idée claire de ce que les gens souhaitent. Il demandera sans doute : « Souhaitez-vous que nous continuions à suivre la voie 'médiane' que j'ai proposée depuis plusieurs années, celle d'une autonomie véritable dans laquelle le Tibet gérerait ses affaires intérieures et laisserait à la Chine le contrôle des affaires extérieures et de la défense. » Le Tibet deviendrait un état neutre, ce qui contribuerait grandement à la paix dans cette région du monde.

J.F. – Plutôt qu'un état neutre, comme la Suisse ou l'Autriche, je dirais une province autonome, comme la Catalogne.

M. – Ce serait là une immense concession de la part du peuple tibétain, car d'après toutes les commissions de juristes qui se sont réunis depuis 1950, le Tibet est, selon le droit international, un pays indépendant soumis à l'occupation illégale d'une puissance étrangère[1]. C'est d'ailleurs la mise en question de la souve-

---

1. L'étude de la période contemporaine a notamment conduit la Commission Internationale des Juristes à déclarer à Genève en 1960 : « Le Tibet a réuni de 1913 à 1950 toutes les conditions requises qualifiant l'existence d'un Etat généralement accepté par le Droit International. Il y avait en 1950 un Peuple, un Territoire et un Gouvernement en fonction sur ce territoire, lequel conduisait ses propres affaires intérieures et était affranchi de toute autorité extérieure. De 1913 à 1950, les relations étrangères du Tibet, menées uniquement par le Gouvernement Tibétain et les pays avec lesquels il était en relation et qui sont mentionnées dans les

raineté de la Chine sur le Tibet qui irrite le plus les Chinois et touche à leur point le plus sensible, bien plus que la question des droits de l'homme. C'est donc sur l'illégitimité de leur occupation du Tibet qu'il faudrait mettre l'accent. Récemment, le régime communiste a emprisonné le dissident Liu Xiaobo, immédiatement après qu'il eut osé écrire qu'il « fallait négocier avec le Dalaï-lama sur la base du droit du peuple tibétain à l'autodétermination. » C'était, pour les Chinois, briser le plus grand des tabous. En effet, la « Mère Patrie » devrait plutôt s'appeler Etats-Unis de Chine, car la Chine comprend cinquante-cinq « minorités ». Seul l'étau communiste maintient les pièces du puzzle.

Deuxième possibilité : exiger l'indépendance totale, à laquelle le Tibet a droit au vu de son histoire. Le Dalaï-lama a affirmé qu'il se rangerait au choix du peuple tibétain et œuvrerait dans ce sens, bien que dans les circonstances présentes il préfère la solution de l'autonomie, qui est plus réaliste car plus facilement acceptable par les Chinois. La troisième solution serait celle de la violence : essayer d'utiliser la force, le terrorisme, etc. pour forcer les Chinois à quitter le Tibet. Le Dalaï-lama a clairement fait savoir que si tel était le choix des Tibétains, il se retirerait de la vie publique et ne serait plus qu'un « simple moine bouddhiste. » Il y a des Tibétains qui préféreraient une politique agressive. D'ailleurs, cette position a souvent été montée en épingle par des journalistes occidentaux.

J.F. – Combien sont-ils ?

M. – Le Dalaï-lama discute très ouvertement avec ceux qui soutiennent cette opinion, et ces derniers sont libres de s'exprimer. Ils ont pignon sur rue à Dharamsala, le siège du gouvernement tibétain en exil en Inde, mais ne représentent qu'un faible pourcentage de la

---

documents officiels, montrent que le Tibet a été traité *de facto* en tant qu'Etat indépendant. »

population tibétaine en exil. Leur point de vue n'est guère réaliste. Si les Tibétains prenaient les armes, ils n'auraient aucune chance face à la machine répressive de la Chine. Leur sort deviendrait encore plus misérable. Même les pays qui ont usé du terrorisme pendant des années n'ont vu leurs espoirs exaucés que le jour où ils ont décidé de négocier une solution pacifique.

J.F. – Ou lorsqu'ils ont reçu l'aide d'une puissance étrangère, comme les Afghans l'ont reçue des Etats-Unis.

M. – Selon le Dalaï-lama, il ne faut en aucun cas abandonner la non-violence. Et tout ce qu'il demande aux grandes puissances, c'est qu'elles fassent pression sur le gouvernement chinois pour qu'il entame de véritables négociations avec le Dalaï-lama et le gouvernement tibétain en exil. Mais au fil des années, la seule réponse du gouvernement chinois a été : « D'accord, discutons le retour du Dalaï-lama au Tibet. » Ce qui n'est pas du tout l'objet de la discussion. Il y a quinze ans Deng Xiaoping avait déclaré : « Excepté l'indépendance totale du Tibet, toute autre question peut être discutée. » Or, il n'a jamais honoré cette déclaration, puisqu'il a refusé notamment de discuter le plan en cinq points formulé par le Dalaï-lama lors de son discours devant le Congrès américain en 1987[1]... En 1988, devant le Parlement européen de Strasbourg, le Dalaï-

---

1. Plan de paix en cinq points, proposé par le Dalaï-lama, le 21 septembre 1987, devant le Comité pour les Droits de l'Homme au Congrès Américain.

1) Transformation de l'ensemble du Tibet (incluant les provinces de l'Amdo du Kham), en une zone de paix ; 2) abandon par la Chine de sa politique du transfert de population, qui menace l'existence même des Tibétains en tant que peuple ; 3) respect des libertés démocratiques et des droits de l'homme pour le peuple tibétain ; 4) restauration et protection de l'environnement naturel du Tibet, et abandon par la Chine de son emploi du Tibet pour la production d'armes et les dépôts de déchets nucléaires ; 5) ouverture de négociations sincères concernant le futur statut du Tibet et les relations entre les peuples tibétain et chinois.

lama annonça que bien que le Tibet soit historiquement un pays indépendant, occupé par la Chine depuis 1959, il acceptait de renoncer à l'indépendance et offrait de négocier avec la Chine sur la base d'une autonomie qui permettrait au Tibet de gérer ses affaires intérieures et laisserait à la Chine le soin des affaires extérieures et de la défense. En dépit de cette concession majeure qui leur était offerte, les Chinois n'ont jamais accepté de dialoguer avec le Dalaï-lama et le gouvernement tibétain en exil.

J.F. – Hélas! Les démocraties occidentales ne font guère pression sur la Chine pour l'amener à accepter de discuter ce programme en cinq points!

M. – La plupart des dirigeants occidentaux éprouvent une très grande sympathie pour le Dalaï-lama et pour la cause du Tibet. Cette attitude justifie l'énergie incroyable que déploie le Dalaï-lama, qui ne cesse de voyager, afin de plaider la cause du Tibet. Mais, malheureusement, cette sympathie reste lettre morte dès qu'il s'agit de vendre des Airbus, d'importer des produits manufacturés dans les camps de travail et les prisons, ou d'obtenir de nouveaux marchés en Chine. Bon... Le Dalaï-lama dit qu'il comprend fort bien que ces nations doivent ménager leur avenir économique, et qu'aucune nation ne puisse faire passer les intérêts du Tibet avant les siens. Mais on pourrait espérer voir le respect des valeurs démocratiques conduire les gouvernements occidentaux à une action plus concrète! Le gouvernement chinois, qui est très cynique, se réjouit de leur mollesse. Les Chinois profèrent des menaces disproportionnées, qu'ils seraient incapables de mettre à exécution, mais ces menaces suffisent à paralyser les Occidentaux, qui se laissent piteusement bluffer. Quoi que les Chinois prétendent, ils ont bien plus besoin des investissements occidentaux que l'Occident n'a besoin des marchés chinois. Il y aurait donc bien moyen d'exercer une pression, si telle était la volonté des démocraties occidentales. Les Chinois traitaient autrefois l'Amérique de « tigre de papier », mais actuellement ce sont eux, les tigres de papier, car dès qu'on ignore leurs menaces, ils ne les mettent pas à exécution.

J.F. – Le roi de Norvège, ce petit pays de quatre millions d'habitants, a fait preuve de plus de courage que toutes les grandes puissances occidentales vis-à-vis de la Chine, ce colosse d'un milliard deux cents millions d'habitants.

M. – La Chine avait menacé de rompre les relations diplomatiques avec la Norvège, si, comme le veut la coutume, le roi remettait personnellement le Prix Nobel au Dalaï-lama. Le roi a répondu : « Faites-le donc ! »...Et les Chinois, bien sûr, ne l'ont pas fait ! En 1996, la Chine a menacé l'Australie de rompre des contrats économiques importants, si le premier ministre et le ministre des affaires étrangères recevaient le Dalaï-lama. Ces ministres et le peuple australien ont tenu à recevoir le Dalaï-lama de façon triomphale, et la baudruche des menaces chinoises s'est dégonflée. Mais, dès que les gouvernements cèdent au chantage des Chinois, ces derniers se frottent les mains et leur mépris pour l'Occident ne fait qu'augmenter. Dans mes moments sournois, je serais tenté par un « terrorisme non-violent ». J'ai souvent pensé par exemple à faire sauter la « momie » de Mao Tsé Toung qui est conservée Place Tien An-men. Il n'y aurait aucune victime – Mao ne peut mourir deux fois – mais quel « boum » cela ferait dans l'Eglise communiste ! Mais, en vérité, rien ne vaut la non-violence.

J.F. – Le martyre du Tibet moderne a une double dimension. D'une part, le Tibet attire la compassion, car il est l'un des nombreux pays opprimés, « génocidés » par une puissance communiste. D'autre part, le Tibet attire la sympathie en tant que siège privilégié du bouddhisme, et du fait que cette sagesse a actuellement le rayonnement dans le monde dont nous parlions plus tôt. Ces deux facteurs en font un cas très particulier. Un trait est d'ailleurs frappant dans l'histoire du bouddhisme, c'est qu'après avoir rayonné dans l'Inde entière pendant près de deux millénaires, les représentants du bouddhisme ont vécu plus ou moins en exil à partir du 12ᵉ siècle. Cette diaspora bouddhiste a été à la fois la cause de déconvenues et de difficultés très grandes pour les bouddhistes, et en même temps, peut-être aussi, l'un des secrets de la diffusion de la doctrine.

M. – Le Dalaï-lama dit souvent : « Le Tibet n'a pas de pétrole pour les moteurs, comme le Kuwait, mais il a du pétrole pour l'esprit, ce qui justifierait que l'on vienne à son secours. » Quand les armées de la Chine communiste sont entrées au Tibet en 1949, le Gouvernement tibétain a lancé un appel urgent à l'ONU, demandant de l'aide pour résister à l'agression. L'Angleterre et l'Inde ont conseillé à l'Assemblée Générale de ne pas réagir, afin d'éviter – disaient-ils – un conflit à grande échelle. Mais pour la plupart des pays, l'attaque de la Chine au Tibet était bien une agression. Ce fait devint une évidence durant les débats en session plénière de l'Assemblée Générale de l'ONU en 1959, 61 et 65. Le Représentant Irlandais, Frank Aiken, déclara notamment :

« Pendant des milliers d'années, ou du moins deux millénaires, le Tibet a été aussi libre et autant en contrôle de ses affaires que n'importe quelle nation de cette Assemblée, et mille fois plus libre de s'occuper de ses propres affaires que bien des nations ici présentes. »

Seuls les pays du bloc communiste ont pris ouvertement partie pour la Chine. Pourquoi diable les Chinois auraient-il éprouvé le besoin de « libérer » le Tibet, selon leurs termes, s'il leur appartenait ? A différentes époques de sa longue histoire, le Tibet a subi l'influence des Mongols, des Népalais, des Mandchous, des Gouverneurs britanniques de l'Inde. A d'autres époques, ce fut le Tibet qui exerça son influence sur des pays voisins, y compris la Chine, puisqu'à une époque la province chinoise de Xian payait des impôts au roi du Tibet. Il serait difficile de trouver un Etat dans le monde qui n'ait jamais subi une domination ou une influence étrangère à un moment ou à un autre de son histoire. Mais la France va-t-elle revendiquer l'Italie, sous prétexte que Napoléon l'avait conquise pour quelques années ?

J.F. – Le cas du Tibet a été, je pense, compliqué par un grand nombre de raisons, par sa situation géographique en particulier. Il n'y a pas que la lâcheté des démocraties occidentales, laquelle est considérable : sur le plan géostratégique, il est aussi très difficile d'intervenir militairement au Tibet.

M. – Le Dalaï-lama insiste précisément sur les avantages qu'il y aurait à faire du Tibet, en raison de sa situation géographique, un état tampon, un havre de paix au centre des grandes puissances asiatiques. A présent, les armées indienne et chinoise se font face sur des milliers de kilomètres de frontières. En 1962, l'armée chinoise a annexé un tiers du Laddakh et pénétré dans l'Assam deux provinces indiennes.

J.F. – Ce que les démocraties ne comprennent jamais, c'est que les systèmes totalitaires sont très vulnérables, particulièrement à l'arme qu'eux-mêmes emploient si bien contre nous, c'est-à-dire à la propagande. Et plus que cela : pourquoi les Chinois sont-ils fous de rage chaque fois qu'un vague partisan du Tibet sort un vague drapeau devant une ambassade de Chine ? Pourquoi proteste-t-elle dès qu'une petite conférence réunit quinze personnes pour réclamer l'indépendance du Tibet ?

M. – Et plus encore lorsque cent mille jeunes participent à trois jours de concert de musique rock dédié à la cause du Tibet, comme il y en a eu un récemment en Californie. Ou encore lorsqu'ils menacent d'interdire l'implantation d'un Disneyland en Chine, si Disney ne renonce pas à la production du film de Martin Scorcese sur la vie du Dalaï-lama. Mao contre Mickey Mouse, cela tourne au ridicule !

J.F. – C'est parce qu'ils sont absolument convaincus de l'illégitimité de leur occupation du Tibet. Un grand historien et politologue, Guglielmo Ferrero, a montré dans son livre *Pouvoir* que les états illégitimes ont une frousse intense de tout ce qui contribue à mettre à nu l'absence de légitimité du pouvoir qu'ils exercent. Mais même les armes pacifiques dont les démocraties disposent, elles ne les utilisent pas. De plus, ainsi que nous le disions précédemment, la Chine, économiquement, a beaucoup plus besoin de l'Occident que l'Occident n'a besoin de la Chine. Par conséquent, il serait tout à fait possible de ramener la Chine à la raison et d'éviter, en tous cas, les extrémités les plus cruelles qu'elle est en train d'infliger au Tibet.

M. – Lorsque l'on demande au Dalaï-lama sur quoi il fonde son espoir d'un Tibet libre, il répond : « Sur le fait que notre cause est juste et légitime. » La vérité, dit-il, a une force intrinsèque, le mensonge n'est qu'une fragile façade qui ne peut être maintenue qu'au prix d'efforts démesurés et voués tôt ou tard à l'échec. En bref, il ne faut pas oublier que l'avenir du Tibet ne concerne pas seulement six millions de Tibétains, mais aussi une sagesse qui appartient au patrimoine mondial et mérite d'être sauvée.

Le bouddhisme : déclin et renaissance

JEAN-FRANÇOIS – Il est incontestable que la diffusion
du bouddhisme en Occident a été favorisée par le
drame du Tibet, par le fait que le Dalaï-lama est
contraint de vivre en exil, que de nombreux Rinpotchés, lamas, moines et laïcs ont dû fuir le Tibet et ont
été amenés ainsi à entrer en contact avec d'autres
cultures, sur tous les continents, dans et en dehors de
l'Asie. Cela ne suffit pourtant pas à expliquer l'intérêt
actuel, mais cela constitue un élément favorable à la
curiosité qui existe en Europe à l'égard du bouddhisme. Celui-ci, d'ailleurs, a toujours fait preuve
d'une grande faculté d'adaptation, puisqu'il a été
contraint dès la fin du XIIᵉ siècle de vivre dans la diaspora. Il faut rappeler qu'au IIIᵉ siècle avant J.-C., à
l'époque de l'empereur Ashoka, un siècle et demi après
la mort du Bouddha (l'empereur Ashoka s'étant lui-
même converti), la doctrine bouddhique s'était répandue dans l'ensemble de l'Inde et des pays voisins. Le
bouddhisme a été, avec l'hindouisme, l'une des deux
religions principales de l'Inde du VIᵉ siècle avant J.-C.
aux XII-XIIIᵉ siècles, époque à laquelle le bouddhisme a
été persécuté par suite de l'invasion islamique en Inde.
L'intrusion de l'Islam en Inde a été un choc considérable pour tout le monde et, du XIIᵉ au XVIIIᵉ siècles, une
partie de l'Inde est passée sous la domination musul-

mane. La religion hindoue est malgré tout demeurée la religion dominante. En revanche, le bouddhisme a été balayé. Pourquoi?

MATTHIEU – Au sujet de la diaspora, il est exact que vers 1960 on trouvait sur les versants himalayens de l'Inde, du Bhoutan et du Népal une concentration extraordinaire des plus grands maîtres spirituels du Tibet. Ils avaient fui l'invasion chinoise. S'ils étaient restés au Tibet, il aurait fallu voyager pendant des mois à pied ou à cheval pour les rencontrer, en supposant qu'on ait eu la moindre idée de leur existence. Ces tristes événements – l'occupation chinoise et l'exil – ont donné à l'Occident l'occasion d'entrer en contact avec ces maîtres dépositaires d'une tradition millénaire. Nombre d'entre eux étaient très âgés, et beaucoup ne sont plus en vie. C'est aussi cela qui donne aux films d'Arnaud Desjardins leur caractère exceptionnel.

Plus généralement, le bouddhisme a pas mal voyagé au cours de son histoire. Les moines bouddhistes étaient d'ailleurs, à l'origine, des moines errants. Le Bouddha lui-même se déplaçait sans cesse et ne se fixait que pendant les trois mois d'été, pour la « retraite de la saison des pluies ». Durant cette retraite, les moines s'abritaient dans des huttes temporaires faites de bambou et de feuillage, puis ils reprenaient leurs pérégrinations. Au fil des années, certains bienfaiteurs du Bouddha ont souhaité lui offrir un lieu où lui-même et ses moines pourraient revenir chaque année pour y passer la retraite d'été. Ces donateurs ont alors commencé à construire des bâtiments en dur, dont la forme rappelait d'ailleurs celle des huttes en bambou. Peu à peu, certains moines résidèrent toute l'année dans ces « vihara » – tel était leur nom –, puis des communautés entières s'y fixèrent, et c'est ainsi que se sont constitués les premiers monastères. Au début, le bouddhisme est resté longtemps confiné à la province de Maghada, l'actuel Bihar de l'Inde. Par la suite, il a essaimé et fleuri dans l'Inde tout entière, et jusqu'en Afghanistan. Il y a eu des échanges avec la Grèce, dont témoigne un célèbre recueil philosophique sous forme de dialogues entre un sage bouddhiste et le roi grec Ménandre, qui gouvernait la Bactriane au IIe siècle avant J.-C.

J.F. – Précisons pour le lecteur qui n'aurait pas pour métier l'histoire de l'Antiquité, que l'époque hellénistique, celle du roi Ménandre, s'étend entre l'époque de la cité grecque proprement dite, qui se termine à la fin du IVe siècle avant J.-C., et l'époque de l'Empire romain triomphant, au milieu du Ier siècle avant notre ère.

M. – Les allées et venues des caravanes de marchands ont certainement permis une rencontre entre le bouddhisme et la civilisation grecque, laquelle était très ouverte aux courants d'idées venant de l'extérieur.

J.F. – Et puis les conquêtes d'Alexandre ont accentué ces contacts, ce qui a notamment donné naissance à l'art gréco-bouddhique.

M. – C'est vers le VIIIe siècle, et surtout le IXe que le bouddhisme fut introduit au Tibet par Padmasambhava, qui fut invité par le roi Trisong Détsen. Ce roi, qui avait déjà un maître bouddhiste, voulait construire le premier grand monastère du Tibet. Sur les conseils de son mentor, le roi invita Padmasambhava, le sage le plus respecté de son époque. Padmasambhava est maintenant considéré par les Tibétains comme un « deuxième Bouddha », puisque c'est grâce à lui que le bouddhisme s'est répandu au Tibet. Donc, ce maître est venu et a supervisé la construction de Samyé, le premier monastère tibétain. Il a également été à l'origine de la traduction du *Canon bouddhique* en tibétain à partir du sanskrit. Il invita au Tibet une centaine de grands érudits bouddhistes indiens, et envoya en Inde des jeunes Tibétains afin qu'ils apprennent le sanskrit. Ensuite, un collège réunissant traducteurs tibétains et

érudits indiens siégea à Samyé pendant une cinquantaine d'années pour traduire les cent trois volumes des
Paroles du Bouddha et les deux cent treize volumes des
Commentaires indiens sur ces Paroles. Pendant les deux
ou trois siècles suivants, d'autres maîtres tibétains
allèrent en Inde, où ils restèrent parfois dix ou vingt
ans, et rapportèrent au Tibet des textes qui n'avaient
pas été traduits durant la première vague de traduction. Plusieurs lignées spirituelles – dont quatre principales – virent le jour sous l'inspiration de maîtres particulièrement   éminents.   L'épanouissement   du
bouddhisme au Tibet se poursuivit alors sans disconti-
nuer jusqu'à l'invasion communiste chinoise.

J.F. – Que se passait-il pendant ce temps en Inde ?

M. – En Inde, à la fin du xIIᵉ siècle et au début du
xIIIᵉ la persécution musulmane du bouddhisme atteint
son paroxysme. Le bouddhisme, déjà sur le déclin,
offre une cible facile car les grandes universités bouddhiques sont très visibles. Celles de Nalanda et de
Vikramashila, par exemple, regroupent des milliers
d'étudiants sous la tutelle des plus grands maîtres de
l'époque. Elles abritent d'immenses bibliothèques,
d'une richesse comparable à la fameuse bibliothèque
d'Alexandrie. Tous ces édifices sont détruits, les livres
brûlés et les moines exterminés.

J.F. – Et c'est cette visibilité particulière du bouddhisme à cause de ses universités, de ses bibliothèques,
de ses monastères, qui expliquerait qu'il ait pu être
balayé plus facilement que l'hindouisme, qui a mieux
résisté ?

M. – Pas seulement. Le bouddhisme avait déjà
commencé à décliner en Inde, pour des raisons qui ne
sont pas très claires. Dès le vIᵉ siècle, le renouveau des
traditions brahmaniques et l'assimilation de certains
concepts bouddhiques dans le Védanta – l'un des principaux courants métaphysiques hindous – ont peu à
peu érodé l'influence du bouddhisme qui, après s'être

répandu dans toute l'Inde, s'était à nouveau concentré dans la région du Maghada, l'actuel Bihar, et dans l'actuel Bangladesh. Le Védanta *advaïta*, qui met l'accent sur la non-dualité, avait incorporé des points importants de la philosophie bouddhiste, tout en la critiquant par ailleurs. Cette influence a comblé quelque peu le fossé doctrinal qui séparait le bouddhisme de l'hindouisme. De plus, l'Inde était fort attachée au système des castes, que le bouddhisme ignorait sciemment. En outre, il est vrai que l'importance des centres d'études et des monastères en ont fait des cibles faciles pour les hordes musulmanes, qui les confondaient parfois avec des forteresses et ne faisaient pas de détail !

J.F. – Certaines idées du bouddhisme ont-elles subsisté au travers de l'hindouisme ?

M. – Disons qu'elles y ont été peu à peu incorporées, quand bien même les philosophes hindous continuaient à attaquer le bouddhisme sur le plan doctrinal.

J.F. – Le bouddhisme est donc un des rares exemples d'une religion – appelons-la religion pour la commodité du terme – qui a été balayée du théâtre géographique où elle avait vu le jour et où elle s'était répandue pendant plus d'un millénaire. On pourrait en citer un autre : c'est l'étouffement, l'extinction, l'éradication partielle des religions précolombiennes, du fait de la conquête espagnole, européenne en général, en Amérique latine.

M. – Le bouddhisme a également essaimé vers le sud, vers le Sri Lanka, puis vers l'est, en Thaïlande, en Birmanie, au Laos... sous une forme appelée Théravada. Il a émigré aussi au nord, en Chine, au VIe siècle, sous la forme dite du Grand Véhicule, et puis au Japon où il s'est développé notamment sous la forme du bouddhisme Zen, qui met l'accent sur l'observation de la nature de l'esprit.

J.F. – Entre la fin de la Deuxième Guerre mondiale et 1970, le bouddhisme Zen était la forme de bouddhisme la plus connue, la plus à la mode en Occident. Les étudiants de Berkeley, pendant les années 60, lors du mouvement de contestation de la civilisation occidentale, s'entichaient beaucoup du bouddhisme Zen. Certains avaient même essayé d'opérer, là encore, une forme de syncrétisme entre une doctrine politique et le bouddhisme, en inventant ce qu'ils appelaient le « marxisme Zen », qui n'a pas vécu très longtemps, je dois le reconnaître, mais non le déplorer.

M. – Le bouddhisme Zen est toujours florissant en Occident. Mais ce qui est intéressant, c'est qu'au Tibet tous les aspects et les niveaux du bouddhisme, ce qu'on appelle « les Trois Véhicules », ont été préservés et perpétués avec une grande fidélité, ce qui permet à un individu d'intégrer ces différents niveaux d'enseignement dans son chemin spirituel. La pratique du Petit Véhicule, ou pour employer un terme plus respectueux, le Théravada, la « Parole des Anciens », est fondée sur l'éthique laïque et la discipline monastique, sur la contemplation des imperfections du monde ordinaire et de la futilité des préoccupations qui soustendent la plupart de nos activités. Ces réflexions conduisent le pratiquant à souhaiter s'émanciper de la souffrance et du cercle vicieux des existences, le « samsara ».

Le Théravada ne manque ni d'amour du prochain ni de compassion pour ceux qui souffrent, mais le Grand Véhicule, que l'on trouve au Tibet, en Chine et au Japon, a mis un accent particulier sur l'amour et la compassion. Selon ses enseignements, il est vain de se libérer soi-même de la souffrance si tous les êtres autour de soi continuent à souffrir. Le but de la voie, c'est donc essentiellement de se transformer intérieurement pour le bien des autres. En Inde, mais surtout au Tibet, s'est également développé un troisième véhicule, le Véhicule adamantin ou Vajrayana. Il ajoute aux deux précédents des techniques spirituelles qui permettent d'actualiser plus rapidement encore la nature de bouddha qui est présente en nous, et de réaliser la « pureté primordiale » des phénomènes. Cette vision, loin d'étouffer la compassion, l'approfondit et la renforce. Donc, la convergence de circonstances géographiques et politiques ont permis au Tibet d'intégrer en une voie unique les trois véhicules du bouddhisme.

J.F. – Du fait de ses tribulations, le bouddhisme semble avoir acquis une vocation transnationale, ce qui favorise peut-être son cheminement actuel en Occident. Il n'est pas associé à une culture déterminée, même s'il s'est trouvé au cours de son histoire étroitement lié à des cultures diverses. Même si le Tibet, qui est une sorte de forteresse à la fois géographique et spirituelle, a permis de conserver toutes les composantes du bouddhisme pendant plus d'un millénaire, il n'en reste pas moins que les enseignements bouddhistes ont essaimé dans des civilisations aussi différentes que le Sri Lanka et le Japon. Le bouddhisme a-t-il pris la « couleur » des pays dans lesquels il a fleuri ?

M. – Au Tibet, par exemple, il existait une religion autochtone, le bön, apparentée par certains aspects à l'animisme, mais qui possède également une métaphysique complexe et a survécu jusqu'à nos jours. Au IXᵉ siècle, des joutes métaphysiques opposèrent le bön et le bouddhisme. Quelques coutumes bön furent incorporées au bouddhisme et « bouddhicisées ». Des phénomènes semblables se sont produits en Thaïlande, au Japon, etc. et se produiront sans doute en Occident. Mais l'essence du bouddhisme n'a pas changé.

J.F. – Ainsi, l'enseignement et la pratique du bouddhisme ont indubitablement une vocation universaliste. Mais beaucoup de religions prétendent avoir une dimension universelle. Le christianisme évidemment, surtout le catholicisme, puisque « catholicisme » vient du mot grec qui signifie universel. D'où le droit qu'il s'est trop souvent arrogé de convertir les gens de force. L'islam aussi a une tendance à l'expansion universelle, au besoin par la force du couteau et du fusil. Car, dans ces religions, pour devenir un de leurs fidèles, il faut accepter au départ d'avoir foi dans un certain nombre de dogmes. Ce n'est pas le cas du bouddhisme. Sa vocation universelle, disons : extensible à d'autres cultures que celle où il est né, ne saurait être en aucune façon associée à l'exigence de soumission à une foi de la part d'un nouvel adepte, encore moins à une contrainte.

M. – Le Bouddha a dit : « N'acceptez pas mon enseignement par respect pour moi ; examinez-le et redécouvrez-en la vérité. » Il a également dit : « Je vous ai montré le chemin, c'est à vous de le parcourir ». L'enseignement du Bouddha est comme un carnet de notes décrivant et expliquant le chemin vers la connaissance, qu'il a lui-même parcouru. Pour devenir à proprement parler « bouddhiste », on prend refuge dans le Bouddha, en le considérant non pas comme un dieu mais comme un guide, comme le symbole de l'Eveil. On prend également refuge dans son enseignement, le Dharma, qui n'est pas un dogme mais un chemin. On prend enfin refuge dans la communauté, l'ensemble des compagnons de voyage sur ce chemin. Mais le bouddhisme n'essaie pas de forcer les portes ni d'opérer des conversions. Pour lui, cela n'a aucun sens.

J.F. – Justement parce qu'il ne recourt pas aux conversions forcées, qui sont en effet impensables dans sa perspective, l'insertion du bouddhisme dans une civilisation foncièrement différente de celle où il est né mérite d'être étudiée et, si elle persiste, expliquée.

M. – Le bouddhisme n'a pas d'attitude conquérante, il opère plutôt une sorte de rayonnement spirituel. Ceux qui désirent le connaître doivent eux-mêmes faire le premier pas et le découvrir au travers de leur propre expérience. Il est d'ailleurs intéressant de voir la façon dont le bouddhisme a fleuri au Tibet et en Chine : de grands sages y ont voyagé et leur rayonnement a naturellement attiré les disciples à eux, comme le nectar des fleurs attire les abeilles.

J.F. – J'ai remarqué, durant tous ces entretiens, l'extraordinaire richesse des métaphores du langage bouddhiste !... Mais ça ne me déplaît pas. Platon aussi recourait sans arrêt aux images, aux mythes et aux comparaisons. Je suis tout à fait pour l'introduction de la poésie dans la philosophie. Mais je ne suis pas tout à fait sûr qu'elle suffise à répondre à toutes les questions qu'on peut se poser.

M. – Eh bien, je te répondrai avec une image de plus, en disant que la métaphore est « un doigt pointé vers la lune ». C'est la lune qu'il faut regarder, pas le doigt. Une image en dit souvent plus qu'une longue description.

J.F. – La question essentielle pour la civilisation occidentale, c'est de savoir quel type de correspondance et de convergence existe entre certains besoins qu'éprouve cette civilisation occidentale, sans parvenir à les satisfaire par ses propres ressources spirituelles, et la réponse que le bouddhisme peut éventuellement apporter à ces interrogations. Seulement, l'idée qu'une doctrine pourrait s'adapter pour répondre à certaines interrogations peut aussi être un piège. Des quantités de gens, en Occident, adhèrent à des sectes qui sont des impostures complètes, qui sont même parfois criminelles. La question qui se pose, par conséquent, c'est celle de la vérité et de l'authenticité du bouddhisme en tant que science de l'esprit.

M. – Oh... le principal objet d'investigation du bouddhisme est la nature de l'esprit, et il n'a que deux-mille cinq cents ans d'expérience dans ce domaine ! Voilà pour l'authenticité. Quant à sa vérité, que dire... Peut-être que c'est sa vérité qui fait sa force. Je crois qu'elle transparaît dans les faits et les personnes et résiste à l'épreuve du temps et des circonstances, à la différence des sectes qui ne sont que des contrefaçons de traditions spirituelles authentiques, et dont la façade s'écroule à la première occasion. La nature fallacieuse des sectes, lesquelles attirent pourtant de nombreux adhérents, s'exprime généralement par toutes sortes de contradictions internes, de scandales, parfois d'abominations, comme l'actualité le montre fréquemment. En contraste, la croissance de l'intérêt pour le bouddhisme en Occident est plus discrète. Les « centres bouddhistes » sont des lieux où l'on trouve le plus souvent des amis qui partagent les mêmes aspirations et désirent associer leurs efforts pour étudier, pratiquer, traduire les textes et les commentaires dans les langues occidentales. Leur but est de faire connaître une tradition authentique et vivante. Ils sont généralement perçus de façon positive par la population locale.

J.F. – Je ne comparais absolument pas une sagesse plus que bimillénaire comme le bouddhisme avec les sectes, souvent monstrueuses, presque toujours gâteuses, qui sévissent aujourd'hui et sont, pour la plupart, en outre, des entreprises d'escroquerie. Loin de moi cette idée ! Mais, comme je me méfie toujours des impulsions de la nature humaine, je voulais simplement faire observer que l'engouement d'un certain nombre d'individus pour une certaine théorie, et pour des maîtres qui acquièrent du prestige à leurs yeux, et qui eux peuvent être des imposteurs, cet engouement ne prouve pas que la doctrine en question soit nécessairement bonne. Il faut un supplément de démonstration !

M. – Une telle démonstration ne peut être apportée que par les résultats à long terme de la pratique spirituelle. Il est dit : « Le résultat de l'étude est la maîtrise de soi ; le résultat de la pratique est le déclin des émotions négatives. » Un engouement passager n'a guère de valeur.

J.F. – C'est tout ce que je voulais dire ! Il est évident que, si on se cantonne à l'observation pure et simple des faits, il n'y a aucune comparaison possible entre le bouddhisme et les sectes. Il faut néanmoins ne pas oublier que des esprits parfois éminents se laissent prendre à des fariboles. J'ai connu de grands médecins qui adhéraient à des fumisteries complètes et y croyaient pendant plusieurs années, en se pliant à toutes les exigences de leur secte ! Il ne faut donc pas se contenter, comme preuve de vérité, de l'aspiration sincère que des êtres humains peuvent éprouver pour une spiritualité qui sera peut-être en toc, parce que malheureusement, l'être humain a une fâcheuse tendance à éprouver des aspirations pour n'importe quoi ! C'est pourquoi la charge de la preuve reste toujours à celui qui enseigne.

M. – Une voie spirituelle authentique implique d'être exigeant avec soi-même et tolérant envers autrui, à l'opposé des sectes dans lesquelles bien souvent on est exigeant envers les autres tout en contrevenant soi-même de façon flagrante aux idéaux que l'on professe. Mais la différence fondamentale, c'est que les sectes ne reposent sur aucun principe métaphysique véritable : elles naissent généralement d'un syncrétisme fait d'éléments disparates et de débris pseudo-traditionnels qui ne sont reliés à aucune transmission spirituelle authentique. De ce fait, elles ne peuvent conduire à un progrès spirituel durable et n'engendrent que confusion et désenchantement.

Foi, rituel et superstition

JEAN-FRANÇOIS – La piété rituelle, qu'on taxe de
« bigoterie » – l'eau bénite, le chapelet, les rameaux, la
croyance en toutes sortes d'indulgences, à l'efficacité
des sacrements ou de certaines prières, au fait de faire
brûler des cierges –, et qui est présente dans la plupart
des religions, contraste avec le côté épuré que l'on
prête au bouddhisme. Cela semble être une des raisons
qui font que des intellectuels, entre autres, peuvent
être attirés par cette sagesse, alors qu'ils sont rebutés
par certains aspects des religions établies qui leur
paraissent trop théâtraux, formalistes ou irrationnels.
Or, il me semble que c'est là une image idéalisée du
bouddhisme, que l'on peut avoir lorsqu'on l'observe de
loin, lorsqu'on en connaît la doctrine sans avoir assisté
à sa mise en pratique quotidienne. Mais quand on
voyage dans les pays bouddhistes, quand on pénètre
dans les monastères, on s'aperçoit, tout au contraire,
de l'extraordinaire floraison de pratiques, de chants, de
processions, de prosternations qui, pour un agnostique
comme moi, paraissent relever des mêmes sortes de
superstitions ou de ritualisme obsessionnel que dans
l'orthodoxie, le catholicisme, l'islam ou le judaïsme. Je
dirai même que certaines pratiques, telles qu'elles se
déroulent sous nos yeux en plein XXe siècle, paraissent
plus proches du catholicisme médiéval que du catholi-

cisme actuel. Est-ce qu'il n'y a pas là un aspect un peu irrationnel, un peu extérieur et mécaniquement ritualiste des pratiques bouddhistes qui auraient pu se greffer sur la sagesse du Bouddha au fil des millénaires ?

MATTHIEU – Tout d'abord, dans le bouddhisme comme dans toutes les traditions spirituelles et religieuses, il faut distinguer entre superstition et rituel. La foi devient superstition lorsqu'elle s'oppose à la raison et se détache de la compréhension du sens profond du rituel. Le rituel a un sens (le mot latin *ritus* veut d'ailleurs dire « action correcte »). Il appelle à une réflexion, une contemplation, une prière, une méditation. Le sens des paroles qui sont prononcées dans les chants est toujours un appel à la contemplation. Cela est particulièrement vrai dans le cas du bouddhisme tibétain. Lorsqu'on se penche sur le contenu même du rituel, sur les textes qui sont récités, on y retrouve, à la manière d'un guide, les divers éléments de la méditation bouddhiste – la vacuité, l'amour et la compassion. Un rituel, c'est une pratique spirituelle conduite dans le cadre inspirant d'un monastère, dans une atmosphère de sérénité renforcée par la musique sacrée, laquelle ne vise pas à exacerber les émotions mais, au contraire, à les apaiser et à favoriser le recueillement. Cette musique est conçue comme une offrande et non comme une expression artistique. Certains rituels se poursuivent sans interruption, jour et nuit, pendant plus d'une semaine. Leur but est d'amener les participants à se livrer en commun à une période de pratique intense. Dans la méditation sur un *mandala*, on met l'accent sur les techniques de concentration et on fait appel à un symbolisme très riche.

J.F. – Le *mandala*, pourrais-tu le définir avec précision ? Je n'en ai qu'une idée vague.

M. – Un mandala est une représentation symbolique de l'univers et des êtres, sous la forme d'un lieu parfait et de déités qui y résident. Les « déités » des mandalas ne sont pas des dieux, car, comme je l'ai déjà souligné, le bouddhisme n'est pas plus un polythéisme qu'un monothéisme. Ce sont des archétypes, des aspects de la nature de bouddha. La méditation sur le *mandala* est un entraînement à ce qu'on appelle « la vision pure », c'est-à-dire à la perception de la nature de bouddha présente en tous les êtres. Ces techniques de visualisation permettent de transformer notre perception ordinaire du monde – un mélange de pur et d'impur, de bien et de mal – en une réalisation de la perfection fondamentale du monde phénoménal. En nous visualisant nous-même, ainsi que les êtres qui nous entourent, sous la forme de ces archétypes parfaits que sont les « déités » du panthéon tibétain, on s'habitue à l'idée que la nature de bouddha est présente en chaque être. On cesse par conséquent de discriminer entre les modalités extérieures des êtres – laids ou beaux, amis ou ennemis. En bref, ces techniques sont des moyens habiles pour retrouver la perfection inhérente à nous-même et à chaque être. Enfin, il faut également souligner qu'aux yeux des maîtres tibétains les rituels n'ont qu'une importance toute relative, et les ermites qui se consacrent exclusivement à la méditation abandonnent toute forme de rituel. Certains, comme le grand yogi Milarépa, vont même jusqu'à dénigrer ouvertement l'usage des cérémonies et des rites. La variété des techniques spirituelles répond ainsi à la variété des disciples et relève de différents niveaux de pratique spirituelle.

J.F. – Oui, mais l'autre jour, à Kathmandou, nous avons regardé la foule des fidèles bouddhistes qui venaient prier autour de ce grand monument ... comment s'appelle-t-il, déjà ?

M. – Un *stoûpa*.

J.F. – Donc, ces fidèles tournaient en procession pendant plusieurs heures autour de ce *stoûpa*, toujours dans le sens des aiguilles d'une montre, car j'ai appris au cours d'un voyage précédent au Bhoutan que quand on veut faire le tour d'un temple ou d'un *stoûpa*, il faut tourner dans le sens des aiguilles d'une montre, pour une raison mystérieuse qui m'échappe et pour laquelle on ne m'a jamais fourni d'explication satisfaisante. Est-ce que ce n'est pas de la superstition pure et simple, ça ?

M. – Voilà un point important. La plupart des actes de ce qu'on appelle la « vie ordinaire » ne sont-ils pas simplement utilitaires et vides de sens profond ? Bien souvent, marcher revient à se déplacer pour arriver quelque part le plus vite possible ; manger c'est se remplir l'estomac ; travailler, c'est produire le plus possible, etc. Alors que dans une société où la vie spirituelle pénètre toute l'existence, les actes les plus ordinaires ont un sens. Idéalement, en fait il n'y a plus rien d'ordinaire. Lorsqu'on marche, par exemple, on considère que l'on marche vers l'Eveil ; en allumant un feu on souhaite : « Que toutes les émotions négatives des êtres humains soient brûlées » ; en mangeant on pense : « Puisse chacun goûter la saveur de la contemplation » ; en ouvrant une porte : « Que la porte de la libération s'ouvre à tous les êtres », etc. Dans le cas du *stoûpa*, les Tibétains pensent qu'il est plus enrichissant de tourner une heure autour de lui que de faire du jogging. Un *stoûpa* est un symbole de l'esprit du Bouddha (les écritures symbolisant sa parole, et les statues son corps). La droite étant considérée comme la place d'honneur, afin de manifester leur respect envers le Bouddha et son enseignement, ils tournent en gardant le *stoûpa* à leur droite, c'est-à-dire dans le sens des aiguilles d'une montre. Ce faisant, leur esprit se porte sur le Bouddha et donc sur son enseignement.

J.F. – Pourquoi toutes ces fresques qui représentent des êtres apparemment surnaturels ? Je croyais qu'il n'y avait pas de dieux dans le bouddhisme ?

M. – Encore une fois, ce ne sont pas des dieux,

considérés comme doués d'une existence intrinsèque. Ces déités sont symboliques. Le visage d'une « déité » représente l'Un, l'absolu. Ses deux bras sont la connaissance de la vacuité unie à la méthode de la compassion. Certaines déités ont six bras qui symbolisent six perfections : la discipline, la générosité, la patience, la diligence, la concentration et la sagesse. Plutôt que de contempler des images ordinaires, il est plus utile d'avoir à l'esprit des formes chargées de sens qui rappellent à celui qui les visualise les différents éléments de la voie spirituelle. Ces archétypes symboliques permettent ainsi d'utiliser le pouvoir de notre imagination comme un facteur de progrès spirituel, au lieu de nous laisser emporter par nos pensées débridées. L'un des principaux obstacles au recueillement est en effet la prolifération sauvage des pensées. Les techniques de visualisation sont des moyens habiles qui permettent à ceux dont l'esprit est sans cesse agité, qui ont du mal à calmer le flot de leurs pensées, de canaliser ce flot vers un objet. La visualisation peut être très complexe, mais au lieu de disperser l'esprit, elle le stabilise et l'apaise. Une visualisation correcte exige de nous trois qualités : pouvoir maintenir une visualisation claire, ce qui implique de ramener sans cesse l'esprit sur l'objet de sa concentration ; être conscient du symbolisme de l'objet sur lequel on médite ; et enfin, conserver la perception de la nature de bouddha qui est présente en soi.

J.F. – Mais moi j'ai vu dans des temples des fidèles se prosterner devant la statue du Bouddha ! C'est un comportement que l'on a devant une divinité, devant un dieu, devant une idole, pas devant un sage !

M. – La prosternation devant le Bouddha, c'est un hommage respectueux, non pas à un dieu, mais à celui qui incarne la sagesse ultime. Cette sagesse, ainsi que les enseignements qu'il a donnés, ont pour celui qui s'incline une valeur immense. Rendre hommage à cette sagesse est également un geste d'humilité. Cela sert d'antidote à l'orgueil, car ce dernier fait obstacle à toute transformation profonde. L'orgueil empêche l'émergence de la sagesse et de la compassion. « L'eau ne peut s'accumuler au sommet d'une montagne, et le vrai mérite ne s'amoncelle pas sur le pic de l'orgueil », dit le proverbe. De plus, la prosternation n'est pas un geste mécanique. Lorsqu'on pose les deux mains, les deux genoux et le front à terre – cinq points donc – on aspire à purifier les cinq poisons que sont la haine, le désir, l'ignorance, l'orgueil et la jalousie en les transformant en cinq sagesses correspondantes. Lorsque les mains glissent sur le sol tandis qu'on se relève, on pense : « Puissé-je "ramasser" les souffrances de tous les êtres et les épuiser en les assumant ». C'est ainsi que chaque geste de la vie courante, loin de rester neutre, banal, ordinaire, nous ramène à la pratique spirituelle.

J.F. – Cependant, dans une vie monacale chrétienne, la seule réalité, c'est Dieu. Le monde dans lequel nous vivons, le « siècle », comme disaient les catholiques français au XVIIᵉ siècle (ils parlaient de vivre dans le siècle ou hors du siècle) n'est qu'un détournement de l'attention par rapport à l'essentiel : Dieu. Par conséquent, la vie religieuse, la vie de quelqu'un qui se retire, soit à Port Royal comme Pascal, soit dans un couvent comme les Chartreux, consiste à écarter toutes les distractions – les « divertissements » disait Pascal – c'est-à-dire ce qui « détourne » notre attention vers la futilité des intérêts quotidiens, les fausses valeurs de la réussite, les satisfactions de vanité, d'argent, etc. Ces heures qui tissent la vie dans le siècle, on les bannit, de manière à pouvoir concentrer toute son attention sur le seul rapport qui compte, le rapport à la divinité. Les moines de la Grande Chartreuse se retirent du siècle pour pouvoir se concentrer sur Dieu sans interruption ni distraction. Or, dans le bouddhisme, comme il n'y a pas de dieu transcendant, à quoi tend la vie monacale ou ce retrait hors du temps et hors du siècle ? En un mot, si le bouddhisme n'est pas une religion, pourquoi ressemble-t-il tant à une religion ?

M. – Je crois que nous en avons dit quelques mots ces jours passés. Qu'on l'appelle religion ou métaphysique n'a finalement guère d'importance. Le but spirituel auquel tend le bouddhisme, c'est l'Eveil, cet Eveil que le Bouddha lui-même a atteint. La voie consiste à marcher sur les traces du Bouddha. Cela demande une profonde transformation du courant de notre conscience. On peut donc comprendre que ceux qui aspirent profondément à suivre ce chemin y consacrent l'intégralité de leur temps. On comprend également que, surtout pour un débutant, les conditions extérieures puissent favoriser ou entraver cette recherche. Seul celui qui a atteint l'Eveil est invulnérable aux circonstances, puisque pour lui le monde phénoménal est un livre dont chaque page est une confirmation de la vérité qu'il a découverte. Un être spirituellement réalisé n'est pas plus perturbé par le brouhaha d'une grande ville que s'il se trouvait dans un ermitage de montagne. Mais le débutant doit rechercher les conditions propices qui lui permettront de développer sa concentration et de transformer ses pensées. Dans le tumulte de la vie ordinaire, ce processus de transformation prend beaucoup plus de temps et risque fort d'être interrompu avant d'être achevé. C'est pourquoi les pratiquants tibétains passent parfois des années dans des ermitages retirés. Leur but est de se consacrer à la recherche spirituelle, sans jamais perdre de vue que leur but ultime est d'atteindre l'Eveil pour pouvoir ensuite aider autrui.

J.F. – Comment définir l'Eveil ?

M. – C'est la découverte de la nature ultime de soi-même et des choses.

J.F. – Et pourrais-tu préciser ce qu'on entend par foi dans le bouddhisme ?

M. – Manifestement, le mot a une connotation assez chargée en Occident. On distingue quatre aspects de la foi. La première est la « foi claire », ou inspirée, celle qui s'éveille lorsqu'on entend un enseignement spirituel ou le récit de la vie du Bouddha ou d'un grand sage : un intérêt s'éveille en nous. La deuxième foi est une aspiration. C'est le désir de connaître plus, de mettre soi-même en pratique un enseignement, de suivre l'exemple d'un sage et peu à peu d'atteindre la perfection qu'il incarne. La troisième foi devient une « conviction », une certitude acquise en vérifiant par soi-même la validité des enseignements et l'efficience du chemin spirituel dont on retire une satisfaction et une plénitude croissantes : cette découverte ressemble à la traversée d'une contrée de plus en plus belle à mesure qu'on la parcourt. Enfin, lorsque cette conviction n'est jamais démentie, quelles que soient les circonstances, on atteint une stabilité dans la pratique qui permet d'utiliser toutes les conditions de l'existence, favorables ou défavorables, pour progresser. Cette certitude devient alors une deuxième nature. C'est la foi « irréversible ». Telles sont les quatre étapes de la foi bouddhique, qui n'est donc pas un « saut » de l'intellect, mais le fruit d'une découverte progressive, de la constatation que la voie spirituelle porte ses fruits.

Le bouddhisme et la mort

JEAN-FRANÇOIS – Le fait de se retirer du monde, dans l'optique bouddhiste ou dans l'optique chrétienne, c'est aussi une sorte de préparation à la mort. Un chrétien conséquent comme Pascal estime qu'à partir du moment où il a compris que la seule réalité c'est la divinité, vivre dans le siècle n'a plus aucun sens. Il faut qu'il se mette dès cette vie en état de paraître devant le Créateur, et, par conséquent, qu'il vive en permanence dans la situation de quelqu'un qui n'a plus que quelques instants à vivre. Très souvent, dans les *Pensées* de Pascal, revient cette idée, qui d'ailleurs vient des Evangiles : tu ne sais pas à quel moment le Seigneur va t'appeler, dans dix ans ou dans cinq minutes. La philosophie aussi – même sans connotation religieuse – insiste souvent sur le fait qu'elle est une préparation à la mort. Un chapitre des *Essais* de Montaigne s'intitule « Que philosopher c'est apprendre à mourir. » J'ai cru comprendre que cette idée de préparation à la mort, de transition, joue un rôle également très important dans la doctrine bouddhiste. La transition après la mort, c'est je crois, ce qu'on appelle le « bardo ». Il existe bien un *Traité du bardo*?

MATTHIEU – Effectivement. La pensée de la mort demeure constamment dans l'esprit du pratiquant. Mais, loin d'être triste ou morbide, cette pensée est une incitation à utiliser chaque moment de l'existence pour accomplir cette transformation intérieure, à ne pas gaspiller un seul instant de notre précieuse vie humaine. Sans penser à la mort et à l'impermanence, on se laisse facilement dire : « Je vais d'abord régler mes affaires courantes, accomplir tous mes projets. Quand j'en aurai terminé avec tout cela, j'y verrai plus clair et pourrai me consacrer à la vie spirituelle. » Vivre comme si on avait tout le temps devant soi, au lieu de vivre comme si on n'avait plus que quelques instants, est le plus fatal des leurres. Car la mort peut survenir à n'importe quel moment, sans crier gare. Le temps de la mort et les circonstances qui l'amènent sont imprévisibles. Toutes les circonstances de la vie ordinaire – marcher, manger, dormir – peuvent se transformer soudainement en autant de causes de mort. Un pratiquant doit toujours garder cela à l'esprit. Lorsqu'un ermite allume le feu le matin, il se demande s'il sera encore là le lendemain pour en allumer un autre. Lorsqu'il expire l'air de ses poumons, il se considère heureux de pouvoir inspirer à nouveau. La réflexion sur l'impermanence et sur la mort est donc un aiguillon qui l'encourage sans cesse à la pratique spirituelle.

J.F. – Pour un bouddhiste, la mort est-elle effrayante ?

M. – Son attitude vis-à-vis de la mort évolue parallèlement à sa pratique. Pour un débutant, qui n'a pas encore acquis une grande maturité spirituelle, la mort est une cause d'effroi : il se sent comme un cerf pris au piège qui tente par tous les moyens de se libérer. Puis, au lieu de se demander vainement : « Comment pourrais-je échapper à la mort », le pratiquant se demande : « Comment traverser l'état intermédiaire du *bardo* sans angoisse, avec confiance et sérénité ? » Il devient ensuite comme le paysan qui a labouré, semé, veillé aux récoltes. Qu'il y ait ou non des intempéries, il n'a aucun regret, car il a fait de son mieux. De même, le pratiquant qui a œuvré toute sa vie à se transformer n'a aucun regret et aborde la mort avec sérénité. Enfin, le pratiquant suprême est joyeux devant la mort. Pourquoi la craindrait-il, puisque tout attachement à la notion de personne, à la solidité des phénomènes, aux possessions, s'est évanoui? La mort est devenue une amie, ce n'est qu'une étape de la vie, une simple transition.

J.F. – Sans vouloir le sous-estimer, ce type de consolation n'est pas très original. Le bouddhisme n'aurait-il rien de plus à ajouter?

M. – Le processus de la mort et les différentes expériences qui surviennent alors sont décrites avec minutie dans les traités bouddhistes[1]. L'arrêt du souffle est suivi de plusieurs étapes de dissolution de la conscience et du corps. Puis, lorsque le monde matériel s'évanouit à nos yeux, notre esprit se fond dans l'état absolu, par opposition à celui du monde conditionné que nous percevons lorsque notre conscience est associée au corps. Au moment de la mort, la conscience se résorbe pendant un très court instant dans ce qu'on appelle « l'espace lumineux du plan absolu », puis elle en ressurgit pour traverser un état intermédiaire, ou *bardo*, qui conduit à une nouvelle existence, ou renaissance. Il existe des méditations qui visent à demeurer dans cet état absolu, avant que les différentes expériences du bardo ne surviennent, afin d'atteindre à cet instant la réalisation de la nature ultime des choses.

J.F. – Enfin... Tous les raisonnements susceptibles de rendre la mort acceptable à l'être humain jalonnent l'histoire de la philosophie et des religions. On peut les ramener, en gros, à deux types. Le premier s'appuie sur la croyance en la survie. À partir du moment où il y a

---

1. Voir par exemple *Le Livre tibétain de la vie et de la mort,* cité plus haut.

un au-delà, où il y a une immortalité du principe spirituel en nous, de l'âme, il nous suffit de mener un certain type d'existence, conforme à certaines règles –
c'est-à-dire, dans le vocabulaire chrétien, d'éviter tous
les péchés mortels ou de les avouer à son confesseur, et
l'on est assuré de survivre dans de bonnes conditions
dans l'au-delà. La mort est alors une sorte d'épreuve
physique, comme une maladie, mais qui nous fait passer de ce monde à un monde meilleur. Les prêtres qui
aident les mourants contribuent à alléger l'angoisse
inhérente à cette transition. Le principe de ce type de
consolation, c'est que la mort n'existe pas vraiment. Le
seul sujet d'inquiétude, c'est : serai-je sauvé ou
damné ?

L'autre type de raisonnement est purement philosophique, valable même pour ceux qui ne croient pas
en un au-delà. Il consiste à cultiver une sorte de résignation et de sagesse, en se disant que la destruction,
la disparition de cette réalité biologique qui est moi,
animal parmi les autres animaux, est un événement
inéluctable, naturel, et qu'il faut savoir s'y résigner. Sur
ce thème, les philosophes se sont ingéniés à fournir
des raisonnements édulcorants qui rendent la mort
plus tolérable. Epicure, par exemple, emploie un argument célèbre. Il dit : nous n'avons pas besoin de
craindre la mort car, en fait, nous ne la rencontrons
jamais. Lorsque nous sommes encore là, elle n'y est
pas encore. Et quand elle est là, nous n'y sommes plus !
Donc, c'est en vain que nous éprouvons de la terreur
devant la mort. La grande préoccupation d'Epicure
étant de délivrer l'homme des terreurs inutiles – la terreur des dieux, la terreur de la mort, la terreur devant
les phénomènes naturels, la foudre, les tremblements
de terre – il s'efforce de les expliquer d'une manière
très moderne, comme des phénomènes qui ont des
causes, obéissent à des lois, etc.

Mais de toute manière, en ce qui concerne la mort,

on n'échappe pas à l'une ou l'autre de ces deux lignes d'explication ou de consolation. Je rangerai le bouddhisme dans la première. Bien que le bouddhisme ne soit pas une religion théiste, la technique spirituelle qui rend la mort acceptable s'appuie sur une métaphysique qui fait que la mort n'est pas un terme. Ou alors, quand elle devient un terme, c'est un terme bénéfique, puisqu'il signifie qu'on est libéré de l'enchaînement incessant des réincarnations dans un monde de souffrance. Dans le monde contemporain, en Occident, on l'a beaucoup remarqué, la mort est dissimulée, comme une sorte de chose honteuse. Sous l'Ancien régime, la mort était une chose officielle. On mourait pendant plusieurs jours, si je puis dire... Toute la famille se regroupait autour du moribond, on écoutait ses dernières recommandations, les prêtres défilaient, donnaient les sacrements... La mort d'un souverain était un spectacle auquel assistait presque toute la cour. Aujourd'hui, la mort est escamotée. Mais en même temps, on a pris conscience que le silence ne suffisait pas et il existe aujourd'hui des thérapeutes qui aident les mourants, qui cherchent à leur rendre le départ acceptable.

M. – A notre époque, les gens ont souvent tendance à détourner le regard devant la mort et devant la souffrance en général. Cette gêne vient du fait qu'elle constitue le seul obstacle insurmontable à l'idéal de la civilisation occidentale : vivre le plus longtemps et le plus agréablement possible. De plus, la mort détruit ce à quoi l'on tient le plus : soi-même. Aucun moyen matériel ne permet de remédier à cette échéance inéluctable. On préfère donc retirer la mort du champ de nos préoccupations et maintenir le plus longtemps possible le doux ronronnement d'un bonheur factice, fragile, superficiel, qui ne résout rien et ne fait que retarder la confrontation avec la nature véritable des choses. Tout au moins n'avons-nous pas vécu dans l'angoisse, prétendrons-nous. Certes, mais pendant tout ce temps « perdu, » la vie s'est effritée jour après jour, sans que nous la mettions à profit pour aller au cœur du problème afin de découvrir les causes de la souffrance. Nous n'avons pas su donner un sens à chaque instant de l'existence, et la vie n'a été que du temps qui a glissé comme du sable entre nos doigts.

J.F. – Qu'est-ce que le bouddhisme propose ?

M. – Il y a effectivement deux façons d'approcher la mort : soit nous pensons que notre être touche à sa fin, comme la flamme qui s'éteint, comme l'eau qui s'engloutit dans une terre sèche, soit la mort n'est qu'un passage. Toutefois, que l'on ait ou non la conviction que notre courant de conscience, une fois séparé du corps, va se poursuivre en d'autres états d'existence, le bouddhisme aide les mourants à mourir dans la sérénité. C'est l'une des raisons du succès du livre de Sogyal Rinpotché, *Le Livre tibétain de la vie et de la mort*, dont une grande partie est consacrée à la préparation à la mort, à l'aide aux mourants et au processus même de la mort. « La mort, dit-il, représente l'ultime et inévitable destruction de ce à quoi nous sommes attachés le plus : nous-mêmes. On voit donc à quel point les enseignements sur le non-ego et la nature de l'esprit peuvent aider. » Il convient donc, à l'approche de la mort, de cultiver le non-attachement, l'altruisme, la joie.

J.F. – Si je comprends bien, le bouddhisme combine les deux types de préparation à la mort que nous avons distingués ?

M. – La perpétuation de la conscience ou d'un principe spirituel au travers de la mort fait partie, dans la plupart des religions, du dogme révélé. Dans le cas du bouddhisme, on se place sur le plan de l'expérience directe, vécue par des êtres certes hors du commun mais suffisamment nombreux pour que l'on prenne leur témoignage en considération. Quoi qu'il en soit, il est certain qu'il est préférable de passer les derniers mois ou les derniers instants de notre vie dans une sérénité joyeuse plutôt que dans l'angoisse. A quoi bon être torturé à l'idée de laisser derrière nous nos proches et nos possessions, de vivre dans la hantise que notre corps va être détruit. Le bouddhisme apprend à dissiper tous ces attachements puissants qui font souvent de la mort une torture mentale plus qu'une épreuve physique. Mais il enseigne surtout qu'il ne faut pas attendre le dernier moment pour se préparer à la mort, car l'heure de la mort n'est pas l'instant idéal pour commencer à pratiquer une voie spirituelle. Nous sommes constamment préoccupés par le futur, nous faisons tous les efforts nécessaires pour ne jamais manquer d'argent, de nourriture, pour conserver la santé, mais nous préférons ne pas penser à la mort, qui est pourtant de tous les événements à venir le plus essentiel. La pensée de la mort n'a pourtant rien de déprimant, pour peu qu'on l'utilise comme un rappel, afin de rester conscient de la fragilité de l'existence et afin de donner un sens à chaque instant de la vie. Un enseignement tibétain dit : « C'est en contemplant constamment la mort que vous tournerez votre esprit vers la pratique spirituelle, renouvellerez votre ardeur à pratiquer et, finalement, verrez la mort comme l'union à la vérité absolue. »

J.F. – La mort aujourd'hui, c'est aussi le problème de l'euthanasie. Il existe en Occident toute une problématique : a-t-on le droit de choisir l'heure de sa mort ? Je ne parle pas du suicide, c'est encore autre chose. Mais lorsqu'un malade se sent perdu, ou lorsque ses souffrances sont intolérables, a-t-il le droit de demander à mourir ? Un médecin a-t-il le droit de l'aider à mourir ? C'est une question qui surgit au niveau de la morale et même de la loi, et qui fait partie des problèmes de société dont nous parlions, au même titre que l'avortement. Et d'ailleurs, c'est un problème qui est tellement présent, que le Pape a prononcé en mai 1996, au cours d'un voyage en Slovénie, une allocution dans laquelle il s'élevait contre ce qu'il appelait « les forces de la mort », c'est-à-dire les partisans de l'avortement et de l'euthanasie. Est-ce que le bouddhisme a pris une position à l'égard de l'euthanasie ?

M. – Pour un pratiquant spirituel, chaque instant de vie est précieux. Pourquoi ? Parce que chaque instant, chaque événement peuvent être mis à profit pour progresser davantage vers l'Eveil. Etre confronté à une souffrance physique intense peut permettre de méditer sur la nature ultime des choses, sur le fait qu'au fond même de cette souffrance, la nature de l'esprit est inchangée, que cette nature n'est affectée ni par la joie ni par la souffrance. Donc, quelqu'un qui possède une grande force d'âme et une bonne stabilité dans sa pratique spirituelle peut mettre à profit même les moments de souffrance les plus intenses pour progresser vers la réalisation.

J.F. – *Du bon usage des maladies,* c'est le titre d'un court traité qu'a écrit Pascal, lui-même tourmenté par la maladie.

M. – La douleur peut aussi être utilisée pour nous rappeler les souffrances qu'endurent d'innombrables êtres et raviver notre amour et notre compassion. Elle peut également jouer le rôle de « balai » qui nettoie notre mauvais *karma.* En effet, la souffrance étant le résultat d'actes négatifs commis dans le passé, mieux vaut payer nos dettes pendant que nous disposons de l'aide d'une pratique spirituelle.

Pour toutes ces raisons, ni l'euthanasie ni le suicide ne sont acceptables. Mais cela ne veut pas dire non plus qu'il faille prolonger la vie de façon absurde et inutile lorsqu'il n'y a aucun espoir. L'usage de « machines de survie », l'acharnement thérapeutique pour prolonger de quelques heures la vie d'un mourant, ou de quelqu'un dans un coma irréversible sont peu désirables, car la conscience de la personne « flotte » entre la vie et la mort pendant longtemps et on ne fait ainsi que la perturber. Il vaudrait mieux laisser les mourants vivre les derniers instants de leur vie dans une sérénité consciente.

J.F. – Mais si quelqu'un n'est pas bouddhiste?

M. – Si quelqu'un ressent la souffrance comme une oppression intolérable, laquelle anéantit le peu de sérénité qu'on pourrait espérer dans les derniers instants de sa vie...

J.F. – C'est généralement le cas.

M. – On peut alors concevoir que prolonger cette vie ne serve à rien, et ne soit qu'une torture. Cependant, comme je viens de le mentionner, le bouddhisme considère que la souffrance n'est ni un hasard ni le résultat d'un destin ou d'une volonté divine, mais simplement le fruit de nos actes passés. Il vaut sans doute mieux épuiser notre karma que d'emporter cette dette karmique au-delà de la mort. Qui sait ce que sera l'état d'existence qui suivra la mort? L'euthanasie ne résout rien.

J.F. – La question de la moralité de l'euthanasie ne se pose pas seulement à celui qui désire abréger sa souffrance, mais aussi à celui qui l'aide et qui, par conséquent, tue un être humain, supprime une vie. Là, je crois que le bouddhisme est catégorique. On ne doit jamais détruire une vie.

M. – Ni la sienne ni celle d'autrui. En fait, cette triste situation, le fait même qu'on envisage de recourir à l'euthanasie, reflète la disparition quasi totale des valeurs spirituelles à notre époque. Les gens ne trouvent aucune ressource en eux-mêmes et aucune inspiration extérieure. C'est une situation inconcevable dans la société tibétaine, où les mourants sont soutenus par les enseignements auxquels ils ont réfléchi durant leur vie et grâce auxquels ils se sont préparés à la mort. Ils ont des points de repères, une force intérieure. Parce qu'ils ont su donner un sens à la vie, ils savent donner un sens à la mort.

De plus, ils bénéficient généralement d'une présence spirituelle inspirante, chaleureuse, en la personne de leur maître spirituel. Cela contraste singulièrement avec l'apparition de médecins-exécuteurs, comme le Dr. Kervorian aux Etats-Unis. Quelle que soit la motivation qui anime les actes de ces médecins, une telle situation est misérable. L'approche positive de la mort en Orient contraste également avec la sentimentalité, l'atmosphère de catastrophe ou encore la pesante solitude physique et mentale dans laquelle bien des gens meurent en Occident.

J.F. – Qu'est qu'un bouddhiste pense des dons d'organes au moment de la mort ?

M. – L'idéal du bouddhisme est de manifester notre altruisme par tous les moyens possibles. Il est donc tout à fait louable de donner nos organes afin que notre mort soit utile à autrui.

J.F. – Et le suicide ?

M – Tuer quelqu'un ou se tuer soi-même, c'est toujours ôter la vie. De plus, vouloir « ne plus exister » est un leurre, c'est une forme d'attachement qui, pour être destructive, n'en est pas moins un enchaînement au *samsara*, le cercle des existences. Lorsque quelqu'un se suicide, il ne fait que changer d'état, pas forcément pour un état meilleur.

J.F. – Oui. C'est la même chose que dans le christianisme, alors... On est damné pour la même raison ?

M. – Il n'y a pas de damnation dans le bouddhisme. La rétribution *karmique* des actes n'est pas une punition, mais une conséquence naturelle. On ne fait que récolter ce qu'on a semé. Celui qui lance une pierre en l'air ne doit pas s'étonner qu'elle lui retombe sur la tête. C'est quelque peu différent du concept de « péché ». Encore que selon les explications du Père Laurence Freedman, « Péché en grec, signifie " manquer la cible " ; le péché est ce qui détourne la conscience de la vérité. Conséquence de l'illusion et de l'égoïsme, le péché renferme son propre châtiment. Dieu ne punit pas[1]. » Je ne sais pas si je l'ai suffisamment souligné, mais les notions de bien et de mal ne sont pas absolues dans le bouddhisme. Personne n'a décrété que telle chose était bonne ou mauvaise en soi. Les actions, paroles et pensées sont bonnes ou mauvaises par leur motivation et par leurs résultats, le bonheur ou la souffrance qu'elles engendrent. Le suicide est, en ce sens, négatif parce que c'est un échec dans notre tentative de donner un sens à l'existence. En se suicidant, on détruit la possibilité que l'on a, dans cette vie, d'actualiser le potentiel de transformation qui est en nous. On succombe à une intense crise de découragement qui, nous l'avons vu, est une faiblesse, une forme de paresse. En se disant : « à quoi bon vivre ? », on se prive d'une transformation intérieure qui peut être effectuée. Surmonter un obstacle, c'est le transformer en auxiliaire de progrès. Les gens qui ont surmonté une grande épreuve dans leur existence en tirent souvent un enseignement et une inspiration puissante sur la voie spirituelle. En bref, le suicide ne résout rien, il ne fait que déplacer le problème vers un autre état d'existence.

J.F. – Pour en revenir au *bardo*, quelles en sont les différentes étapes ?

M. – *Bardo* signifie « transition », état intermédiaire. On en distingue plusieurs. Il y a tout d'abord le *bardo* de la vie, l'état intermédiaire entre la naissance et la mort. Puis le *bardo* du moment de la mort, au moment où la conscience se sépare du corps. On parle de deux phases de « dissolution », la dissolution extérieure des facultés physiques et sensorielles, et la disso-

1. Père Laurence Freedman, dans *Le Dalaï-lama parle de Jésus*, ouvrage cité.

lution intérieure des processus mentaux. La première est comparée à la résorption des cinq éléments qui constituent l'univers. Lorsque l'élément « terre » se dissout, le corps devient pesant, nous avons du mal à maintenir notre posture, nous sentons oppressé, comme sous le poids d'une montagne. Lorsque l'élément « eau » se dissout, nos muqueuses se dessèchent, nous avons soif, notre esprit devient confus et dérive comme s'il était emporté par une rivière. Lorsque l'élément « feu » disparaît, le corps commence à perdre sa chaleur, et il devient de plus en plus difficile de percevoir correctement le monde extérieur. Lorsque l'élément « air » se dissout, nous avons du mal à respirer, nous ne pouvons plus bouger et perdons conscience. Des hallucinations se produisent, le film entier de notre existence se déroule en notre esprit. Parfois on éprouvera une grande sérénité, on verra un espace lumineux et paisible. Enfin la respiration cesse. Mais une énergie vitale, le « souffle interne », se maintient pendant quelque temps, puis cesse à son tour. C'est la mort, la séparation du corps et du courant de conscience.

Ce courant connaît alors toute une série d'états de plus en plus subtils – c'est la deuxième dissolution, la dissolution intérieure. On fera successivement l'expérience d'une grande clarté, d'une grande félicité et d'un état libre de tout concept. C'est à ce moment-là que l'on fait brièvement l'expérience de l'absolu. Un pratiquant aguerri peut alors demeurer dans cet état absolu et atteindre l'Éveil. Sinon, la conscience s'engage dans l'état intermédiaire entre la mort et la prochaine renaissance. Les différentes expériences que fait alors notre conscience dépendent de notre degré de maturité spirituelle. Pour quelqu'un qui n'a aucune réalisation spirituelle, la résultante de toutes les pensées, paroles et actions de sa vie écoulée détermine l'aspect plus ou moins angoissant de ce *bardo*. Il s'y trouve comme une plume emportée par le vent du karma.

Seul celui qui possède une certaine réalisation spiri-tuelle peut en diriger le cours. Puis vient le *bardo* du « devenir ». C'est là que commenceront à apparaître les modalités du prochain état d'existence.

Le processus de la renaissance est le même chez les êtres ordinaires et les êtres réalisés, mais les pre-miers se réincarnent par la force résultant de leurs actes passés, tandis que les seconds, libérés du karma négatif, se réincarnent sciemment dans des conditions adéquates pour continuer à aider les êtres. C'est pour cette raison qu'il est possible d'identifier la nouvelle existence d'un maître défunt.

J.F. – Bon... Nous ne reviendrons pas sur le pro-blème de la réincarnation. Mais en fin de compte, ce qui attire beaucoup d'Occidentaux vers le bouddhisme, c'est aussi, selon une formule classique dans l'histoire de la philosophie, qu'il s'agit d'une école de maîtrise de soi.

M. – La maîtrise de soi est indispensable, mais ce n'est qu'un outil. L'équilibriste, le violoniste, le judoka, l'assassin parfois, sont tous maîtres d'eux-mêmes, mais avec des motivations et des résultats fort différents. La maîtrise de soi, tout comme beaucoup d'autres quali-tés, n'acquiert sa valeur véritable que dans la mesure où elle repose sur une motivation et des principes métaphysiques corrects. Selon le bouddhisme, la maî-trise de soi consiste à ne pas succomber à l'enchaîne-ment des pensées négatives, à ne pas perdre de vue la nature de l'Eveil. On peut légitimement parler de « science de l'esprit ».

J.F. – Il s'agit donc de la maîtrise de son être spiri-tuel en vue du Bien. La maîtrise à la fois de ses pen-sées, de ses sentiments et, par conséquent, de ses comportements dans l'existence. C'est ce qu'on appelle depuis l'Antiquité le comportement du sage, issu d'une métamorphose, d'un exercice intérieurs. A cet égard, on observe en Occident une curiosité pour toutes sortes d'autres techniques, en particulier pour le yoga. Est-ce que tu pourrais nous dire un mot sur les rapports entre le bouddhisme et le yoga ?

M. – *Yoga*, ou en tout cas son équivalent tibétain *naldjor* veut dire « union à la nature ». C'est ainsi qu'on parle d'unir notre esprit à l'esprit du Bouddha ou à celui du maître spirituel, dans le sens d'intégrer dans notre esprit leur réalisation spirituelle. L'hindouisme comporte également plusieurs formes de *yoga*. Le *raja-yoga* consiste à développer une grande force d'âme dans la voie de l'action. Le *bhakti-yoga* est la voie de la dévotion, le *jnana-yoga*, la voie de la gnose, et enfin, celui qui est le plus connu en Occident, le *hatha-yoga*, met en œuvre des exercices et postures physiques, qui, alliés avec un contrôle de la respiration, ont des effets psychosomatiques. Ces exercices conduisent à un état de relaxation, de calme intérieur qui nous rend plus apte à envisager avec sérénité les événements de l'existence. Le bouddhisme tibétain comporte aussi des pratiques de maîtrise du souffle et des exercices corporels qui sont enseignés dans le cadre de retraites prolongées, mais jamais aux débutants, en dehors d'un contexte spirituel précis. Certains témoignages sont cependant disponibles. Au cours du symposium de Harvard dont nous avons parlé, le professeur Herbert Benson a présenté une communication intitulée « Interaction du corps et de l'esprit incluant des notes concernant la sagesse tibétaine ». Encouragé par le Dalaï-lama, le Pr. Benson a étudié pendant une quinzaine d'années les effets de la méditation et de certaines techniques sur le corps humain. Il a notamment étudié la pratique du *tummo*, ou de la chaleur intérieure, décrite de façon imagée par Alexandra David-Néel dans son livre *Voyage d'une parisienne à Lhassa* :

« Je vis quelques-uns de ces maîtres en l'art de *tummo*, assis sur la neige, nuit après nuit, complètement nus, immobiles, abîmés dans leurs méditations, tandis que les terribles rages de l'hiver tourbillonnaient et hurlaient autour d'eux. Je vis, à la brillante clarté de la pleine lune, l'examen fantastique passé par leurs disciples : quelques jeunes hommes étaient conduits, au cœur de l'hiver, sur le bord d'un lac ou d'une rivière et, là, dépouillés de tous vêtements, ils séchaient à même leur chair des draps trempés dans l'eau glaciale. Un drap devenait-il à peine sec qu'un autre le remplaçait aussitôt. Raidi par le gel dès qu'il sortait de l'eau, il fumait bientôt sur les épaules du candidat *rékiang*, comme s'il eût été appliqué sur un poêle brûlant. Je m'y exerçais moi-même pendant cinq mois d'hiver, portant la mince robe de coton des novices à 3900 mètres d'altitude. »

Benson a étudié cette pratique dans l'Himalaya, parmi les ermites de la communauté tibétaine en exil. Il a constaté notamment que la consommation d'oxygène pendant ce genre de méditation pouvait tomber jusqu'à soixante-quatre pour cent de son taux normal, que le taux de lactate dans le sang diminuait, que la respiration se ralentissait, etc. Il a filmé ces pratiquants alors qu'ils séchaient non seulement un, mais plusieurs de ces draps, à une température de un degré. Selon le Pr. Benson, n'importe qui aurait tremblé et serait peut-être mort de froid. Or, loin d'être frigorifiés, ces yogis avaient la surface du corps toute chaude. Il ne s'agit pas là d'exhibitionnisme. J'ai personnellement nombre d'amis tibétains qui se sont exercés à ces techniques. Elles sont pratiquées afin de maîtriser le corps et ses énergies par la méditation, mais ne sont pas une fin en soi. Leur but est de nous aider à progresser dans la connaissance de l'esprit. Il est dit : « Le but de l'ascétisme est la maîtrise de l'esprit. En dehors de cela, à quoi bon l'ascétisme ? »

L'individu roi

JEAN-FRANÇOIS – Jusqu'à présent, c'est surtout moi qui ai interrogé le bouddhisme au nom de l'Occident. Est-ce que vous autres bouddhistes, vous vous demandez quelquefois ce que peuvent apporter à vos sciences de l'esprit les acquis de nos sciences de l'homme, telles qu'elles se sont constituées et développées depuis un ou deux siècles ? Ou bien estimez-vous que votre science de l'esprit dont les bases ont été jetées il y a 2.500 ans n'a rien à apprendre de ces sciences dites humaines ?

MATTHIEU – L'attitude bouddhiste consiste à être parfaitement ouvert aux réflexions et aux aspirations de tous. Un bouddhiste a toujours quelque chose à apprendre afin d'enrichir son expérience. Il ne s'agit donc pas de se fermer à la façon dont l'Occident envisage les sciences de l'esprit. Mais il ne faut pas oublier qu'en gros, l'Occident s'est progressivement désintéressé des sciences contemplatives pour se concentrer sur les sciences dites naturelles – la physique, la biologie etc. Curieusement, même la psychologie, qui, comme son nom l'indique, devrait être une « science de l'esprit », évite l'introspection, considérée comme non-objective, et s'efforce de convertir les événements mentaux en phénomènes mesurables. La psychologie ignore, par principe et en pratique, la méthode contemplative. Pour le bouddhisme au contraire, il est évident que la seule façon de connaître son esprit c'est de l'examiner directement, d'une façon analytique tout d'abord, puis contemplative, ou méditative – et par méditation on entend bien plus qu'une vague relaxation mentale, image que bien des Occidentaux se font de la méditation. Le bouddhisme appelle méditation une découverte progressive, au fil d'années de pratique, de la nature de l'esprit et de la façon dont les événements mentaux s'y manifestent. Aux yeux d'un bouddhiste, l'approche de la psychologie occidentale semble donc fragmentaire et quelque peu superficielle, dans le sens étymologique du mot, car elle ne touche que l'écorce de l'esprit.

J.F. – En revanche, pour les sciences exactes, je crois que l'attitude des bouddhistes est sans équivoque.

M. – Effectivement, dans le cas par exemple d'une loi mathématique ou physique qui a été démontrée de façon claire et sans laisser subsister aucun doute, l'attitude bouddhiste consiste à adopter toute connaissance valide et à abandonner tout ce qui a été prouvé inexact. Mais ce que tu appelles les « sciences exactes » concerne essentiellement le domaine des phénomènes mesurables et des mathématiques. Les découvertes effectuées dans ce domaine n'affirment ni n'infirment les principes de la vie spirituelle. C'est pour cela que le bouddhisme n'a aucun mal à modifier sa perception de l'univers physique, celle de l'astronomie par exemple, puisqu'en vérité, que la terre soit ronde ou plate ne change pas grand chose aux mécanismes fondamentaux du bonheur et de la souffrance. Le Dalaï-lama dit souvent qu'on lui a appris au Tibet que la Terre avait la forme d'un trapèze, mais qu'il n'a eu aucun mal à comprendre et admettre qu'elle était ronde !

J.F. – C'est ce qu'on appelle dans la philosophie occidentale rejeter l'argument d'autorité.

M. – Il existe une cosmologie bouddhiste ancienne, qui fut rédigée par les disciples du Bouddha et reflétait l'image qu'on se faisait du monde au vi^e-ve siècles avant J.-C. en Inde. Une grande montagne, le Mont Mérou, constituait l'axe de l'univers, autour duquel tournaient le soleil et la lune et s'étendaient divers continents. Cette cosmologie appartient à ce qu'on appelle la « vérité relative » ou « conventionnelle », une vérité qui était celle du moment.

J.F. – Vis-à-vis des sciences de la matière, des sciences de la vie, de la biologie, de l'astrophysique, de la théorie de l'évolution des espèces, il semblerait que les bouddhistes aient une attitude beaucoup plus ouverte que celle, en tout cas jusqu'à ces dernières années, de l'église catholique et du christianisme en général. L'église avait adopté, comme faisant partie du dogme, une certaine explication de l'univers et de la création des êtres vivants qui a été peu à peu battue en brèche par la science – et elle voyait dans celle-ci une ennemie. Au xixe siècle encore, on a vu les réactions hostiles qu'a soulevées dans les milieux chrétiens la théorie de l'évolution des espèces. L'Église a fini par s'adapter, mais très tardivement, puisque, dans les années cinquante et soixante, un prêtre qui tâchait de concilier la théorie de l'évolution des espèces avec le dogme chrétien, j'ai nommé le R-P. Teilhard de Chardin, a été longtemps mis à l'index par l'église catholique, parce qu'il adoptait cette théorie comme point de départ de ses recherches théologiques. Le bouddhisme a une attitude nettement moins dogmatique.

M. – En effet, la conception qu'a le bouddhisme authentique de la vérité relative du monde des phénomènes n'est pas un « dogme », car la façon dont ce monde phénoménal est perçu varie selon les êtres et l'époque. La description contemporaine du cosmos correspond à la perception de l'univers que nous avons à notre époque, et le bouddhisme l'accepte comme telle. Il n'est pas question de rejeter la science en tant que description des faits, des lois naturelles. En revanche, le bouddhisme ne peut accepter la prétention quasi métaphysique de la science à détenir une explication ultime, sur tous les plans, matériels et immatériels, de la nature du monde et des phénomènes. Le bouddhisme n'a non plus aucune raison de changer fondamentalement de point de vue selon la direction dans laquelle souffle le vent des découvertes scientifiques. Que l'altruisme soit cause de bonheur, et la haine cause de malheur ne doit rien à la rotondité de la terre ou au « big-bang ». On peut admettre *a priori* que les théories scientifiques successives constituent une vision de plus en plus proche de la réalité, mais il faut se souvenir qu'au cours de son histoire la science a souvent adopté des idées diamétralement opposées aux précédentes, tout en parlant à chaque fois de « révolution scientifique » et en affichant le plus profond mépris pour ceux qui ne partageaient pas les idées du moment. Je ne dis pas qu'il faille s'accrocher au passé, mais je pense qu'il ne faut pas préjuger du futur ou mépriser d'autres visions de la réalité.

J.F. – Alors, passons maintenant aux sciences de l'homme... Tu me disais à l'instant que parmi ces dernières, celle qui a d'abord sollicité votre attention, c'est ce que nous appelons la science politique, c'est-à-dire l'étude des systèmes de gouvernement.

M. – Le but du bouddhisme étant d'éliminer toutes forme de souffrance, il est évident que la connaissance des principes d'une société juste, reposant sur des valeurs spirituelles, et sur le sens non seulement des droits de l'homme mais des devoirs de l'individu, a une importance primordiale.

J.F. – Comment construire un système de gouvernement juste ? Autrement dit, élaborer une société ayant un système de gouvernement qui garantisse la légitimité du pouvoir, le fait que ce pouvoir émane réellement des citoyens auxquels il est destiné à s'appliquer ; et qui garantisse, dans le même temps, l'égalité de tous les citoyens, au moins, pour commencer, devant le droit, devant la loi ? C'est ce qu'on appelle l'Etat de Droit. Et surtout, comment garantir l'égalité des citoyens devant les réalités de la vie ? Les réalités économiques, les réalités de l'éducation, les réalités de la maladie, de tous les détails de l'existence, depuis les conditions de logement jusqu'aux conditions de travail et de repos ?

M. – Les fondements de la démocratie sont bien entendu fort louables : éliminer l'iniquité et s'assurer que le bien-être des citoyens soit pris en considération de façon égale pour tous – mais encore faut-il que les principes qui animent la société soient vécus par ses membres comme une évidence indiscutable. *A priori*, certains idéaux du communisme, comme le partage des richesses, sont eux aussi fort louables. Tout dépend de la façon dont on les applique.

Au cours des dernières années, le Dalaï-lama a imposé au Gouvernement tibétain en exil un système démocratique, car il pensait que le respect dont il jouissait personnellement, aussi bien sur le plan spirituel que temporel, mettait un frein à l'établissement d'un système démocratique, qui, lorsqu'il ne serait plus en vie, était le seul qui permettrait aux Tibétains de faire valoir leurs droits devant la communauté mondiale. Le Dalaï-lama a donc fait établir deux constitutions, l'une pour le Gouvernement tibétain en exil – c'est-à-dire en Inde, où se trouvent plus de cent trente mille réfugiés –, et l'autre pour le Tibet, lorsqu'il recouvrera son indépendance, ou tout au moins son autonomie. A cette occasion, les membres de l'Assemblée constituante ont souhaité allier des valeurs traditionnelles aux meilleurs aspects de la démocratie.

Au cours d'un voyage en Australie, où nous trouvons des États fédéraux jouissant d'une certaine autonomie, le Dalaï-lama s'est particulièrement intéressé à ce genre de système, puisqu'il avait proposé aux

Chinois – renonçant, au vu des circonstances, à l'indépendance totale à laquelle le Tibet a fondamentalement droit – d'envisager un système dans lequel le
Tibet gérerait ses affaires intérieures et laisserait les
affaires extérieures à la Chine. Soit dit en passant, malgré toutes ces concessions qui auraient dû permettre
l'amorce de négociations avec les Chinois, il se heurte
à un mur de silence. Ce faisant, le Dalaï-lama ne
cherche ni à ménager l'opinion d'un électorat, ni à
conserver sa position – puisqu'il a renoncé d'avance à
diriger le Tibet libre –, mais à déterminer le régime
idéal pour le Tibet actuel. C'est pourquoi, il a tenté
d'introduire dans la constitution, outre la notion des
droits de l'individu, celle de la responsabilité de l'individu envers la société, et de l'Etat envers les autres
États du monde.

J.F. – Effectivement, l'un des aspects de ce que l'on
pourrait appeler la crise des démocraties modernes,
c'est que, dans l'État de droit qui est le nôtre, les
citoyens considèrent qu'ils ont de plus en plus de droits
et de moins en moins de devoirs vis-à-vis de la collecti-
vité. A cet égard, une anecdote amusante. En 1995, un
lecteur m'a écrit pour me dire : « Est-ce que vous savez
– et en effet je l'avais complètement oublié – qu'il n'y a
pas que la Déclaration des Droits de l'Homme qui a été
établie durant la Révolution française ? On a fait aussi,
en 1795, une Déclaration des Devoirs du Citoyen, dont
personne ne songe à célébrer aujourd'hui le bicente-
naire ». J'ai donc fait un article pour rappeler à nos lecteurs du *Point* cet anniversaire. J'avoue que mon article
est tombé dans l'indifférence la plus totale, car il semble
que le problème des devoirs du citoyen intéresse beaucoup moins que celui de ses droits. Ce sont pourtant les
deux faces d'une seule et même réalité.

Quant à la pensée politique actuelle du Dalaï-
lama et des bouddhistes, elle soulève une question
intéressante. En Asie a cours une théorie que l'on

appelle celle de la « relativité des droits de l'homme et des principes démocratiques ». Des pays comme la Chine, qui est évidemment un pays totalitaire, et même des pays qui ont connu des régimes autoritaires mais non totalitaires, comme Singapour, professent l'idée que les Occidentaux les embêtent avec leur histoire de droits de l'homme et de liberté totale d'opinion, d'expression, de liberté de se syndiquer, de démocratie reposant sur des élections pluralistes. Il existe, selon eux, dans chaque civilisation une conception particulière des droits de l'homme. Il y aurait donc une conception asiatique des droits de l'homme, qui n'aurait pas grand chose à voir avec la démocratie, et une conception occidentale des droits de l'homme que nous serions invités à garder pour nous ! Cette théorie bizarre de la relativité des droits de l'homme a été développée en particulier par le fameux Lee Kuan Yew, qui a été un grand homme d'Etat, puisqu'il a créé le Singapour moderne.

Cette théorie de la relativité des droits de l'homme selon les cultures a également été entérinée par le Président de la République française, Jacques Chirac, lors de sa visite au mois d'avril 1996 en Egypte, où il a développé dans un discours l'idée que chaque pays a sa conception des droits de l'homme, et met en œuvre les droits de l'homme à sa manière. C'était une façon de faire une fleur au Président Moubarak, en lui disant qu'en somme, bien que l'Egypte soit un pays qui n'a pas grand chose à voir avec ce qu'on appelle, normalement, une démocratie, cela ne signifiait pas que ce pays fût condamnable sur le plan des droits de l'homme. Alors qu'était imminente la visite du Premier ministre chinois Li Peng à Paris en 1996, visite qui a soulevé à cet égard quelques incidents et frictions, cette déclaration, malgré tout, soulève sérieusement la question de savoir s'il y a vraiment une conception asiatique ou africaine des droits de l'homme, qui serait différente de celle que les grands penseurs de la démocratie ont tou-

jours défendue! Quelle est la position bouddhiste sur
ce point?

M. – Selon le bouddhisme, tous les êtres aspirent
au bonheur et ont le même droit d'être heureux. Tous
aspirent à être délivrés de la souffrance et ont le même
droit de ne plus souffrir. Ces aspirations et ces droits
ont bien entendu une valeur universelle. Il convient
donc d'examiner la nature et l'efficacité des lois et institutions humaines pour voir si elles favorisent ou
entravent ces droits fondamentaux. L'Orient est plus
enclin que l'Occident à considérer que l'harmonie
d'une société ne doit pas être compromise par une
forme d'anarchie qui consiste à utiliser la notion de
droits de l'homme pour faire n'importe quoi, n'importe
quand, n'importe comment, tant que cela est « permis », car une telle attitude conduit à un déséquilibre
entre les droits et les devoirs, entre la liberté pour soi et
la responsabilité à l'égard d'autrui. C'est « l'individu
roi » qui prédomine, dans les sociétés occidentales.
Dans la mesure où il reste dans le cadre des lois, il peut
pratiquement faire n'importe quoi.

J.F. – Souvent, même lorsqu'il sort du cadre des
lois! Les droits de certains individus et de certains
groupes atteignent en fait, souvent, à une permissivité
qui sort de la légalité. Ce sont des droits hors du droit.

M. – Ce comportement n'est pas une source de
bonheur, de plénitude pour l'individu, et de plus il
troublera constamment la société dans laquelle celui-ci
évolue. La responsabilité de l'individu, c'est de préserver consciemment l'harmonie de la société. On ne peut
y parvenir que si les individus ne respectent pas les lois
par obligation, mais à la lumière d'une éthique à la fois
temporelle et spirituelle. On comprend donc qu'une
société régie par une tradition de nature plus spirituelle, comme c'était le cas jusqu'à récemment en Inde
et au Tibet, attache une importance plus grande au
bien-être global de la communauté qu'au respect de

l'individualisme à tout prix. L'échec et le drame des régimes totalitaires, c'est qu'ils s'opposent à l'individualisme en dominant les individus de façon aveugle et violente, et prétendent assurer le bonheur des peuples d'une manière grossièrement contredite par les faits. Il ne s'agit donc pas de restreindre la liberté de l'individu mais d'éduquer son sens des responsabilités. Cela dit, le Dalaï-lama a répété à maintes reprises qu'il était essentiel de garantir l'égalité des droits de l'homme et de la femme, l'égalité des droits fondamentaux à la vie, au bonheur et à la protection de la souffrance, quels que soient notre race, notre caste ou notre sexe.

J.F. – Alors là!... Franchement, je crois que ces préoccupations spirituelles sont absentes de la distinction chère à Li Peng ou à Lee Kuan Yew, entre une conception afro-asiatique des droits de l'homme et la conception occidentale!

M. – La conception des droits de l'homme de Li Peng n'a bien sûr rien à voir avec la notion de responsabilité de l'individu vis-à-vis du bien-être général de la société; elle relève plutôt de la hantise du chaos – qu'il est prêt à tout instant à conjurer dans le sang –, la hantise de libertés qui déstabiliseraient le régime totalitaire.

J.F. – Mais pour en revenir aux abus que tu décrivais il y a quelques instants, on sait très bien qu'ils se présentent sans arrêt dans les sociétés les plus démocratiques. De quelle manière? Les sociétés démocratiques se prêtent à toutes sortes de manœuvres qui permettent à des groupes catégoriels – ce qu'on appelle en anglais, et même en franglais, des « lobbies » – à des groupes d'intérêts socio-professionnels, des groupes ou des individus bénéficiant de certains privilèges, de tenter d'extorquer à la communauté des avantages spéciaux en les faisant passer pour des droits démocratiques. Les sociétés européennes et américaines poursuivent actuellement un débat au sujet des « avantages acquis ». Certaines corporations ont en effet grappillé, au fil des années, des avantages dont ne jouissent pas les autres citoyens. Elles l'ont souvent fait au nom de conditions ou de difficultés particulières qui étaient les leurs à un certain moment de leur histoire. On pouvait donc, initialement, justifier ces dérogations et ces avantages spéciaux, mais au fil des années, ceux-ci sont devenus abusifs et constituent des privilèges défendus par leurs bénéficiaires comme s'il en allait de l'intérêt général. Ce genre de détérioration est constante, je dirai presque inévitable, dans les démocraties ! Pour la corriger, il faudrait périodiquement remettre les choses à plat et ramener le compteur à zéro, c'est-à-dire à l'égalité de tous devant la loi et devant l'utilisation de l'argent public.

Ce danger, de voir certains groupes et individus s'organiser pour obtenir un traitement privilégié par rapport à la loi commune, et pour se dispenser de la respecter, c'est un vieux démon de la démocratie ! Il est très bien décrit dans la *République* de Platon, qui montre comment, en dégénérant, la démocratie peut engendrer la tyrannie : à partir du moment où ce qu'on appelle les « droits démocratiques » n'est plus constitué que par une mosaïque d'intérêts particuliers qui s'affrontent au détriment d'autrui en utilisant la rhétorique de l'intérêt général, on aboutit à un état d'anarchie incontrôlable qui fait qu'inéluctablement la tentation du gouvernement autoritaire surgit. On a vu se produire cela dans l'Italie des années vingt et dans l'Espagne des années trente. Un régime dictatorial ne sort jamais du néant. Il faut que certaines conditions favorables à son éclosion se produisent. Par conséquent, les dangers que signale la conception, à mon avis erronée, de droits de l'homme, différents selon les continents et les civilisations, renvoient, en fait, à une vieille problématique de la démocratie, à un problème sans cesse renaissant dans les démocraties les mieux portantes. Ce que veulent dire Lee Kuan Kew et Li-Peng, c'est qu'un certain autoritarisme est préférable à l'anarchie. Au lieu de résoudre le problème, ils l'oblitèrent... à leur manière forte.

M. – Prenons un exemple qui suscite d'incessantes polémiques : celui de l'exploitation du sexe et de la violence dans les médias. Aux Etats-Unis, dès que les législateurs proposent de contrôler par des lois la diffusion d'images violentes ou pornographiques, à la télévision ou sur l'Internet, ils soulèvent des tollés d'indignation de la part d'intellectuels qui invoquent la liberté d'expression. Si l'on s'en tient aux « droits de l'homme », sans prendre en compte les « responsabilités de l'homme », ce problème est insoluble ! On laisse la violence devenir le pain quotidien, au point qu'un adolescent américain moyen aura vu quarante mille meurtres et deux-cent mille actes de violence à la télévision lorsqu'il atteint l'âge de dix-neuf ans ! La violence est implicitement présentée comme la meilleure, parfois la seule façon de résoudre un problème. La violence est ainsi glorifiée, tout en étant dissociée de la douleur physique, puisqu'il ne s'agit que d'images.

Cette attitude s'étend à bien d'autres domaines. Le boxeur Myke Tyson est devenu le sportif le plus payé de l'histoire – 75 millions de dollars en un an. Et en quel honneur ? Pour donner des coups de poing à quelqu'un d'autre ! Il est indéniable que cette attitude générale augmente le recours à la violence dans la réalité. Si on essaie de contrôler ces excès, on muselle, dit-on, la liberté d'expression. Si on ne les contrôle pas, on baigne dans la violence. Le problème vient bien d'un manque de sens de la responsabilité, car les producteurs qui diffusent ces émissions de télévision et organisent ces compétitions savent très bien, au fond d'eux-mêmes, qu'ils ne rendent pas service à l'humanité. Mais le public est fasciné par la violence et le sexe, et « commercialement » ça marche ! Ces producteurs ne voient dans tout cela que de l'argent à glaner, tandis que les législateurs sont paralysés par la crainte d'égratigner la « liberté d'expression ». Le résultat est une ignorance complète de la notion de « responsabilité » et une incapacité à traduire cette notion en lois ou conventions. Car le sens de la responsabilité doit naître non de lois restrictives mais de la maturité des individus. Et pour que ces individus puissent atteindre une telle maturité, il faudrait que les principes spirituels qui permettent une transformation intérieure soient encore vivants dans la société, au lieu d'y faire cruellement défaut.

J.F. – Les notions de liberté d'opinion et de liberté d'expression sont nées dans un triple contexte : le contexte politique, le contexte philosophico-scientifique et le contexte religieux. Dans le contexte politique, la liberté d'opinion et d'expression veut dire que tout le monde, dans un régime libéral, a le droit d'exprimer une opinion politique, de la soutenir, de la présenter aux électeurs, de constituer des partis destinés à la défendre et de faire élire des hommes qui s'efforcent de la faire appliquer, à condition que cela ne porte pas atteinte aux droits des autres citoyens. Dans un contexte philosophico-scientifique, cette double liberté s'est affirmée à l'encontre des censures religieuses, par exemple dans la chrétienté ancienne, qui faisaient des autodafés de livres jugés contraires au dogme de l'Eglise. Un combat très semblable a resurgi à l'encontre des régimes totalitaires modernes, qui faisaient eux aussi brûler des livres et des œuvres d'art, emprisonner des savants, parce que leurs recherches s'opposaient au dogme philosophique sur lequel reposait tel ou tel Etat totalitaire. Dans le contexte religieux, le problème semble aujourd'hui très proche, dans la mesure où le théocratisme de certains Etats, comme l'Iran, tient plus d'une idéologie politique totalitaire que de la religion proprement dite, sans compter que ces Etats sont très intolérants à l'égard des autres confessions et pratiquement une cœrcition et une répression féroces. Toutes les grandes sociétés démocratiques modernes sont basés à la fois sur la liberté de l'opinion politique, la liberté de la recherche scientifique et philosophique et la liberté religieuse; mais toujours sous réserve que cela n'empiète pas sur les droits des autres.

Autre aspect très important, cette liberté d'expression doit rester relative à ses domaines. Par exemple, la liberté d'expression ne comporte pas l'autorisation d'inciter au meurtre : si je fais un discours Place de la Concorde pour dire qu'il faut aller tuer Mr. et Mme Untel, ce n'est plus de la liberté d'expression. L'incitation au meurtre est interdite par le Code pénal et punie de sanctions. De même, on a voté des lois pour interdire la remise en question de la réalité de l'Holocauste, de l'extermination des Juifs sous le troisième Reich. Cette remise en question déguisée aux couleurs de la liberté de recherche historique n'a, en vérité, rien à voir avec la recherche historique, car rien ne justifie que l'on vienne contester la réalité de faits parfaitement attestés par des milliers de témoins et des centaines d'historiens. Ces prétendues critiques historiques cachent une intention de nuire à des groupes humains particuliers et, par conséquent, de violer un article précis de la Constitution interdisant l'incitation à la haine raciale ou religieuse. Aussi, pour éviter les abus, il n'est pas nécessaire de recourir à une prétendue conception asiatique des droits de l'homme. On peut considérer que le spectacle de la violence ou d'une pornographie dégradante au travers des médias constitue une atteinte aux droits de l'homme et ne relève pas de la liberté d'expression.

M. – Toutefois, la crainte de limiter cette liberté d'expression fait qu'on hésite à passer des lois qui condamneraient ces utilisations à des fins purement mercantiles. Les réalisateurs de tels films et émissions de télévision restent juste en deçà de l'incitation à la violence, mais ils la glorifient ou la banalisent et, par la même occasion, la favorisent ; cela a été amplement démontré. En fin de compte cette attitude revient tout simplement à un manque d'altruisme.

J.F. – Mais les interdits sectaires des ayatollahs iraniens ne sont pas davantage altruistes.

M. – Les nations occidentales choisissent, pour le moment, de laisser faire. Quelques gouvernements orientaux, comme celui de Singapour, décident de mettre un terme à ces abus de façon autoritaire. Ni l'une ni l'autre de ces solutions ne sont totalement satisfaisantes. L'équilibre entre droit et responsabilité n'est pas réalisé. Par manque de sagesse et d'altruisme, par manque de principes éthiques et spirituels, on ne distingue pas clairement entre les aspects désirables de la liberté d'expression et ceux qui, directement ou indirectement, nuisent aux autres êtres.

J.F. – Il est impossible de définir des principes qui prévoient tous les cas particuliers. On pourrait interdire certaines tragédies de Shakespeare où il y a un cadavre toutes les cinq minutes ! D'autre part, dans les années trente, l'un des arguments qui a été employé dans les milieux bien-pensants contre la psychanalyse est qu'il s'agissait de pornographie. Pourquoi ? Parce que Freud mettait en évidence le rôle de la sexualité dans la genèse d'un certain nombre de comportements humains, même quand ceux-ci ne sont pas eux-mêmes sexuels. Nous entrons là dans ce que j'appellerai la casuistique de l'application des lois, qui exige énormément de finesse. L'application catégorique, mécanique n'est pas possible. Mais ça, c'est le propre de toutes les civilisations. Si les civilisations étaient simples, elles seraient fort ennuyeuses.

M. – Malgré tout, tant que le motif prédominant

est l'appât du gain et non l'approfondissement des connaissances, et que les conséquences sont néfastes, arguer du principe sacro-saint de la liberté d'expression me semble être une tromperie cynique de la part des promoteurs et une nouvelle forme de superstition de la part des intellectuels.

J.F – Oui mais, dans les démocraties, n'oublions pas l'intervention d'un facteur assez important qui est celui de l'opinion publique. L'éducation de l'opinion publique est le point essentiel. Le législateur, à lui tout seul, ne peut rien sans elle. C'est là, précisément que la liberté d'information, la liberté d'échange de vues joue un rôle important. Actuellement, il existe un mouvement de l'opinion publique contre la violence à la télévision et au cinéma. Ce ne sont pas les législateurs, ce sont les spectateurs qui commencent à en être dégoûtés.

Je me rappelle qu'en 1975, j'ai eu une conversation avec le Ministre de la culture d'alors, Michel Guy. A ce moment-là, le Ministère de la Culture se demandait s'il devait autoriser les films X, les films « hard » de pornographie brutale dans les salles de cinéma ou bien les réserver à certaines salles, à certaines heures... Et je me rappelle avoir répondu à Michel Guy qui me demandait mon avis : « Ecoutez, humblement, moi, je vous dirai qu'à mon sens – sous réserve naturellement des interdictions de limite d'âge pour les spectateurs – vous devez les autoriser sans conditions pour la raison suivante : ces films sont tellement mauvais, tellement monotones, tellement vulgaires, que le public s'en dégoûtera. » Bien. Je n'ai pas l'habitude de considérer que j'ai automatiquement raison, mais c'est ce qui s'est produit. J'ai vu dans Paris les salles de films porno « hard » se fermer les unes après les autres. Il n'y en a presque plus aujourd'hui. Il n'y a plus que les ciné-pornos spécialisés qui ne sont pas dans les salles publiques, mais dans des boutiques où l'on va si on veut y aller. Le public a donc agi beaucoup plus efficacement que ne l'aurait fait une interdiction.

Pour en revenir à l'essentiel, on peut donc dire que le bouddhisme et le Dalaï-lama, parmi tous les chefs politiques et spirituels d'Orient, admettent l'universalité des principes démocratiques et n'adoptent pas cette distinction, à mon avis fallacieuse, entre les droits de l'homme en Orient et les droits de l'homme en Occident.

M. – Certes, mais sans oublier qu'il importe de considérer les intérêts des autres comme aussi importants que les siens.

J.F. – Je doute que le devoir d'altruisme puisse faire l'objet de dispositions constitutionnelles. Le danger, ici, c'est l'utopie. La science politique, c'est-à-dire la science de l'organisation du fonctionnement des sociétés humaines dans la légitimité et la justice, ne peut pas être élaborée dans le vide. Comme j'en ai dit un mot précédemment, ceux qui ont cherché à élaborer des constitutions à partir de zéro sont ceux qu'on appelle les utopistes, auxquels on attache souvent une connotation assez touchante, celle de gens qui se font des illusions mais ont de bonnes intentions. Or ce n'est pas ça du tout! Les utopistes sont des inventeurs de systèmes totalitaires! Quand on étudie les grandes utopies, la *République* de Platon, l'*Utopie* de Thomas More au XVIᵉ siècle, *La Cité du soleil* de Campanella au XVIIᵉ, ou les écrits de Charles Fourier au XIXᵉ, en finissant par les plus redoutables d'entre eux, puisqu'ils ont pu appliquer leur système, à savoir les marxistes-léninistes, avec Mao Tsé Toung et Pol Pot comme prolongements, on s'aperçoit que les utopistes sont tous auteurs de constitutions totalitaires. Pourquoi? Partant d'une idée abstraite de ce que l'être humain doit faire, ils appliquent leurs ordonnances d'une manière impitoyable. Ce n'est pas là la vraie science politique. Les utopistes sont des dangers publics.

La vraie science politique repose uniquement sur l'observation du fonctionnement des sociétés humaines. On en tire des enseignements. L'observation formule le droit après avoir observé le fait, et observe dans le fait ce qui a bien fonctionné et ce qui a mal fonctionné. C'est également ce que font les vrais économistes. C'est dire que la science politique, qui ne peut pas se passer de la science économique, parce que les sociétés humaines doivent bien vivre, repose d'abord sur des sciences positives : la sociologie, l'économie, l'histoire. C'est à partir de la pratique de ces sciences que l'on peut se permettre de dégager, avec prudence, un certain nombre de principes directeurs, jamais *a priori*.

M. – Mais sur quels principes reposent ces sciences humaines ou politiques ?

J.F. – Je dirai tout de suite que, s'il n'avait tenu qu'à moi, je ne les aurais jamais appelées des « sciences », car elles ne sont pas à mon avis des sciences au sens strict du terme. Pourquoi ? Parce que les sciences humaines sont constamment exposées à deux dangers. Le premier est ce que j'appellerai le « danger philosophique » ou idéologique, c'est-à-dire la prétention de vouloir bâtir un système global expliquant une fois pour toutes le fonctionnement des sociétés humaines. Un très grand nombre de sociologues et d'anthropologues modernes ont cédé à cette tentation. Ils ont hérité de l'état d'esprit des anciens philosophes, qui voulaient produire un système qui expliquerait la réalité une fois pour toutes et pour toujours. A savoir, qu'ils détrônaient toutes les théories de leurs prédécesseurs et qu'ils rendaient inutiles toutes les théories de leurs successeurs. Cette tentation totalitaire de la sociologie est encore présente chez un certain nombre de grands auteurs contemporains. Plusieurs sociologues de l'école dite « structuraliste » me paraissent tomber dans ce travers, autant que les sociologues de l'école marxiste. C'est en effet le deuxième danger, le danger idéologique. Les sciences humaines sont traversées d'idéologies, souvent même de bavardages et de bel esprit. Aussi est-il clair qu'aucune de ces disciplines ne doit être prise comme une science au sens catégorique du terme. Il s'agit toujours d'essais qui peuvent être plus ou moins rigoureux. Tout dépend du scrupule de celui qui s'exprime, de celui qui écrit, de sa compétence, de ses capacités de travail, de son ingéniosité dans la recherche, et surtout de son honnêteté : qu'il n'obéisse pas à des fidélités d'école ou de clan.

M. – Mais on ne peut pas prendre les mêmes libertés fantaisistes avec l'Histoire, que prennent les Chinois à propos de l'histoire du Tibet.

J.F. – Non, bien sûr. Un certain nombre de principes scientifiques se sont développés, ont été affirmés, se sont dégagés au fur et à mesure que l'histoire moderne a progressé. Mais il n'y a pas en soi de science historique. Il y a des historiens qui font preuve de scrupules scientifiques et d'autres qui en font beaucoup moins preuve. Et je dois dire que parmi les historiens patentés, les universitaires, j'ai souvent surpris dans leurs livres des distorsions, je dirai même des erreurs tellement tendancieuses que je ne pouvais les qualifier autrement que de volontaires. Je formule ce préambule pour te mettre parfaitement à l'aise sur la façon dont, à mon avis, les bouddhistes doivent aborder l'étude des « sciences » humaines et historiques occidentales. Néanmoins, il y a là un corps considérable de recherches et de réflexions, d'erreurs et d'aberrations aussi, mais qui servent inévitablement de socle à la pensée politique. Est-ce que les bouddhistes manifestent de la curiosité pour la pensée politique ? Est-ce qu'ils se sont penchés sur l'histoire occidentale ?

M. – Le danger philosophique et idéologique est évident lorsqu'il s'agit de constructions intellectuelles, d'un « savoir ignorant » qui veut répondre à tout sans se fonder sur une compréhension profonde des principes qui régissent le bonheur et le malheur des êtres et de la société. L'Histoire est une observation, la plus rigoureuse possible, de l'évolution de l'humanité. Elle peut tout au plus décrire des événements, dégager des tendances et analyser des causes, mais elle ne propose pas de principes de vie. La plupart des Tibétains ne sont, bien sûr, pas au courant des détails de l'histoire et de la sociologie occidentales, mais certains ont une idée assez claire des différences entre les fondements et les orientations de la civilisation occidentale et ceux d'une civilisation imprégnée de valeurs spirituelles. Ainsi, le Dalaï-lama et les membres de son gouvernement en exil, qui réfléchissent sur l'avenir du peuple tibétain, sont très intéressés par l'histoire et les différents systèmes politiques, avec leurs succès et leurs échecs. Ils essaient de concevoir un système qui soit le plus apte à assurer le fonctionnement de la société à notre époque, tout en préservant les valeurs fondamentales du bouddhisme. Ces valeurs, loin d'entraver un tel système démocratique, ne pourraient que lui assurer une efficacité accrue, car elles aideraient les gens à comprendre que l'ensemble des lois sont soustendues par le principe de responsabilité des individus à l'égard de la société, permettant ainsi un meilleur équilibre entre les droits et les devoirs.

Le bouddhisme et la psychanalyse

Jean-François. – Passons à une autre discipline occidentale à laquelle le bouddhisme devra bien se confronter : la psychanalyse. La psychanalyse n'est pas une science exacte. C'est une direction de recherche. Mais elle a joué un rôle énorme dans la vision de la nature humaine en Occident depuis cent ans. A un certain moment, on a même pu parler d'invasion générale de la conception psychanalytique. Par rapport au problème qui nous intéresse, l'aspect de la psychanalyse que le bouddhisme doit prendre en considération est la thèse freudienne centrale : quel que soit l'effort de lucidité intérieure qu'un être humain peut déployer, quelle que soit son humilité, son désir de sincérité, son désir de se connaître lui-même et de se changer, il existe quelque chose qui reste hors de portée de l'introspection classique, c'est ce que Freud appelle l'inconscient. Sommairement, il existe des formations psychiques, des pulsions, des souvenirs refoulés qui conservent une activité et une influence sur notre psychisme, donc sur notre comportement, sans que nous en ayons conscience et sans que nous ayons prise sur eux. La seule technique qui permette de les dévoiler, éventuellement de les dissiper et de nous en rendre maître, c'est la psychanalyse. Mais Freud estime que, par la sagesse ordinaire, il est illusoire de prétendre franchir la barrière du refoulement qui a enfoui ces forces psychiques dans notre inconscient. Nous ne pouvons y avoir accès simplement par le regard intérieur et par la pratique de l'exercice spirituel. Pour une fois, il ne s'agit pas là d'une pure théorie, puisque l'expérience de la cure a montré la réalité de cet inconscient inaccessible à l'introspection classique.

MATTHIEU – Affirmer qu'on ne peut franchir la « barrière du refoulement » me semble une déclaration un peu hâtive... aussi hâtive que celle de William James lorsqu'il affirmait, « On ne peut arrêter le flot des associations mentales ; j'ai essayé, c'est impossible ». Ce genre de conclusions est révélateur d'un manque d'expérience vécue et prolongée de l'introspection, de la contemplation directe de la nature de l'esprit. Par quel moyen Freud a-t-il tenté de franchir cette « barrière du refoulement » ? En y réfléchissant à l'aide de sa brillante intelligence et en l'abordant à l'aide de techniques nouvelles. Mais a-t-il passé des mois et des années entièrement concentré sur l'observation contemplative de l'esprit, comme le font les ermites tibétains ? Comment le psychanalyste pourrait-il, sans avoir lui-même réalisé la nature ultime de la pensée, aider les autres à la réaliser ? Il fait malheureusement pâle figure comparé à un maître spirituel qualifié. Le bouddhisme accorde une importance considérable à la dissolution de ce qui correspond, en gros, à l'inconscient de la psychanalyse. On appelle cela « les tendances accumulées » ou « les strates du mental », qui représentent, en quelque sorte, les « bas-fonds » de la conscience. Ces derniers ne sont pas présents au niveau des associations mentales, mais prédisposent l'individu à se comporter de telle ou telle façon. D'un certain point de vue, le bouddhisme accorde encore plus d'importance à ces tendances puisque, selon lui, elles ne remontent pas seulement à l'enfance mais à d'innombrables états d'existences antérieurs. On les compare à des sédiments qui se sont peu à peu déposés sur le lit du fleuve de la conscience, qu'on appelle « conscience de base. » On distingue en effet huit composantes de la conscience, mais je ne vais pas entrer dans le détail.

J.F. – Pourquoi pas? Ce serait intéressant.

M. – La « conscience de base indéterminée » est la composante la plus élémentaire de l'esprit, c'est le simple fait d'être « conscient ». Puis on distingue cinq aspects de la conscience liés à la vue, à l'ouïe, au goût, à l'odorat et au toucher. Il y a ensuite l'aspect de la conscience correspondant aux associations mentales. Et enfin, l'aspect de la conscience lié aux émotions positives ou négatives qui résultent des associations mentales. C'est la « conscience de base », qui sert de support et de véhicule aux tendances invétérées. Lorsqu'on essaie de purifier le flot de la conscience en examinant la nature de l'esprit, en utilisant le « regard intérieur » ou la pratique spirituelle – dont Freud disait qu'ils n'atteignaient pas cet inconscient –, on inclut bien sûr la dissolution de ces tendances. Elles sont d'ailleurs plus difficiles à éliminer que les émotions grossières, car elles ont été accumulées pendant un laps de temps considérable. On compare cela à une feuille de papier qui est restée roulée pendant longtemps. Lorsqu'on essaye de l'aplatir sur une table, elle reste à plat tant qu'on la maintient, mais s'enroule de nouveau dès qu'on la relâche.

J.F. – Par conséquent, le bouddhisme admet l'existence de tendances et de représentations inconscientes – si on peut parler de « représentations » inconscientes. Oui, on peut en parler, dans la mesure où l'on se réfère à des souvenirs au moins potentiels, à des représentations qui ont été refoulées. Donc, ce bagage inconscient ne remonte pas seulement à la petite enfance mais également, comme tu le disais, à des vies antérieures? Par conséquent, le travail de l'anamnèse, c'est-à-dire du ressouvenir, que Socrate conseillait à ses disciples devrait s'étendre bien en deçà des premières années de l'existence, ce qui offre aux collègues psychanalystes un nouveau champ d'investigation, un travail considérable... J'espère que ça va relancer les affaires !

M. – Le choc de la naissance s'accompagne d'une oblitération des mémoires antérieures – sauf pour le sage qui est capable de maîtriser le courant de sa conscience entre la mort et la renaissance, au travers du *bardo*. Pour l'être ordinaire, il se produit un oubli, qui peut être comparé, à un degré différent, à l'oubli, chez l'adulte, des événements de la petite enfance. Soit dit en passant, longtemps avant Freud, le *Bardo Thödrol*, le *Livre tibétain des morts* déclare que l'être qui va prendre naissance éprouve, selon qu'il va devenir homme ou femme, une forte attraction pour sa mère ou son père et un sentiment de répulsion pour l'autre parent. Mais ce qui est très différent, c'est la façon dont le bouddhisme conçoit la nature de cet inconscient, et les méthodes qu'il emploie pour le purifier. Pour ce qui est des moyens, le bouddhisme n'est pas d'accord avec Freud, lorsque ce dernier affirme que l'on ne peut avoir accès aux tendances passées ni agir sur elles par des méthodes spirituelles. Le but même de la vie spirituelle est de dissoudre ces tendances, car toutes les pensées d'attraction et de répulsion naissent des conditionnements antérieurs. Tout le travail sur l'esprit consiste à aller à la racine de ces tendances, à en examiner la nature et à les dissoudre. On peut appeler ça purification, non pas dans un sens moral mais dans un sens pratique, comparable à l'élimination des polluants et des sédiments qui troublent la pureté et la transparence d'un fleuve.

Sur la base du peu d'expérience que j'en ai, j'ai toujours eu l'impression, en présence de ceux qui avaient suivi une « analyse, » que ces personnes s'étaient sans doute débarrassées de quelques éléments de leur problème, en remontant à leur petite enfance, mais qu'elles n'avaient pas su dissoudre la racine profonde de ce qui entrave leur liberté intérieure. Je n'ai jamais été très impressionné par le résultat. Après tant d'années d'effort, ces personnes n'ont pas particulièrement l'air d'être plus équilibrées, plus harmonieuses, ni de rayonner une sereine plénitude. Bien souvent elles restent fragiles, tendues et inquiètes.

J.F. – Malheureusement, je crois que ton témoignage n'est pas le seul à aller dans ce sens. D'ailleurs, certaines écoles récentes de la psychanalyse ont renoncé à l'idée freudienne selon laquelle l'anamnèse équivaudrait à la guérison, voire que l'inconscient puisse être intégralement éclairé.

M. – La raison pour laquelle les tendances, l'équivalent de l'inconscient, ne sont pas visibles, c'est qu'elles demeurent à l'état latent, comme les images d'un film qui a été exposé mais pas encore développé. Tout l'effort de la psychanalyse consiste à tenter de développer ce film. Le bouddhisme trouve plus simple de le consumer par le feu de la connaissance, laquelle permet de réaliser la nature ultime de l'esprit – sa vacuité – et, par la même occasion, d'éliminer toute trace de tendances. Le fait d'identifier certains de nos problèmes passés ne suffit pas. Revivre certains événements lointains n'est qu'un remède limité qui permet sans doute d'amenuiser certains blocages, mais n'élimine pas leur cause première. Remuer sans cesse la boue du fond d'un étang avec un bâton ne sert à rien pour purifier l'eau.

J.F. – Non ! C'est plus subtil que ça, quand même !... Qu'est-ce qu'on appelle un névrosé ? Car, en principe, l'analyse s'adresse à des gens qui souffrent de difficultés. Prenons par exemple quelqu'un qui se met toujours, presque volontairement, dans des situations d'échec. Il entreprend quelque chose, il est sur le point de le réussir, et, au moment où tout va bien, il commet une faute fatale, tellement énorme, surtout s'il s'agit de quelqu'un d'intelligent, qu'elle est inexplicable en termes rationnels. J'ai connu des amis, très célèbres du reste, qui dans plusieurs étapes de leur vie se sont engagés dans une série de comportements catastrophiques, qui ont détruit d'une manière incompréhensible ce qu'ils avaient bâti avec beaucoup de savoir-faire, d'intelligence et de dévouement. Bien... Il n'y a pas d'explication rationnelle, et le fait de raisonner l'individu en question ne sert strictement à rien. Le sujet se replace dans des situations analogues, sans avoir conscience qu'il refait toujours la même chose. Il ne peut pas dénouer cette fatalité psychique par ses propres moyens introspectifs, sans ce levier qu'est l'intervention de l'analyste, du transfert, etc.

L'hypothèse de Freud s'est tout de même vue vérifiée assez souvent. On a les compte-rendus complets de certaines de ses analyses et de celles d'autres analystes. On y relève bien, dans la petite enfance, un drame particulier où le sujet s'est trouvé en conflit avec sa mère, par exemple. Pour punir celle-ci, en quelque sorte, il a détruit quelque chose, ou il a fait exprès d'avoir de mauvaises notes en classe parce qu'il voulait se venger de ce qu'il considérait comme une privation d'amour de sa mère. Ce schéma de manque, enfoui dans son inconscient, continue à déterminer son comportement adulte. Il poursuit sa vengeance contre la mère en brisant ce qu'il vient de construire. Mais ça, il ne le sait pas ! Donc, la prise de conscience du traumatisme originel le libère – dans la théorie – de cet esclavage vis-à-vis d'un événement passé inconscient. Ça ne signifie pas qu'il va devenir un être parfaitement harmonieux sous tous les autres aspects, mais ça peut, dans certains cas, le déconditionner par rapport à une névrose particulière.

M. – L'approche du bouddhisme et celle de la

psychanalyse divergent quant aux moyens de libération. La psychanalyse est correcte et fonctionne dans le cadre de son propre système, mais ce système est limité par les buts mêmes qu'il se fixe. Prenons le problème de la *libido*, l'énergie du désir, par exemple. Si on essaie de la réprimer, elle emprunte des chemins détournés pour s'exprimer de façon anormale. La psychanalyse vise alors à la rediriger sur son propre objet, à lui redonner une expression normale. Selon la science contemplative bouddhiste, on ne cherche ni à réprimer le désir ni à lui donner libre cours dans son état ordinaire, mais à le volatiliser. Il ne s'agit donc pas de refouler le désir mais d'en reconnaître la nature vide, afin qu'il n'asservisse plus l'esprit. Le désir fait place à une félicité intérieure, immuable et libre de tout attachement.

Alors que le bouddhisme vise à se dégager du marasme des pensées, comme un oiseau qui s'envolerait d'une ville enfumée vers l'air pur des montagnes, la psychanalyse entraîne, semble-t-il, une exacerbation des pensées, des rêves. Des pensées qui sont d'ailleurs entièrement centrées sur soi. Le patient tente de réorganiser son petit monde, de le contrôler tant bien que mal. Mais plonger dans l'inconscient psychanalytique, c'est un peu comme trouver des serpents endormis et les réveiller sans trop savoir ensuite qu'en faire.

J.F. – D'autant plus qu'on n'a pas le droit de les tuer quand on est bouddhiste ! Mais comment le bouddhisme envisage-t-il le rêve ?

M. – Il y a toute une progression de pratiques contemplatives liées au rêve. On s'exerce d'abord à reconnaître que l'on rêve au moment où l'on s'y trouve plongé, puis à transformer le rêve, et enfin à créer à volonté diverses formes de rêves. Le point culminant de cette pratique est la cessation des rêves. Le méditant accompli ne rêve plus, sauf lorsqu'il a, exceptionnellement, des rêves prémonitoires. Cette progression peut prendre des années. En résumé, selon le bouddhisme, la difficulté que rencontre la psychanalyse, c'est qu'elle n'identifie pas les causes premières du problème. Le conflit avec le père ou la mère et autres traumas ne sont pas des causes premières, mais des causes circonstancielles. La cause première c'est l'attachement à l'ego, lequel donne naissance à l'attraction et à la répulsion, à l'amour de soi, au désir de se protéger. Tous les événements mentaux, les émotions, les pulsions, sont comme les branches d'un arbre. Si on les coupe, elles repoussent. En revanche si on coupe l'arbre à la racine en dissolvant l'attachement à l'ego, toutes les branches, feuilles et fruits tombent du même coup. L'identification des pensées perturbatrices – de leurs effets destructeurs ou inhibiteurs – ne suffit donc pas à les dissoudre et ne se traduit pas par une libération profonde et complète de la personne. Seule la libération des pensées obtenue en remontant à leur source – en regardant directement la nature de l'esprit – peut conduire à la résolution de tous les problèmes mentaux.

Toutes les techniques de méditation sur la nature de l'esprit tendent à découvrir que la haine, le désir, la jalousie, l'insatisfaction, l'orgueil, etc. n'ont que la force qu'on leur prête. Si on les regarde directement, tout d'abord en les analysant, puis avec le regard de la contemplation – si on regarde les pensées dans leur « nudité » – jusqu'à voir leur nature première, on s'aperçoit qu'elles ne possèdent pas la solidité, la puissance contraignante qu'elles semblaient avoir à première vue. Il faut répéter à maintes reprises cet examen de la nature des pensées. Mais si l'on s'exerce avec constance, le moment viendra où l'esprit demeurera dans son état naturel. Tout cela demande une longue pratique. Au fil du temps, on maîtrise de plus en plus le processus de libération des pensées. Dans un premier temps, identifier les pensées au moment où elles surgissent, c'est comme repérer dans une foule quelqu'un que l'on connaît. Dès qu'une pensée de convoitise ou d'animosité surgit, avant qu'elle n'engendre un enchaînement de pensées, on doit l'identifier. On sait qu'en dépit des apparences, elle n'a pas de solidité, d'existence propre. Cependant, on ne sait pas très bien comment la libérer. La deuxième étape ressemble au serpent qui dénoue le nœud qu'il a fait sur son propre corps. Il n'a pas pour cela besoin d'une aide extérieure. On donne aussi l'exemple d'un nœud que l'on ferait sur la queue d'un cheval – il se défait tout seul...

J.F. – Que de métaphores!

M. – Au cours de cette deuxième étape, on acquiert une certaine expérience du processus de libération des pensées et on a moins besoin d'avoir recours à des antidotes particuliers pour chaque type de pensée négative. Les pensées viennent et se défont d'elles-mêmes. Enfin, à la troisième étape, on maîtrise parfaitement la libération des pensées, lesquelles ne peuvent plus nous causer aucun tort. Elles sont comme un voleur qui pénètre dans une maison vide. Le voleur n'a rien à gagner et le propriétaire n'a rien à perdre. Les pensées surviennent et passent sans nous asservir. A ce moment-là, on est libre du joug des pensées présentes et des tendances passées qui les déclenchent. Par là même, on est libéré de la souffrance. L'esprit demeure dans une présence claire et éveillée, au sein de laquelle les pensées n'ont plus d'influence perturbatrice. En fait, la seule vertu de la négativité, c'est qu'elle peut être purifiée, dissoute. Ces sédiments de l'inconscient ne sont pas de roc, ils sont plutôt de glace et peuvent fondre sous le soleil de la connaissance.

Influences culturelles
et tradition spirituelle

JEAN-FRANÇOIS – La position du bouddhisme à l'égard de la psychanalyse est donc claire. Qu'en est-il maintenant des enseignements que le bouddhisme pourrait tirer des sciences socio-historiques, de l'étude du devenir et de la structure des sociétés ? Toute religion, toute philosophie naît dans le contexte d'une certaine société. Elle est encline à considérer comme des vérités éternelles des croyances qui sont en réalité des coutumes de la société en question. Les plus grands génies de la philosophie de l'Antiquité considéraient comme juste et naturel le phénomène de l'esclavage, ou comme fondé le préjugé de l'infériorité de la femme par rapport à l'homme.

MATTHIEU – Et le droit des animaux comme étant encore plus inférieur, comme si leur droit à vivre n'était pas celui de tout être vivant !

J.F. – Alors, est-ce que le bouddhisme lui-même ne va pas un peu, disons, s'auto-examiner et se demander si le fait d'être né dans certaines zones géographiques, certaines structures sociales, familiales et autres ne lui font pas prendre pour des principes universels des choses qui sont simplement des coutumes locales ?

M. – Si les mécanismes du bonheur et de la souffrance sont des coutumes locales, alors ils sont locaux partout, c'est-à-dire universels ! Qui n'est pas concerné par ces principes ? Qui ne se soucie pas de ce qui engendre l'ignorance ou la connaissance ? Tous les êtres aspirent au bonheur et désirent ne pas souffrir. Donc, si on juge les actes bénéfiques et nuisibles non sur leur apparence, mais sur l'intention – altruiste ou égoïste – qui les anime et sur le bonheur et la souffrance qu'ils engendrent, l'éthique découlant de tels principes ne devrait pas trop être influencée par le contexte culturel, historique ou social.

J.F. – Mais l'ennui, c'est que lorsque l'on est influencé par une particularité de son propre système social, on n'en a pas conscience ! Le propre du préjugé, c'est qu'on ne le perçoit pas comme tel. Il y a d'ailleurs de bons comme de mauvais préjugés. Du point de vue du philosophe, l'essentiel est de ne pas les prendre pour autre chose que des produits sous-historiques. Lorsqu'une religion ou une philosophie à ambition universaliste intègre un élément particulier de la société où elle a vu le jour et s'est développée, elles ne sont pas du tout conscientes qu'il s'agit d'un particularisme contingent, dû au contexte social.

M. – On s'efforce constamment, dans la tradition bouddhiste, de se débarrasser de ce genre de contingences. On examine attentivement la motivation des actes charitables, par exemple. Pratique-t-on la générosité par respect des conventions sociales, ou est-on mû par un élan spontané d'altruisme ? Pour être parfait, le don doit être libre de toute attente d'une récompense, de tout espoir d'être loué, remercié ou même d'acquérir un « mérite ». Pour être une source non seulement de mérite, mais aussi de sagesse, le don doit être libre de trois concepts : l'attachement à l'existence en soi du sujet qui donne, de l'objet – la personne qui reçoit le don – et de l'acte de donner. Le don authentique est accompli avec une pureté d'intention dénuée de tout attachement. Il est donc indispensable de ne pas s'attacher à l'aspect extérieur d'une action et de se libérer des contingences culturelles et sociales en particulier, car pour reprendre une formule tibétaine, que l'on retrouve d'ailleurs en Occident, chez Fénelon : « Les chaînes d'or ne sont pas moins chaînes que les chaînes de fer. »

J.F. – Mais cela est-il possible ? Le danger n'est-il pas l'illusion de s'être libéré des contingences tout en restant prisonnier ?

M. – Il faut également comprendre la différence entre contingence culturelle et tradition spirituelle. La tradition spirituelle repose sur une expérience profonde, sur la nécessité d'une transmission. Elle met d'ailleurs toujours l'accent sur le danger qu'il y a à s'attacher plus à la forme qu'au fond.

Du progrès et de la nouveauté

JEAN-FRANÇOIS – Il y a une autre divergence entre le bouddhisme et la civilisation occidentale, aussi bien dans le comportement des individus qui la composent que dans l'orientation intellectuelle de ceux qui la pensent. C'est que la civilisation occidentale est tout entière tournée vers l'histoire. Elle croit au développement historique, à la fécondité du temps. Selon un terme qu'on employait surtout au XIXe siècle, elle croit au progrès. On a souvent dit que cette croyance au progrès était naïve. En effet, la croyance au progrès, c'est la conviction que l'histoire ne peut apporter que des améliorations à la condition humaine, grâce aux innovations techniques, à la science, à l'affinement croissant des mœurs, à la propagation de la démocratie. Pascal comparait l'humanité à un même homme qui demeure toujours et qui apprend continuellement pendant le cours des siècles.

Nous savons maintenant que cette croyance, non pas au progrès mais à l'automatisme du progrès, a été démentie par les événements, et notamment par l'histoire assez sombre du XXe siècle. Il n'en reste pas moins que la valeur à laquelle l'Occident attache le plus de prix, c'est la nouveauté. Quand les Occidentaux font l'éloge de quelque chose, ils disent « c'est une idée nouvelle ». Dans la science, cela va de soi, c'est une découverte, donc elle est nouvelle. En art, en littérature aussi, il faut innover pour exister. Le plus grand reproche que l'on puisse faire pour déconsidérer un livre, un tableau ou une œuvre musicale, c'est de dire : « ce sont des formes dépassées, démodées, c'est académique, ça a déjà été fait. » En politique aussi, il faut avoir des idées nouvelles, renouveler ses idées. La société occidentale s'inscrit ainsi dans le temps, dans l'utilisation du temps comme facteur de transformation permanente, laquelle est considérée comme une condition indispensable de l'amélioration de la condition humaine. Le fait même de tendre vers la perfection est jugé comme dépendant d'une progression historique, de la capacité de créer des réalités nouvelles et des valeurs nouvelles. Est-ce que cette mentalité globale que je viens de résumer très sommairement te paraît compatible avec le bouddhisme et sa participation au monde occidental ?

M. – Penser qu'une vérité ne mérite plus qu'on s'y intéresse parce qu'elle est ancienne n'a guère de sens. Avoir toujours soif de nouveauté conduit souvent à se priver des vérités les plus essentielles. L'antidote de la souffrance, de l'attachement au moi, consiste à aller à la source des pensées et à reconnaître la nature ultime de notre esprit. Comment une telle vérité vieillirait-elle ? Quelle nouveauté pourrait « démoder » un enseignement qui met à nu les mécanismes mentaux ? Si nous délaissons cette vérité pour courir après un nombre illimité d'innovations intellectuelles éphémères, nous ne faisons que nous éloigner de notre but. L'attrait de la nouveauté a un aspect positif, c'est le désir légitime de découvrir des vérités fondamentales, d'explorer les profondeurs de l'esprit, les beautés du monde. Mais dans l'absolu, la nouveauté qui reste toujours « neuve », c'est la fraîcheur du moment présent, de la conscience claire qui ne revit pas le passé et n'imagine pas le futur.

L'aspect négatif du goût de la nouveauté, c'est la quête vaine et frustrante du changement à tout prix. Bien souvent, la fascination pour le « neuf », le « différent » reflète une pauvreté intérieure. Incapables de trouver le bonheur en nous-mêmes, nous le cherchons désespérément à l'extérieur dans des objets, des expériences, des manières de penser ou de se comporter de plus en plus étranges. En bref, on s'éloigne du bonheur en le cherchant là où il n'est pas. Ce que l'on risque en procédant ainsi, c'est de perdre complètement sa trace. À son niveau le plus banal, la « soif de nouveauté » naît d'un attrait pour le superflu, qui ronge l'esprit et nuit à sa sérénité. On multiplie ses besoins au lieu d'apprendre à ne pas en avoir.

Si le Bouddha et nombre de ceux qui l'ont suivi ont vraiment atteint la connaissance ultime, que peut-on espérer de meilleur et de plus « nouveau » que cela ? La nouveauté de la chenille, c'est le papillon. Le but de chaque être, c'est de développer ce potentiel de perfection qu'il a en lui. Pour atteindre ce but, il est nécessaire de bénéficier de l'expérience de ceux qui ont parcouru le chemin. Cette expérience est plus précieuse que l'invention d'une pléthore d'idées nouvelles.

J.F. – Oui, mais il y a malgré tout une antithèse, un antagonisme. Dans la civilisation occidentale, on observe, au fond, les deux tendances. D'une part, on voit un certain nombre de penseurs qui tentent de formuler une sagesse destinée à permettre à chaque individu, à n'importe quel moment du temps, de se bâtir une forme de vie acceptable, souvent grâce à un détachement par rapport aux passions, aux jalousies, à l'arrogance qui sont des défauts que nos sages combattent également. En même temps, on observe cette conviction que la voie, non pas du salut absolu mais, disons, d'un salut relatif par rapport au passé, est dans un processus, continu ou discontinu, d'améliora-

tion globale du sort de l'humanité, et que cette amélioration dépend d'un certain nombre d'innovations dans
le domaine de la science et de la technique, comme du
droit, des droits de l'homme et des institutions politiques. Nous y assistons sans arrêt. Nous vivons
aujourd'hui dans un océan d'ordinateurs qui jalonnent
presque chacun des actes de la vie personnelle des
individus et collective des sociétés, chose que personne
ne se serait représentée il y a trente ans. Ça, c'est pour
la technique. C'est ce qu'il y a de plus apparent.

Mais dans d'autres domaines aussi, la politique en
particulier, la transformation des sociétés, l'ajustement
de leur organisation aux besoins d'un nombre de plus
en plus grand d'individus, l'Occidental pense qu'il
s'agit d'objectifs et de processus qui dépendent du
déroulement du temps. Prenons par exemple la
culture. On considère que le seul artiste authentique
est celui qui apporte une œuvre nouvelle. On rirait à
l'idée de copier des œuvres du Moyen-Age – il existe
des techniques de reproduction pour ça. Mais ce n'est
pas tout. Depuis une cinquantaine d'années, surtout
dans les pays développés, des politiques culturelles
visant à faire participer un nombre grandissant d'individus aux joies de la littérature, de l'art, de la musique,
ont vu le jour. Cela, dans le passé, était réservé à une
élite assez étroite. Je me rappelle ce que c'était que de
visiter un musée ou une exposition au cours de mes
années de jeunesse. On avait toute la place qu'on voulait, on entrait quand on voulait, on n'était jamais gêné
par la foule pour regarder les tableaux. Aujourd'hui, il
faut parfois faire la queue pendant plusieurs heures
tant il y a d'amateurs intéressés par les expositions. On
a même pris l'habitude, à Paris ou à New-York, de
réserver sa place ou son droit d'entrée, comme on fait
pour le théâtre. Donc, cette idée, d'une part, que la
culture est une innovation perpétuelle, et d'autre part,
qu'elle doit s'étendre à un nombre croissant de per-

sonnes, est très caractéristique de l'attitude occidentale. La matière temporelle est utilisée afin de réaliser des progrès et un nombre croissant d'individus participent à cette amélioration générale. Autrement dit, le salut est dans le temps et non pas hors du temps.

M. – Le salut dans le temps, c'est le « vœu du bodhisattva », celui d'œuvrer jusqu'à ce que tous les êtres soient délivrés de la souffrance et de l'ignorance. Le bodhisattva ne perdra pas courage, ne rejettera pas la responsabilité qu'il ressent à l'égard de tous les êtres, jusqu'à ce que chacun d'entre eux se soit engagé sur le chemin de la connaissance et ait atteint l'Eveil. D'autre part, le bouddhisme admet parfaitement l'existence d'enseignements spécifiques aux différents âges de l'humanité, des sociétés anciennes jusqu'aux sociétés modernes, qui sont plus orientées vers le matérialisme. Selon que ces sociétés sont plus ou moins portées vers les valeurs spirituelles, certains aspects des enseignements sont plus ou moins mis en valeur. En revanche, la nature même de l'Eveil, de la connaissance spirituelle, reste hors du temps. Comment la nature de la perfection spirituelle changerait-elle ?

Par ailleurs, la notion de « nouveauté », le désir d'inventer constamment par souci de ne pas copier le passé est à mon sens une exacerbation de l'importance accordée à la « personnalité », à l'individualité qui devrait à tout prix s'exprimer de façon originale. Dans un contexte où l'on essaie, au contraire, de dissoudre cet attachement au moi tout-puissant, cette course à l'originalité semble pour le moins superficielle. L'idée, par exemple, qu'un artiste doive toujours essayer de donner libre cours à son imagination est évidemment étrangère à un art traditionnel, un art sacré qui est un support de méditation ou de réflexion. L'art occidental cherche souvent à créer un monde imaginaire, tandis que l'art sacré aide à pénétrer la nature de la réalité. L'art occidental vise à susciter les passions, l'art sacré à les calmer. Les danses, la peinture et la musique sacrées tendent à établir une correspondance, dans le monde des formes et des sons, avec la sagesse spirituelle. Ces arts ont pour objet de nous relier, par leur aspect symbolique, à une connaissance ou une pratique spirituelle. L'artiste traditionnel met toutes ses facultés au service de la qualité de son art, mais il ne donnera pas libre cours à son imagination pour inventer des symboles ou des formes entièrement nouveaux.

J.F. – C'est évidemment là une conception de l'art tout à fait contraire à la conception occidentale, en tout cas depuis la Renaissance.

M. – Cet art n'est pas, pour autant, figé dans le passé. Les maîtres spirituels l'enrichissent sans cesse d'éléments nouveaux issus de leurs expériences méditatives. Il existe de magnifiques expressions de l'art sacré au Tibet ; les artistes y consacrent beaucoup de cœur et de talent, mais leur personnalité s'efface entièrement derrière l'œuvre. La peinture tibétaine est de ce fait essentiellement anonyme. L'art est également une forme d'échange entre les communautés monastiques et laïques. Plusieurs fois par an, les moines exécutent sur le parvis des monastères des danses d'une très grande beauté, qui correspondent aux différentes étapes d'une méditation intérieure. La population locale ne manque jamais ce genre de fêtes. De la même façon, l'art au Tibet est présent dans toutes les familles, puisque celles-ci commandent aux peintres et aux sculpteurs des icônes, des mandalas, des statues. Le peuple n'est pas du tout coupé de l'art, mais un artiste qui se permettrait des fantaisies au regard de la tradition n'aurait pas grand succès. Quand, en Occident, des artistes peignent des surfaces toutes bleues et qu'en raison de la « personnalité » de ces artistes, on accorde à leurs peintures une grande valeur et qu'on les expose dans les musées, je pense que le seul problème, c'est que personne ne s'exclame « le roi est nu ! »

J'ai lu récemment dans un hebdomadaire que le Musée d'Art Contemporain de Marseille avait exposé l'œuvre d'un artiste qui consistait en une trentaine d'objets volés et dûment étiquetés comme tels. Finalement, « l'artiste » a été arrêté et le musée poursuivi pour recel. J'ai eu plusieurs fois l'occasion de visiter des musées en compagnie de Tibétains. Ils admiraient les peintures classiques qui révèlent une grande maîtrise, souvent acquise au prix d'années d'efforts. En revanche, la facilité de certaines formes d'art – l'exposition, par exemple, d'objets écrasés, d'objets ordinaires arrangés ou empaquetés de façons insolites – les faisaient penser à la différence qui sépare les maîtres spirituels tibétains, qui enseignaient à la lumière d'une expérience acquise au terme d'années de réflexion et de méditation, de ceux qui enseignent maintenant la spiritualité sans grande expérience et dont les discours ressemblent plus à des bavardages qu'à l'expression d'une véritable connaissance.

Ne pas courir après la nouveauté n'empêche cependant pas d'être flexible, prêt à affronter toutes sortes de situations nouvelles. En fait, en gardant les vérités essentielles présentes à l'esprit, on est mieux armé que quiconque pour faire face aux changements du monde et de la société. Il est indispensable avant tout de reconnaître ces vérités, de les approfondir, de les actualiser en soi, de les « réaliser ». Si l'on néglige cette démarche, à quoi bon vouloir à tout prix inventer quelque chose de nouveau ? En résumé, je dirai que contrairement à la course à la nouveauté, la vie spirituelle permet de redécouvrir la simplicité, dont nous avons perdu le goût. De simplifier notre existence en évitant de nous torturer pour obtenir ce dont nous n'avons pas besoin, et de simplifier notre esprit en évitant de constamment ressasser le passé et imaginer le futur.

J.F. – Je crois qu'il n'est pas besoin d'être bouddhiste pour faire ce genre de remarques. Beaucoup de
personnes en Occident, y compris celles qui sont très
attentives à l'évolution des arts et même aux dernières
nouveautés de la création artistique, savent également
que tout un aspect de l'art occidental consiste en un art
de duper le public et d'éblouir les naïfs ! Mais ce n'est
pas son seul aspect, heureusement. L'invention vraie
l'emporte. Si je tiens quand même à souligner cette
tendance si profonde en Occident, c'est que les secteurs de la vie occidentale qui devraient paraître les
plus à l'abri de cet appétit de changement y suc-
combent également. Par exemple, les religions qui en
principe sont liées au dogme. Une religion révélée est
liée à un dogme précis, et on peut supposer que ceux
qui sont les adeptes de cette religion la pratiquent
parce qu'elle fournit une sorte d'élément immuable qui
exprime une éternité, l'éternité du surnaturel, de l'au-
delà, de la Divinité. Par conséquent, cet aspect de l'histoire de la conscience humaine, normalement, devrait
être soustrait aux impératifs du changement et de
l'innovation qui caractérisent les activités s'inscrivant
dans le contexte du monde et du temps. Or, il n'en est
rien.
  Prenons la religion catholique. J'en parle avec
détachement, puisque je ne suis pas croyant. Sans
arrêt, l'Eglise catholique est soumise aux assauts de
modernistes qui lui disent : « Vous ne vous renouvelez
pas suffisamment ! Il nous faut des théologiens nova-
teurs ! L'Eglise doit s'adapter à son temps ! » Alors, en
ce cas, on peut se demander à quoi bon une religion ?
Si celle-ci n'est pas précisément la dimension de la
conscience humaine qui soustrait ladite conscience aux
vicissitudes de l'évolution temporelle et à la nécessité
de se renouveler, à quoi sert-elle ?
  Notre appétit de nouveauté est tel qu'on demande
à Dieu lui-même de se renouveler sans cesse. Du

moins ceux qui croient en lui. Il y a d'incessants conflits entre le Saint Siège, gardien de l'orthodoxie théologique et les théologiens d'avant-garde qui proposent des innovations théologiques, comme, en d'autres domaines on peut proposer des innovations en peinture, en musique ou en haute-couture. La notion même de théologien d' « avant-garde » est comique. En quoi l'éternité peut-elle être d'avant-garde ou d'arrière-garde ? Et le Vatican se retrouve devant un nouveau dilemme. S'il admet ces nouvelles théologies, il est obligé d'accepter une modification de certains principes fondamentaux du dogme. Et s'il ne les admet pas, il se fait traiter de vieux jeu, de réactionnaire, de passéiste attaché à des formes périmées de la Divinité. Est-ce que l'influence du bouddhisme en Occident va s'insérer dans cet appétit incessant de transformation, ou est-ce qu'au contraire, le bouddhisme va servir de refuge à ceux qui sont écœurés par cette tyrannie de la nouveauté ?

M. – Je pense, bien sûr, à cette deuxième option. Les principes ne sauraient changer, car ils correspondent à la véritable nature des choses. Si l'on essaie d'analyser plus avant la soif de nouveauté, il semble qu'elle naisse d'une négligence de la vie intérieure. On ne remonte plus à la source, et l'idée nous vient qu'en essayant toutes sortes de choses nouvelles, on va pouvoir combler ce manque.

J.F. – Je dirai quand même que ce qui guette l'esprit humain depuis toujours, c'est la routine, c'est l'encroûtement. Si l'ambition de ne pas se contenter des idées toutes faites, de passer au crible les notions que nos prédécesseurs nous transmettent, de ne pas les prendre pour argent comptant mais de les repenser soi-même, pour voir ce qu'à la lumière de nos propres raisonnements et de nos propres expériences on doit en retenir et ce qu'on doit en rejeter, si cette ambition n'existait pas, la pensée humaine ne serait qu'un vaste sommeil de paresse

M. – Certes, mais consacrer sa vie à une recherche spirituelle n'est nullement un signe de sclérose, c'est un effort constant pour faire exploser la gangue de l'illusion. La pratique spirituelle est fondée sur l'expérience, une découverte que l'on pousse dans le monde intérieur aussi loin que la science la pousse dans le monde extérieur. Cette expérience est toujours fraîche, sans cesse renouvelée. Elle offre aussi son lot d'obstacles et d'aventures! Il ne s'agit pas de se reporter à des phrases toutes faites, mais de faire l'expérience des enseignements dans le moment présent, de savoir utiliser les bonnes et les mauvaises circonstances de la vie, de faire face aux pensées en tout genre qui surgissent dans notre esprit, de comprendre par soi-même la façon dont elles nous enchaînent et la façon de s'en libérer. La vraie nouveauté, c'est de savoir utiliser chaque instant de l'existence dans le but que l'on s'est fixé.

J.F. – Personnellement, j'aurais tendance à admettre un aspect de ce que tu viens de dire. Mais, sous un autre angle, comment le nier? Un certain nombre de problèmes se posant à l'humanité dans le contexte de la vie, de l'histoire, des phénomènes dont nous sommes entourés, relèvent de ce que j'appellerai la création temporelle. Cependant, il est vrai que l'Occident, surtout à partir du xviiiᵉ siècle, s'en est par trop remis, pour la solution de tous les problèmes humains, au progrès historique, à la capacité d'innovation. L'Occident a pensé que toutes les questions touchant l'homme, y compris les questions de son bonheur personnel, de son épanouissement, de sa sagesse, de sa capacité à supporter la souffrance ou à s'en débarrasser, que tous ces problèmes, donc, pouvaient être résolus par la dialectique historique, comme disaient Hegel et Marx. En somme, tous les problèmes touchant à la vie intérieure, à l'accomplissement personnel seraient des fantasmes idéologiques, des résidus d'illusions qui faisaient croire que l'on pouvait parvenir au bonheur et à l'équilibre pour son compte personnel. Ce délaissement de la sagesse personnelle au profit de la transformation collective a atteint son paroxysme avec le marxisme. Or, si l'on ne recrée rien sans le temps, le temps par lui-même ne crée rien. Depuis deux siècles, l'Occident attend le salut de l'homme de solutions à la fois historiques et collectivistes. Cette attitude intransigeante et dogmatique, cet excès de confiance dans les solutions collectivistes et politiques apportées par le simple déroulement de l'histoire est probablement la cause de l'insatisfaction que la prépondérance de ce système de pensée a creusé, et qu'aujourd'hui on sent partout. Il est probable que la pénétration du bouddhisme en Occident vient en grande partie de ce manque, du vide laissé par l'absence d'éthique et de sagesse personnelles, quelle qu'elle soit.

M. – Afin que les rapports avec autrui ne soient plus principalement motivés par un égocentrisme qui ne crée que frictions et mésentente, il faut que chaque individu puisse donner un sens à son existence et atteindre un certain épanouissement intérieur. Chaque instant de ce processus de transformation spirituelle doit être accompli avec l'idée que les qualités que l'on va développer serviront à mieux aider autrui.

J.F. – La condition d'un succès durable du bouddhisme en Occident dépend de deux facteurs. Premièrement, le bouddhisme n'est pas une religion qui demande un acte de foi aveugle. Il ne demande à personne d'exclure, de condamner d'autres doctrines. C'est une sagesse, une philosophie empreinte de tolérance. Cette condition est d'ores et déjà remplie. Deuxièmement, et là, la condition n'est pas tout à fait remplie, il faut que le bouddhisme soit compatible avec l'investissement gigantesque de près de 2500 ans que l'Occident a fait dans la connaissance scientifique, dans la réflexion et l'action politiques. C'est-à-dire dans l'amélioration de la vie humaine, en ce monde des phénomènes, par l'amélioration des sociétés et des rapports au sein de la société. Je crois que si le bouddhisme n'est pas compatible avec cette deuxième condition, il n'aura pas d'influence durable en Occident. L'ancrage y est beaucoup trop fort dans ce que j'appelle la pensée scientifique, socio-politique et historique.

M. – Encore une fois, le bouddhisme ne va pas par principe à l'encontre de la connaissance scientifique, car il vise à reconnaître la vérité sur tous les plans, extérieurs comme intérieurs. Simplement, il établit une hiérarchie dans les priorités de l'existence. Le développement matériel sans développement spirituel ne peut que conduire au malaise que l'on connaît. Les orientations sont donc très différentes dans une société fondée sur l'éducation de la sagesse. En simplifiant, on pourrait dire que l'une est plus centrée sur l'être et l'autre sur l'avoir. La fascination de toujours avoir plus et la dispersion horizontale des connaissances nous éloignent de la transformation intérieure. Puisqu'on ne peut transformer le monde qu'en se transformant soi-même, il importe peu d'avoir toujours plus. Un pratiquant bouddhiste pense que « celui qui sait se contenter de ce qu'il a, possède un trésor au creux de sa main. » L'insatisfaction naît de l'habitude de considérer les choses superflues comme nécessaires. Cette considération ne s'applique pas seulement aux richesses, mais aussi au confort, aux plaisirs et au « savoir inutile ». La seule chose dont on ne doit jamais être rassasié, c'est la connaissance ; et le seul effort qu'on ne doit jamais juger suffisant, c'est celui que l'on fait pour le progrès spirituel et l'accomplissement du bien d'autrui.

J.F. – Je voudrais conclure en citant Cioran, écrivain qui m'est cher, parce qu'il montre bien à quel point le bouddhisme revient souvent comme référence ou comme préoccupation chez les écrivains occidentaux. Il s'agit d'un texte qui se trouve dans une préface qu'il a écrite à une *Anthologie du portrait dans la littérature française*. Dans cette préface il est appelé à parler des moralistes français, de La Rochefoucauld, de Chamfort, etc. et bien sûr des portraitistes qui, par le truchement de portraits de personnalités connues, dépeignent les travers de la nature humaine. Et Cioran, mettant Pascal en dehors et au-dessus des moralistes, a une belle expression, il dit très justement : « Les moralistes et les portraitistes dépeignent nos misères, alors que Pascal dépeint *notre* misère ». Et tout de suite après, c'est ça qui est frappant, il est amené à se référer au bouddhisme. Voici les quelques lignes qu'il intercale dans ce texte consacré à la littérature française classique. Je cite : « Quand Mâra, le Dieu de la Mort essaye, tant par des tentations que des menaces d'arracher au Bouddha l'Empire du Monde, celui-ci pour le confondre et le détourner de ses prétentions lui dit, entre autres : est-ce que tu as souffert pour la connaissance ? » Cette interrogation, poursuit Cioran, « à laquelle Mâra ne pouvait répondre, on devrait toujours s'en servir lorsqu'on veut mesurer la valeur exacte d'un esprit ». Quel est ton commentaire sur cette citation ?

M. – Mâra est la personnification de l'ego, puisque le « démon » n'est autre que l'attachement au « moi » en tant qu'entité existant en soi. Lorsque le Bouddha s'est assis au crépuscule sous l'arbre de la *boddhi*, sur le point d'atteindre la connaissance parfaite, l'Eveil, il fit le vœu de ne pas se lever tant qu'il n'aurait pas déchiré tous les voiles de l'ignorance. Mâra, l'ego, tenta tout d'abord d'instiller en lui le doute en lui demandant : « De quel droit prétends-tu atteindre l'Eveil ? » A quoi le Bouddha répondit : « Mon droit repose sur la connaissance que j'ai acquise au fil de nombreuses

vies; j'en prends la terre à témoin». Et à ce
moment-là, dit-on, la terre trembla. Puis Mâra essaya
de tenter le futur Bouddha en envoyant ses filles d'une
grande beauté – symboles des désirs – pour essayer de
le distraire de son ultime méditation. Mais le Bouddha
était parfaitement libéré de toute convoitise, et les filles
de Mâra se métamorphosèrent en vieilles couvertes de
rides. Mâra tenta ensuite de susciter la haine en l'esprit
du Bouddha. Il fit surgir des apparitions fantasmago-
riques, de formidables armées qui décochaient des
flèches enflammées et hurlaient des torrents d'injures.
On dit que si la moindre pensée de haine s'était élevée
dans l'esprit du Bouddha, il aurait été transpercé par
ces armes : l'ego aurait triomphé de la connaissance.
Mais le Bouddha n'était qu'amour et compassion : les
armes se muèrent en pluies de fleurs, et les injures en
chants de louange. A l'aube, lorsque les derniers lam-
beaux d'ignorance s'écroulèrent, le Bouddha réalisa
parfaitement la non-réalité de la personne et des
choses. Il comprit que le monde phénoménal se manifeste par le jeu de l'interdépendance, et que rien
n'existe de façon intrinsèque et permanente.

J.F. – Eh bien moi, ce qui me frappe le plus dans la
citation de Cioran, c'est qu'il rappelle à l'Occident que
la connaissance est souffrance, ou en tout cas ne peut
s'acquérir qu'à travers la souffrance. Et que c'est à
l'acceptation de ce fait que l'on mesure la valeur d'un
esprit. C'est à mon avis un rappel salutaire pour les
Occidentaux qui, de plus en plus, s'imaginent que l'on
peut, au départ, éliminer la souffrance et que tout se
fait dans la joie, par le dialogue, la communication, le
consensus, et qu'en particulier, l'éducation elle-même
et le fait d'apprendre peuvent se dérouler sans effort et
sans souffrance.

M. – C'est bien ainsi que l'on décrit la voie spirituelle. Les plaisirs du monde sont très séduisants de
prime abord. Ils invitent à la jouissance, ils semblent

toute douceur, et il est très facile de s'y engager. Ils commencent par apporter une éphémère et superficielle satisfaction, mais on s'aperçoit peu à peu qu'ils ne remplissent pas leurs promesses et se terminent par d'amères désillusions. C'est tout le contraire pour la recherche spirituelle. Au début, elle est austère : il faut faire un effort sur soi-même – il faut affronter « la souffrance de la connaissance » selon les termes de Cioran, ou encore « les rigueurs de l'ascèse ». Mais au fur et à mesure qu'on persévère dans ce processus de transformation intérieure, on voit poindre une sagesse, une sérénité et une félicité qui imprègnent l'être tout entier et qui, à l'inverse des plaisirs précédents, sont invulnérables aux circonstances extérieures. Selon un dicton : « Dans la pratique spirituelle, les difficultés surviennent au début, et dans les affaires du monde, à la fin. » Il est également dit : « Au début rien ne vient, au milieu rien ne reste, à la fin rien ne part. » En fait, j'ajouterai que cette diligence, nécessaire à l'acquisition de la connaissance, n'est pas à proprement parler une « souffrance » : on l'a définie comme la « joie coulée en forme d'effort ».

Le moine interroge le philosophe

MATTHIEU – Tu dis souvent : si le bouddhisme vise à démasquer « l'imposture » du moi et que ce moi n'a pas d'existence réelle, à quoi bon agir ? « Qui », alors, serait responsable de ses actes ? En vérité, même si la notion de « personne » ne recouvre aucune entité réelle, toute action produit inévitablement un résultat. Mais la physique moderne, elle aussi, nous réduit à des particules élémentaires, les fameux « quarks ». Je peux donc à mon tour te poser cette question : « Puisque nous ne sommes faits que de particules qui, à l'évidence, ne contiennent, elles, aucune trace de notre individualité, à ton avis, à quoi bon agir ? A quoi bon penser, aimer, s'inquiéter du bonheur et de la souffrance ? Ce ne sont pas les quarks qui souffrent ! »

JEAN-FRANÇOIS – Oui !... Voilà un très vieux raisonnement, même en Occident dans certaines théories philosophiques. Si tu prends une doctrine comme le structuralisme, c'est un petit peu la même chose. Il s'agissait, aussi, d'une réaction contre l'existentialisme, lequel avait tout centré sur la liberté et le choix personnel de l'individu, sur sa responsabilité ultime. Le structuralisme disait : Non ! L'homme en soi n'existe pas, il est traversé par des structures qui agissent à travers lui.

M. – Qu'est-ce qu'ils appellent structure ?

J.F. – Bah... Comme ce sont des philosophes, ils la

définissent fort mal ! Disons, en gros, que ce sont des sortes d'entités constituées ou constitutives de lois, génératrices de comportements organisés. Ce type d'objection, on le retrouve chez Epicure : Nous sommes un composé d'atomes, disait-il, et ce que nous appelons l'âme n'est qu'un assemblage d'atomes. Par conséquent, nous n'avons pas à prendre au sérieux les sentiments que nous éprouvons, les souffrances, les désirs, les craintes. L'argument qui consiste à opposer les phénomènes à un arrière-plan, à un arrière monde, seul véritable, est une vieille objection. Mais on y répond toujours que cela n'empêche pas qu'au niveau de l'expérience vécue, l'être éprouve certaines sensations et certaines expériences, seule réalité concrète pour lui.

M. – C'est exactement ce que dit le bouddhisme : même si la souffrance est illusoire, elle est perçue comme souffrance, et il est donc légitime et souhaitable de la dissiper. Je ne comprends pas le procès que l'on fait au bouddhisme en disant : si ce « moi » dont nous pensons qu'il représente une constante de notre existence, une entité qui survit au travers des changements de l'existence, si ce moi est illusoire, pourquoi se préoccuper du bonheur...

J.F. – Alors, je vais te l'expliquer ! Admets qu'un rocher tombe sur ta maison, l'écrase et tue une partie de ta famille. Tu appelles les services municipaux, des médecins, des secours et on t'envoie à la place un géologue, qui te dit : « Ecoutez ! Ce qui est arrivé est parfaitement normal... Vous savez, le globe terrestre évolue ; il y a sans arrêt des mouvements de terrain, des plaques tectoniques qui s'entrechoquent... Il n'y a rien là d'anormal. » C'est vrai si je me place à l'échelle de quelques millions d'années, le laps de temps minimum que puisse considérer un géologue qui se respecte. Mais les deux protagonistes ne parlent pas du tout du même phénomène ! D'une part, le géologue impassible a raison. D'autre part, ça n'empêche pas que le pauvre homme dont la maison vient d'être écrasée avec sa famille vit une tragédie sur le plan de sa sensibilité personnelle. Aucune de ces deux approches ne peut supplanter l'autre. Le fait que des gens soient balayés par des typhons que l'on explique rationnellement par la météorologie, les vents, la haute atmosphère, n'atténue pas le danger et les malheurs liés au fait de vivre dans des zones fréquemment soumises aux cyclones. Nous avons deux réalités, sans que l'une réfute l'autre. Ces deux niveaux d'expérience doivent être maintenus en contiguïté, car ils sont tous les deux réels.

M. – Donc, tu es bien d'accord : lorsque le bouddhisme affirme que si le moi n'est qu'une entité fantoche, dépourvue d'existence réelle, il n'y a aucune raison de voir dans cette affirmation une preuve de l'indifférence à l'égard de l'action, à l'égard du bonheur et de la souffrance de soi-même et d'autrui ?

J.F. – L'idée commune à toutes les sagesses de cette famille pourrait se résumer à peu près ainsi : l'influence que je puis avoir sur le cours des choses est une illusion, elle me cause énormément d'espoirs et de déceptions, me fait vivre dans une alternance de joie et de crainte qui me ronge intérieurement ; si j'arrive à la conviction que le moi n'est rien, et qu'en définitive je ne suis que le lieu de passage d'un certain flux de réalité, j'atteindrai une certaine sérénité. Bien des sagesses tendent à cela ! Tous les raisonnements des stoïciens et de Spinoza visent à cela ! Mais hélas, l'expérience vécue se rebelle contre ce raisonnement.

M. – C'est bien cette rébellion qui est cause de nos tourments. Nous nous attachons si fort à ce moi, que nous sommes incapables de réaliser qu'en dissipant l'illusion du moi, nous résoudrions tous nos problèmes. Nous ressemblons au blessé qui a peur d'enlever les points de suture de sa cicatrice. Le stoïcien aboutit, me semble-t-il, à une résignation passive, tan-

374 LE MOINE ET LE PHILOSOPHE

dis que pour le bouddhiste le non-moi est une expérience libératrice.

J.F. – Non ! Etre stoïcien consiste à vouloir activement ce que la nature a décidé d'exécuter. Ce n'est pas passif. On ne subit pas ce qui arrive par une sorte de fatalisme, on s'identifie à la cause première du monde qui est en même temps Dieu. Spinoza reprend cet aspect là. « Dieu ou la nature », dit-il. Il est panthéiste. L'accession à la sagesse consiste à n'être plus le jouet passif de cette nécessité cosmique, mais à l'épouser soi-même au sein de sa propre volonté subjective.

M. – En gros, ça rejoint plutôt la compréhension du *karma* qu'a l'hindouisme : la façon idéale de vivre sa vie et de voir le monde, c'est d'accepter intégralement le destin qui nous est réservé, sans nous révolter. La position d'un bouddhiste est différente : il accepte le présent parce que ce qui lui arrive est le résultat de ses actes passés. Mais le futur dépend de lui. Il est à une croisée de chemins. Constater l'inexistence du moi ne conduit pas à épouser stoïquement ce qui nous arrive, mais à agir avec une plus grande liberté, dégagé des contraintes imposées par ce « moi » qui se chérit tant lui-même, qui pense qu'il est permanent, solide, etc. et qui produit une chaîne interminable d'attractions et de répulsions. Nous libérer de l'égocentrisme nous donne une plus grande liberté d'action. Le passé est joué, l'avenir ne l'est pas.

J.F. – Je comprends bien la valeur de cette sagesse de l'agent qui devient capable de prendre du recul par rapport à ses particularismes subjectifs, à ses passions propres, par conséquent à son moi, et capable de prendre en considération quelque chose de plus vaste que ce moi, dont il relativise la réalité le plus possible. C'est une garantie que son action sera beaucoup plus maîtrisée, plus universelle, aura plus de sens pour les autres, et qu'il saura mieux comprendre le monde et agir sur lui. Je crois, néanmoins, que toutes les tentatives pour anéantir le moi, afin d'anesthésier à jamais la sensation d'affronter des circonstances adverses, contrariantes, la sensation qu'il y a des choix moraux à faire, des fautes à ne pas commettre que l'action humaine n'est pas toujours clairvoyante, courageuse, lucide et efficace, bref, je crois que tous les efforts de la pensée humaine pour nous tranquilliser en supprimant cet aspect d'incertitude et de responsabilité ont toujours échoué.

M. – L'Occident semble avoir beaucoup de mal à comprendre que la reconnaissance de la non-existence du moi ne s'oppose en rien à la détermination, à la force d'âme et à l'action, mais qu'elle ouvre grand nos yeux sur les causes du bonheur et de la souffrance. Cette reconnaissance permet une action juste. L'attachement au « moi » ne constitue pas la force vive du jugement, mais ce qui l'entrave. Si nos actions ne sont pas toujours clairvoyantes, courageuses, lucides et efficaces, comme tu le dis, c'est parce que nous sommes le jouet de cet attachement au moi. Il est dit : « Les vues du sage sont plus élevées que le ciel, et son discernement quant aux lois de cause à effet, plus fin que la farine. » On ne peut se révolter contre ce qu'on a semé, mais on peut construire le futur en sachant distinguer entre ce qui conduit au malheur et ce qui nous en libère. Il ne s'agit donc pas d'épouser avec fatalisme un avenir inéluctable.

J.F. – Là, je suis tout à fait d'accord, en ce sens que les stoïciens voulaient, comme Spinoza, pour nous tranquilliser, démontrer que rien d'autre que ce qui arrive ne pouvait arriver.

M. – Nous avons beaucoup parlé du bouddhisme comme d'une manière de donner un sens à l'existence.

Mais qu'est-ce qui, selon toi et le courant d'idées que tu représentes, donne un sens à l'existence?

J.F. – D'abord, je ne représente aucun courant d'idées. Je m'efforce de comprendre ceux qui existent ou ont existé, ce qui n'est déjà pas facile. Pour tenter de te répondre, je voudrais donner une sorte d'arrière-plan des divers itinéraires que la pensée occidentale a suivis. Depuis la naissance de la civilisation grecque, puisque c'est le point de départ de la civilisation occidentale, il y a eu trois grands types de réponses à la question du sens de l'existence. Le premier, c'est la réponse religieuse, surtout depuis la prédominance des grands monothéismes, le judaïsme, le christianisme, et l'islam. C'est une réponse qui place la finalité de l'existence dans l'au-delà ou dans une vérité qui relève de la transcendance et, par conséquent, dans l'ensemble des démarches à accomplir et des lois à respecter pour assurer le salut personnel de l'âme immortelle. Celle-ci connaîtra une vie éternelle dans l'au-delà en fonction et à proportion de ses mérites dans cette vie ici-bas. En gros, c'est sur ce socle que l'Occident, à l'aide d'ailleurs de religions toutes venues du Proche-Orient, a assis sa recherche du sens de l'existence pendant plusieurs millénaires. Cela n'empêchait pas chaque individu de rechercher le bonheur et l'équilibre en ce bas-monde par les diverses actions qui relèvent de la réalité de cette terre, depuis le paysan qui cherche à avoir une bonne récolte jusqu'au roi qui cherche à trucider ceux qui lui portent ombrage ou lui font concurrence, ou l'homme d'affaires qui cherche à s'enrichir. On peut donc dire qu'à part les religieux proprement dits, les moines, les mystiques, dont la vie quotidienne coïncidait avec l'idéal du salut, tous les autres menaient une recherche du bonheur disons empirique, qui n'excluait pas ce que la religion appelle le péché, tout en poursuivant la recherche dans l'au-delà du bonheur éternel. Les deux buts étaient conciliables, puisque la recherche du bonheur éternel impliquait la notion de pardon, de confession, d'absolution, de rédemption pour tous les péchés que l'on commettait ici-bas.

M. – N'existe-t-il pas des civilisations fondées sur une métaphysique qui envisage différents états d'existence après la mort et avant cette naissance, mais dont les valeurs spirituelles imprègnent l'ensemble des actes de la vie de tous les jours, de sorte qu'il n'y a pas véritablement d'actes « ordinaires » ?

J.F. – En principe, c'est ce que voulait faire le christianisme ! Mais la capacité de l'homme à pratiquer le contraire de l'idéal qu'il professe est illimitée...

M. – Pourtant, une religion bien vécue n'amène pas uniquement à vivre dans l'espoir de l'au-delà, mais aussi à donner un sens à chaque acte de cette vie présente.

J.F. – En théorie oui. Le christianisme a été avant tout un ensemble de préceptes pour savoir comment se conduire dans cette vie. C'est en fonction de la manière dont on se conduit dans cette vie que l'on gagne son salut éternel.

M. – Ne s'ajoute-t-il pas à ces préceptes une vision métaphysique de l'existence, qui l'inspire et ne se limite pas au domaine du comportement ?

J.F. – Attention ! Je suis en train de te parler de ce qui s'est passé en Occident. Je ne te dis pas que, selon la solution religieuse, on pouvait faire n'importe quoi dans cette vie et néanmoins mériter son salut éternel, bien que cela ait été le cas la plupart du temps ! Car, spectaculairement, les Européens ont vécu d'une manière opposée à la morale chrétienne pendant deux mille ans, s'assassinant les uns les autres, se réduisant en esclavage, se volant, commettant l'adultère et se livrant à tous les péchés capitaux, tout en étant nourris par l'espérance d'aller quand même au Ciel, puisque leur étaient proposées l'expiation et la rédemption, pour peu qu'ils meurent confessés et munis des der-

LE MOINE ET LE PHILOSOPHE

niers sacrements. Bon ! Bien entendu, je ne dis pas que c'était ce qu'on leur recommandait. Le clergé, les directeurs de conscience, les confesseurs passaient leur temps à rappeler aux fidèles ce qu'était le péché et ce que c'était que de vivre selon la loi du Seigneur. Ce que je voulais souligner, c'est que le fait de s'inscrire dans une recherche du sens de l'existence fondamentalement religieuse n'empêchait pas, sur le plan ordinaire, de rechercher les bonheurs quotidiens, dont la plupart étaient d'ailleurs parfaitement compatibles avec la morale chrétienne : le fait de fonder un foyer, d'avoir une famille, de se réjouir d'une bonne récolte, de pouvoir s'enrichir par des moyens légitimes – rien de tout cela n'était interdit. Mais bien d'autres actes étaient perpétrés en violation manifeste des préceptes chrétiens. Néanmoins, comme la religion chrétienne était une religion du péché, du repentir et de l'absolution du péché, ça fonctionnait selon cette dialectique-là.

M. – Dans ce cas, peut-être pourrait-on prendre en considération les capacités variées qu'ont eues les grandes religions et traditions spirituelles à inspirer une concordance entre la théorie et la pratique. Personne ne nie que les êtres humains ont beaucoup de difficultés à se transformer, à « actualiser » la perfection qui est en eux. Une tradition spirituelle pourrait donc être jugée, d'une part sur la justesse de ses vues métaphysiques et, d'autre part, sur l'efficacité des méthodes qu'elle offre pour effectuer cette transformation intérieure, à chaque moment de l'existence.

J.F. – Effectivement, un minimum de concordance entre les paroles et les actes ne ferait pas de mal ! La deuxième voie pour donner un sens à l'existence est celle que j'appellerai la voie philosophique, au sens de l'Antiquité. La recherche de la sagesse, de la paix intérieure, fruits d'une vision que nous avons souvent évoquée dans ces entretiens, qui consiste précisément à se détacher des passions et ambitions superficielles et à réserver son énergie à des ambitions plus élevées, d'ordre intellectuel, spirituel, esthétique, philosophique ou moral, de manière à rendre aussi humains que possible les rapports avec autrui et le fonctionnement de la cité. C'est la conception que nous trouvons chez la plupart des grands penseurs de l'Antiquité; parfois, comme chez Platon, avec une accentuation plus religieuse, plus métaphysique; parfois, comme chez les épicuriens et les stoïciens, avec une accentuation plus marquée vers la sérénité perpétuelle et l'équilibrage interne des facultés humaines, la distance prise par rapport aux passions de la cité, à la politique, à l'amour, aux appétits variés. Cette sagesse on la trouve par exemple dans les *Lettres* à *Lucilius* de Sénèque et, dans sa version moderne, chez un Montaigne, par exemple, qui nous donne des préceptes pour conquérir une sorte de liberté intérieure, de détachement. Ce qui n'empêche pas de jouir des plaisirs de l'existence et surtout des plaisirs de l'esprit. Cette deuxième voie philosophique a été abandonnée, globalement à partir du xviie et du xviiie siècles. La philosophie, par le dialogue où elle s'est engagée avec la science moderne qui venait de naître au xviie siècle, s'est orientée de plus en plus vers la connaissance pure, l'interprétation de l'Histoire, délaissant la gestion de l'existence humaine et la recherche d'un sens à lui conférer.

M. – C'est-à-dire vers la connaissance des « faits ».

J.F. – Oui. Grâce à l'émergence de la science, on accède à la conviction qu'il existe quelque chose qui s'appelle l'objectivité, une connaissance ouverte à tous les hommes et pas seulement au sage.

M. – La connaissance spirituelle est ouverte à tous les hommes qui veulent bien se donner la peine de l'explorer. C'est ainsi que l'on *devient* un sage. Sinon, une connaissance « objective », d'emblée accessible à tout le monde, sans le moindre effort sur soi-même, ne peut être que le plus petit dénominateur commun de la connaissance. On pourrait parler d'une approche plus quantitative que qualitative.

J.F. – Disons plutôt qu'on passe en Occident de la civilisation de la croyance à celle de la preuve.

M. – Les fruits de la pratique spirituelle – la sérénité, la vigilance, la clarté de l'esprit – et ses manifestations extérieures – la bonté, le non-attachement, la patience – relèvent plus de la preuve que de la croyance. On dit que l'altruisme et la maîtrise de soi sont les signes de la connaissance, et qu'être affranchi des émotions est le signe de la méditation. Ces qualités finissent par s'enraciner en notre être et par s'exprimer spontanément à travers nos actions.

J.F. – Historiquement, à partir du XVIIIᵉ siècle, la croyance en la science remplace la croyance en la sagesse. Ça, c'est une première étape, c'est la « philosophie des lumières ». De quelles lumières s'agit-il ? Des lumières de la raison, permettant de comprendre le fonctionnement du réel, dissipant les illusions, les passions, les croyances absurdes, les superstitions. Désormais, la conquête de la sagesse intérieure personnelle passe par le chemin de la connaissance objective. Pour employer les clichés de l'époque, c'est le « flambeau de la raison » qui va éclairer le problème du bonheur humain.

M. – Le bouddhisme parle du « flambeau de la connaissance » ; sans sagesse, la raison va ratiociner sur le bonheur humain sans jamais l'atteindre.

J.F. – Si tu veux, l'idée nouvelle, née au XVIIIᵉ siècle et qui continuera à traverser tout le XIXᵉ siècle, c'est que le progrès – terme vague comprenant à la fois le progrès moral et le progrès scientifique – découle de la raison, qui va nous expliquer les ressorts cachés de l'univers et du fonctionnement de la personne. C'est le doublet raison-progrès qui nous apportera le bonheur. En un certain sens, ce n'est pas faux. La science a permis une amélioration considérable de l'existence humaine. Il ne faut tout de même pas oublier qu'en 1830 encore, l'espérance de vie en France était de vingt-cinq ans ! On ne guérissait pratiquement aucune maladie. Il était rare que quelqu'un eût encore ses dents à trente ans. Quand il avait vécu jusqu'à trente ans ! La découverte en Angleterre, au XVIIIe siècle, de la vaccination contre la variole, maladie qui faisait tant de victimes, causa une impression considérable. Voltaire en parle longuement. Enfin, les choses étaient en train de changer vraiment. Tu me diras : c'est quantitatif. Pourtant, ces améliorations d'ordre pratique et matériel, mais qui comptent beaucoup pour la masse des gens, faisaient dire : nous entrons dans une ère nouvelle ; le monde n'est pas, comme le croyaient les Anciens, une perpétuelle répétition de lui-même, le monde peut changer, et c'est le progrès apporté par la science et l'élucidation des lois de la nature qui permet de transformer les conditions dans lesquelles l'homme vit et, surtout, vivra.

M. – Cette approche vise donc plus à transformer les conditions de l'existence qu'à lui donner un sens. Mais pourquoi un aspect devrait-il se développer au détriment de l'autre ?

J.F. – Grâce à la transformation de ses conditions de vie, chaque être humain a beaucoup plus de possibilités d'accéder à une sagesse personnelle. C'est très gentil de prêcher la sagesse philosophique à des hordes de paysans analphabètes qui crèvent de froid l'hiver et qui meurent comme des mouches à la moindre épidémie. Mais, pour qu'ils puissent profiter de l'enseignement de Sénèque, il faudrait d'abord qu'ils puissent vivre jusqu'à un âge où on peut l'appliquer ! L'idée d'opposer les bienfaits matériels dûs à l'avancement de la science aux sublimes accomplissements spirituels que chaque individu peut conquérir est à mon avis réactionnaire. C'est une antithèse tout à

fait fausse. Quand les hommes du XVIIIe siècle parlaient
du progrès grâce aux lumières, ils ne pensaient pas du
tout que la science par elle-même devait résoudre tous
les problèmes de leur bonheur personnel ! Ils pensaient
qu'elle leur donnait un cadre dans lequel ils avaient
beaucoup plus de chances de disposer ne fût-ce que
des délais et surtout des conditions qui leur permettraient d'acquérir une certaine sérénité. Parce que la
sagesse stoïcienne, qui n'était accessible qu'à l'empereur Marc Aurèle et à quelques courtisans ou philosophes parasites qui vivaient à la Cour, c'est bien gentil, mais c'est un peu élitiste, pour le coup !

M. – Revenons à ton exemple des paysans transis !
Il m'a fait penser aux nomades tibétains qui subissent
des froids extrêmes et vivent dans une grande simplicité matérielle. Or, ces mêmes nomades ont une vision
de l'existence qui leur apporte une joie de vivre nullement réservée à une élite. Même à notre époque, ces
paysans transis ont accès à une sagesse diffuse dans
leur vie de tous les jours. Il m'est arrivé de passer des
mois dans des vallées retirées du Bhoutan et du Tibet,
qui n'ont ni routes ni électricité, et où rien n'indique
que nous sommes à l'époque moderne. Mais la qualité
des relations humaines y contraste de façon éclairante
avec celle des grandes métropoles occidentales. A
l'extrême opposé, lorsque le développement matériel à
outrance conduit à fabriquer des choses qui ne sont
nullement nécessaires, on se trouve pris dans l'engre-
nage du superflu. Sans valeurs spirituelles, le progrès
matériel ne peut mener qu'à la catastrophe. Il ne s'agit
pas de prôner un retour utopique à la nature – ou à ce
qu'il en reste – mais de comprendre que si le « niveau
de vie », au sens matériel où on l'entend maintenant,
s'est considérablement amélioré, la qualité de la vie
s'est considérablement dégradée. Les nomades du
Tibet et les paysans du Bhoutan ne « gagnent » pas

leur vie aussi bien qu'un homme d'affaires américain, mais ils savent comment ne pas la perdre !

J.F. – Cette critique de la société de consommation, comme on disait en 1968, est très développée au sein même de la civilisation occidentale actuelle. Mais c'est un débat qui implique une réussite préalable. Encore une fois, les philosophes du XVIII° siècle ne disaient pas que la science résoudrait les problèmes de la destinée humaine ou du sens de l'existence, puisqu'ils ont aussi prôné Rousseau principalement le retour, la fidélité à la nature primordiale ; mais leur vision était accompagnée de la croyance en l'efficacité de l'instruction, en la capacité de s'informer de l'éventail des options entre diverses façons de vivre, diverses doctrines, diverses religions pour en choisir librement une. D'où l'idée de la tolérance, qui est née, ou, du moins, a pris toute son ampleur à cette époque. Quand tu parles des paysans tibétains qui connaissent le bonheur grâce au bouddhisme, on ne leur a guère proposé autre chose ! Ils n'ont pas de bibliothèques occidentales pour se dire : « Ah tiens ! Je vais plutôt me convertir à la religion presbytérienne, ou à la philosophie de Heidegger... » Comme le christianisme pour le paysan européen du Moyen-Age, c'est un peu la carte forcée. Le nomade bouddhiste tibétain est peut-être très heureux, et j'en suis ravi pour lui, mais on ne peut pas dire qu'on ait affaire à des gens qui ont librement choisi une certaine sagesse. Ils ont choisi celle que leur société leur proposait. Si elle les rend heureux, tant mieux, mais ce n'est pas le même cas de figure.

M. – Je ne suis pas sûr qu'il faille tout essayer pour comprendre la valeur de quelque chose. Prends l'exemple d'une eau pure et désaltérante. Celui qui la boit peut en apprécier l'excellence sans avoir à goûter toutes les eaux des environs, douces ou saumâtres. De même, ceux qui ont goûté aux joies de la pratique et des valeurs spirituelles n'ont pas besoin d'autre confir-

mation que celle de leur expérience personnelle. La
félicité qui en découle a une force et une consistance
intérieure qui ne saurait mentir. Je voudrais citer ici
quelques vers d'un chant de réalisation spirituelle
composé par un ermite tibétain :

Aujourd'hui, j'ai gravi la montagne
Au plus haut de mon ermitage parfait :
Du sommet, j'ai levé les yeux
Et vu le ciel sans nuages.
Il m'a rappelé l'espace absolu et sans limites,
Et j'ai connu une liberté
Sans milieu ni fin,
Dénuée de toutes vues partielles.

Le regard droit devant,
J'ai vu le soleil de ce monde.
Sa lumière sans voiles
M'a rappelé la méditation,
Et j'ai connu l'expérience non-duelle
Du vide lumineux, libre
De toute méditation conceptuelle.

J'ai tourné la tête vers le midi,
Et j'ai vu un entrelacs d'arcs-en-ciel.
Son spectacle m'a rappelé que tous les phé-
nomènes
Sont à la fois vides et apparents,
Et j'ai connu une expérience non-duelle :
Clarté naturelle, totalement libre
Des concepts de néant et d'éternité.

De même qu'il n'est point d'obscurité au
centre du soleil,
Pour l'ermite, l'univers et les êtres sont parfaits,
Et il est satisfait.
De même qu'il n'est point de cailloux sur une
île d'or,

Pour l'ermite, tous les sons sont prière,
Et il est satisfait.
De même que le vol de l'oiseau dans le ciel
clair ne laisse nulle trace,
Pour l'ermite, les pensées sont la nature
absolue,
Et il est satisfait.

Celui qui a écrit ces vers n'a eu nul besoin de faire
le tour du monde et d'aller goûter aux plaisirs des bas
quartiers de New-York ou au recueillement d'un
temple presbytérien pour avoir une idée claire de la
vérité de son expérience. De plus, il n'est pas si sûr que
la liberté de choix dont tu parles soit si grande dans la
société contemporaine. Cela n'a pas échappé au Dalaï-
lama, qui a remarqué : « À bien observer la vie dans les
villes, on a l'impression que toutes les facettes de la vie
des individus doivent être définies avec beaucoup de
précision, comme une vis qui doit s'emboîter exactement dans le trou. En un sens, vous n'avez aucun
contrôle sur votre propre vie. Pour survivre, vous devez
suivre ce modèle et le rythme qui vous est imparti [1] ».
J.F. – Cependant, si l'Occident éprouve un nouveau désir de sagesse spirituelle, expliquant son récent
intérêt pour le bouddhisme, c'est bien parce qu'il peut
comparer ses expériences passées et les actuelles. La
philosophie des Lumières s'accompagnait d'un espoir
fondé sur l'essor de la science, mais également sur
l'impératif de la diffusion de l'instruction. C'est de là
qu'est née l'idée, qui se réalisera un siècle plus tard, de
l'instruction obligatoire, laïque et gratuite pour tout le
monde. Ce qui veut dire, non pas anti-religieuse, mais
a-religieuse, ne représentant aucune doctrine particulière. Tout cela, associé au développement de la tolérance du libre choix, devait bel et bien conférer un sens

1. Le *Dalaï-lama parle de Jésus*, op. cit.

à l'existence. Que, par ailleurs, cette civilisation matérielle de la science appliquée, de l'industrie, puisse
engendrer des besoins superflus, immodérés et fac-
tices, c'est certain. Epicure disait déjà que chaque
besoin satisfait crée de nouveaux besoins et multiplie le
sentiment de frustration. C'est à cause de cela qu'il y a
aujourd'hui une grande demande à l'égard des philosophies de la Grèce antique comme du bouddhisme,
qui retrouvent ainsi leur mot à dire.

M. – Il faudrait toutefois que l'éducation soit plus
qu'une simple accumulation de connaissances – scientifiques, techniques, historiques –, qu'elle constitue une
véritable formation de l'être.

J.F. – Certes. Mais passons au troisième volet de la
tentative occidentale pour répondre à la question du
sens de l'existence depuis le xviiie siècle. Ce volet relève
de la grande débauche des utopies concernant la
refonte de la société, c'est-à-dire la notion de révolution qui prend son envol avec la Révolution française.
Jusqu'alors, le mot n'avait désigné que la révolution
d'un astre autour du soleil. L'idée de révolution, au
sens où l'on détruit pour la reconstruire une société de
fond en comble, dans tous les domaines, économique,
juridique, politique, religieux et culturel, c'est par excellence l'« idée de 89 » ou, du moins, de 1793. Y compris
cette conviction, chez les acteurs de cette révolution,
qu'ils ont le droit, au nom de leur idéal supérieur, de
liquider par la terreur tous ceux qui s'opposent au
grand chambardement ! Même sans aller à ces extrémités, qui n'ont hélas été que trop fréquentes, l'idée s'est
alors implantée que le bonheur de l'homme ne pouvait
s'effectuer que par une transformation totale de la
société. Il fallait réaliser une société juste. Et dans cette
perspective, il était vain d'essayer d'élaborer une
recette destinée à rendre bon et lucide chaque homme
pris individuellement. Il fallait traiter la société en bloc.

Par conséquent, la solution du sens de l'existence n'était plus une question personnelle.

M. – Comment espérer qu'un tout soit bon si ses éléments ne le sont pas ? On ne fait pas un morceau d'or avec un paquet de clous !

J.F. – Parce que c'est le tout qui était censé agir sur les éléments. C'est typiquement une utopie. Toutes les théories sociales de ce genre sont des utopies. C'est-à-dire que l'amélioration de l'être humain, la production de l'être humain passe par l'amélioration de fond en comble, pas progressive ni partielle, mais soudaine et totale, de la société. Lorsque la société dans son ensemble sera devenue juste, chacun des citoyens qui la composent deviendra lui-même un être humain juste et heureux. Dans ces utopies se rejoignaient les deux composantes de la philosophie des Lumières, d'une part l'idéal du progrès scientifique qui allait assurer l'opulence matérielle et affranchir l'être humain des soucis résultant des privations, et d'autre part l'idéal de rapports sociaux justes. Chacun des individus composant la société bénéficierait de cette justice et adopterait lui-même une attitude plus morale. La moralisation et le passage au bonheur de l'individu passait par la transformation de la société dans son ensemble. L'individu n'avait plus d'existence propre, il n'avait d'existence que comme élément de la machine sociale. Il y a des tas de phrases de Lénine et de Staline sur « l'homme-boulon ». L'homme est un boulon de la machine de la construction du communisme.

M. – Alors, selon toi, que se passe-t-il à la fin du XXe siècle ? Dans quelle situation nous trouvons-nous, si nous ne sommes tentés ni par la vis ni par le boulon ?

J.F. – Eh bien, les religions occidentales ne sont plus pratiquées. Le Pape a peut-être beaucoup d'audience. Il écrit des livres qui sont très diffusés. On respecte beaucoup le Cardinal Lustiger, archevêque de

Paris, on le consulte sur beaucoup de choses, sauf les problèmes religieux, bien entendu. D'ailleurs, les prêtres sont nos derniers marxistes. L'église catholique compte des intellectuels remarquables. Mais les gens ne vont plus à la messe et ne veulent plus appliquer les préceptes chrétiens. Ils veulent être chrétiens sans avoir à observer des règles qu'ils trouvent réactionnaires. Et puis il y a très peu de vocations sacerdotales. On ne peut plus nier aujourd'hui que l'espoir de l'au-delà ne compense plus les souffrances sociales, le chômage, une jeunesse déboussolée. Il n'y a plus de prêtres pour rassembler les jeunes des banlieues, pour leur dire : si vous êtes sages, je vous enlève deux ans de purgatoire. Ça ne marche plus ; c'est fini.

M. – Qu'offre-t-on alors à ces jeunes et aux plus vieux ?

J.F. – On continue à croire à la science et à en espérer beaucoup, dans le domaine de l'amélioration matérielle, de l'amélioration de la santé. Mais d'une part, on s'aperçoit qu'elle a aussi des retombées négatives, la pollution, les armes chimiques et biologiques, les contaminations diverses qui ne cessent de se répandre plus gravement, en bref la destruction de l'environnement ; et puis, d'autre part, on a conscience qu'évidemment la science ne procure pas le bonheur personnel. C'est sur la base d'un monde transformé par la science, peut-être rendu plus confortable par la science, que nous vivons, mais le problème de la vie personnelle, du destin personnel, reste absolument le même qu'à l'époque romaine. D'ailleurs, il est très frappant de voir qu'en France l'un des plus grands succès de ventes de la collection « Bouquins », qui est une collection de réédition de textes classiques et modernes tout à fait remarquable, a été précisément les œuvres de Sénèque.

Enfin, l'histoire du xxe siècle a été l'histoire de l'écroulement total des utopies sociales. Tout simple-

LE MOINE INTERROGE LE PHILOSOPHE

ment, on a vu que ça ne marchait pas. Que cela n'avait engendré que des résultats négatifs. Que ces sociétés avaient perdu la partie sur le plan même où elles ambitionnaient d'introduire le plus d'égalité et de bonheur pour tous, puisque leur aventure s'est soldée par de patents échecs matériels. Le niveau de vie des sociétés communistes était de dix à quinze fois inférieur à celui des sociétés capitalistes, et les inégalités, bien que dissimulées, y étaient encore plus fortes. Elles ont complètement échoué sur le plan moral, sur le plan de la liberté humaine et sur le plan matériel.

M. – C'est ce que disait George Orwell : « Tous les hommes sont égaux, mais certains sont plus égaux que d'autres. »

J.F. – Voilà ! Cette phrase de la *Ferme des animaux* était destinée à ironiser sur le fait que les dirigeants communistes menaient une vie très confortable et opulente, alors que la masse, non. Dans les civilisations de pénurie, il y a toujours eu une aristocratie qui menait une vie luxueuse.

M. – Au Tibet, par exemple, les dirigeants chinois sillonnent les contrées appauvries dans de luxueux véhicules tout terrain que les Tibétains surnomment les « princes du désert. » Le coût d'une seule de ces voitures permettrait de construire cinq petites écoles de village.

J.F. – Cela est typique des régimes communistes. Mais au-delà de ces tristes détails, nul doute que l'idée qu'on peut reconstruire une société de fond en comble pour en faire une société parfaite a été disqualifiée et noyée dans le sang par l'histoire du xxᵉ siècle. Alors que reste-t-il ? Le retour à la sagesse selon les bonnes vieilles recettes. Ce qui explique, comme nous l'avons déjà noté au cours de nos entretiens, le succès des livres de certains jeunes philosophes, aujourd'hui, qui, revenant très modestement à des préceptes de savoir-vivre, ont connu une audience considérable, alors que ces mêmes livres auraient fait rire il y a quarante ans.

M. – En fin de compte, nous sommes plus ou moins d'accord sur le fait que ce qui confère un sens à l'existence, ce n'est pas simplement une amélioration des conditions matérielles, car nous ne sommes pas des machines; ce n'est pas non plus uniquement des règles de conduite, car une façade ne suffit pas, mais c'est une transformation de l'être par la sagesse.

J.F. – Pas tout à fait. Je crois que toutes les sagesses par lesquelles nous tentons de rendre l'existence supportable ont des limites. La plus grande limite, c'est la mort. Je pense qu'il faut distinguer, dans les doctrines de sagesse, celles qui croient à un au-delà, à quelque chose après la mort, à une forme d'éternité, et celles qui partent du principe que la mort est l'anéantissement total de l'être et qu'il n'y a pas d'au-delà. Personnellement, j'ai cette deuxième conviction. Dans le cadre de celle-ci, la recherche de la sagesse est toujours quelque chose de précaire et de provisoire, qui prend place dans les limites de la vie actuelle, la seule que l'on connaisse et la seule que l'on considère comme réelle, sans qu'elle comporte aucun espoir d'une solution plus haute. Cela nous ramène toujours à une distinction fondamentale entre les doctrines de sagesse ou les recherches du sens de l'existence à connotation séculière et celles à connotation religieuse.

M. – Cette distinction ne me semble pas aussi fondamentale que tu le dis. Même en admettant qu'il y ait une succession d'états d'existence avant et après cette vie, ces états d'existence sont essentiellement de la même nature que notre vie présente. Donc, si l'on trouve une sagesse qui donne un sens à cette vie présente, cette même sagesse donnera un sens à nos vies futures. Ainsi, la connaissance, la réalisation spirituelle, s'appliquent à chaque instant de l'existence, que cette existence soit longue ou courte, qu'il y en ait une ou plusieurs. Si l'on trouve un sens à la vie, on n'a pas besoin d'attendre la mort pour en bénéficier.

J.F. – Je pense en effet que le problème de la sagesse, c'est aujourd'hui, ici et maintenant. Je dois tenter en chaque circonstance de me comporter selon les règles que j'ai considérées, au fil de l'expérience, de la réflexion, de ce que j'ai appris au contact de grands esprits, comme étant celles qui sont les plus efficaces dans cette direction. Mais je crois, quand même, qu'il y a une grosse différence entre cette attitude et le fait de penser que l'on puisse se prolonger dans des vies futures. Ça implique une toute autre vision du cosmos.

M. – Bien sûr, mais ce serait une erreur de se dire : « Ce n'est pas grave si je ne suis pas heureux maintenant, parce que je serai heureux dans une vie future.» Certes, atteindre une réalisation spirituelle profonde a des répercussions beaucoup plus importantes pour celui qui pense aux prolongements des bienfaits de la sagesse, pour soi-même et autrui, à travers de nombreux états d'existence, que pour celui qui considère qu'elles n'affectent que les quelques années lui restant à vivre. Néanmoins, qualitativement, c'est la même chose. Regarde l'exemple de nombre de personnes qui se savent condamnées par une maladie grave : bien souvent, loin de perdre courage, elles trouvent un sens tout nouveau à l'existence. Donner un sens à la vie par la connaissance, par la transformation intérieure, c'est un accomplissement qui est hors du temps, qui est valable dans l'heure présente comme pour le futur, quel qu'il soit.

J.F – Ce que tu dis est sans doute vrai pour le bouddhisme, qui n'est pas une religion fondée uniquement sur l'espoir de l'au-delà. Mais il est évident qu'un musulman ne vit que dans l'idée qu'il va connaître le paradis s'il respecte la loi divine. Comme tous les chrétiens par définition, catholiques ou protestants ! Le fait de croire à l'immortalité de l'âme explique une grande partie des préceptes de la sagesse socratique. Le socrato-platonisme, finalement, ne prend toute sa signification que parce qu'il s'articule sur une métaphysique au terme de laquelle le monde dans lequel nous vivons n'est qu'un monde d'illusion, mais qu'il y en a un autre auquel nous pouvons dès maintenant accéder par la sagesse philosophique, la contemplation philosophique, la théorie – *théôria* étymologiquement veut dire « contemplation », le fait de voir –, après quoi, l'immortalité de l'âme étant démontrée, nous pourrons connaître enfin la plénitude. C'est très différent des formes de sagesse qui fondent l'essentiel de leur démarche sur l'acceptation de l'idée de la mort.

M. – Mais est-ce que tu ne penses pas qu'il existe une sagesse, une connaissance, qui soit aussi valable pour l'instant présent que pour l'avenir ? Une vérité qui ne serait pas amoindrie si on ne considérait que cette vie, ou, à l'extrême, si on ne considérait que l'instant présent ? Je pense que la compréhension de la nature de l'être, de la nature de l'esprit, de l'ignorance et de la connaissance, des causes du bonheur et de la souffrance, a une valeur maintenant et pour toujours. A ton avis, quelle sorte de sagesse serait susceptible de donner un sens à l'existence en dehors de toute contingence temporelle ?

J.F. – Il y a des sagesses qui peuvent être articulées à la fois sur une conception métaphysique d'existences futures et sur l'hypothèse que l'existence que nous vivons est la seule que nous aurons jamais. Une partie du bouddhisme fait partie de ces sagesses. Le stoïcisme en est un autre exemple. Le stoïcisme était fondé sur une théorie cosmique de l'éternel retour, une vision de l'univers. Mais les stoïciens, dans leur sagesse, leur bon-sens, avaient distingué ce qu'ils appelaient le stoïcisme ésotérique, auquel seuls quelques esprits pouvaient accéder, ceux qui pouvaient maîtriser la connaissance de la cosmologie et la connaissance de la physique, et un stoïcisme exotérique qui était une sorte de manuel de recettes, je ne le dis pas avec mépris, disons de préceptes pour bien se conduire dans la vie. Le *Manuel* d'Epictète, par exemple, est un traité pratique des vertus qu'il convient d'appliquer, destiné aux gens auxquels on ne peut pas demander de se livrer à l'étude approfondie du cosmos dans son ensemble. Donc, il y a une distinction entre deux niveaux. Ce type de doctrine doit comporter une part suffisamment importante de préceptes applicables hors de l'hypothèse de l'immortalité pour avoir cette double fonction que tu signalais.

M. – Cette gradation entre exotérisme et ésotérisme existe dans toutes les traditions, le bouddhisme y compris. Elle répond à des besoins, des aspirations et des capacités variées parmi les êtres. Mais, tu disais qu'en cette fin du xxe siècle, se pose à nouveau en Occident le problème de la sagesse. Comment la définirais-tu, cette sagesse qui pourrait apporter une certaine plénitude à chacun?

J.F. – Je ne crois pas à l'immortalité de l'âme, je pense qu'aucune plénitude n'est accessible. Je pense que tout être humain qui se sait mortel, qui ne croit pas à l'au-delà, ne peut pas éprouver un sentiment de plénitude. Il peut l'éprouver relativement à des objectifs provisoires, qui n'excluent pas un certain épanouissement. Mais je crois qu'il n'y a pas de solution complète au sens de l'existence, en dehors des grandes solutions transcendantes, qu'elles soient religieuses, para-religieuses ou politiques. L'utopiste qui construisait le socialisme se disait : « Moi je meurs, mais je meurs pour une grande cause. Après moi, il y aura un monde merveilleux. » C'était une forme d'immortalité.

M. – Est-ce que tu ne crois pas que la transcendance, définie comme une connaissance ultime de la nature des choses, peut être perçue ou réalisée dans le présent?

J.F. – Non.

M. – Pourquoi?

J.F. – Parce que la transcendance, par définition, signifie que la vie n'est pas bornée, que tu continues à vivre après la mort physique, après la mort biologique

M. – La connaissance de la nature de l'esprit, par exemple, est une connaissance ultime, puisque c'est l'esprit qui fait l'expérience du monde phénoménal, dans tous les états d'existence possibles, présents et à venir.

J.F. – On en reviendrait au bonheur par la science!

M. – Par la science, si cette science est centrée sur la connaissance de l'être. Ne penses-tu pas que connaître la nature ultime de l'esprit soit une forme d'immanence?

J.F – Non... je crois que cette solution dépend de l'attitude de chaque être humain, de son choix personnel. Je ne pense pas que l'on puisse dire que c'est une solution qui pourrait s'imposer à tous. Il y aura toujours un accent mis, soit sur l'idée que l'on est une étape dans une continuité qui va se perpétuer au-delà de la mort, soit sur l'idée qu'on n'existera plus après la mort. On attribue à Malraux une phrase que j'ai toujours trouvée un peu absurde : « Le xxiᵉ siècle sera religieux ou ne sera pas! » De toute manière, le xxiᵉ siècle sera.

M. – N'a-t-il pas dit « spirituel » et non « religieux »?

J.F – Spirituel serait un peu moins faux, mais un peu plus vague. La recherche de la spiritualité sans la transcendance n'est pas une démarche cohérente. Rien à faire! Il y a deux types de sagesse. L'une, encore une fois, est fondée sur la conviction que l'on appartient à un flux dont la vie actuelle n'est qu'une étape; et l'autre, que j'appellerai une sagesse de la résignation, qui n'est pas forcément une sagesse de la tristesse, est fondée sur le contraire : le sentiment que cette vie bornée sera la seule. C'est une sagesse de l'acceptation, qui consiste à se construire dans la vie actuelle, par le moyen le moins déraisonnable, le moins injuste, le moins immoral, mais néanmoins, en sachant très bien qu'il s'agit d'un épisode provisoire.

M. – Les phénomènes sont transitoires par nature, mais la connaissance de leur nature est immuable. Je pense qu'on peut acquérir une sagesse, une plénitude et une sérénité qui naissent de la connaissance, ou de ce que l'on pourrait appeler la réalisation spirituelle. Je crois qu'une fois que l'on a découvert la nature ultime de l'esprit, cette découverte est intemporelle. Ce qui me frappe souvent dans les biographies des grands maîtres spirituels, c'est qu'ils disent tous que la mort ne fait aucune différence. La mort, tout comme la renaissance, ne change rien à la réalisation spirituelle. Le bouddhisme adhère bien sûr à la notion d'une continuité d'états d'existence successifs, mais la véritable réalisation spirituelle transcende la vie et la mort, c'est la vérité immuable que l'on actualise au-dedans de soi-même, une plénitude qui ne dépend plus du devenir.

J.F. – Eh bien ! uisque ton hypothèse est plus optimiste que la mienne, pour la joie des lecteurs, je te laisserai le dernier mot...

Conclusion du Philosophe

Quelle leçon ai-je tirée de ces entretiens? Que m'ont-ils apporté? Ils m'ont inspiré de plus en plus d'admiration pour le bouddhisme comme sagesse et de plus en plus de scepticisme envers le bouddhisme comme métaphysique. Ils m'ont aussi permis d'entrevoir quelques explications à l'attirance actuelle de l'Occident pour cette doctrine. C'est d'abord que le bouddhisme comble un vide créé, dans les domaines de l'art de vivre et de la morale, par la désertion de la philosophie occidentale.

Du vi⁰ siècle avant notre ère jusqu'à la fin du xvi⁰ siècle de notre ère, la philosophie se composait en Occident de deux branches maîtresses : la conduite de la vie humaine et la connaissance de la nature. Vers le milieu du xvii⁰ siècle, elle s'est désintéressée de la première branche, l'abandonnant ainsi à la religion, et la deuxième a été prise en charge par la science. Ne restait à la philosophie que l'étude pour le moins incertaine de ce qui est au-delà de la nature, la métaphysique.

Aux premiers temps de la philosophie grecque, ce n'est pas la théorie qui prévaut. Ainsi, d'après les fragments B40 et 129, il est clair que, selon Héraclite, il ne suffit pas d'être savant pour être sage. Philosopher, à cette époque, c'est avant tout devenir un homme de bien, atteindre au salut et au bonheur par la vie bonne, tout en indiquant, par l'exemple autant que par l'enseignement, la voie de la sagesse à ceux qui le désirent. Les Grecs recherchent la sagesse en raison de sa valeur pratique. Le sage est à la fois bon, judicieux et fertile en expédients. Cette sagacité ingénieuse signalait le « sophiste », substantif dénué à l'origine de toute connotation péjorative. La philosophie, alors, n'est pas une discipline parmi d'autres, pas même la discipline suprême qui régirait les autres. C'est une métamorphose intégrale de la manière de vivre. Or, ce terrain a été laissé en déshérence par la philosophie occidentale. Le bouddhisme l'occupe de nos jours avec d'autant plus de facilité qu'il n'y rencontre pas chez nous de concurrent.

Sans doute, à partir de Socrate, de Platon et d'Aristote, aux Vᵉ et IVᵉ siècles avant notre ère, la théorie devient-elle prépondérante comme support indispensable et justification intellectuelle de la sagesse. Connaissance et sagesse ne font plus qu'un, mais la légitimité de la première est de mener à la seconde, qui conserve la priorité. La vie bonne existe, la connaissance de la vérité implique la compréhension du monde et, le cas échéant, de ce qui existerait par-delà le monde. Cette jonction de la contemplation intellectuelle du vrai avec la conquête du bonheur par la sagesse, en vue de la justice, se perpétue dans le stoïcisme et l'épicurisme, pour s'achever à la fin du XVIIᵉ siècle de notre ère dans l'*Ethique* de Spinoza[1].

Depuis lors, la question socratique : « Comment dois-je vivre ? » est abandonnée. Dans les temps modernes, la philosophie se trouve peu à peu réduite à un exercice théorique, domaine où, bien évidemment,

---

1. Je dis bien contemplation *intellectuelle* et non mystique. C'est le sens premier du mot « théorie ». *Théôria* en grec, chez Platon, signifie « perception directe » du vrai, tout comme d'ailleurs l'« intuition » cartésienne, qui n'a rien d'une divination et vient du latin *intueri* voir

malgré tout son orgueil pédantesque, elle ne peut riva-
liser avec la science. La science, pour sa part et de son
côté, se développe en toute indépendance, mais sans
fonder ni morale ni sagesse. Tout ce qu'on a essayé de
lui faire dire sur ces chapitres n'est que bavardage, et
chacun peut vérifier que les savants sont en éthique et
en politique aussi peu clairvoyants et scrupuleux que la
moyenne.

La politique, précisément, dès le xviie siècle, fait
l'objet d'œuvres nouvelles et capitales auxquelles notre
présente réflexion s'abreuve encore. Mais aussi elle
devient le refuge de l'esprit de système et de l'esprit de
domination en philosophie, une philosophie qui a par
ailleurs démissionné de son rôle de directrice de
conscience et qui a été chassée de son trône de
monarque du savoir. Désormais, car c'est tout ce qui lui
reste, la justice, le bonheur et la vérité passent à ses
yeux par la construction autoritaire, voire totalitaire de
la société parfaite. Sa prétention absurde d'avoir trouvé
un socialisme « scientifique », au xixe siècle, manifeste
bien cette substitution de la contrainte collective,
appuyée sur une momerie de science, à la conquête
d'une autonomie, à la fois individuelle et sociale.
L'« animal politique » d'Aristote n'était plus l'homme.
C'était un pitoyable singe, dressé à imiter ses maîtres
sous peine de mort. Pour moi, je l'ai plusieurs fois allé-
gué dans les entretiens qui précèdent, l'effondrement
des grandes utopies politiques dont notre siècle a fait la
désastreuse expérience est aussi l'une des causes du
retour contemporain à la recherche d'une sagesse personnelle.

Avec le socialisme dit scientifique, en effet, l'inconvénient n'était pas que la philosophie entreprît de
réformer la société, ce qui était depuis toujours son
droit et même son devoir. L'inconvénient était l'utopie.
Par essence, l'utopie se présente devant la réalité
humaine avec un modèle rigide, tout préparé, mis au

point dans l'abstraction jusque dans ses moindres détails, conçu sans tenir aucun compte du donné empirique. La réalité humaine se trouve donc poussée d'emblée par l'utopie dans un rôle de résistance à ce modèle, un rôle *a priori* de conspirateur et de traître. Or, l'intolérance - nous enseigne le bouddhisme - n'est jamais le véhicule du Bien, ni en politique ni en morale. La contrainte, le prosélytisme, la propagande même, selon cette doctrine, sont à proscrire. Dans l'âge post-totalitaire que nous traversons, là se trouve peut-être une raison supplémentaire de son attrait pour les Occidentaux.

Il est hors de doute que pour les Anciens la politique faisait partie de la philosophie, dépendait de la morale et de la sagesse, de la justice et de la sérénité de l'âme, lesquelles se confondaient, jusqu'à ce que Kant ait fait du bonheur l'antithèse de la vertu. Aussi, dès l'époque pré-socratique, « les besoins que les penseurs cherchaient à satisfaire étaient ressentis comme des besoins sociaux » [1]. L'image du sage antique égoïstement et sereinement indifférent aux turbulences de la chose publique est un cliché sans fondement. Et l'une des composantes du bouddhisme, dont j'ai découvert l'importance durant ces entretiens, est précisément sa projection politique. Dans quel sens ? Un sens qui se rapprocherait, selon moi, de celui des stoïciens, qui croyaient en une loi universelle, à la fois rationnelle et morale, que le sage doit intérioriser et qui fonde, en même temps, une « citoyenneté du monde ». Ce *cosmopolitisme*, littéralement parlant, couronne la philosophie politique, mais n'autorise aucune indifférence, aucun dédain du sage à l'égard de la politique quotidienne de sa société. « Le sage de Chrysippe est un

---

1. Michael Frede, dans *Le Savoir grec*, ouvrage collectif sous la direction de Jacques Brunschwig et Geoffroy Lloyd, Paris, Flammarion 1996.

homme engagé[1]. » Ernest Renan, dans un chapitre émouvant de son *Histoire des origines du christianisme*[2], nous fait vivre la façon dont, au cours de la période des Antonins, la plus civilisée de l'Empire romain, sagesse et pouvoir se rejoignent. Il retrace « les efforts de la philosophie pour améliorer la société civile ». Certes, les sages, qu'ils soient grecs ou bouddhistes, doivent fuir toute compromission avec les intrigues que, dans notre vocabulaire actuel, nous flétrissons du qualificatif de « politiciennes ». Quel est le degré d'intervention qui incombe au sage ? C'est un antique débat. « Faut-il que le sage se mêle de politique ? Non, répondaient les épicuriens, à moins qu'il n'y soit contraint par l'urgence des événements. Oui, disaient les stoïciens, à moins qu'il n'en soit empêché d'une façon ou d'une autre[3]. »

Dans ce domaine, au rebours d'une interprétation triviale et d'un flagrant contresens, qui longtemps ont présenté le bouddhisme comme une doctrine de l'inaction, du *nirvâna* entendu comme je ne sais quelle léthargie végétative, les enseignements bouddhiques ont beaucoup à nous apprendre. Le quiétisme bouddhique est une légende. C'est l'une des découvertes inattendues, pour moi, de ces entretiens. J'ajoute, et c'est là une vérification concrète s'il en fut, qu'apparemment l'humble sagacité pratique et courageuse du Dalaï lama, dans les circonstances tragiques où il doit opérer, en tant que chef spirituel et politique d'un peuple martyr, respectueux d'un idéal moral, n'a rien à envier à l'omniscience inefficace de tant d'hommes d'État professionnels.

En revanche, ce dont mon interlocuteur n'a pas

1. Malcolm Schofield, dans *Le Savoir grec*. Chrysippe fut l'un des chefs de l'Ecole stoïcienne, le troisième dans l'ordre chronologique. Il vécut de 280 à 207 avant notre ère.
2. Dans le tome sur *Marc Aurèle*, chapitre III, « Le règne des philosophes ».
3. Malcom Schofield. Ouvrage cité.

réussi à me convaincre dans ces entretiens, c'est la validité de la partie du bouddhisme que j'appellerai métaphysique, puisqu'il ne s'agit pas d'une religion, quoique les comportements religieux n'en soient pas absents. Pour le déclarer tout net, l'arrière-plan théorique de la sagesse bouddhique continue à me paraître indémontré et indémontrable. Et, tout en prisant hautement pour elle-même cette sagesse, à point nommé proposée à l'Occident, qui en avait perdu la tradition, je ne me sens quant à moi disposé à l'accueillir que sous sa forme pragmatique, comme je fais de l'épicurisme ou du stoïcisme.

Pour moi, la situation se résume ainsi : l'Occident a triomphé dans la science, mais n'a plus ni sagesse ni morale qui soient plausibles. L'Orient peut nous apporter sa morale et ses directives pour vivre, mais elles sont dépourvues de fondements théoriques, sauf peut-être en psychologie, laquelle n'est précisément pas une science, pas plus que la sociologie. Si l'on entend par sagesse l'alliance de la félicité et de la moralité, alors sans doute la vie selon la sagesse est-elle des plus difficiles à mener quand elle se renferme dans de pures limites empiriques, sans le secours d'un arrière-plan métaphysique. Et pourtant il lui faut accepter ces limites. La sagesse sera toujours conjecturale. C'est en vain, depuis le Bouddha et Socrate, que l'homme s'est acharné à en faire une science. C'est en vain aussi que l'on tenterait d'extraire du savoir qui est devenu démontrable une morale et un art de vivre. La sagesse ne repose sur aucune certitude scientifique et la certitude scientifique ne conduit à aucune sagesse. Néanmoins, l'une et l'autre existent, à jamais indispensables, à jamais séparées, à jamais complémentaires.

Conclusion du Moine

Au cours des vingt dernières années, après des siècles d'ignorance réciproque, un dialogue véritable a commencé à s'établir entre le bouddhisme et les principaux courants de la pensée occidentale. Le bouddhisme prend ainsi la place qui lui est due dans l'histoire de la philosophie et des sciences. Mais aussi intéressant soit-il de rappeler qu'en son temps il formula une théorie de l'atome plus élaborée et cohérente que celle de Démocrite, il ne s'agit pas de s'arrêter à quelques points d'épistémologie. Le bouddhisme propose une science de l'esprit, une science contemplative qui est plus que jamais actuelle et ne cessera pas de l'être, puisqu'elle traite des mécanismes les plus fondamentaux du bonheur et de la souffrance. C'est à notre esprit que nous avons à faire du matin au soir, à chaque instant de notre vie, et la moindre transformation de cet esprit a des répercussions majeures sur le cours de notre existence et sur notre perception du monde.

Tout exotisme mis à part, le propos de la voie bouddhiste, à l'instar de toutes les grandes traditions spirituelles est de nous aider à devenir de meilleurs êtres humains. La science n'a ni l'intention ni les moyens d'atteindre ce but. Elle vise en premier lieu à élucider la nature des phénomènes visibles, puis à les utiliser, à les transformer à la lumière de ses découvertes. La science est donc capable d'améliorer nos conditions de vie : si nous avons froid, elle nous réchauffe, si nous sommes malades, elle nous guérit. Mais elle ne fait ainsi de nous que des individus plus « confortables ». L'idéal, de ce point de vue, serait de vivre des centaines d'années en parfaite santé. Mais que nous vivions trente ou cent ans, la question de la qualité de l'existence reste la même. La seule manière de vivre une existence de qualité, c'est de lui donner un sens intérieurement ; et la seule manière de lui donner un sens intérieurement, c'est de connaître et de transformer notre esprit.

Il ne faut pas s'attendre à ce que le bouddhisme soit pratiqué en Occident comme il l'a été en Orient, notamment sous son aspect monastique et érémitique, mais il semble disposer des moyens nécessaires pour contribuer à la paix intérieure de chacun. Il ne s'agit pas non plus de créer un « bouddhisme occidental », affadi par de multiples concessions aux désirs de chacun, mais d'utiliser les vérités du bouddhisme afin d'actualiser le potentiel de perfection que nous avons en nous.

Je dois avouer que j'ai été initialement surpris par l'intérêt que suscite de nos jours le bouddhisme en Occident et, lorsque l'idée de ce dialogue nous fut suggérée, je n'étais pas sûr qu'un intellectuel libre-penseur du calibre de mon père souhaiterait dialoguer avec un moine bouddhiste, même si ce moine se trouvait être son fils. Mon père accepta avec enthousiasme et choisit la tranquillité des montagnes du Népal comme cadre de nos entretiens. Les circonstances propices à un véritable dialogue furent ainsi réunies.

Dans nos conversations, mon désir était de partager et d'expliquer, celui de mon père de comprendre, d'analyser et de comparer. C'est pourquoi le philosophe a surtout interrogé le moine. Ce dernier se devait toutefois de demander au philosophe quel était le sens de l'existence aux yeux d'un penseur occidental contemporain, ce qui donna lieu au dernier volet de nos entretiens, conduit cette fois-ci sur les côtes bretonnes.

Mes liens d'affection avec mon père ne se démentirent jamais au fil de mes pérégrinations. Mais, bien que nous ayons souvent discuté de la tragédie du Tibet, nous n'avions jamais eu l'occasion d'aller au fond des choses sur le plan des idées. Ce fut donc une joie réciproque que de dialoguer à loisir sur les principes qui ont inspiré nos existences, et de les confronter. Cependant, tout dialogue, aussi éclairant soit-il, ne peut remplacer le silence de l'expérience personnelle, indispensable à une compréhension intime des choses. L'expérience, en effet, est le chemin. Et, comme l'a souvent dit le Bouddha : « il incombe à chacun de le parcourir », afin qu'un jour, le messager devienne lui-même le message.

Cet ouvrage a été réalisé par la
SOCIÉTÉ NOUVELLE FIRMIN-DIDOT
Mesnil-sur-l'Estrée

Dépôt légal : avril 1997
N° d'édition : 97 PE 72 - N° d'impression : 39333
ISBN : 2-84111-066-4

Imprimé en France